Inhalt

Man wehrt sich gegen das Gefühl, die Beobachtung für sterile theoretische Streitigkeiten zu verlassen, darf sich dem Versuch einer Klärung aber doch nicht entziehen. Gewiß sind Vorstellungen, wie die einer Ichlibido, Ichtriebenergie und so weiter, weder besonders klar faßbar noch inhaltsreich genug; eine spekulative Theorie der betreffenden Beziehungen würde vor allem einen scharf umschriebenen Begriff zur Grundlage gewinnen wollen. Allein ich meine, das ist eben der Unterschied zwischen einer spekulativen Theorie und einer auf Deutung der Empirie gebauten Wissenschaft. Die letztere wird der Spekulation das Vorrecht einer glatten, logisch unantastbaren Fundamentierung nicht neiden, sondern sich mit nebelhaft verschwindenden, kaum vorstellbaren Grundgedanken gerne begnügen, die sie im Laufe ihrer Entwicklung klarer zu erfassen hofft, eventuell auch gegen andere einzutauschen bereit ist. Diese Ideen sind nämlich nicht das Fundament der Wissenschaft, auf dem alles ruht; dies ist vielmehr allein die Beobachtung. Sie sind nicht das Unterste, sondern das Oberste des ganzen Baues und können ohne Schaden ersetzt und abgetragen werden.

S. Freud, Zur Einführung des Narzißmus, 1914

Freuds Werk, für sich allein betrachtet von so hohem Wert, besitzt zugleich fortzeugende Kraft. Viele Theoretiker haben es sich angelegen sein lassen, seinen psychoanalytischen Entdeckungen weiter nachzuspüren. Man denkt hier an Anna Freud, Hartmann, Edith Jacobson, Kris, Phyllis Greenacre, Spitz, Loewald und viele andere. Meine eigene Arbeit, die mich zu gewissen Schlußfolgerungen hinsichtlich der frühkindlichen Entwicklung geführt hat, baut auf Freuds Entdeckungen auf und steht im Einklang mit den ergänzenden Beiträgen jener anderen Theoretiker. Durch neuere Untersuchungen hat sich die Psychoanalyse – zunächst eine Psychopathologie – zu einer Entwicklungslehre der normalen Psychologie erweitert. Damit wurde die zeitgenössische Theorie der Freudschen Schule – ausgehend von Freuds Strukturtheorie über Anna Freuds Ausarbeitung der Abwehrfunktion des Ichs, Hartmanns Erweiterung der Theorie in Zusammenarbeit mit Kris und Loewenstein, Edith Jacobsons Beschreibung des Prozesses der Differenzierung von Selbst- und Objektrepräsentanzen und schließlich die direkte Beobachtung von Kindern, wie sie von Spitz und mir vorgenommen wurde – zu einem Wissensschatz, der als „Ich-Psychologie" bekannt ist.

Dieser sich stets vermehrende Wissensschatz der Ich-Psychologie ist zu einer hochwichtigen, fundamentalen Theorie geworden, auf die sich viele klinische und theoretische Arbeiten der letzten Jahre stützten. Es blieb jedoch den Blancks vorbehalten, aufgrund ihrer gründlichen Kenntnis Freuds und der psychoanalytischen Literatur insgesamt und dank ihres mittlerweile wohlbekannten Integrationstalents ein Buch von der grundlegenden Bedeutung des hier vorliegenden herauszubringen.

In ihrem Buch *Angewandte Ich-Psychologie* zeigten Gertrude und Rubin Blanck in einer zusammenfassenden Darstellung, inwiefern diese Theorien bei der Behandlung von Borderline-Zuständen technisch nutzbar gemacht werden können. Da Theoriebildung ein fortlaufender Prozeß ist, bieten die weitergehenden Entwicklungen seit der Veröffentlichung eine größere theoretische Spezifität, erfordern aber auch die Klärung einiger lange Zeit gehegter Vermutungen. In ihrem neuen Buch stützen die Blancks ihre Position auf das Konzept des

Ichs als eines Organisierungsprozesses. Das ist nicht neu. Mit diesem Konzept werden Freuds Ideen über das Gesamt-Ich weiterverfolgt, die Loewald ausgearbeitet hat. Neu hingegen ist der Gebrauch, den die Blancks von diesem Konzept machen, indem sie es mit der Entwicklungstheorie verknüpfen und aus dieser Verbindung technische Implikationen ableiten. Auf diese Weise treten Narzißmus und Borderline-Zustände als Unterbrechungen des Entwicklungskontinuums in Erscheinung, d.h. als abweichende Richtungen im Organisierungsprozeß.

Auch die psychoanalytische Entwicklungsdiagnose wird in einer Weise dargeboten, die an den Konzepten von Entwicklung und Organisation festhält und damit das Gefühl für das ständige Fortschreiten des Entwicklungsprozesses weckt und dafür, wie Pathologie in Form einer Schädigung von Entwicklung und Organisation entstehen kann. Dennoch begehen sie nicht den Fehler, allzu simple Verknüpfungen zwischen dem klinischen Bild des Erwachsenen und spezifischen Störungen der frühen Entwicklungsphasen herzustellen. Auf der theoretischen Seite stellen die Blancks die übliche Interpretation der Triebtheorie in Frage, indem sie die letzte Äußerung Freuds über die Triebe benutzen, um ihre Position zu erläutern. Bezeichnenderweise haben sich auch Nunberg (1931) und Hartmann (1939) auf dieses Triebkonzept berufen, wie die Untersuchungen der Blancks ergeben. Wenngleich viele Leser das Kapitel über die Trieb- und Affekttheorie höchst kontrovers finden werden, haben die Blancks meiner Meinung nach eine dringend benötigte Revision der dualistischen Triebtheorie geleistet. Die Richtung, in die sie uns lenken wollen, verspricht unsere Wissenschaft aus dem termionologischen Babel hinauszuführen, in das sie hinsichtlich dieser Theorien geraten ist. Wie die Blancks treffend feststellen, ist es erforderlich, die bipolare Triebtheorie und die reich facettierte Affekttheorie voneinander zu lösen.

Der technische Ansatz gegenüber den »minderstrukturierten Persönlichkeiten« erregt verdientermaßen heutzutage die Aufmerksamkeit vieler. Hier schlagen die Blancks ein einheitliches Behandlungsprinzip vor, bei dem Übertragung, Abwehr und Widerstand als Phänomene angesehen werden, die sich aus dem im Entwicklungsprozeß erreichten Strukturniveau herleiten. Indem sie auf dem Fundament der Standardwerke über Technik – etwa Freuds grundlegenden Arbeiten sowie denen von Glover, Fenichel, Sharpe, Menninger, Greenson u.a. – aufbauen, integrieren sie die Theorie der Technik mit den Implikationen der Entwicklungstheorie und bringen sie damit auf den neuesten Stand. Besonders wichtig ist die Untersuchung jener pathologischen Entwicklungen, bei denen sich ödipale und präödipale Züge mischen. Daß eine im wesentlichen neurotische Organisation durch unzulängliche Erfahrungen in den Subphasen des Loslösungs- und Individuationsprozesses weiter geschädigt werden kann, ist einer der wichtigsten diagnostischen und technischen Gesichtspunkte, die wir heutzutage zu berücksichtigen haben. Daß die Blancks ihn klargestellt und Vorschläge unterbreitet haben, wie man therapeutisch damit umgehen kann, würde allein genügen, diesem Buch Bedeutung zu verleihen.

Alles in allem liefern die Blancks eine Zusammenfassung der psychoanalytischen Entwicklungspsychologie, wie sie aus Freuds Werk hervorgegangen ist. Die Rekapitulation von Theorie und Technik machen den vorliegenden Band zu einem *sine qua non* für psychoanalytische Psychotherapeuten ebenso wie für Theoretiker. Das Buch enthält viele wichtige und aktuelle Beiträge, die es meiner Meinung nach zu einem Standardwerk der psychoanalytischen Literatur machen.

Margaret S. Mahler

Dank

Wie schon bei dem Band *Angewandte Ich-Psychologie* gilt unser Dank in erster Linie den Theoretikern, deren Werke dem unseren vorausgingen und die Theorien lieferten, die die Grundlage für die Entwicklung unserer eigenen Ideen bildeten. Darüber hinaus haben wir festgestellt, daß die Ausbildung aufgeschlossener und intellektuell anspruchsvoller Therapeuten zu Gedanken anregt, die sich anderenfalls nur langsam oder gar nicht einstellen. Und so danken wir wiederum unseren Studenten für ihren Beitrag zu einer wechselseitig lohnenden intellektuellen und gelegentlich auch emotionalen Erfahrung.

Zwanglose Diskussionen zwischen uns und unseren Kollegen führten zur Vertiefung unseres Denkens in bezug auf viele Themen. Insbesondere möchten wir Dr. Margaret S. Mahler für viele Gespräche danken, ebenso Dr. Nathaniel Ross und Dr. Joan Fleming. Sie halfen uns auch sehr, indem sie das Manuskript lasen und uns die Ermutigung zuteil werden ließen, deren Autoren bedürfen, bevor sie sich zur Veröffentlichung entschließen.

Die Patienten, deren Bedürfnisse uns zur Ausarbeitung von Behandlungsmethoden anregten, verdienen besondere Erwähnung, müssen aber natürlich anonym bleiben. Wieder hoffen wir, daß wir ihnen helfen konnten, während wir unsere Entdeckungen machten.

Wir möchten auch der Faculty of the Smith College School of Social Work dafür danken, daß sie uns mit der 1978 Lydia Rapoport Distinguished Visiting Professorship ausgezeichnet hat, wodurch es uns möglich war, die Forschung für das vorliegende Werk zum Abschluß zu bringen.

Große Geduld bewies Barbara B. Frank beim Schreiben der vielen Fassungen des Manuskripts.

12

In *Angewandte Ich-Psychologie* gaben wir eine Zusammenfassung der Werke der wichtigsten Ich-Psychologen, jenen Nachfahren Freuds, die die Theoriebildung in der Richtung weiterführten, die Freud 1923 mit seiner Strukturtheorie der Psychoanalyse in der Arbeit *Das Ich und das Es* eingeschlagen hatte. Seit 1975 hat sich die Theoriebildung beschleunigt, wozu in hohem Maße Margaret S. Mahlers Erweiterungen der Theorie beitrugen,

die sich aus den in ihrem Buch *Die psychische Geburt des Menschen* (Ko-Autoren Pine und Bergmann) veröffentlichten Beobachtungs- und Forschungsprotokollen ergaben.

Im Mahlerschen Werk wird die Entwicklungstheorie organisiert. Die im Jahre 1975 veröffentlichten Ergebnisse stellen die theoretischen Schlußfolgerungen dar, die sie und ihre Mitarbeiter nach vielen Jahren der Untersuchung von Mutter-Kind-Paaren in einem experimentellen Setting zogen. Obwohl sie bereits lange vorher in zahlreichen Aufsätzen und in ihrem früheren Buch *Symbiose und Individuation* (1968) dargelegt hatte, daß es drei Entwicklungsphasen gibt – Autismus, Symbiose, Loslösung / Individuation –, bedeuten die tiefgreifenden, überaus detaillierten Schlußfolgerungen des späteren Werkes den Höhepunkt einer Ära Ich-psychologischer Theorie und leiten zugleich eine neue ein. Unser Buch verweilt nur kurz bei den Theorien, die von den Vorläufern Margaret S. Mahlers – Hartmann, Kris, Loewenstein, Edith Jacobson, Spitz u. a. – aufgestellt wurden. Ihre Werke haben wir bereits vorgestellt. An dieser Stelle möchten wir in jene Ära eintreten, die durch die neueren Beiträge eingeleitet wurde. Obwohl von gleich umfassender Bedeutung wie die vorausgegangenen Arbeiten, weisen sie gleichzeitig weit in die Zukunft, stellen sowohl einen Höhepunkt der derzeitigen Theoriebildung als auch einen Ausgangspunkt künftiger Theoriebildung dar. Dieses Zusammentreffen von Vergangenheit, Gegenwart und Zukunft haben wir als *Organisierungsprinzip* (1977) bezeichnet.

In der Entwicklung der psychoanalytischen Theorie hat es mehrere solcher Organisierungsprinzipien gegeben. Zunächst wurde durch Freuds überragende *Traumdeutung* im Jahre 1900 eine psychoanalytische Metapsychologie begründet. Darauf folgte Freuds Entdeckung der unbewußten ödipalen Phantasien, die die Grundlage für die psychoanalytische Theorie der Neurose bildete; seine Erklärung der kindlichen Sexualität in *Drei Abhandlungen zur Sexualtheorie* (1905); seine Strukturtheorie in *Das Ich und das Es* (1923), die den Grundstein für die moderne Ich-Psychologie legte; seine Revision der Angsttheorie in *Hemmung, Symptom und Angst* (1926); Anna Freuds *Das Ich und die Abwehrmechanismen* (1936), worin die Theorie der psychoanalytischen Technik radikal revidiert wurde, und schließlich Hartmanns revolutionäres Werk *Ich-Psychologie und Anpassungsproblem* (1939), in dem die psychoanalytische Theorie insofern verändert wurde, als sie nun nicht mehr lediglich als eine Psychopathologie angesehen wurde, sondern zugleich eine normale Entwicklungspsychologie umfaßte. Aus dieser Sicht betrachten wir Margaret S. Mahlers Werk, das sich das Vorangegangene zunutze macht, jedoch eine Dimension hinzufügt, die über die frühere Theorie hinausgeht. Wir zeigen seine unmittelbare Wirkung auf die Techniken der Psychoanalyse wie der psychoanalytisch orientierten Psychotherapie, und wir halten es für angemessen, der erweiterten Theorie, aus der die von uns vorgeschlagenen Techniken extrapoliert werden sollen, eine neue Bezeichnung zu geben, und zwar *psychoanalytische Entwicklungspsychologie* (erstmals von Sandler und Joffe [1969] so benannt) in Anerkennung der Tatsache, daß die *Ich-Psychologie*, nachdem sie an Subtilität gewonnen hat, zu einer umfassenden Entwicklungstheorie geworden ist.

Das vorliegende Buch ist als Gegenstück des Bandes *Angewandte Ich-Psychologie* gedacht, und wir gehen davon aus, daß der Leser mit den Arbeiten der dort vorgestellten Ich-Psychologen vertraut ist sowie mit den dort vorgeschlagenen besonderen psychotherapeutischen Techniken und den Standardwerken über die Technik der Psychoanalyse. Techniken ändern sich im Lauf der Praxis durch Erfahrung und zunehmendes Wissen. Da Wissen niemals vollständig ist und ständig überprüft werden muß, kann ein Buch wie das vorliegende nur eine willkürliche Pause in der fortschreitenden Entwicklung von Theorie und Praxis markieren, einen Haltepunkt, wo früheres Wissen, Beobachtung und neue Prämissen sinnvoll kombiniert werden können. Unsere technischen Anregungen werden die bereits vorhandenen Methoden vermehren, ohne das durch Erfahrung Bewiesene beiseite zu werfen. Auf dem Gebiet der Psychotherapie (und manchmal der Psychoanalyse) von Borderline-Zuständen und narzißtischen Störungen besitzen wir noch keine Techniken, die ihre Bewährungsprobe bereits bestanden hätten. Hier befinden wir uns noch im Pionierstadium, da neue Theorien auch die Erprobung neuer Techniken erfordern. Wir wollen die Wirkung der psychoanalytischen Entwicklungs-

14

psychologie auf die klassischen Vorstellungen hinsichtlich bestimmter technischer Fragen zeigen und gehen davon aus, daß unser Denken erweitert und verändert werden wird, sobald unsere Nachfolger über mehr Wissen verfügen.

Wir wollen das 1. Kapitel dazu benutzen, unseren Plan vorzustellen. Es handelt sich nicht um eine Skizzierung im engeren Sinne, sondern wir möchten dem Leser einen Überblick über unser Denken geben und darstellen, wie wir die nächsten logischen Schritte entwickeln wollen, um Ich-psychologisches Denken mit den theoretischen Anregungen in Einklang zu bringen, die in neuerer Zeit von den fruchtbaren Theorien der frühen Ich-Psychologen ausgegangen sind.

Eine *Theorie* der Technik ist nützlicher als spezifische Instruktionen nach Art eines »Man nehme«. Sie läßt dem einzelnen Praktiker Spielraum, die Theorie kreativ anzuwenden und einen individuellen Stil zu entwickeln. Obwohl wir als Autoren hinsichtlich der Theorie im allgemeinen übereinstimmen, unterscheiden wir uns in der praktischen Anwendung. Margaret Mahler selbst hat keine Techniken vorgeschlagen. Diejenigen, die unserer Meinung nach von ihren Entdeckungen bestimmt sind, sind unsere eigenen, und wir übernehmen die Verantwortung für sie. Wir sind allen Ich-Psychologen zu Dank verpflichtet, die eine so breite Grundlage für die Weiterführung ihrer Theorien und die Extrapolation von Techniken gelegt haben.

New York   Gertrude Blanck
                                                  Rubin Blanck

1

**Psychoanalytische
Entwicklungspsychologie.
Ein Überblick**

Eine Überprüfung der Fragen, mit denen psychoanalytisches Denken in den letzten Jahren befaßt war, läßt ein überragendes Interesse an verschiedenen Gebieten erkennen, die logischerweise in den Vordergrund treten, weil Psychoanalytiker und Psychotherapeuten mit Patienten in Berührung kommen, deren Leiden nicht den formalen diagnostischen Klassifizierungen entsprechen. Diese Patienten bieten Probleme, deren Schicksale in den frühen Lebensmonaten und -jahren wurzeln, also bevor Struktur erworben und eine echte Neurose ausgebildet werden kann. Ob diese Probleme zu unserer Kenntnis gelangen, weil eine größere Zahl gestörter Patienten zur Behandlung kommt, oder weil die Praktiker in höherem Maße auf strukturelle Modifikationen achten, läßt sich ohne statistische Angaben schwer entscheiden. Einige dieser Praktiker meinen, daß es in der Gesamtbevölkerung eine größere Anzahl gestörter Personen gäbe als früher, während andere glauben, daß wir diese Störungen heute genauer wahrnehmen und diagnostizieren können. Loewald (1974) vermutet: »... daß wir weniger klassische Neurosen als früher zu sehen bekommen, ist zu einem guten Teil auf die Tatsache zurückzuführen, daß unsere Augen und Ohren geschärft wurden, so daß wir Ich-Defizite weitaus klarer als früher erkennen, als wir noch nicht über analytisch geschulte Kinderbeobachtungen verfügten... sowie über ein verfeinertes theoretisches Verständnis der Ich-Entwicklung« (S. 187).

Da uns statistische Daten fehlen, stehen uns nur die Erfahrungen jener Praktiker zu Gebote, die zu neueren Erörterungen einer Anzahl einschlägiger Fragen beigetragen haben. Dabei handelt es sich, folgt man neueren Zeitschriften, Panel-Diskussionen, Symposien und ähnlichen Quellen, 1. um die Neueinschätzung jenes Begriffs, der ziemlich global *Übertragung* genannt wird, da Praktiker wie Theoretiker auf der Suche nach genaueren Informationen über die vielen Verzweigungen dieses Phänomens sind[1], 2. um eine Neueinschätzung der lange Zeit vertretenen Position hinsichtlich der kindlichen Neurose, wobei insbesondere in Frage gestellt wird, ob deren Herausbildung in früher Kindheit überhaupt möglich ist und ob es sich dabei wirklich um

---

[1] Paul Dewald (1976), Manuel Furer (1976) und Samuel Lipton (1976).

einen Vorläufer der Neurose Erwachsener handelt[2], 3. um die Erforschung des Charakters von Persönlichkeiten dere Struktur unterhalb der Neurose liegt, der sogenannten Borderline- und narzißtischen Störungen[3] und schließlich 4. um die Neueinschätzung des Begriffs der Neurose selbst, ihrer Organisation und der Möglichkeit ihrer Heilung[4].

Die klassische Definition der neurotischen Struktur als eines unmodifizierten Ichs, das am ödipalen Konflikt gescheitert ist und vorwiegend auf psychosexueller Linie abwehrt und regrediert, wurde erweitert, wie aus dem Wuchern neuer Termini hervorgeht. Sie mußten geschaffen werden, um klinische Phänomene zu erklären, die nahelegen, daß diese Struktur nicht unweigerlich bei allen analysierbaren Patienten anzutreffen ist. Einige dieser notwendigerweise umständlichen Bezeichnungen, die sich in psychoanalytische Veröffentlichungen eingeschlichen haben, lauten: pathologische Neurose *vs.* normale Neurose, Neurose mit Borderline- und narzißtischen Merkmalen, analysierbare Borderline-Zustände, nicht-optimale neurotische Struktur u.ä. Die Meinungen teilen sich in verschiedene Richtungen. Einige halten am Begriff der »reinen« Neurose fest, um eine klare Unterscheidung zwischen Neurose und Borderline-Zuständen aufrechtzuerhalten; andere betrachten »Borderline«-Merkmale als unerläßliche Begleiter jeder Neurose; wieder andere glauben, eine narzißtische Pathologie sei der abgespaltene Teil einer analysierbaren Neurose, die besondere Techniken zur Heilung dieser Spaltung erfordert. Unsere eigene Vorstellung der Kontinuierlichkeit von Entwicklung setzt voraus, daß psychisches Leiden die Folge einer Fehlbildung ist, die an jeder Stelle des Entwicklungskontinuums eintreten kann. Es müssen daher Methoden zur Bestimmung des Ortes ausgearbeitet werden, wo die Entwicklungsstörung den laufenden Organisationsprozeß beeinträchtigt.

Bei diesen unterschiedlichen Ansichten in bezug auf psychisches Leiden handelt es sich um mehr als um eine semantische Verwirrung. Sie spiegeln die Tatsache wider, daß die Theoriebildung fortschreitet und wir uns inmitten eines Wandels befinden. Wir wollen zwei der vielen Begriffe ins Auge fassen, deren wechselnde Beurteilung sich in der augenblicklichen terminologischen Unklarheit niederschlägt. Der

---

[2] Humberto Nagera (1966), Marian Tolpin (1970), Hans Loewald (1974) und Samuel Ritvo (1974b).

[3] Otto F. Kernberg (1975, 1976) und Heinz H. Kohut (1971, 1977).

[4] Margaret S. Mahler (1973) und Samuel Ritvo (1974a).

Narzißmus wird gegenwärtig von vielen als ein Aspekt normaler Entwicklung angesehen und gleichzeitig als ein Phänomen, das eine pathologische Wendung nehmen kann. Freud (1914) betrachtete den sekundären Narzißmus als Wiederbesetzung des Selbst (damals *Ich* genannt) mit Libido als Resultat der Enttäuschung über die Außenwelt, d.h. als ein Borderline- oder psychotisches Phänomen. Mahler (1975) benutzt die Bezeichnung *normaler sekundärer Narzißmus* für die Selbsteinschätzung, die das Ergebnis normaler Entwicklung ist. In ähnlicher Weise wird der Terminus *präödipal* uneingeschränkt auf die ganze tiefgreifende Entwicklung angewendet, die vor dem Ödipuskomplex stattfindet. Die psychischen Organisierungsprozesse in den drei ersten Lebensjahren sind aber so entscheidend für die Entwicklung, daß sie im Sinne genau umrissener Phasen und Subphasen vor der psychischen Geburt *sui generis* definierbar sein müssen.

Man kann – größtenteils erfolglos – Spekulationen darüber anstellen, weshalb die Entwicklung des Kindes von der Geburt bis etwa zum 3. Lebensjahr die frühen Psychoanalytiker so wenig beschäftigt hat. Natürlich waren sie von den faszinierenden Verzweigungen der Schicksale der Neurose und der Entdeckung ihres Kernkonflikts, des Ödipuskomplexes, gefangengenommen. Die Psychoanalyse als »talking cure« verläßt sich auf die sprachliche Verständigung, und sie wollte – besonders in ihren Anfangszeiten – die verdrängten Phantasien aufdecken. Es war daher unvermeidlich, daß die der Sprache mächtige Existenz als Quelle psychoanalytischen Materials galt. Manche Psychoanalytiker glauben noch immer, daß das präverbale Erleben, da es der infantilen Amnesie, nicht der Verdrängung, unterliegt, nicht ins Bewußtsein zurückgerufen werden könne, außer wenn es verdichtet in spätere Erfahrungen eingegangen sei. Viele andere haben jedoch festgestellt, daß Aspekte präverbaler Existenz nicht nur bewußt gemacht werden können, sondern daß diese Bewußtmachung für die umfassende Behandlung der meisten Patienten unerläßlich ist. Die Rekonstruktion ist stets Teil der psychoanalytischen Behandlung gewesen. Sie ist aber heutzutage grundverschieden, seit sie von den wichtigen Informationen über das frühkindliche Leben bestimmt wird, die die Entwicklungstheorie bietet.

Die Geschichte der psychoanalytischen Erforschung der frühen Kindheit beginnt mit Freuds Untersuchung über die kindliche Sexualität (1905b). In seinem Vorwort zur 4. Auflage der *Drei Abhandlungen zur Sexualtheorie* (1920) sagte Freud später, daß es dieser Essays nicht bedurft hätte, wenn die Menschheit fähig gewesen wäre, aus der direkten Kinderbeobachtung zu lernen. Für viele Theoretiker und

Praktiker unserer Zeit lassen die uns jetzt zur Verfügung stehenden, auf Beobachtung beruhenden Untersuchungen keinen Zweifel an der Bedeutung der sehr frühen Kindheit und ihrem Einfluß auf die Ich-Entwicklung. Sie bestätigen Hartmanns These (1958), daß die Entwicklung des Menschenkindes dadurch bestimmt wird, in welcher Weise und mit welchem Ergebnis die angeborene Ausstattung des Kindes mit seiner postnatalen Umwelt zusammentrifft.

Die moderne Ich-Psychologie beginnt, wie wir 1974 gezeigt haben, mit Freuds Einführung der Strukturtheorie im Jahre 1923 und seiner Revision der Angsttheorie (1926). Von dieser Plattform aus waren einige Theoretiker in der Lage, sich Untersuchungen des Ichs (und Überichs) zuzuwenden.

Obgleich Freud geglaubt hatte, daß das Ich sich (aus dem Es) entwickeln müsse, verfolgte er die Schicksale dieser Entwicklung nicht bis in alle Einzelheiten. Diese Aufgabe fiel den Ich-Psychologen nach 1923 zu. So stellte Glover 1924 die These auf, daß sich das Ich in Kernen, d.h. in Erfahrungsinseln, entwickle, die sich aus Affekt- und Erinnerungsspuren bildeten; allmählich würden diese Kerne dann zum Ich zusammenschmelzen. Anna Freud (1936) arbeitete die Abwehrfunktion des Ichs heraus und revidierte die Theorie der psychoanalytischen Technik in dem Sinne, daß sie nunmehr das Interesse für Ich- wie für Es-Aspekte in die psychoanalytische Behandlung einbezog. Hartmann stellte mehrere Thesen auf, die das Rückgrat der modernen Ich-Psychologie bilden und die theoretische Grundlage für auf Beobachtung beruhende Untersuchungen und die daraus abgeleiteten Theorien liefern. Wir führen Hartmanns Thesen hier auf:

a) Es gibt eine undifferenzierte Matrix, in der die angeborene Ausstattung jedes Individuums enthalten ist.

b) Ich und Es existieren zunächst in einem undifferenzierten Zustand und lösen sich erst nach der Geburt voneinander.

c) Es gibt innerhalb der undifferenzierten Matrix Apparate einer (potentiellen) primären Autonomie, die sich, ebenfalls nach der Geburt, zu Ich-Funktionen entwickeln.

d) Die Umwelt (die Mutter und alles andere, was auf das Neugeborene einwirkt) soll möglichst »durchschnittlich erwartbar« sein, d.h. im psychischen wie im physischen Sinne von vernünftiger Nahrhaftigkeit, so daß der Säugling sie maximal für seine Anpassung nutzen kann.

e) Anpassung beginnt mit der Begegnung der angeborenen Apparate des Neugeborenen mit der Umwelt, und von diesem Augenblick an findet eine höchst komplexe Interaktion zwischen Kind und Mutter statt, die für das Kind zu einer spezifischen Entwicklung seines angeborenen Potentials führt.

f) Nach der Loslösung von Ich und Es aus der undifferenzierten Matrix kann die Entwicklung des Ich-Apparates in einer konfliktfreien Sphäre vonstatten gehen, womit gesagt werden soll, daß nicht alle Ich-Funktionen Konflikten entstammen, sondern einige sich außerhalb des Konfliktbereichs entwickeln.

g) Anpassung wird als reziproke Beziehung von Organismus und Umwelt definiert.

Hartmann selbst benutzte seine Grundthesen zur weiteren Ausarbeitung der Ich-psychologischen Theorie (veröffentlicht 1964), und er schrieb zusammen mit Kris (1945), Loewenstein (1962) und Kris und Loewenstein (1946, 1949) eine Reihe von Aufsätzen, in denen das Wesen der Bildung psychischer Struktur, der Aggression und der Überich-Bildung umrissen wurde. Alles in allem lieferten diese Aufsätze eine solide Grundlage für die Theoriebildung, die folgen sollte: für moderne Ideen über Ich und Überich, die dualistische Triebtheorie und vor allem über den eigentlichen Charakter psychischer Strukturierung, denn es ist dieser verschlungene Entwicklungsprozeß, den Mahler viele Jahre später mit solcher Präzision herausarbeiten sollte (Mahler, Pine und Bergmann, 1975).

Doch noch vor Mahler führte Spitz seine bekannten Untersuchungen über Hospitalismus (1945) und anaklitische Depression (1946), d. h. seine Kinderbeobachtungen durch, die wir 1974 in unserem Buch detailliert dargestellt haben, einschließlich seiner genetischen Feldtheorie der Ich-Bildung, in der die drei Stadien der Ich-Organisation umrissen wurden. Wir leiten unser eigenes Organisierungskonzept, das im 2. Kapitel näher ausgeführt wird, sowohl von Spitz als auch von Hartmann her.

Auf dem von den früheren Ich-Psychologen errichteten Fundament begründete Jacobson (1964) ihre Theorie der Triebentwicklung, der Entwicklung der Selbst- und Objektrepräsentanzen, der selektiven Identifizierung, der Bildung wie der Funktionen des Überichs, des Ich-Ideals, die wir sämtlich in unserer *Angewandten Ich-Psychologie* (1974) dargestellt haben. Bei der Entfaltung unseres Themas im vorliegenden Band werden wir uns auf Jacobson beziehen, insbesondere um zu zeigen, wie der Prozeß der selektiven Identifizierung der psychischen Strukturierung zu Hilfe kommt.

Die Ich-Psychologie kann demnach nicht einfach als eine vereinheitlichende Zusammenfassung des Denkens der verschiedenen Theoretiker beschrieben werden. Zwar kann man sie als nach Einheit strebend auffassen, aber im Sinne eines Evolutionsprozesses, bei dem eine Theorie auf der vorausgegangenen aufbaut, wobei sich erhebliche Überschneidungen ergeben. In diesem Zusammenhang der Theorieentwicklung sehen wir Mahlers Entdeckungen mit jenen verschmelzen, die sich in ihrem Schatten andeuteten, aber auch über sie hinausgingen. Chronologisch betrachtet hat Mahlers Werk den Vorteil, das neueste zu sein, und so konnte sie das Vorangegangene integrieren und die Theoriebildung über ihren früheren Standort hinausführen.

Das stetige Fortschreiten des Mahlerschen Werkes über eine Zeitspanne von vielen Jahren führte von der Untersuchung der frühkindlichen Psychose zur normalen Entwicklung. In diesen Untersuchungen umriß sie erstmals die drei Phasen der frühkindlichen Entwicklung. Später gelangte sie zu einer weiteren Differenzierung ihrer Befunde, um die vier Subphasen des Loslösungs- und Individuationsprozesses zu erhellen. Die Untersuchung dieser Subphasen führte sie zu der Schlußfolgerung, daß sich »eine wichtige Organisation intrapsychischen Verhaltens im Zusammenhang mit Loslösung und Individuation entwickelt« (Mahler, Pine u. Bergmann, 1975, S. 6). Diese betrachten wir als ein neues Organisierungsprinzip. Wiederum wird das Wissen um die Entwicklungsschicksale in den Subphasen von Loslösung und Individuation zweifellos zu neuen wichtigen Entdeckungen anregen, die möglicherweise über das hinausgehen, was Mahler vorschwebte. Im Brennpunkt noch neuerer Untersuchungen (Mahler u. Kaplan, 1977) stehen neben den hauptsächlichen Entwicklungsschritten in jeder Subphase periphere Aspekte; dabei gilt das besondere Interesse den peripheren Bedürfnissen der Übungs- und Wiederannäherungsphase. Die Autoren führen den Terminus *Subphasendefizit* ein, um einige Wechselfälle zu beschreiben, die gegen eine adäquate Ausführung der Aufgaben der Subphase ankämpfen, wobei sie die normalen narzißtischen Bedürfnisse des Kleinkinds in der betreffenden Subphase hervorheben. Wo narzißtische Bedürfnisse nicht erfüllt werden, entstehen bestimmte Defizite, die sich auf die spätere Entwicklung auswirken. In der Vergangenheit benutzten wir die Bezeichnung *Subphasendefizite*, um die einzigartigen pathogenen Aspekte im Erleben der Subphasen festzuhalten, wie sie sich im Verhalten oder der psychischen Ausrichtung des erwachsenen Patienten widerspiegeln können. Als Beispiel könnten wir die recht häufig anzutreffende Situation des erfolgreichen Menschen anführen, dem seine Talente dennoch nicht das Hochgefühl bescheren, das Mahler als typisches

Merkmal der Übungsphase ansieht. Mahler und Kaplan stellten fest, daß ein Hochgefühl nicht empfunden werden kann, wenn narzißtische Bedürfnisse in dieser Subphase von der Mutter unzureichend stimuliert wurden.

Wir glauben nun, daß mit der Bezeichnung Subphasendefizit das Wesentliche des Entwicklungsprozesses und der in den Subphasen entstehenden Probleme nicht erfaßt wird. Es ist die *Interaktion* zwischen den beiden Partnern der Dyade, die das *Resultat*, d.h. die psychische Organisation des an der Interaktion beteiligten Kindes, bestimmt. Es erscheint nun bei uns als erwachsener Patient, der seine angeborenen Apparate (Potential) bereits in die Dyade eingebracht, mit der Umwelt interagiert hat, indem er das von ihr Gebotene benutzte und auch das von ihr Unterlassene einbezog – er hat Erfahrungen zu Repräsentanzen des Interaktionsergebnisses geordnet. Dadurch ist er zu einem einzigartigen Individuum geworden, das sowohl Anpassungsleistungen als auch pathologische Züge hervorgebracht hat. Auch der Entwicklungs- und Organisationsprozeß ist kontinuierlich; er beginnt für das Neugeborene am ersten Lebenstag. Wenn es mit guten natürlichen Gaben ausgestattet und die Umwelt einigermaßen wachstumsfördernd ist, gelangt das Kind durch die Interaktion mit ihr etwa drei Jahre später zur psychischen Geburt. Mit der psychischen Geburt werden Identität und psychische Struktur – die notwendige Ausstattung, um mit den späteren Entwicklungsaufgaben fertigzuwerden – erworben.

Mahler betrachtet die Übungs- und insbesondere die Wiederannäherungsphase als ausschlaggebend, denn die Schicksale dieser beiden Subphasen, vor allem die der Wiederannäherung, können darüber entscheiden, ob die Entwicklung in normaler oder neurotischer Richtung verläuft, oder ob sie so stark beeinträchtigt wird, daß es zu schwereren Krankheitsformen kommt. Damit soll nicht gesagt werden, daß nicht alle Subphasen zur Entwicklung beitragen und ihre eigenen Auswirkungen auf den Organisierungsprozeß haben, doch die Wiederannäherungsphase bildet den entscheidenden Punkt in der Entwicklung, wo Schädigungen aus früheren Subphasen entweder in den Entwicklungsschub einbezogen oder durch Fehlbildungen der Organisation verschlimmert werden können, die in dieser Phase zu denen aus früheren Subphasen hinzutreten. Wenn die Erfahrungen in der Wiederannäherungsphase ungünstig sind, wird die fortschreitende Entwicklung schon vor der Herausbildung einer eigentlichen Neurose in pathologischem Ausmaß beeinträchtigt. Bestenfalls dringt die Pathologie der Wiederannäherungsphase in die neurotische Formation ein, deren Erscheinungsbild und Struktur sich von der klassischen Neurose unterscheiden. Diese Subphase ist auch deshalb kritisch, weil in ihr das ältere Kleinkind sein losgelöstes, eigenes Schicksal akzeptieren muß; Kleinkind und Mutter stimmen nicht mehr (und nie wieder) so zusammen wie bisher. Ein Patient drückte es so aus: »Das Spiel war aus!« In der Bibel heißt es poetischer: »Das Paradies war verloren.«

Ausgehend von den Werken der verschiedenen Ich-Psychologen, gelangen wir zu den Thesen eines *Organisierungsprinzips* in der Theoriebildung und eines *Organisierungsprozesses* in der psychischen Entwicklung. Spitz beschrieb, wie die Psyche organisiert ist, und er zeigte, daß die Organisation in bestimmten Intervallen, in denen Indikatoren auftreten, beobachtet werden kann. Als wir dieses Konzept auf den Prozeß der Theoriebildung anwendeten, indem wir es aus seiner Bedeutung für die individuelle Entwicklung extrapolierten, stellten wir fest, daß gewisse Höhepunkte der theoretischen Organisation in Intervallen in der Geschichte der psychoanalytischen Theoriebildung zu beobachten sind. Diese haben wir *Organisierungsprinzipien* genannt. Das neueste dieser Organisierungsprinzipien ist das Margaret Mahlers.

Im Rückblick auf Freuds Vorstellungen vom Ich, auf Hartmanns Ergänzungen, die Beiträge von Jacobson, Spitz und anderen sowie unter Einschluß von Margaret Mahlers Organisierungsprinzip gelangen wir zu der Ansicht, daß die gesamten Ich-psychologischen Theorien und ihre technischen Implikationen durch die Hinzufügung folgender Thesen weitergeführt werden können:

1. Das Ich ist als der Organisationsprozeß *per se* anzusehen. In Übereinstimmung damit schlagen wir vor, Hartmanns Feststellung, daß das Ich durch seine Funktionen definiert werde, zu ergänzen. Wir gehen davon aus, daß das Ich durch sein *Funktionieren* definiert wird, und erklären, inwiefern damit den therapeutischen Bedürfnissen der gegenwärtig erkannten Pathologie besser gedient ist (siehe 2. Kap.).

2. Die Triebtheorie bedarf einer Klärung. Im allgemeinen Sprachgebrauch sind die Psychoanalytiker in die Unsitte verfallen, Trieb mit Affekt, Libido mit Liebe und Aggression mit Feindseligkeit zu verwechseln. Indem wir unsere Position auf Freuds letzte Definition (1940) der Triebe gründen –, daß Libido die Kraft ist, die ständig größere Einheiten verbindet und zu errichten versucht, während die Aggression Verbindungen löst (und damit Dinge zerstört, wie Freud hinzufügte) –, behaupten wir, daß die Aggression Verbindungen löst, um Wachstum voranzutreiben (siehe 3. Kap.). Vereint man die

Ergebnisse der Ich-Psychologie mit dieser enger begrenzten Vorstellung von den Trieben, gelangt man zu einer integrierten Theorie, die besagt, daß die Triebe sowohl einträchtig als auch gegensätzlich operieren, um den Entwicklungsschub voranzutreiben. Die Unterscheidung zwischen Trieb und Affekt ermöglicht größere Klarheit nicht nur hinsichtlich der Trieb-, sondern auch der Affekttheorie. Zwar gibt es viele Gründe, weshalb die psychoanalytische Affekttheorie darniederliegt, doch ist einer der wichtigsten die allzu häufige Verwechslung von Affekt und Trieb. Dadurch werden separate Ausarbeitungen beider Theorien behindert. Es ich auch vorstellbar, daß die gegenwärtige Kontroverse über psychische Energie auf neue Weise behoben werden könnte, wenn Triebenergie nicht länger als irgendwie mit dem Affekt verbunden betrachtet würde.

3. Die Diagnose ist nützlicher, wenn sie die psychische Ausstattung der Gesamtpersönlichkeit widerspiegelt – ihre Anpassung ebenso wie ihre Pathologie und ihre Symptome. Deshalb wird ein Angelpunkt beschrieben, um den sich die Entwicklung in der Wiederannäherungsphase (siehe 5. Kap.) dreht. In dieser Subphase der Entwicklung werden im Hinblick auf Strukturierung, Verinnerlichung und den Organisierungsprozeß selbst die Voraussetzungen geschaffen, um bei günstigem Verlauf die nachfolgenden Entwicklungsaufgaben, wie die ödipale Krise, Latenz, Adoleszenz und weiter den gesamten Lebenszyklus zu meistern.

4. Eine Neueinschätzung unterschiedlicher diagnostischer Termini wie etwa normale Neurose, pathologische Neurose, Borderline-Neurose, u.ä. ist dringend erforderlich. Diese Bezeichnungen waren an eine Definition der Neurose gebunden, die die Verwicklungen des Organisierungsprozesses nicht mit einschlossen. »Reine« oder normale Neurose impliziert, daß das Ich beim Durchlaufen der Subphasen keinerlei noch so geringfügige Modifizierungen oder Änderungen erfahren hat. Ein solches Ich könnte an der ödipalen Krise nicht scheitern.

Es erübrigt sich fast zu sagen, daß es – häufig tiefreichende – Unterschiede in der Strukturbildung gibt; die Organisierungsfähigkeit mancher Patienten hat ein relativ hohes Niveau erreicht, während bei anderen hinsichtlich dieser Fähigkeit ein Rückstand wechselnden Ausmaßes besteht. Unsere diagnostischen und technischen Thesen beruhen auf der Erfahrung mit analysierbaren Patienten, die nichtsdestoweniger einer subphasenspezifischen Behandlung bedurften, um das notwendige Rüstzeug zur Bewältigung ödipaler Anforderungen an die Organisierungsfähigkeit zu erhalten. Sie beruhen aber auch auf

der Erfahrung mit stärker gestörten Patienten, die höhere Funktionsebenen erreichten und durch die Behandlung ihrer Organisationsfehl-
bildungen sogar analysierbar wurden. Wir wollen damit unterstreichen, daß die ödipale Formation selbst bei unterschiedlicher Organisierungsfähigkeit eine unterschiedliche Qualität annimmt. Wir haben
Beispiele aller Arten von ödipaler Verarbeitung gesehen – von relativer Lösung des Konflikts im besten Fall bis zum extremen Agieren
inzestuöser Wünsche.

Unser Anliegen ist es in erster Linie, den Beitrag zur Entwicklung von
Merkmalen der angeborenen Ausstattung in der Interaktion mit dem
mütterlichen Teil der Dyade und mit der weiteren Umgebung (Vater
und Geschwister) zu verstehen sowie die einmalige Form und das
Resultat dieser Interaktionen bei jedem Individuum zu untersuchen.
Daran erkennen wir, daß Entwicklung mehr ist als ein fortschreitender Prozeß – es ist ein unaufhörlicher. Geht man von dieser Erkenntnis aus, so scheint es, daß die unterschiedlichen diagnostischen
Bezeichnungen die pathologischen Resultate der Interaktion in den
primären dyadischen oder triadischen Beziehungen nicht zum Ausdruck bringen. Die Überlegung, ob der Organisierungsprozeß bei
einem bestimmten Individuum normal oder in verzerrten Formen
verlaufen ist, macht Einschränkungen durch ein statisches Diagnose-
schema überflüssig.

Es gibt Zeiten, in denen die Anforderungen der körperlichen Reifung
mit der Ich-Entwicklung konvergieren müssen. Spitz nannte sie »kri-
tische Perioden«. Es ist die Aufgabe des mütterlichen Objekts, das
Zusammentreffen dieser beiden Faktoren immer dann zu lenken,
wenn ein Eingreifen notwendig ist, um sie miteinander in Einklang zu
bringen. Wo dieses Zusammentreffen nicht in positiver Weise verläuft, kann es geschehen, daß bestimmte Ich-Funktionen nicht im
günstigsten Moment angeregt werden. Sie entwickeln sich dann nicht
und werden so in den Reifungsprozeß nicht einbezogen. Sie verküm-
mern und gehen unwiederbringlich verloren. Dies bestätigt die
Behauptung, daß die nachklingenden Wirkungen von der Norm
abweichender Interaktion die spätere Entwicklung beeinflussen. In
diesem Fall kann eine Fähigkeit oder Funktion, die nicht zur Existenz
gelangt, nicht an der Entwicklung teilhaben. Damit entfällt auch die
Möglichkeit einer späteren entwicklungsmäßigen oder therapeutischen Wiederherstellung der atrophierten Funktion. So kann beispielsweise das psychotische Ich daraus Nutzen ziehen, daß es bessere
Möglichkeiten der Lebensführung erlernt, es kann aber nicht auf
Funktionsebenen gehoben werden, die von Individuen erreicht wer-

den können, deren Ich-Funktionen phasengerecht angeregt oder deren Funktionen zumindest zum »Anspringen« gebracht wurden. Bei der überwiegenden Zahl ambulanter Borderline-Patienten handelt es sich schlimmstenfalls um eine mäßige bis schwerere Schädigung ihrer Weiterentwicklung, so daß wir in solchen Fällen Ich-Bildungs-Techniken für nützlich halten. Wir werden daher später klinische Methoden beschreiben, durch die eine Beurteilung der Fähigkeit zu Organisation und Reorganisation unter diagnostischem Aspekt erfolgen kann. Ferner werden technische Eingriffe zur Wiederherstellung von Ich-Funktionen dargestellt, die genügend angeregt wurden, um weitere Fortschritte der Ich-Bildung als erreichbares Ziel erscheinen zu lassen.

5. Die Grundannahme der Entwicklungstheorie besteht darin, daß Erfahrung (die Resultante der Interaktion zwischen dem Angeborenen und dem Umgebenden) »metabolisiert« werden muß, um Struktur zu bilden. Fleming (persönliche Mitteilung) geht davon aus, daß ein solcher Prozeß der Organisation vorausgeht. In dieser Analogie bestehen die Interaktionsprodukte aus kleinen mobilen Einheiten, die sich zur Organisation in komplexere Einheiten von stabiler Struktur verwenden lassen.

Spitz (1972) behauptet, daß der Grund für die Fähigkeit zu fundamentalem Lernen in der koenästhetischen Entwicklungsphase gelegt wird. Das Kind lernt lernen. Das bezieht sich natürlich auf das frühe »Lernen«, das in der primären Dyade stattfindet; damit wird die sich entwickelnde Fähigkeit des Kindes beschrieben, zu lernen, wie es mit seinen Trieben, Affekten, Objektbildern u.ä. innerhalb der Dyade umgehen kann. Diese fundamentale Erziehung geht dem Erwerb der Speicherungsfähigkeit voraus, die erlangt wird, nachdem die fundamentale Lernfähigkeit angelegt worden ist. Es ist nicht nur von flüchtigem Interesse für die Lerntheorie, daß kognitives Lernen beeinträchtigt wird, wenn das primäre Lernen ihm nicht vorausgeht.

Spitz schildert auch einen Zyklus von Aktion-Reaktion-Aktion, um zu zeigen, wie aus der dyadischen Interaktion eine sich ständig vergrößernde Entwicklungsspirale hervorgeht. Um Spitz' Vorstellung zu verdeutlichen, geben wir die fortlaufende Interaktion hier wieder. Der erste Zyklus erscheint als

$$A + R = AR$$

oder genauer $\quad A + R = AR^1$,

um darauf hinzuweisen, daß die Wirkung der Interaktion größer ist als die Summe ihrer Teile. Der nächste Zyklus beginnt mit der Resultante des vorhergehenden Zyklus:

$$AR^1 + R^2 = AR^4$$

Dann interagiert AR^4 mit R^2 usw.

Wir fragen uns welche »Kraft« jenen Sprung antreibt, der Erfahrungen benutzt, sie in Gedächtnisspuren bewahrt und auch neue Strukturen schafft, die ihrerseits nachfolgende Interaktionen mittels des Umstands verändern, daß etwas mehr als einfaches (im Gedächtnis-) Behalten in den nächsten Zyklus von Aktion-Reaktion-Aktion eingeht. Man hat beobachtet, daß fortwährendes Erleben von Befriedigung mehr erzeugt als die Antizipation seiner Wiederholung. Die Kinder tragen ihren Teil zum Erleben bei; sie »verbinden sich« mit ihm in einer Weise, die aktiv etwas hinzuzufügen pflegt. Sie wiederholen z. B. die Worte, die sie hören, in der ihnen bestmöglichen Form: durch Lautbildung. Wenn die Mutter darauf reagiert, hat ein neuer Zyklus von Aktion-Reaktion-Aktion begonnen.

6. Die Triebe (Libido und Aggression) dienen den miteinander verknüpften Bedürfnissen nach Beziehung und Individuation. Auf der Instinktseite der Entwicklung differenzieren sich die beiden Triebe, wie Jacobson (1964) bemerkt, unter der Voraussetzung adäquater Bemutterung aus der Matrix. Loewald (1972) geht davon aus, daß psychische Instinktrepräsentanzen, die einzigartigen eigenen Lebens- und Todestriebe des Kindes, aus der dyadischen Interaktion hervorgehen. Dem fügen wir das Postulat hinzu, daß eine der ersten Wirkungen der Interaktion darin besteht, daß die Symbiose (d. h. die libidinöse Verbindung) zunimmt, um später abzunehmen, wenn der differenzierende Aggressionstrieb im Verein mit den reifenden physischen Apparaten vorübergehend das Übergewicht erlangt. Schließlich operieren beide Triebe gemeinsam, um Loslösung und Individuation voranzutreiben, wobei die Objektbindung aufrechterhalten wird, während die psychische Distanzierung fortschreitet. Wir haben (1977) zum Ausdruck gebracht, daß wie es vorziehen, die Triebe (Bindung und Trennung) als angeboren zu betrachten statt als psychische Repräsentanzen, die aus der Interaktion in der Dyade hervorgehen, wie Loewald meint. Das Problem ist jedoch gelöst, wenn die Organisierungsfähigkeit als der angeborene Faktor betrachtet wird. Wir beschreiben die Organisierungsfähigkeit im 2. Kapitel und zeigen im 12. Kapitel, wie sich diese Fähigkeit, die aus den Apparaten primärer Autonomie hervorgeht, zu einer Eigenschaft entwickelt, die der Patient unbedingt in die therapeutische Begegnung einbringen muß.

7. Wenn wir uns den technischen Implikationen der These zuwenden, daß das Ich ein Organisierungsprozeß sei, müssen Übertragung,

Widerstand und Abwehr einer Neueinschätzung unterzogen werden, um zu verdeutlichen, daß auch sie die Organisationsstufen widerspiegeln, die jedes Individuum erreicht hat. Wir halten es daher für angebracht, zu prüfen, ob der Organisierungsprozeß einen Grad der Trennung der Selbst- von den Objektimagines erreicht hat, der eine Übertragung möglich macht, und diese Ebene der Entwicklung und Strukturierung von jenen primitiveren Formationen zu unterscheiden, bei denen die ständige Suche nach narzißtischen Zufuhren die therapeutische Situation stärker beherrscht als die eigentliche Übertragung. Im letzteren Fall gehen wir davon aus, daß es korrekter ist, das fortdauernde Verlangen nach Wiederholung der Erfahrungen mit dem primären Objekt als ein Phänomen zu betrachten, das nicht als Übertragung zu bezeichnen ist.

Wir sind auch gezwungen, den Begriff des Widerstandes einer neuen Einschätzung zu unterziehen, um ihn der Ägide des Organisierungsprozesses zuzuordnen. Es trägt zur Klarheit bei, wenn man die auf Signalangst reagierende durchdachte Abwehr von einem Abwehrverhalten unterscheidet, das niedrigere Organisationsebenen erkennen läßt.

Vom Entwicklungsstandpunkt wird auch die Ansicht bestimmt, daß präverbales Leben in der ersten Entwicklungsrunde, die zur psychischen Geburt führt, eine lebenswichtige Rolle spielt, und von daher muß auch gezeigt werden, daß Techniken zur Bewußtmachung dieser Erlebnisse in der Behandlungssituation die Wiederholung bzw. Nachbildung von Objekterfahrungen, Träumen, ständig unangepaßtem Verhalten u. ä. mit sich bringen.

Schließlich haben wir Überlegungen bezüglich unserer Erfahrung mit Ich-Bildungs-Techniken in der Psychoanalyse und Psychotherapie einbezogen. Erläuterungen von Techniken für die Behandlung weniger strukturierter Persönlichkeiten sind von vielen Autoren geliefert worden. Wir bieten klinische Beispiele, um die von uns vorgeschlagenen Techniken zu demonstrieren. Diese werden zweifellos in der Zukunft revidiert, weiter ausgearbeitet und verfeinert werden. An dieser Stelle können wir das Ende nicht voraussehen.

Die grundlegende These, die wir entwickeln möchten, lautet, daß der Begriff Ich, wie er sich im Lauf der
psychoanalytischen Theoriebildung
über verschiedene Definitionen her-
ausgeschält hat, zum Synonym für
den Organisierungsprozeß geworden
ist. Hartmann (1964) stellte anläßlich
seiner Nachprüfung der Entwicklung
des Ich-Begriffs in Freuds Werk fest,
daß wir »Freuds Leistung ohne genaue Kenntnis der ihm eigenen be-

merkenswerten Wachstumsfähigkeit und der Wege, auf welchen diese
Entwicklung zustande kam, schwerlich gerecht werden können«
(S. 261).

Wir werden hier diese Entwicklung noch einmal rückblickend verfolgen und einen kleinen Schritt darüber hinausgehen. Wir fühlen uns
durch die Theorie als solche ebenso wie durch den Nachdruck, den
Hartmann auf Freuds Einstellung zu seinem eigenen Werk [»diese
Qualität des Noch-nicht-fertig-Seins, des Noch-nicht-das-letzte-Wort-
gesagt-Habens« (S. 261)] legt, inspiriert. Unsere These ist sicherlich
nicht das letzte Wort, sondern lediglich ein Glied in der Kette der
Theoriebildung, von dem wir hoffen, daß es weiterverfolgt wird.

Den Keim zu unserem Organisationskonzept, einschließlich der Vorstellung, daß Pathologie aus Fehlbildungen in der Organisation entsteht, hat Freud in seinen Schriften bereits 1912 gelegt. Er sagt: »Es
kommt außerdem in Betracht, daß viele Personen gerade an dem
Versuche erkrankt sind, ihre Triebe über das von ihrer Organisation
gestattete Maß hinaus zu sublimieren« (1912e, S. 385). Und seine
entwicklungspsychologische Position wird deutlich, wenn er sagt: »Es
ist eine notwendige Annahme, daß eine dem Ich vergleichbare Einheit
nicht von Anfang an im Individuum vorhanden ist; das Ich muß
entwickelt werden« (1914c, S. 142).

Doch bevor es ihm möglich war, das Ich zu definieren, mußte Freud
die Theorie selbst in beachtlichem Maße organisieren. Wir erkennen
daher Hinweise auf Gedanken über das Ich schon in seinen frühen
klinischen Arbeiten, als er einige Ich-Funktionen – etwa Wahrnehmung, Synthese (sekundäre Revision) und Abwehr – erkannte (1909).
Doch das zwingende Interesse an den Schicksalen der Triebentwicklung, das sich aus seiner klinischen Erfahrung herleitet, führte dazu,
daß er sich zunächst der Erforschung des Narzißmus (1914c) und der

Triebtheorie (1920) zuwandte, bevor er 1923 seine uneingeschränkte Aufmerksamkeit dem Ich widmen konnte; erst zu diesem Zeitpunkt definiert er es: »Wir haben uns die Vorstellung von einer zusammenhängenden Organisation der seelischen Vorgänge in einer Person gebildet und heißen diese das *Ich* derselben« (1923, S. 243). Er führte seine Gedanken über das Ich in *Hemmung, Symptom und Angst* (1926), wo er seine Angsttheorie revidiert, weiter aus. Er sagt dort: »Das Ich ist eine Organisation, es beruht auf dem freien Verkehr und der Möglichkeit gegenseitiger Beeinflussung unter all seinen Bestandteilen« (1926, S. 125).

In *Die endliche und die unendliche Analyse* (1937) kam er erneut auf sein entwicklungspsychologisches Ich-Konzept zurück und lieferte den Keim zu Hartmanns These (1939) einer undifferenzierten Matrix, aus der Ich und Es hervorgehen, und die Vorstellung der angeborenen Ich-Apparate. Freud sagt: »Aber wir wollen nicht übersehen, daß Es und Ich ursprünglich eins sind, und es bedeutet noch keine mystische Überschätzung der Erblichkeit, wenn wir für glaubwürdig halten, daß dem noch nicht existierenden Ich bereits festgelegt ist, welche Entwicklungsrichtungen, Tendenzen und Reaktionen es späterhin zum Vorschein bringen wird« (1937, S. 86).

Faßt man einige dieser Vorstellungen zusammen, ist der Gedanke berechtigt, daß ein angeborener Ich-Apparat (die synthetische Funktion) bei der Geburt schneller arbeitet, um die Bildung der Ich-Kerne zu beschleunigen, wenn der Säugling das extrauterine Erleben zu organisieren beginnt. Nunberg (1948) definierte die synthetische Funktion im Jahre 1931. Er sagt: »Im Es sind verschiedene Strömungen kumuliert, die, wenn sie auf Objekte der Außenwelt gerichtet sind, zu ihrer Vereinigung mit dem Subjekt führen und damit ein neues lebendes Wesen schaffen. Diese libidinösen Strömungen werden von uns dem Eros im Freudschen Sinne des Wortes zugeschrieben. Unsere tägliche Erfahrung lehrt uns, daß auch im Ich eine Kraft lebt, die in ähnlicher Weise bindet und vereinigt...« (S. 120).

Die Synthese weicht bald der Organisation, wenn die Erfahrungsinseln sich miteinander verbinden. Hartmann benutzt diese Tatsache, um sich über den Begriff der synthetischen Funktion ausführlicher zu verbreiten: »Daher würde es den Tatsachen besser entsprechen, wenn wir von *organisierender Funktion* statt von *synthetischer Funktion* sprechen, weil der Begriff der Organisierung nicht nur die integrierenden, sondern auch die differenzierenden Tendenzen umfaßt« (S. 72).

»Ein Gleichgewicht zwischen den verschiedenen Anpassungstendenzen wird am Ende mehr oder weniger erfolgreich durch die Erfahrung und die integrierende oder synthetische oder organisierende Funktion des Ichs hergestellt, die auf mehreren Ebenen wirksam ist und die verschiedene Seiten der seelischen Funktionen miteinander und mit der äußeren Realität in Beziehung setzt« (S. 248).

»Die synthetische Funktion (andere Regulierungen nicht ausschließend, sondern zu ihnen hinzutretend) macht das Ich, welches stets als eine Organisation angesehen worden war, jetzt auch zu einem Organisator der drei Systeme der Persönlichkeit. Dies ist mit Recht mit Cannons Begriff der Homöostase verglichen oder als einer ihrer Aspekte beschrieben worden« (S. 282).

Loewald (1977) zeigt ebenfalls, welchen Platz das Organisationskonzept in Freuds Denken einnahm: »Die umfassende Bezeichnung für diese Untersuchungen lautete nun: Analyse des Ichs, d. h. der abgestuften Ebenen einer mehr oder weniger kohärenten Organisation. Ich... war die Bezeichnung für die Totalität dieser Ebenen, die *als eine allumfassende Organisation betrachtet wurden*. Freud nannte dieses Ich mitunter das *Gesamt-Ich*, wenn er es von dem Ich unterscheiden wollte, das als Gegenstück zu Es und Über-Ich angesehen wird. Organisation bedeutet hier sowohl organisierende Aktivität als auch die sich aus dieser Aktivität ergebende Totalität« (S. 14).

Auch Sandler und Joffe (1969) beziehen sich auf das Organisationskonzept. Sie weisen darauf hin, daß es ein integraler Aspekt des Anpassungsprozesses ist.

Es wurde demnach in der psychoanalytischen Forschung verstanden und anerkannt, daß das Ich ein Organisator ist bzw. eine Organisationsfunktion hat. Damit wird impliziert, daß dieser Funktion mehr Bedeutung zukommt als anderen Ich-Funktionen, daß sie für sich steht, daß ihr die anderen Funktionen aus eben dem Grunde untergeordnet sind, weil sie ohne sie nutzlos sind. Motilität, Wahrnehmung, Willenskraft, Realitätsprüfung, Urteilsfähigkeit und sogar die Synthese selbst bedürfen der Organisation, um Sinn und Zweck zu erhalten. Deshalb kann man sagen, daß Organisation das wahre Ziel dieser und der anderen Funktionen ist.

Die zentrale Position der Organisationsfunktion wird vor allem von Hartmann (1964) hervorgehoben: »Viele Mißverständnisse und Unklarheiten lassen sich darauf zurückführen, daß wir uns noch nicht dazu erzogen haben, das Ich von einem intrasystemischen Standpunkt aus anzusehen. Man spricht vom ›Ich‹ als rational, realistisch oder als einer integrierenden Instanz, während dies in Wirklichkeit nur Eigenschaften der einen oder anderen seiner Funktonen sind« (S. 142).

Wenn Hartmann behauptet, daß das Ich durch seine Funktionen definiert sei, will er zum Ausdruck bringen, daß es ein Ich nicht gibt, außer wenn es funktioniert. Wir stimmen hierin mit ihm überein, denn man kann nur von der Existenz des Ichs sprechen, wenn es funktioniert, da es, wie es Freuds Absicht war, als ein Konstrukt betrachtet werden muß. Wo er es in anatomischen Termini beschreibt, handelt es sich um eine Metapher, denn es hat weder Gestalt noch Ort – nur Funktion.

Die entwicklungspsychologische Position geht davon aus, daß das Organisationskonzept noch über die Schlußfolgerung hinaus erweitert werden müsse, daß nur Ich-Funktionen nach Organisation verlangen. Wir würden die Triebe, die Affekte, die Selbst- und Objektbilder, die Außenwelt ebenso einbeziehen wie die Erfahrungsresultanten innerhalb des Organisationskonzepts, denn sie alle müssen organisiert werden, um mit dem Fortschreiten der Entwicklung zu angemessener innerer Repräsentanz zu gelangen. Damit sind wir wieder bei Freuds Begriff des *Gesamt-Ichs*. Wir kommen daher zu dem Schluß, daß es besser ist, das Ich nicht einfach durch seine Funktionen zu definieren, sondern durch sein *Funktionieren* als Organisator. Daraus folgt, daß das Ich *qua* Ich ein Organisierungsprozeß *ist*.

Organisation kann nur auf eine Art erfolgen, die mit der Entwicklungsstufe übereinstimmt. Formen und Fehlbildungen der Organisation repräsentieren also die gegebenen Entwicklungsstufen und -eigenschaften. Normalität ist demnach das Ergebnis von Organisation und Entwicklung, während Pathologie das Resultat einer Fehlentwicklung im Organisierungsprozeß ist.

Unterlagen für die Entwicklungstheorie liefern Untersuchungen, die auf Beobachtung beruhen. Das extrauterine Leben stellt an den Säugling Anpassungsforderungen, die *in utero* nicht existieren. Postuterine körperliche Reifungsprozesse durchlaufen eine Art Organisation, die am Ende der ersten Lebenswoche zum Wühlreflex führen. Beim Kind, das einen Monat alt ist, spiegelt sich die Reifungskrise (Benjamin, 1961) in einer stark erhöhten Hirnwellentätigkeit wider. Das Verfolgen mit den Augen einige Wochen später läßt wachsende Kohärenz erkennen – all das noch in der koenästhetischen Phase. Es handelt sich hier um Hinweise auf Vorgänge, die auf noch nicht miteinander verbundenen Kerninseln stattfinden, aber eindeutig als Formen einer organisierenden Aktivität zu erkennen sind.

Auch die Arbeit von René Spitz, die wir 1974 gewürdigt haben, stützt unsere These, daß das Ich ein Organisierungsprozeß ist. Bei der Beschreibung der Organisatoren der Psyche stellt er fest, daß es

32

Merkmale eines bestimmten Niveaus der psychischen Organisation gibt, die durch Indikatoren angezeigt werden: Lächelreaktion, Fremdenangst, semantische Kommunikation. Der erste Indikator informiert uns darüber, daß das Kind die Welt der äußeren Objekte libidinös besetzt hat und die psychische Entwicklung von nun an immer stärker in dieser Richtung weitergehen wird. Wenn diese Hinwendung zur Objektwelt nicht erfolgt oder in ihrem Fortschreiten behindert wird, kommt es zu einer abweichenden und verzerrten weiteren Entwicklung, weil sie von den zahllosen Möglichkeiten abgeschnitten wird, die sich nur durch den fortgesetzten Kontakt mit der Umwelt ergeben. Ein ähnliches Potential für Normalität oder Pathologie ist in jener Entwicklung enthalten, die zum zweiten Organisationsindikator führt, der das nunmehr mit besonderem Wert ausgestattete spezifische Objekt schafft, das zum Katalysator der Organisation wird. Wenn die dritte Organisationsstufe erreicht ist, wird die weitere Entwicklung durch das Potential für Objektbeziehungen bereichert, das zu semantischer Kommunikation befähigt. So beschreibt Spitz sukzessive Organisationsstufen psychischer Vorgänge, wobei die höher entwickelten mehr Funktionen von größerer Komplexität und Effektivität zur Entfaltung kommen lassen. Für Spitz stellen die frühen Lebensmonate eine Vor-Ich-Phase dar, eine Zeitspanne, in der der Säugling sich in einem Zustand koenästhetischen Ahnens und Empfangens befindet; dieser Zustand entspricht der von Margaret Mahler beschriebenen autistischen Phase bzw. der anfänglichen Symbiose. Es werden nur Gesamteindrücke – gewöhnlich viszeral – wahrgenommen, weil geordnete Reaktionsebenen und die Verwendung unterschiedlicher Ich-Apparate noch nicht zu Gebote stehen. Unser Postulat, daß das Ich selbst der Organisierungsprozeß sei, legt nahe, daß es keine Trennung zwischen »Vor-Ich« und beginnendem Ich gibt. Selbst in den ersten Lebenswochen sind Hinweise auf den Organisierungsprozeß zu beobachten: Wühlen, zunehmende Hirnwellenaktivität, Verfolgen mit den Augen.

Während die Bezeichnung *Organisatoren der Psyche* mit Freuds Definition des Ichs korreliert, wird nicht unmittelbar deutlich, daß das, was Spitz damit beschrieb, Form, Methode und Inhalt des Ichs waren – seine eigentliche Entwicklung auf verschiedenen Organisationsstufen. Eine solche Stufe läßt sich folgendermaßen identifizieren: Die Kommunikation von Gedächtnisspuren befriedigender Erlebnisse in Verbindung mit der unbestimmten Wahrnehmung der *Gestalt* des menschlichen Gesichts weckt antizipierend fast alle motorischen Fähigkeiten, die das Kind besitzt. Hier verbinden sich die Apparate der primären Autonomie – u.a. Gedächtnis, Wahrnehmung, Denken, motorische Aktivität, Antizipation – mit Trieben und Affekten, um, zusammen mit der spezifischen Lächelreaktion, eine völlig neue Richtung der künftigen Organisation psychischer Prozesse einzuschlagen: das Ich bei der Arbeit. Jedem quantitativen Entwicklungssprung folgt eine Phase der Akkumulation kritischer Masse, um ein Beispiel aus der Physik zu entleihen. Zur Veranschaulichung: Wenn sich die Lächelreaktion verzögert, die erkennen läßt, daß die Organisation genügend weit fortgeschritten ist, um den Beginn eines »rudimentären« Ichs zu ermöglichen, zeigt eben diese Verzögerung einen Entwicklungsrückstand an, d.h. daß vorausgegangene Organisierungsprozesse unterbrochen worden sein müssen, die zur Lächelreaktion geführt hätten.

Wir benutzen einige signifikante Folgen der Konzeptualisierungen Margaret Mahlers, die sie von ihren Beobachtungsdaten ableitet, zu weiterer Ausführung. Bevor wir uns ihnen jedoch zuwenden, muß man festhalten, daß ihre Arbeit, ebenso wie die von Spitz, eben jene theoretische Herausforderung Freuds aufnimmt, die lautete: »Das Ich aber, seine Zusammensetzung aus verschiedenen Organisationen, deren Aufbau und Funktionsweise, blieb uns verhüllt« (1917, S. 430). In Parenthese kann man hinzufügen, daß wir – wie Freud vorhersah – über das Ich mehr durch die Untersuchung der narzißtischen Neurosen (der Psychosen) gelernt haben, denn diese beiden Forscher gingen in ihren frühen Arbeiten von jenen schweren pathologischen Erscheinungen aus – Spitz untersuchte Babys mit anaklitischer Depression und Marasmus, Margaret Mahler leistete Pionierarbeit bei der Untersuchung psychotischer Kinder.

Wir konstatieren noch einmal Margaret Mahlers Organisationsprinzip: Wichtige Aspekte des intrapsychischen Lebens und des Verhaltens hängen mit dem Loslösungs- und Individuationsprozeß zusammen. Persönlichkeit und Struktur des Kindes entwickeln sich zugleich harmonisch mit denen der Mutter und kontrapunktisch zu ihr. Mahlers Beschreibungen der symbiotischen Einheit wie der Loslösungs- und Individuationsvorgänge liegen seit geraumer Zeit vor. Diesen Publikationen fügte sie (Mahler, Pine u. Bergmann, 1975) die signifikante Aussage hinzu, daß die Ich-Struktur *per se* aus diesen Prozessen hervorgeht, da sie die Einwirkungen der Triebe mitumfaßt. Die Differenzierung der Selbstbilder von den Objektbildern ist ein wesentlicher Teil des Prozesses der Ich-Organisation. Mahlers Untersuchungen bieten auch Informationen über die Einzelheiten spezifischer Aspekte des Organisierungsvorgangs, die sie in ihrer ausführlichen

Darstellung der Symbiose und der vier Subphasen von Loslösung und Individuation vermittelt. Hier wird des näheren ausgeführt, was Hartmann bereits betont hatte, nämlich daß das Ich die Funktion der Objektbeziehungen entwickelt, da sich die Ich-Struktur gleichzeitig aus Objektbeziehungen herleitet.

Die psychoanalytische Entwicklungspsychologie mit ihrer Betonung der dyadischen Beziehung scheint insofern eine simple Theorie der Objektbeziehungen zu sein, als sie das Neugeborene als völlig abhängig von der Umwelt beschreibt. Mahler fügt jedoch Hartmanns Postulat von den angeborenen Apparaten aus ihrer Beobachtung hinzu, daß der Löwenanteil der Anpassung dem Kind zufällt. Dadurch ändert sich die einfache Vorstellung, daß die Objektbeziehungen einzig und allein vom mütterlichen Beitrag zur Dyade abhängen. Mahler gelangte sogar zu der Schlußfolgerung, daß die kümmerlich entwickelte Fähigkeit, von der Umwelt zu profitieren, das Kind hindern könnte, an der dyadischen Interaktion teilzunehmen, und außerdem, daß eine bestimmte Veranlagung das Kind zum Nachteil der Gesamtorganisation zu einer vorzeitigen Entwicklung von Ich-Funktionen drängen kann.

Der Organisierungsprozeß wird am deutlichsten, wenn Entwicklungssprünge anzeigen, daß ein Organisationshöhepunkt erreicht wurde, worauf eine Ebene der Konsolidierung dieses Gewinns und der Vorbereitung des nächsten Sprungs folgt. Wir wollen zum Beispiel einmal einen der augenfälligsten Sprünge betrachten: die freie aufrechte Fortbewegung. Über den Einfluß des Krabbelns, Watschelns und Laufens auf die psychische Entwicklung des Kindes kann es keinen Zweifel geben. Dadurch wird die eigentliche Übungsphase eingeleitet. Das Kind sieht seinen Körper und die Außenwelt aus einer neuen Perspektive. Durch die aufrechte Haltung wird auch das Potential zur Identifizierung mit den Eltern erhöht. Die Beherrschung der Fortbewegung führt zum »Hochgefühl« (»elation«) – ein Affekt, der das Selbstwertgefühl ungeheuer steigert und die treibende Kraft zum Sprung in die Objektwelt ist. Physiologische Vorbedingung für diesen Sprung ist die Reifung von Muskelapparat und Nervensystem. Von gleicher Wichtigkeit ist die psychologische Vorbereitung; das Kleinkind muß genügend phasenspezifische Frustrationsdosen erhalten und andere die Loslösung fördernde Erfahrungen gemacht haben, um auf diesen gigantischen Schritt zur Individuation vorbereitet zu sein. Mahlers Theorieerweiterungen sind von spezifischer Bedeutung für das Verständnis der von Edith Jacobson beschriebenen Differenzierungsprozesse. Ein kleines Beispiel: Das Kind im Loslösungs- und

Individuationsprozeß braucht phasenspezifische, d. h. nicht zu hohe Frustrationsdosen und eine entsprechende Abwesenheit der Mutter zur Beschleunigung seiner Entwicklung. Solche Erweiterungen und Verfeinerungen der Erfahrungen des Kindes in den Phasen und Subphasen zeigen, daß diese die Grundschicht bilden, die die Entwicklung späterer Organisationsstufen, etwa den Ödipuskomplex, beeinflussen.

Die auf Beobachtung beruhenden Untersuchungen bestätigen auch, daß psychische Struktur sich fortlaufend entwickelt; jede undifferenzierte Phase wird von einer differenzierten abgelöst, die dann zu einer neuen Integrationsstufe führt; umgekehrt liefert jede Integrationsebene die Plattform für weitere Differenzierung. Differenzierungs- und Integrationsprozesse bewirken das Fortschreiten zu immer höheren Ebenen. Am Anfang steht die Differenzierung von Ich und Es aus der gemeinsamen Matrix, von innen und außen, von Psyche und Soma, von Selbst- und Objektbildern, der beiden Triebe voneinander, des Affekts vom Trieb. Es ist auch erwiesen, daß die psychische Entwicklung möglichst parallel mit der physischen Reifung fortschreiten sollte, wobei diese in entscheidenden Phasen konvergieren. Freuds letzter Hinweis (1940), daß die Triebe der Schaffung von Verbindungen (Libido) und ihrer Auflösung (Aggression) dienen, ist in bedeutungsvoller Weise bestätigt worden.

Anhand dieses kurzen Rückblicks auf Untersuchungen, die auf Beobachtungen beruhen, schlagen wir vor, einige Hypothesen nunmehr zu einer einheitlichen Feststellung zusammenzufassen: Es gibt eine angeborene Fähigkeit, psychische Vorgänge in kohärenter Form zu organisieren. Diese Organisation findet zunächst in affektgeladenen Erlebnisinseln unter Verwendung aller zur Zeit verfügbaren Apparate statt; mittels Organisation führt die Kumulation von Erfahrung zu qualitativer Veränderung und läßt sich an Entwicklungspunkten beobachten, wenn gewisse Spitzenwerte der Organisation erreicht werden.

Nachdem wir die frühen Lebensabschnitte betrachtet haben, wenden wir uns nun einer Phase zu, in der ein weiterer Entwicklungssprung erfolgt: vom Leben im interpersonalen Bereich zum Leben in der Struktur. Lichtenberg (1975) findet es nützlich, zwischen den Bezeichnungen *Selbstbilder* und *Selbstrepräsentanzen* zu unterscheiden, indem erstere zur Kennzeichnung des psychischen Einflusses auf das unmittelbare Erleben verwendet wird (wobei er Sandler und Rosenblatt, 1962, folgt), während der Begriff *Repräsentanzen* der zur Strukturbildung führenden Verinnerlichung vorbehalten bleiben soll.

Wodurch wird auf der Erfahrungsebene ein Bild in eine strukturierte Repräsentanz verwandelt? Rapaports Strukturdefinition (1959) erweist sich hier als nützlich: Konfigurationen, die an Mustern mit einer langsamen Veränderungsquote festhalten. Können wir nicht sagen, daß der Organisierungsprozeß nicht nur Kohärenz, sondern auch Stabilität erreicht hat, wenn die Strukturierung an diesen Punkt gelangt ist? Damit wird einmal mehr unterstrichen, daß die Aufgabe, Erfahrung zu vernünftiger Kohärenz zu ordnen, der eigentliche Zweck des Ichs ist. So muß beispielsweise ein Ich, das sich mit den Konflikten der ödipalen Krise auseinandersetzen kann, ein intellektuelles Niveau erreicht haben, an dem sich ablesen läßt, daß ein quantitativer Sprung in der Organisation stattgefunden hat, durch den die vielen verschiedenartigen Fähigkeiten zu einem zusammenhängenden Ganzen integriert wurden.

Stellt man sich das Ich als Organisation vor, so ergeben sich daraus diagnostische und technische Vorteile. Nehmen wir zum Beispiel eine übliche, leichtverständliche Diagnose wie »Zwangsneurose mit depressiven Zügen«. Obwohl sich Psychoanalytiker auf vertrautem Grund und Boden befinden, soweit es sich um Struktur, Dynamik, Ökonomie und Genese der Zwangsneurose handelt, spiegelt sich die spezifische Ätiologie einer bestimmten Depression oder depressiven Verstimmung in der diagnostischen Bezeichnung wider. Mahler zeigt, daß die Subphase der Wiederannäherung aufgrund besonderer Verwundbarkeit zur Depression prädisponieren kann. Doch woher wissen wir, ob der diagnostisch abgestempelte Patient an einer Depression dieser oder jener Ätiologie leidet? Wie können wir ferner der Diagnose entnehmen, ob die Zwangsneurose, entwicklungsmäßig gesehen, das Erreichen der phallisch-ödipalen Phase und der regressiven Abkehr von ihr mit oder ohne eine verborgene Beimischung unzureichender Subphasenentwicklung darstellt? Man müßte überlegen, ob die depressiven Züge ausschließlich von der Grausamkeit des Überichs hervorgerufen werden, oder ob sich zum Überich eine Prädisposition zur Depression infolge ungenügender Entwicklung in der Wiederannäherungsphase gesellt.

Was die technischen Vorteile der Definition des Ichs als Organisierungsprozeß angeht, so dient sie zunächst dazu, die freischwebende Aufmerksamkeit zu erhöhen, indem sie das Blickfeld des Analytikers für das, was im Patienten vorgeht, erweitert und ihn davon abhält, sich mit dem ihm Vertrauten zu begnügen. Die genaue Einstimmung auf Mitteilung und Assoziationen eröffnet Möglichkeiten zum Einsatz Ichbildender Maßnahmen, wo sie benötigt werden. Die Einstimmung erstreckt sich dann auch auf verborgene frühere Entwicklungsmängel, da sie in spätere Entwicklungsphasen eingingen. Subtile Manifestationen ungenügender Phasen- und Subphasenentwicklung müssen in den Formen aufgesucht werden, in denen sie in eine dritte oder vierte Entwicklungsschicht eingedrungen sind – in den Ödipuskomplex beispielsweise.

Wir möchten nicht den Eindruck erwecken, daß der aufmerksame Analytiker oder Therapeut in den meisten Fällen genau wissen könne, wo und wann die Subphasenentwicklung im frühen Lebensalter unzureichend war. Wichtige biographische Tatsachen, die dem Patienten bekannt sind, sind unsichere Wegweiser. Sie können uns vielleicht etwas darüber sagen, welche Phase oder Subphase gestört worden sein mag. Wir haben jedoch klargestellt, daß sich der erwachsene Patient hinsichtlich seiner Entwicklung nicht in derselben Position befindet wie in seiner frühen Kindheit – daß die Interaktion oder Objektbeziehung im Individuum eine Resultante hervorbringt, und daß selbst diese Erfahrungsresultante zunächst auf ihrer eigentlichen Ebene, sodann aber auch auf späteren Ebenen organisiert wird. Daher bietet der erwachsene Patient, den wir vor uns haben, weit mehr als die ursprüngliche Subphasenerfahrung und seine (entwicklungsmäßig gesehen) statische Reaktion darauf. Wir sind gezwungen, nach der Fehlbildung in der Gesamtorganisation zu suchen, die durch unzureichende Phasen– oder Subphasenentwicklung hervorgerufen wurde, und insbesondere müssen wir uns von Margaret Mahlers Entdeckung leiten lassen, daß die unzureichende Entwicklung in einer einzelnen Subphase auf dem langen Entwicklungsweg mitunter normal eingeordnet wird.

Wo also frühe lebensgeschichtliche Daten zur Verfügung stehen, müssen wir die spezifischen Einwirkungen auf den einzelnen Patienten einschätzen, dürfen daraus aber nur eine Hypothese ableiten, die durch das Verhalten des Patienten bestätigt wird, und wir müssen uns bei unseren therapeutischen Eingriffen vor allem seiner eigenen Organisierungsfunktion bedienen. In vielen, vielleicht in den meisten Fällen fehlen biographische Daten. Hier ist der Therapeut vollkommen auf das Verhalten in der Behandlungssituation angewiesen, sei es auf die Übertragung oder etwas, das wir vorläufig etwas unbeholfen als »Vor-Übertragung« oder als Suche nach der Wiederholung des frühen Erlebens bezeichnen müssen. Ferner müssen wir uns auf die Angaben des Patienten verlassen, die durch gewisse Interventionen herausgelockt werden. Die Rolle des Therapeuten ähnelt der eines Artilleristen, der auf Botschaften eines weiter vorn befindlichen Beobachters reagiert, um Reichweite und Seitenlage der Übungsgranaten zu korrigieren, mit denen die Zielgenauigkeit geprüft wird. Wir stellen nun einen Fall vor, der schwere Fehlbildungen im Organisierungsprozeß veranschaulicht. Wir wollen damit die diagnostische und technische Nützlichkeit der These, daß das Ich ein Organisierungsprozeß sei, erhellen.

Was die Diagnose angeht, zeigt dieser Fall, wie unmöglich es ist, Patienten mit so schweren Fehlbildungen in bestimmte Kategorien einzuordnen, insbesondere wenn das Individuum – anscheinend unerklärlicherweise – zu funktionieren vermag. Es ist natürlich einfach festzustellen, daß es sich um einen Borderline-Zustand handle. Aber eine solche diagnostische Behauptung läßt das Gleichgewicht von konfliktfreiem Funktionieren, Anpassung, Fehlbildung und der Art und Weise außer acht, wie diese sich zu einer Gesamtorganisation zusammengefunden haben. In der konfliktfreien Sphäre besaß die Patientin glücklicherweise ein ungewöhnliches künstlerisches Talent. Unter Anpassungsgesichtspunkten war sie imstande, dies zu nutzen, indem sie Form, Ideen, Farbe künstlerisch gestaltete – anders gesagt, organisierte. An der Art, wie sie nach einer Therapie suchte, kann man vernünftige Überlegung und Urteilsfähigkeit (sie hatte vorher einige der vielen Modetorheiten auf unserem Gebiet geprüft) und sogar in bescheidenem Umfang eine Suche nach Objektbeziehung erkennen, denn sie wählte die Einzelbehandlung. Letzteres erwies sich als nützlich und ermöglichte es dem Therapeuten im Lauf der Behandlung, ihr zu helfen, ihre Promiskuität aufzugeben und mit einem ständigen Partner zusammenzuleben.

Die Fehlbildungen waren ganz offenkundig. Die Besetzung von Selbst- und Objektbildern war kümmerlich. Es fehlten die affektiven Bindungen, die nach Kernberg (1975) die Bindeglieder sind, die Objektbeziehungen ermöglichen. Es gab ein schwerwiegendes Regressionspotential sowohl im psychosexuellen wie im Ich-Bereich, das im wiederkehrenden Symptom nächtlicher Enuresis in Erscheinung trat. Im folgenden Dialog werden negative Antizipation hinsichtlich der Objektsuche, übervorsichtige Wut und dennoch trotz aller oben beschriebenen Mängel ein bescheidenes Maß an Identitätsbildung besonders deutlich.

Die Patientin ist Mitte dreißig und seit sechs Jahren viermal wöchentlich in psychotherapeutischer Behandlung. Während dieser Zeit trat das Symptom (das zur Behandlung geführt hatte) geringfügiger in Erscheinung und verschwand sogar für einige Jahre. Größere Fortschritte wurden auch in anderen Lebensbereichen gemacht. Sie konnte masochistische Beziehungen zu Männern und zu Arbeitgebern abbrechen, die ihre klaglose Unterwürfigkeit ausnutzten. Überwältigende Angst in der Form von *Pavor nocturnus* verringerte sich und wurde zu einer Art Signalangst. Sie setzte ihre Ich-Funktionen aktiver ein, als ihre Passivität nachließ, doch als sie fortfuhr, ihren Tätigkeitsradius zu erweitern, kehrten die infantilen Symptome zurück.

Im folgenden wird ein Teil einer typischen Analysestunde wiedergegeben, die im fünften Jahr der Behandlung stattfand:

Patientin: Wie üblich kann ich mich an nichts erinnern. Im Augenblick, als ich gestern ging, war alles weg. Futsch! Wenn ich hier die Tür zumache, ist es als ob mein Geist auch zuschließt.
Therapeut: Na gut, aber jetzt sind Sie wieder hier, und wenn Sie sich selbst eine Chance geben, können Sie vielleicht die verschlossene Tür Ihres Geistes wieder öffnen. (Der Therapeut unterstützt die kognitive Fähigkeit, indem er zwischen Tür und Geist unterscheidet.)
Patientin: Es ist komisch. Als ich mich eben setzte, erinnerte ich mich daran, wie ich mich gestern hier setzte. Aber das ist auch alles, was mir wieder einfällt.
Therapeut: Na gut, alles woran Sie sich erinnern, ist das Hinsetzen, und im Moment scheint Ihnen das nicht so sehr viel zu sein. Ich glaube aber, daß wir Ihre Fähigkeit, sich an *etwas* zu erinnern, höher einschätzen sollten – die Tür Ihres Geistes hat sich geöffnet, wenn auch nur einen Spalt.

Es ist klar, daß der Therapeut es nicht mit Verdrängung zu tun hat, sondern mit einer relativen Kümmerlichkeit des Selbstbildes; Erfahrung wird nicht durch affektive Bindungen zusammengehalten. Der Organisierungsprozeß kann deshalb nicht fortschreiten, weil er Selbstbild, Objektbild und Affekt nicht einbezieht, die alle erforderlich sind, um Erlebtes dem Gedächtnis einzuverleiben. Der Therapeut stützt die höchste Funktionsebene der Ich-Organisation.

Patientin: Während wir hier reden, kommt etwas mehr zurück. Ach ja, wir sprachen über...
Therapeut: (Später) Was, glauben Sie, half Ihnen, sich zu erinnern? Hier möchte der Therapeut dem Ich helfen, seine Funktionen wahrzunehmen, indem er einerseits der Patientin den eigentlichen Erinnerungsvorgang bewußt macht, und andererseits hofft, daß diese Funktion, einmal verstanden und ausgeübt, sich in Richtung der sekundären Autonomie bewegen wird.

Patientin: Schwer zu sagen. Es kommt so plötzlich zurück, wie es gewöhnlich verschwindet. (Das Ich ist noch passiv; der Organisierungsprozeß kann die gestellte Aufgabe noch nicht übernehmen.)

Therapeut: Sie glauben nicht, daß unser Zusammensein etwas damit zu tun hatte? (Der Therapeut möchte jede noch so kümmerliche affektive Bindung erfassen, die in der Luft liegen mag.)

Patientin: Ich weiß, daß es etwas damit zu tun haben muß. Aber ich muß dazu sagen, daß ich es nicht fühle. Was ich fühle, ist entweder: ›Peng! es ist weg, oder peng! es ist wieder da.‹ In meinen Gefühlen existieren Sie nicht, also haben Sie nichts damit zu tun. Manchmal, auf meinem Weg hierher, versuche ich mich zu erinnern, worüber wir gestern gesprochen haben oder in den letzten Stunden, aber *Sie* kommen dabei nie vor. (Hier erkennen wir, wie die Objektbilder entschwinden. Daraus folgt die Hypothese, daß die Interaktion in der primären Dyade zu kümmerlich war, um eine dauerhafte libidinöse Besetzung von Objektrepräsentanten zu bewirken.)

Therapeut: Erwarten Sie nicht, daß ich versuchen werde, Ihnen zu helfen? (Der Therapeut versucht, eine Objektbeziehung herzustellen und Erwartung zu wecken, und hofft dadurch ihr Repertoire an Ich-Funktionen zu erweitern.)

Patientin: Sie machen wohl Spaß? Ich erwarte niemals etwas Gutes. Manchmal, wenn John (ihr Ehemann) nach Hause kommt, sehe ich ihn an und sage fast unbewußt, zu mir selbst natürlich: ›O ja, ich kenne dich; du bist mein Mann, John, ich erinnere mich an dich.‹ Manchmal berühre ich sein Gesicht, um mich an seine Züge zu erinnern.

Sie bringt zum Ausdruck, daß sie nur eine Wiederholung negativer primärer Erlebnisse erwarten kann. Sie vermag ihre Organisation selbst auf einer so primitiven Stufe dazu zu benutzen, sich ein »gutes« Erlebnis – Kontakt durch Berührung – wieder bewußt zu machen. Dann kann sie sich besser erinnern. Aber die Gedächtnisfunktion in bezug auf Objekte bleibt noch weitgehend außerhalb des Gesichtskreises ihrer Organisierungsfähigkeit, weil so wenig Objektbesetzung und Befriedigungserwartung vorhanden ist. Die Desorganisation des Ichs dieser Patientin zeigt sich auch in ihrer Unfähigkeit, sich an ihre Kindheit zu erinnern – bei dieser Pathologie ein klinisch häufig zu beobachtendes Phänomen. Es kann nicht durch die allgemein verbreitete infantile Amnesie erklärt werden. Der Normale wie der Neurotiker kann sich an Ereignisse aus der frühen Kindheit erinnern, bevor ein kontinuierliches Gedächtnis vorhanden ist.

Wir haben gesagt, daß die Patientin passiv im Sinne von Rapaports Ich-Passivität ist. Als Kind hatte sie immer genau das getan, was man ihr sagte, wenn sie im Laden ihrer Eltern mithalf und ihre jüngeren Geschwister versorgte. Sie glaubt, daß sie niemals etwas einzuwenden hatte (sie hatte die Stufe von Spitz' drittem Organisator nicht erreicht). Sie spielte nicht mit anderen Kindern, oder aber sie kann sich an Kinderfreundschaften nicht erinnern. Was ermöglichte es dieser Patientin also, überhaupt zu funktionieren – erwachsen zu werden, eine Ausbildung abzuschließen, zu heiraten, zur Therapie zu kommen, sich auf einem anspruchsvollen, von starker Konkurrenz geprägten Gebiet in einer großen Stadt zu behaupten? Was rettete sie vor der Psychose? Sie besaß ein hervorragendes künstlerisches Talent, ein Merkmal, das ihre sonstigen angeborenen Ich-Apparate überragte. Vermutlich war die Patientin auch trotz des inadäquaten mütterlichen Teils der Dyade ausreichend befähigt, von ihrer Umwelt zu profitieren, um der Psychose zu entgehen. Interessanterweise war es gerade das Versäumnis der Eltern, ihre Begabung zu fördern, das sie in die Lage versetzte, Loslösung und Individuation bis zu einem gewissen Grade zu bewältigen, wenngleich in verzerrter Form. So konnte sie auch in bescheidenem Umfang eine Identität erlangen. Obwohl ihr ihre gegenwärtige Arbeit Preise einbrachte, hatte sie nie den Wunsch, sie dem Therapeuten einmal zu zeigen, wie es bei einem Patienten mit stärkeren Objektbeziehungen der Fall sein könnte. Im folgenden werden die Versuche des Therapeuten wiedergegeben, die Objektbeziehungen auf eine höhere Ebene zu führen:

Patientin: Wir haben oft darüber gesprochen, was sich zwischen mir und meiner Mutter abspielte oder nicht abspielte und woran ich mich so schlecht erinnere. Aber am Wochenende habe ich ganz altes Gerümpel aufgeräumt, und dabei stieß ich auf eine Skizze, die ich wahrscheinlich in der Oberschule gemacht habe. Möchten Sie sie mal sehen?
Therapeut: (Bemerkt, daß sie nichts bei sich hat) Aber sicher. Ich danke Ihnen für das Angebot.

Die Skizze wurde in eine spätere Stunde mitgebracht. Sie zeigt ein halbwüchsiges Mädchen, das eine größere Frau schlägt. Die Patientin weint während der ganzen Stunde. Für den Therapeuten war es ein Hinweis, daß selbst noch in der Adoleszenz eine Ambitendenz (Mahler) in der simultanen Wut und dem Versuch, Kontakt durch Berührung zu bekommen, zum Ausdruck kam. Dies wirkte sich auch in der

Beziehung zu ihrem Ehemann aus. Wenn die Ambitendenz der Ambivalenz weicht, wissen wir, daß ein ganzes Objekt libidinös besetzt wird. Die Patientin hatte diese Ebene noch nicht erreicht, wird aber vielleicht diese Richtung einschlagen, wenn ihr klar wird, daß der Therapeut an ihrer Arbeit interessiert sein könnte, d.h. wenn ihr Organisationsniveau die Erkenntnis zuläßt, daß er ein positives Interesse an ihr hat. Dann kann sie auch positiv reagieren, statt automatisch eine schlechte Erfahrung zu erwarten. In diesem Sinne konnte sie es wagen, die Skizze zu zeigen, nachdem gute Erfahrungen im therapeutischen Bündnis sich um negative Objekterwartungen drehten. Es kann auch kaum Zufall sein, daß sie eine Skizze zeigte, die den Kernpunkt des mit ihrem Selbst und der Mutter verbundenen Objektproblems darstellte – daß sie ihre Mutter nicht liebevoll berühren konnte, aber dennoch den Kontakt brauchte.

In summa: Die Behandlung der Patientin begann mit einer schweren Fehlbildung im Organisierungsprozeß. Verzerrungen, die sich aus einem inadäquaten Selbst-Objekt-Erleben in Verbindung mit einer überragenden Begabung herleiteten, führten zu einer ungleichmäßigen Entwicklung, einschließlich unvollständiger Selbst-Objekt-Differenzierung, vorzeitiger Ich-Entwicklung, Erwartung eines negativen Objekts – alles in einer »Borderline«- Struktur organisiert. Ziel des Therapeuten war es, die Selbst-Objekt-Erwartung (Nachbildung) wiederherzustellen, um die schwerwiegende Unzulänglichkeit der Selbst-Objekt-Beziehungen auf eine höhere Stufe zu heben, auf der die neueren (therapeutisch induzierten) Strukturen zusammen mit den bereits vorhandenen konfliktfreien Funktionsmöglichkeiten vorangetrieben würden.

Wir haben eben jene Methode benutzt, in der sich die psychoanalytische Theorie zu der Form entwickelt hat, in der sie heute zeigt, wie die Definition des Ichs als Organisierungsprozeß sich logisch aus der Entwicklungsgeschichte des Ich-Begriffs ableitet. Wir sind zu unserer Schlußfolgerung gelangt, indem wir Freud, Hartmann, Spitz und Mahler folgten, um zu zeigen, wie diese herausragenden Gestalten der Theoriebildung – jeder auf seine Weise – die Theorie auf neue Höhen geführt haben. Die Betrachtung des Ichs als Organisation eröffnet weitere Möglichkeiten auf dem Wege zur Entdeckung von Ich-Prozessen, die uns bisher unbekannt sind. Sie enthält auch weitgehende Implikationen in bezug auf Diagnose und Technik und möglicherweise auch in bezug auf einen neuen Ansatz in der Frage der psychischen Energie. Wir beschäftigen uns in späteren Kapiteln mit Diagnose und Technik, müssen aber die Behandlung des wichtigen

Themas der psychischen Energie auf einen späteren Zeitpunkt verschieben; vielleicht werden sich seiner dann andere Autoren annehmen. Hier können wir nur den Weg weisen, indem wir erklären, daß die Forderung, die psychoanalytische Energietheorie habe mit der Physik des 20. Jahrhunderts konform zu gehen (Applegarth, 1071, 1977; Holt, 1962; Wallerstein, 1977; Rosenblatt u. Thickstun, 1977; Horowitz, 1977; Gill, 1977; Swanson, 1977), unnötige Ansprüche an die klinische Nutzanwendung einer metaphorischen These stellt. Wenn die undifferenzierte Matrix für die moderne Theoriebildung zentrale Bedeutung haben soll, könnte man in ihr eine Quelle psychischer Energie erblicken, und wenn schließlich davon ausgegangen wird, daß Trieb und Affekt getrennt aus der Matrix hervorgehen, werden Begriffe wie Neutralisierung umgangen, da die Trennung des Triebs vom Affekt eine Theorie der Verlagerung von Energie vom Trieb auf das Ich überflüssig macht.

Gewisse theoretische und technische Probleme ergeben sich aus der historischen Tatsache, daß die Triebtheorie zunächst eine Libidotheorie war. Anna Freud spielte darauf 1971 beim 27. Internationalen Psychoanalytischen Kongreß in Wien an, dessen Thema *Aggression* lautete. Sie wies darauf hin, daß nunmehr vermutet werde, der Aggressionstrieb, der später hinzugefügt wurde, um eine dualistische Triebtheorie zu begründen, durchlaufe die psychosexuellen Phasen auf gleiche Weise wie die Libido. Auch die Affekttheorie wurde versehentlich durch diesen Zusatz zur Triebtheorie beeinflußt. Vielleicht erklärt dies, daß die Psychoanalyse, ungeachtet wertvoller Beiträge von Rapaport (1953), Bergmann (1971), Ross (1975), Kernberg (1974, 1977), Altman (1977) u. a., noch keine konsistente Affekttheorie besitzt. Eine Erhellung der Triebtheorie könnte den Weg zu einer adäquaten Affekttheorie wie zur Klärung von Energiekonzepten ebnen. Sicherlich ist die Triebtheorie reif für neue Überlegungen, und dazu bietet die Beziehung zwischen Ich-Reifung und Triebreifung einen vielversprechenden Ansatz. Die undifferenzierte Matrix kann man sich analog dem Periodensystem der chemischen Elemente denken, das von Mendelejew aufgestellt wurde, als zwar weniger Elemente als heute bekannt, aber so sicher voraussehbar waren, daß das Periodensystem Raum für die später zu entdeckenden lassen konnte. Hartmann (1958) verstand die Matrix als Ursprung von undifferenziertem Es und Ich, wobei in ähnlicher Weise Raum für mehr blieb. Das Konzept veranlaßte Spitz und Jacobson zu der These, daß vor der Geburt auch Psyche und Soma, Innen und Außen, Selbst- und Objektrepräsentanzen undifferenziert seien. Dem fügte Jacobson die wichtige Ergänzung hinzu, daß zunächst auch Libido und Aggression undifferenziert sind und sich erst nach der Geburt bei adäquater Bemutterung differenzieren. Diesen erweiterten Vorstellungen vom Wesen und Inhalt der Matrix fügen wir nur noch hinzu, daß dort auch die Affekte noch undifferenziert sind.[1] Nach dem, was wir zur Zeit wissen, enthält die undifferen-

3

Neue Überlegungen zur Triebtheorie

---

[1] In einer seiner ersten Arbeiten stellt Spitz (1972) die These auf, daß die Affekte die Kluft zwischen Psyche und Soma überbrücken; er liefert damit einen neuen Ansatz zur Lösung des Seele-Körper-Problems.

zierte Matrix potentiell Ich, Es, Trieb, Affekt, Psyche, Soma, Innen und Außen und anderes, das noch zu entdecken ist.

Die Triebtheorie kann nunmehr um Freuds letzte Triebvorstellungen erweitert werden, wie er sie im posthum veröffentlichten *Abriß der Psychoanalyse* (1940) dargestellt hat. Es war die letzte von mehreren Revisionen seiner eigenen Theorien, die Freud vornahm. Wie bekannt, revidierte er seine erste Angsttheorie, seine Theorie der Aktualneurosen, der Realität der traumatischen Ätiologie der Neurose. Bis zu Hartmanns Rückschau auf die zunehmende Verfeinerung des Freudschen Denkens über das Ich, wie es sich in dessen Werk niederschlug, war wenig bekannt, wie der Ich-Begriff sich in Freuds Denken allmählich gewandelt hatte und von einer vagen repressiven Macht im Jahre 1900 über viele Zwischenstadien zu einer kohärenten Organisation psychischer Vorgänge (1923) geworden war. Wir finden es interessant, daß Freuds Neuformulierung der Triebtheorie (1940) wenig Einfluß auf die Theorie der Technik gehabt hat. Vielmehr benutzen die meisten Analytiker in ihren Schriften und mündlichen Mitteilungen die Theorie von 1920 als Bezugspunkt, obwohl viele den Todestrieb ablehnen, da sie ihn eher als einen philosophischen denn als theoretischen Begriff betrachten und es vorziehen, ihn durch den *Aggressionstrieb* zu ersetzen. Jacobson (1954) leistete einen besonders klarsichtigen Diskussionsbeitrag zur mangelnden Bedeutung des Todestriebs für die psychoanalytische Theorie.

Strachey (1957) stellt fest, daß Freud lange Zeit mit der Instinkttheorie unzufrieden war. Erst in seiner letzten Arbeit stellt er den Zweck der Triebe klar[2]. Hier scheint er nicht mehr von starken Polaritäten

---

[2] Daß sich diese Klärung der Triebtheorie bereits ankündigte, zeigt der folgende Auszug aus Hartmanns *Ich-Psychologie und Anpassungsproblem* (erstmals 1937 als Vorlesung gehalten und 1939 in deutscher Sprache veröffentlicht):
»Wir müssen diese Funktion, neben der Synthese, als eine wichtige Leistung des Ichs anerkennen. Ich erinnere Sie in diesem Zusammenhang auch an den (bisher unveröffentlichten) Vortrag über Differenzierung und Integration, den Spitz im vorigen Jahr in Wien gehalten hat. Es liegt nahe, so wie wir die synthetischen Funktionen des Ichs irgenwie mit der Libido in Zusammenhang bringen... eine analoge Beziehung zwischen Differenzierung und Destruktion anzusetzen; besonders nach dem, was uns Freud vor kurzem über die Rolle der freien Aggression im Seelenleben gelehrt hat. Ich muß es mir aber hier, wie an mancher anderen Stelle, versagen, auf die teils bekannten, teils möglichen Beziehungen dieser Entwicklungsvorgänge zum Trieb näher einzugehen« (1960/61, S. 122).
Hartmanns Feststellung über die Differenzierung ist widersprüchlich. Obgleich er erkannte, daß die Differenzierung eine wichtige Ich-Funktion ist, konnte er sie noch

auszugehen. Er kommt einem einheitlichen Triebkonzert auffallend nahe, das später von den Ich-Psychologen ausgearbeitet wurde. Freud (1940) sagt: »Das Ziel des ersten ist, immer größere Einheiten herzustellen und so zu erhalten, also Bindung, das Ziel des anderen im Gegenteil, Zusammenhänge aufzulösen und so die Dinge zu zerstören« (1940a, S. 71).

Der Wiener Kongreß über *Aggression* fand 32 Jahre nach Freuds Tod statt, und doch wurde der Aggressionstrieb dort diskutiert, ohne Freuds Erklärung über den Zweck der beiden Triebe aus dem Jahre 1940 zu berücksichtigen. Größtenteils wurde der Aggressionstrieb auf dem Kongreß unter affektiven und Verhaltensaspekten, etwa Feindseligkeit oder Wut mit ausschließlich destruktiven Zielen, gesehen. Dadurch wurden in der Diskussion zwei verschiedene Derivate der undifferenzierten Matrix verwechselt und dem eigentlichen Differenzierungsbegriff widersprochen. Auch wurde ein grundlegender Irrtum gefördert, denn Affekt ist nicht Trieb. Bezeichnet man Aggression als Trieb und als Wut und Libido als Trieb und als Liebe, verschwimmen wichtige Unterscheidungsmerkmale. Freuds Behauptung, daß es Lebens- und Todestriebe gebe, ließ für destruktive Ziele nur insoweit Raum, als es sich um den Todestrieb handelte, und stand im Einklang mit seiner damaligen Betonung der Polarität. In seiner späteren Feststellung (1940) bleibt die Möglichkeit offen, daß die Triebe gemeinsam wirken können.

Stein (1972) teilt das gegenwärtige psychoanalytische Denken in bezug auf die Betrachtungsweise des Aggressionstriebs in vier Gruppierungen ein. Es gibt Analytiker, die einen Todestrieb als Kontraposition zur Libido gelten lassen; andere, die zwei Energiearten, die libidinöse und die aggressive, postulieren, wobei sie die Vorstellung eines primären Zerstörungstriebs weder akzeptieren noch ablehnen; jene, die die Aggression (hier vornehmlich als Affekt betrachtet) als eine Handlungsweise oder äußerlich motiviert ansehen; und schließlich jene, die das Energiemodell unbrauchbar finden.

Mit dem Hinweis, daß Affekt und Trieb nicht dasselbe seien, beschränken wir uns nicht auf den Aggressionstrieb, sondern erklären gleichzeitig, daß auch in der Libido Liebe nicht einbegriffen ist. Da wir gewöhnt sind, Aggressionstrieb und Aggressionsaffekt zu verwechseln, erkennen wir wahrscheinlich nicht so leicht, daß auch

---

nicht von der Destruktion trennen. Erst als die Theoriebildung bis zu dem Punkt vorgeschritten war, daß der Aggressionstrieb als Motor von Trennungsprozessen betrachtet werden konnte, konnte der Widerspruch aufgelöst werden.

libidinöser Trieb und positiver Affekt in unseren Äußerungen verwechselt werden. Wie oft ist in der Literatur vom Liebesobjekt des Säuglings die Rede, wenn in Wirklichkeit ein bedürfnisbefriedigendes Objekt gemeint ist? Diese Verwirrung resultiert zum Teil aus der Tatsache, daß Freud in seinen frühen Schriften ziemlich vergeblich darum kämpfte, zwischen Ich-Libido und sexueller Libido zu unterscheiden. Er befand sich in einem Zwischenstadium seines Denkens. Nichtsdestoweniger besteht noch immer eine gewisse Unklarheit, allerdings wohl mehr bei Ärzten und Laien, die die Libido als Geschlechtstrieb bezeichnen. Ferner wird angenommen – immer noch aufgrund der Verwirrung hinsichtlich sexueller Libido und Ich-Libido –, daß mit kindlicher Sexualität die Psychosexualität gemeint sei. Die Bezeichnung als solche leistet diesem Irrtum Vorschub. Es wäre bedeutend genauer, nicht von kindlicher Sexualität noch von der Reifung als einem Durchlaufen psycho*sexueller* Phasen zu sprechen, sondern vom kindlichen Bedürfnis, das sich insbesondere um die erogene Zone bildet, wenn viele Bedürfnisse, etwa das nach Bindung an das Objekt und Trennung von ihm, nebeneinander bestehen. Diese Ansicht gestattet es, die Libido im weiteren Sinne eines vereinigenden Triebes zu erkennen als im engeren eines Geschlechtstriebs und, wie wir alsbald zeigen werden, den Aggressionstrieb eher als einen trennenden denn als einen zerstörenden Trieb.

Trieb von Affekt zu unterscheiden, ändert nichts an der Tatsache, daß affektive Reaktionen Triebziele verfolgen; Liebe sucht Vereinigung. Es ist ebenso wahr, daß das Bedürfnis nach Vereinigung Liebe möglich macht, wenn Triebe und Affekte auf zunehmend höheren, komplexeren Ebenen organisiert werden. Abkömmlinge von Aggressionstrieben können als selbstsicheres Verhalten, das oft auch von Affekten begleitet ist, in Erscheinung treten. Wir werden später nochmals darauf hinweisen, daß ein trennungsförderndes Verhalten ebenso liebevoll wie feindlich sein kann. Das rechtfertigt nicht, den Affekt als Trieb zu bezeichnen. Liebe kann zur Vereinigung *benutzt* werden, wie in ähnlicher Weise Feindseligkeit zur Trennung benutzt werden kann. Wenn das Bedürfnis übermächtig ist, pflegen sich Affekte direkt zu entladen (Impulsivität) und behindern so geregelte Wachstumsprozesse, die zu Loslösung und Individuation und damit zur psychischen Geburt führen.

Objektbeziehungen regulieren die Triebe und wählen auf verschiedenen Entwicklungs- und Reifungsstufen spezifische Kanäle zur Triebbefriedigung aus. Gleichzeitig beeinflussen Objektbeziehungen die Entwicklung neuer, höherer Ebenen des Funktionierens des Ichs.

Hartmann (1964) nennt Objektbeziehungen eine Ich-Funktion. Er beschreibt das Fortschreiten vom primären Narzißmus über die Bedürfnisbefriedigung zur Objektkonstanz und fügt hinzu:»Während die Entwicklung der Objektbeziehungen durch die Ich-Entwicklung mitbestimmt wird, sind Objektbeziehungen auch einer der Hauptfaktoren, welche ihrerseits die Entwicklung des Ich bestimmen« (S. 111). Objektbeziehungen organisieren beispielsweise Affekte und die Entfaltung von Ich-Funktionen wie Wahrnehmung, Urteilsfähigkeit, Antizipation, Willenskraft, Realitätsprüfung, semantische Kommunikation und sogar Niveau und Qualität der Fähigkeit des Ichs, mit der Abwehr umzugehen. Ein bedürfnisbefriedigendes Objekt hat es mit den Anforderungen beider Triebe zu tun. Die »hinreichend gute« Mutter (Winnicott, 1953) kümmert sich sowohl um das Bedürfnis nach Loslösung als auch um das Bedürfnis nach Vereinigung. Damit wird gesagt, daß die Entwicklung am besten voranschreitet, wenn Versagung wie Befriedigung optimal eingesetzt werden. Höhere Ebenen der Unterscheidung zwischen Trieb und Affekt sind daher Differenzierungs- und Entwicklungsfaktoren. Vor der Differenzierung des Affekts aus der Matrix verfügen Kinder nicht über abgestufte Affekte wie Liebe, Haß, Neid.

Loewald erkennt die Notwendigkeit der Integration der Triebtheorie mit der zeitgenössischen Ich-Psychologie. Seine Schlußfolgerungen (1972) unterscheiden sich jedoch etwas von den unseren:»Triebe können meines Erachtens, zieht man die Arbeiten von Mahler (1968), Spitz (1965), Winnicott (1965) und vielen anderen in Betracht, nicht mehr als innere Reize aufgefaßt werden, die auf einen psychischen Apparat einwirken, noch als in der primitiven Psyche des Neugeborenen enthaltene immanente Kräfte, d.h. psychische Kräfte, die zunächst in autoerotischen-autoaggressiven Aktivitäten zur Abfuhr gelangen und sich dann nach außen wenden. Wir gehen davon aus, daß in diesen Frühstadien Innen und Außen nicht differenziert sind, daß es keine Subjekt-Objekt-Spaltung gibt. Alles, was wir Triebe nennen können, entsteht und wird zunächst innerhalb der Matrix des einheitlichen psychischen Mutter-Kind-Feldes zu psychischen Kräften organisiert. Durch vielfältige Interaktionsprozesse innerhalb dieses Feldes sondert sich die kindliche Psyche allmählich als ein relativ eigenständigeres Zentrum psychischer Aktivität ab« (S. 241 f.).

Loewald bewahrt das Konzept des Todestriebs in seiner theoretischen Position und schlägt auch eine Neuformulierung des Triebbegriffs in dem Sinne vor, daß Umwelteinflüsse einzuschließen seien:
»Es wird vorgeschlagen, daß Triebe, als psychische Kräfte verstan-

den, in der Weise begrifflich zu erfassen sind, daß sie eher durch Interaktionen innerhalb des einheitlichen primitiven psychischen Mutter-Kind-Feldes organisiert werden denn als konstitutionelle oder angeborene Gegebenheiten. Dies würde implizieren, daß das Überwiegen selbstzerstörerischer Kräfte etwas mit den besonderen Interaktionen mit der primitiven Umgebung zu tun hat; daß Organismus und Umwelt mit ihren Interaktionen und der Differenzierung voneinander gewissermaßen Lebens- und Todestriebe des Individuums sowie deren relative Proportionen hervorbringen; ihre Ursprünge und Schicksale sind nicht primär unabhängig von den betreuenden Personen« (S. 244 f.).

Wenngleich auch wir die Bedeutung der frühen Interaktion mit der Umwelt betonen, stimmen wir doch mit Hartmann und Jacobson darin überein, die Triebe als Merkmale der undifferenzierten Matrix zu betrachten, deren Entwicklung durch Erfahrungen mit der Umwelt zwar beschleunigt wird, die aber nicht aus ihr hervorgehen. Zwar können wir Loewald darin beipflichten, daß eine Störung des psychischen Mutter-Kind-Feldes zu einem Ungleichgewicht in der Triebverteilung – z. B. einer Neigung zu Zerstörung und Gewalt – führen kann, doch erklären wir solche extremen affektiven Phänomene, ohne uns auf den Begriff des Todestriebs zu stützen. Wie bereits erwähnt, kann ein Übermaß an Affekt, bevor das Ich kompetent damit umzugehen vermag, zur Triebentladung führen. Dadurch werden destruktive Phänomene ausreichend erklärt.

Dieser Versuch, Trieb von Affekt zu unterscheiden, stellt uns vor eine Anzahl von Problemen, wozu nicht zuletzt dasjenige gehört, daß in der gesamten Literatur Aggression abwechselnd als Affekt und als Trieb bezeichnet wird. Unzählige Male werden Feindseligkeit, Ärger, Wut, zerstörerische Wünsche und Handlungen als Aggression gekennzeichnet, während eine sorgfältige Lektüre nahelegt, daß es richtiger wäre, von affektiven Äußerungen zu sprechen. Parens (1973) versucht hier Klarheit zu schaffen, indem er die These aufstellt, daß es ein Aggressionsspektrum gebe, das von nicht-zerstörerischer Aggression am einen Ende bis zur Destrudo am anderen reicht. Damit bleibt er näher am Freudschen Begriff des Todestriebs, doch liegt darin keine Lösung, weil die Unterscheidung zwischen Trieb und Affekt weiterhin verwischt wird. Es bleiben auch einige unbequeme Behauptungen übrig, denen beizupflichten schwerfällt. Zum Beispiel: Ist ein acht Monate alter Säugling fähig zu lieben, wenn man beobachtet, daß er das Objekt libidinös besetzt hat? Es scheint klar, daß sein Bedürfnis eher darin besteht, eine Verbindung mit dem wichtigen

Objekt in seinem Leben herzustellen; daß seine Entwicklung aber noch nicht so weit fortgeschritten ist, daß er fähig wäre, dieses Objekt zu lieben.

Aus Mahlers Werken wissen wir, daß der Drang nach Loslösung und Individuation dominant wird, wenn sich die Symbiose lockert. Wir meinen, daß dies mit Freuds Feststellung übereinstimmt, wonach der Aggressionstrieb dazu dient, Bindungen zu lösen. In dieser wichtigen Entwicklungsphase wirkt die Aggression als jene Kraft, die das Kind auf der langen Reise zur psychischen Geburt vorantreibt. Es ist nicht nur unnötig, die gleiche Bezeichnung »aggressiv« zu verwenden, um sowohl Loslösungs- und Individuationsmerkmale als *auch* Feindseligkeit oder Wut zu charakterisieren, die verschiedenen implizierten Bedeutungen desselben Terminus verwirren auch unsere wissenschaftliche Kommunikation.

Spitz (1965) schreibt: »In der Literatur ist diese Funktion der gerichteten Aktivität, der Handlungen im eigentlichen Sinn, bei der Entwicklungsförderung des ersten Lebensjahres bisher nicht angemessen berücksichtigt worden. Man spricht oft genug vom Aggressionstrieb; selten wird erläutert, daß der Aggressionstrieb sich nicht auf Feindseligkeit beschränkt. In Wirklichkeit dient bei weitem der größte und wichtigste Teil des Aggressionstriebes als Motor jeder Bewegung, aller Aktivitäten ob groß oder klein und letzten Endes als Antrieb für das Leben selbst« (S. 124).

Es ist von außerordentlichem klinischen Wert, daß man zu bestimmen versucht, ob der Patient, wenn er die Behandlung zu unterbrechen wünscht, durch Ärger oder aber durch den Erwerb eines stärker individuierten Selbstbildes motiviert wird. Eine so wichtige klinische Unterscheidung bleibt verschwommen, wenn beide Phänomene als Aggression bezeichnet werden. Oder: Wenn der Patient uns näherkommen möchte, vielleicht um mehr Analysestunden zu bekommen, muß man erkennen, ob sich darin Bedürfnis, Abhängigkeit, Liebe, Wiederaufnahme einer Beziehung oder Reaktionsbildung ausdrückt. Man muß auch in Betracht ziehen, daß es sich – je nach Diagnose – bei solchen Annäherungsbemühungen um die Suche nach der Erfüllung von Subphasenbedürfnissen oder deren endgültige Befriedigung handeln kann. In solchen Fällen, wo das loslösend-individuierende Verhalten in der therapeutischen Begegnung fortgesetzt (nicht wiederholt) wird, ähneln diese Hin- und Her-Bewegungen am meisten denen des Kleinkindes in der Subphase, das sich abwechselnd oder gar gleichzeitig vorwärts- und rückwärtsbewegt. Um ein kurzes, doch häufig erlebtes klinisches Beispiel anzuführen: Der Patient, der heute noch Schluß machen will, vielleicht sogar in Wut wie auch vom Trennungscharakter des Aggressionstriebs vorwärtsgejagt, wird der Möglichkeit, morgen wiederzukommen, beraubt, wenn der Therapeut die Änderung in der triebgesteuerten Bewegung nicht wahrnimmt. Wir bleiben uns des weitverbreiteten Gebrauchs der Bezeichnungen Aggression und Libido, um Affekte zu charakterisieren, durchaus bewußt. Dennoch vertreten wir die Überzeugung, daß Triebtheorie und Affekttheorie getrennte Wege gehen müssen, bevor eine einheitliche Theorie geschaffen werden kann.

Seit Mahler und Spitz ihre Arbeiten vorgelegt haben, besteht Übereinstimmung, daß die Geburt zwar den physischen Status des Kindes dramatisch verändert, die psychologischen Bedingungen jedoch nicht signifikant beeinflußt. Das Bedürfnis nach einer Verbindung besteht, da Säuglinge ohne Bemutterung nicht überleben können, doch kann die Libido noch nicht als psychisches Bedürfnis des primitiven Organismus verstanden werden. Erst wenn das Bewußtsein eines Außen dem Kinde dämmert, kann man sagen, daß sich der angeborene Trieb genügend differenziert hat, um psychischen Status zu erlangen. Später beginnt dann auch der Affekt eine wichtige Rolle zu spielen. Wegen des dem Leben dienenden Bedürfnisses nach Verbindung, bleibt die Libido während des frühen Lebensabschnitts der dominierende Trieb. Insoweit wir die Libido als den Trieb bezeichnen, der Verbindung sucht, ist sie auch die Kraft, die der Symbiose dient.

Für das Menschenkind, wir für viele Säugetiere, ist Verbindung (Libido) von wesentlicher Bedeutung für sein Überleben. Auf den frühesten, primitivsten Entwicklungsstufen, wo das Überleben von der Versorgung von außen abhängt, sind die Aufnahmeapparate des Neugeborenen phasendominant. Der Mund und die Fähigkeiten des Berührens, Hörens und Sehens werden in der oralen Phase der psychosexuellen Reifung subsumiert. Wenn das Überleben gesicherter wird und die Unterscheidung zwischen Innen und Außen beginnt, erlangt die anale (und später die phallische) erogene Zone zeitweilige Phasendominanz in der Reihenfolge eines biologischen Zeitplans. Gleichzeitig wird durch die Entwicklungsstufen der Objektbeziehungen die Verschiebung in der Trieborganisation von koenästhetischen zu diakritischen Verhaltensweisen vorangetrieben. Zum Zeitpunkt der Lächelreaktion befindet sich die libidinöse Verbindung noch in der oralen Phase, während akustische und visuelle Wahrnehmung das Kind an die Peripherie der äußeren Objektwelt führen und so beginnen, den Differenzierungsprozessen zusätzliche Stoßkraft zu verleihen.

52

Die Dominanz der Libido schwindet mit der Reifung physischer Apparate sowie mit der Differenzierung von Libido und Aggression. Der Drang nach Loslösung und Individuation beginnt dort. Unter günstigen Voraussetzungen werden danach die beiden Triebe mehr oder weniger gemeinsam wirken. Zu phasengerechten Zeiten wird der eine oder der andere Trieb zeitweilig die Vorherrschaft erlangen, doch auf der langen Entwicklungsstrecke ist das Gleichgewicht beider Triebe wesentlich. Immer wieder wird die Libido im frühen Entwicklungsstadium nach Verbindung streben, während die Aggression Loslösung und Individuation suchen und bewahren wird. In der Adoleszenz werden die Trennungsbedürfnisse durch einen weiteren vorübergehenden phasendominierenden aggressiven Drang gefördert, dem durch eine libidinös angetriebene Suche nach Verbindung mit einem neuen zeitweiligen Objekt gefolgt wird.

Was hat es nun mit den sehr deutlich zu beobachtenden kindlichen Wutanfällen auf sich? Säuglinge schreien, laufen rot an, treten, halten den Atem an. Spitz (1965) beschreibt sogar, wie kindliche »Wut« sich ausdauernd Luft machen muß. Einmal von »Wut« übermannt, kann der Säugling die Brust nicht nehmen, bevor der Affekt abgeklungen ist. Solche Vorkommnisse werden allgemein als Beweis für einen angeborenen Zerstörungstrieb angeführt, der üblicherweise als Aggression bezeichnet wird.

Eine alternative Erklärung, die auf der vertrauten Vorstellung beruht, daß das Ich der Sitz der Angst sei, führt zu der Frage, was geschieht, bevor eine organisierende Fähigkeit (das Ich) existiert. Man glaubt, daß der Säugling massiver, überwältigender oder vernichtender Angst ausgesetzt sei. Interessanterweise stellt Mahler bereits 1952 fest, daß »der junge Säugling sich bereitwillig affektmotorischen Reaktionen stürmischer Wut überläßt, die, werden sie nicht durch die Bemühungen der Mutter aufgefangen, zu einem Zustand organismischen Unbehagens führen können« (S. 286). Organismisches Unbehagen im psycho-physiologischen Sein ist der Vorläufer der Angst. Damit können wir die Affekte präziser erfassen, denn während der Organisierungsprozeß immer höhere Stufen erreicht, geht die Affektdifferenzierung folgendermaßen vor sich:

1. Auf der Stufe der Nichtdifferenzierung herrscht entweder akutes organismisches Unbehagen oder sein Gegenteil: der Halbschlaf.

2. Auf einer späteren Stufe kommt es zum Wechsel zwischen Lust und Unlust.

3. Schließlich entwickelt sich ein breites, vielfarbiges Affektspektrum, das von Liebe zu Haß reicht und Ärger, Freude, Ekstase, Lust,

Kummer, Sympathie, Trauer einschließt, um nur einige der vielen Affektnuancen zu nennen, die Teil des menschlichen Repertoires sind. Wir halten es für bedeutungsvoll, daß Mahler die Bezeichnung »affektmotorische Reaktionen stürmischer Wut« benutzte, um das Unbehagen des unbefriedigten Säuglings zu beschreiben, als sie dieses Phänomen bei ihren frühen Beobachtungen wahrnahm. Obgleich sie darauf vor so langer Zeit hinwies, besteht weiterhin die Tendenz, diese Verhaltensmanifestationen als Beweis für Aggression anzuführen. Stattdessen scheint es unsere These zu stützen. Es ist kein Zufall, daß diese sorgfältige Beobachterin von Säuglingen darauf verzichtete, im Zusammenhang mit »affektmotorischen Reaktionen stürmischer Wut« von Trieb zu sprechen. Sie benutzte diesen Terminus, um einen undifferenzierten Zustand zu beschreiben, der Affekt und Bewegung involviert: diffuses organismisches Unbehagen. Solche Reaktionen auf diese Art zu betrachten, paßt sehr gut zum Postulat des Nirwana-Prinzips. Reize, die Einfluß ausüben, sind unerwünscht. Das Unbehagen ist darauf zurückzuführen, daß versäumt wurde, den Reiz innerhalb der kurzen Toleranzspanne des Säuglings zu beseitigen.

Mit der Hinwendung zur Umgebung und dem Beginn der Objektwahrnehmung wird Unbehagen zu Unlust; Lust beginnt, wenn Gedächtnisspuren und Antizipation organisiert werden. Wenn das Objekt »pro« ist, ergeben sich Befriedigung und Lust; ist es »kontra«, sind Versagung und Unlust die Folgen. Von nun an üben die Objektbeziehungen eine unmittelbare Wirkung auf die zahllosen Nuancen der Affektentwicklung aus. Wir geben hier eine Schilderung aus einem etwas späteren Lebensabschnitt. Das Kleinkind, im Bemühen, eine Verbindung zu knüpfen – vielleicht in der Wiederannäherungsphase –, wird an Mutters Bein oder Rock zerren. Der Affekt wird unterschiedlich sein, je nachdem ob sie reagiert oder nicht. Im ersten Fall kann sich Freude einstellen, im zweiten Enttäuschung, Ärger oder, wenn die Frustation nicht aufgehoben wird, sogar heftige Wut.

Die Trennung des Affekts vom Trieb wird bereits stillschweigend von vielen psychoanalytischen Forschern vorausgesetzt. Das Konzept der Verschmelzung beispielsweise, von dem ursprünglich angenommen wurde, es beziehe sich nur auf die Verschmelzung der Triebe, ist mittlerweile so erweitert worden, daß es die entwicklungsmäßig bestimmte Verschmelzung der Imagines des befriedigenden und frustrierenden Objekts einschließt. Seit langem weiß man, daß die Erkenntnis, daß es sich um Repräsentanzen derselben Person handelt, einen Meilenstein auf dem Weg des Kindes zu höheren Ebenen der Objektbeziehungen darstellt und ihm letztlich die Fähigkeit zu lieben vermittelt. Mahler (1971) und Kernberg (1975) gehen unter Hinweis auf die Spaltung der Objektimagines in ganz »gut« und ganz »schlecht« davon aus, daß hier eher der Affekt als der Trieb im Spiel ist, da das »gute« Objekt (der Vorläufer der Liebe) bewahrt, das »schlechte« hingegen gehaßt wird. Wenn in diesem frühen Stadium der Undifferenziertheit Wut auftritt, wird die sogenannte »schlechte« Objektimago externalisiert, d. h. vorzeitig ausgestoßen. Grausamkeit, Abwesenheit, Vernachlässigung oder Krankheit und Schmerz, die in der symbiotischen Phase, in der optimale Nähe benötigt wird, erlebt werden, führen zu vorzeitiger Differenzierung des Selbst von den Objektbildern. Eine pathologische Entwicklung setzt ein, die bestenfalls zu einem Borderline-Zustand führt, wenn zumindest ein geringes Maß an symbiotischer Befriedigung bestanden hat; schlimmstenfalls zu der Neigung, sich objektloser Heftigkeit zu überlassen. Eine solche abweichende Entwicklung kann destruktives Verhalten auslösen, weil die phasenspezifische Syntonität zwischen Trieborganisation, Affektdifferenzierung und struktureller Entwicklung fehlt. Wenn sich die vielen Ich-Funktionen entfalten und die Strukturierung fortschreitet, lassen sich libidinöse Bedürfnisse in zunehmend verfeinerter Form befriedigen. Der Blickkontakt ersetzt die Berührung, semantische Kommunikation tritt an die Stelle stillschweigenden Verstehens und Einsseins. Auf diese Weise werden aggressive (unabhängige) und libidinöse Bedürfnisse gleichzeitig befriedigt. Wo sich jedoch das phasenspezifische Wachstum verzögert, kommt es zu vorzeitiger Unabhängigkeit von der Umwelt, ohne daß eine Objektbeziehung das Vakuum ausfüllt. Die Neigung zu Affektabfuhr wird größer; sie ist anhaltender und schädlicher. Aber auch der entgegengesetzte Fall, daß nämlich die Symbiose durch Überbefriedigung länger aufrechterhalten wird, als es phasenspezifisch erforderlich wäre, führt zu affektiven Störungen, weil die Differenzierung behindert wird. So wird Selbstimagines, insoweit sie überhaupt gebildet werden, zu wenig Wert beigemessen.

Kernberg (1974) betrachtet die Affekte als die eigentlichen Bindeglieder zwischen Selbst- und Objektimagines, die andernfalls gespalten blieben. Die Entwicklung höherer Stufen der Objektbeziehungen hängt von affektiven Erfahrungen mit Selbst- und Objektimagines ab. Er geht auch davon aus, daß Affekte die Triebe organisieren. Es ist bekannt, daß es affektive Reaktionen auf Triebspannungen und Triebbefriedigungen gibt. Ross (1975) stellt fest, daß die fundamentale Dichotomie von Triebspannung und Entlastung unauflöslich mit den Affekten Lust und Unlust verbunden ist. Wir halten es für nützlich, diese Bindeglieder zu differenzieren, denn es ist ein ungeheurer Unterschied, ob aufgestaute Triebspannung organismisches Unbehagen oder durch das Ich gefilterte Angst hervorbringt. Ross zitiert Fenichel (1941a), um die auch von uns geteilte Vorstellung zu stützen: daß die Differenzierung des Triebs vom Affekt vom Niveau der Ich-Organisation abhängt. Fenichel sagt: »Wir haben gesehen, daß die Affekte zuerst als eine dem Ich fremde Kraft in Situationen in Erscheinung treten, wo die normale Meisterung von Erregung durch das vernünftige Ich versagt; daß das gestärkte Ich dann die Affekte zu antizipieren, einzuteilen und zweckdienlich zu verwenden lernt« (S. 218).

Die Unterscheidung des Triebs vom Affekt ist auch für Begriffe der Triebbeherrschung – etwa Verschmelzung, Sublimierung und Neutralisierung – relevant. Diese befinden sich noch nicht im Einklang miteinander und werden als verschiedene Formen, sich die Triebe nutzbar zu machen, angesehen. Die Trennung des Triebs vom Affekt verheißt die Gelegenheit, die Theorie der Triebbeherrschung zu überprüfen, und bietet sich an, die Psychoanalyse von der unangenehmen Notwendigkeit zu befreien, die Triebe gegeneinander anzuwägen. Die *Verschmelzung* der Triebe schließt die Dominanz der Libido über die Aggression ein. Die Sublimierung lenkt die Triebabfuhr in akzeptable Kanäle. Beide Konzepte implizieren im ersten Fall, daß die Aggression durch die Libido in Schach gehalten wird, und im zweiten Fall, daß das eine Ziel in der Tat höher zu bewerten sei als das andere. Diese Denkrichtung geht stillschweigend von Werturteilen aus. Neutralisierung, d.h. die Überleitung von Energie vom Es zum Ich, bleibt als Konzept der Triebbeherrschung gerade aus dem Grunde verschwommen, weil es nicht klärt, ob durch diese Überleitung der Trieb oder der Affekt geschwächt wird. Unsere Position hinsichtlich der Triebtheorie – daß die Triebe der Entwicklung dienen – wirft die Frage auf, ob die Triebschwächung notwendig sei. Eine Affektmilderung kommt zustande, wenn »schlechte« Erfahrungen im rechten Verhältnis zur organisatorischen Fähigkeit stehen, sie zu absorbieren, ohne das affektive Gleichgewicht zu erschüttern. Schließlich mildert und moduliert die Objektbeziehung selbst den Affekt, indem sie die Objektimagines mit den Repräsentanzen ganzer Personen verschmilzt und das affektive Repertoire erweitert. Was die Energieübertragung angeht, wird sie im Rahmen der Gesamtheit von Energiekonzepten überdacht werden müssen, wie wir bereits vorgeschlagen haben.

Die Identifizierung mit dem Aggressor (Anna Freud, 1936) ist ein

Beispiel für das gemeinsame Wirken beider Triebe. In dieser Kombination von Abwehrmechanismen ist implizit auch eine Kombination von Libido und Aggression enthalten. Die Notwendigkeit der Vereinigung herrscht noch in der phasenspezifischen Periode vor, wenn die Identifizierung mit dem Aggressor erstmals erfolgt. Aus dieser Notwendigkeit heraus gibt die Libido der Identifizierungskomponente Auftrieb, während gleichzeitig der Drang nach Unabhängigkeit vom Aggressionstrieb angefeuert wird. Spitz hat die Benutzung des Mechanismus der Identifizierung mit dem Aggressor dargestellt, um zu zeigen, wie sie die Erreichung jener Stufe der Objektbeziehungen erleichtert, in der die semantische Kommunikation erforderlich wird. Mit seiner Schilderung dieser Erlangung des dritten Organisators der Psyche zeigt er sehr anschaulich das gleichzeitige Wirken beider Triebe. Sogar während das Individuum den Aggressionstrieb benutzt, um Loslösung und Individuation voranzutreiben, indem es dem Objekt das »Nein« abringt und es zu seinem Eigentum macht, verwendet es die Libido, um sich die Objektrepräsentanzen zu erhalten, indem es sich eben jene Gesten und Worte aneignet, die das Objekt benutzte: das Verbot und das Wort »Nein«. So sind Libido und Aggression hinsichtlich der objekterhaltenden und kommunikativen Aspekte dieser Entwicklungsstufe gleichzeitig in Aktion.

Die Konzepte der Bipolarität und der aus dem Konflikt hervorgehenden Entwicklung werden durch Hartmanns Postulat einer konfliktfreien Sphäre weiter ausgeführt und auch etwas verändert. In seiner Begrüßungsansprache auf dem Wiener Kongreß sagte Rangell (1972) bezüglich der Triebtheorie: »Auch hier habe ich mich oft gewundert, daß bei Analytikern eine so starke Neigung zur Polarisierung besteht, während doch nur die Vereinigung der verschiedenen Komponenten das ganze Bild ergibt« (S. 200).

Auch Gillespie (1971) beschäftigt sich mit diesem Thema, indem er erklärt, daß Triebe homöostatisch seien und Libido und Aggression nicht isoliert voneinander betrachtet werden dürfen. Freuds häufige Anspielungen auf eine Mischung der Triebe deuten ebenfalls in diese Richtung.

Indem sie jener Vorstellung der Aggression folgt, die davon ausgeht, daß diese der Loslösung und Individuation wie der Identitätsbildung diene, erklärt Jacobson, daß mit aggressiver Energie geladene Triebstrebungen ihr Ziel an jenem Angelpunkt der Entwicklung ändern, wenn an die Stelle narzißtischer, magischer Versuche, das noch undifferenzierte Objekt zu beherrschen, der Ehrgeiz tritt. Eine Erweiterung der Ansicht Jacobsons würde zu der Vorstellung führen, daß

Ehrgeiz fast *per definitionem* Eigenschaften besitzt, die Loslösung und Individuation wie die Suche nach Eigenständigkeit fördern und mit der Energie des Aggressionstriebs aufgeladen sind. Diese Aggression findet im Wettbewerb mit bewunderten Objekten ihren Ausdruck und ersetzt die magischen Versuche zur Aufrechterhaltung der Vereinigung mit ihnen. Jacobson (1964) sagt: »Und in dem Maße, wie sich diese Tendenzen entwickeln, gehen die Wünsche des Kindes, Teil seiner Liebesobjekte zu bleiben oder sie zu einem Teil seines eigenen Selbst zu machen, allmählich zurück und weichen dem Wunsch, ihnen real ähnlich zu werden. Dieses Ziel läßt sich mit Hilfe selektiver Identifizierungen erreichen, die auf Mechanismen ›partieller Introjektion‹ beruhen« (1964, S. 60 f.).

So beschreibt sie einen Prozeß der Verinnerlichung, der das Kind befähigt, effektiver mit Distanzierungsbedürfnissen umzugehen und dabei doch seine Beziehungen aufrechtzuerhalten. Auf diese Weise wird das Ich durch einen Kompromiß zwischen dem Bedürfnis, das Objekt zu behalten und dem Bedürfnis, aggressive narzißtische Ich-Funktionen zu erweitern, weitgehend modifiziert. Der Erwerb gewisser Eigenschaften des Objekts wird letztlich zur Errichtung von Ich- und Überich-Autonomie führen. In dieser einheitlichen Weise werden die Anforderungen beider Triebe befriedigt. Da Verinnerlichungsvorgänge die Objektrepräsentanzen zu Bestandteilen der Selbstrepräsentanzen machen, wird eine Einheit in ständig wechselnden Formen aufrechterhalten, während gleichzeitig die Autonomie verstärkt wird. Wir betrachten dies nicht als Kompromiß, sondern als das Paradigma der Entwicklung.

Im Differenzierungsbegriff ist implizit die Annahme enthalten, daß das Rückgängigmachen einer Beziehung zur Wiederherstellung der Beziehung auf einer höheren Entwicklungsstufe mit einem höheren Grad von Strukturierung und Verinnerlichung führt. In der Tat wirkt sich die Aufrechterhaltung einer Beziehung über den phasenspezifischen Zeitraum hinaus zerstörerisch auf die Entwicklung aus. Dadurch wird Hartmanns Vorstellung von der Verinnerlichung aufs Neue bestätigt: Innere Beziehungen werden geschaffen, wenn äußere aufgehoben werden, wodurch es zu größerer Unabhängigkeit von der Umwelt kommt. Aus diesem Grunde ist die Aufhebung von Beziehungen etwas ganz anderes als Zerstörung. Vielleicht fängt es schon mit dem Durchtrennen der Nabelschnur an, daß das Aufheben von Beziehungen konstruktiven, lebensfördernden Entwicklungsprozessen dient. Borderline-Patienten bleiben auf niedrigen Entwicklungsstufen stehen oder regredieren auf sie. Gewöhnlich erscheinen sie mit beträchtlichem Ärger wie mit dem Bedürfnis nach einer Beziehung, die Liebe vortäuschen kann. Diese affektiven Züge können auf dem klinischen Sektor in die Irre führen, wenn sie mit Trieben verwechselt werden. Bei der Behandlung solcher Patienten muß vor allem darauf geachtet werden, wie die Entwicklung voranschreitet – nicht nur mit progressiven und regressiven Schritten, sondern auch in komplementären Sequenzen. Die beiden Triebe lösen bei ihrem gemeinsamen Wirken Verbindungen auf einer Ebene, nur um sie auf der nächsthöheren in einer fortlaufenden Entwicklungsspirale wieder zusammenzufügen.

Jacobsons Vorstellung vom Prozeß selektiver Identifizierung ist für unseren Zweck besonders geeignet, weil sie so deutlich demonstriert, wie beide Triebe den Entwicklungsdrang steigern, indem sie Eigenschaften des Objekts auf die Selbstrepräsentanzen übertragen. Gerade die Aneignung dieser Aspekte des Objekts und seiner Funktionen stellt einen wichtigen Schritt zum Erwerb von Unabhängigkeit und Identität dar. Mit der fortschreitenden Entwicklung zu noch höheren Stufen bietet die Vermittlung libidinös angetriebener Identifizierungsprozesse eine Stütze, die das Individuum davor bewahrt, den Kontakt mit dem Objekt zu verlieren, während die Aggression seinen Aufstieg auf der Entwicklungsleiter vorantreibt.

Die Imitation als Vorläuferin der Verinnerlichung setzt den Prozeß in Gang. Eine Mutter winkt ihrem Kind zum Abschied zu. Es ahmt sie nach, indem es zurückwinkt und gleichzeitig etwas wie »ba-ba« zu äußern versucht. Trotzdem schreit es bei ihrem Fortgehen wütend und verzweifelt, weil es zwar den Objektverlust durch Imitation zu umgehen sucht, dieser archaische Mechanismus der Aufgabe aber nicht gewachsen ist. Beständige psychische Repräsentanzen des abwesenden Objekts, die sich später herausbilden und zur Objektkonstanz führen werden, stehen ihm noch nicht zu Gebote. Der Identifizierungsprozeß muß die nächsthöhere Stufe erreichen, bevor das Kind fähig sein wird, »Auf Wiedersehen« zu sagen und dabei einigermaßen sicher zu sein, daß das Objekt existiert, obwohl es abwesend ist. Dann ist es über die bloße Imitation hinausgelangt, weil das libidinöse Band nun durch die Besetzung von Objektrepräsentanzen aufrechterhalten wird, während die Aggression ihren Zweck erfüllt hat, indem sie die Imitation dazu benutzte, dem Objekt die Trennungsgeste zu entreißen und sie zur eigenen zu machen. Unbefriedigte Triebbedürfnisse rufen Spannungen hervor, und das kann zu affektiven Reaktionen führen, die – entsprechend dem jeweiligen Organisationsniveau – von Unlust über das ganze affektive Spektrum bis zu regelrechter Wut reichen können. Im Gegensatz dazu können wir davon ausgehen, daß das Kleinkind, das die Trennung reibungslos bewältigt, Befriedigung und Versagung als wachstumsfördernde Eigenschaften beider Triebe in optimaler Form erlebt hat.

Es sollte jedoch nicht vergessen werden, daß Trennungsvorgänge ihrem Wesen nach nicht reibungslos sind. Als optimal ist ein Zustand zu betrachten, wo das Schwanken zwischen Hoffnung und Verzweiflung in rascher Folge vor sich geht und innere Repräsentanzen ohne das Dazwischentreten großer Hindernisse gebildet werden. Nichtsdestoweniger ist der Säugling oder das Kleinkind durch seine Affekte beunruhigt. Bei normaler Entwicklung tragen jedoch Anpassungsprozesse viel dazu bei, Spannung und Störung des homöostatischen Gleichgewichts zu beheben, während das Kind bei pathologischer Entwicklung durch starke Affektschwankungen in Verwirrung gestürzt wird. Bei Deprivation oder übermäßiger Nachgiebigkeit beispielsweise stellt sich ein deutliches Ungleichgewicht zwischen Libido und Aggressionstrieb nach der einen oder anderen Richtung ein. In beiden pathologischen Fällen resultiert Spannung aus unerfüllten Triebansprüchen und kann zu feindseligen Entladungen führen. Die Deprivation produziert Spannung und affektive Störungen nicht nur, weil libidinöse Bedürfnisse nicht gestillt wurden, sondern weil die aggressiv aufgeladene Bewegung zur Unabhängigkeit trotzdem weitergeht, doch in pathologischer Richtung, da sie nicht von wesentlichen Identifizierungen begleitet werden und so die Objektbewahrung hinter sich lassen. Affektives Ungleichgewicht erzeugt die Ausstoßung (Spaltung) der unbefriedigenden Objektrepräsentanzen, was zu einer Art Objektverlust führt. Wird das Ungleichgewicht therapeutisch korrigiert, werden die Objektrepräsentanzen neu besetzt. Übergroße Nachgiebigkeit erzeugt ähnliche Spannungszustände und affektive Störungen, weil Versagung nicht in optimaler Weise erlebt wurde; aggressive Triebansprüche gehen daher in übermäßiger Abhängigkeit unter.

Wie wichtig es ist, zwischen Affekt und Trieb zu unterscheiden, zeigt sich an folgendem Beispiel: Ein Patient, bei dem die symbiotische Phase kaum adäquat verlaufen war, legte zu Beginn der Behandlung meist Schweigen an den Tag, das oft durch wütende Ausfälle unterbrochen wurde. Deutet der Analytiker das Schweigen wie die Ausbrüche als Manifestationen des Aggressionstriebs, dann übersieht er, daß der Patient wegen libidinöser Bedürfnisse zur Therapie kam. Betrachtet man das Verhalten als affektive Reaktion, besteht die Möglichkeit, zu reagieren – nicht unbedingt in der gewünschten Form, doch sicherlich, indem man den auf dem Patienten lastenden Druck zur Kenntnis nimmt. Das Schweigen wird als Ausdruck des libidinösen Bedürfnisses verstanden, ohne Worte beisammen zu sein, während die Feindseligkeit dazu dient, den symbiotischen Wunsch abzuwehren, weil er die Angst vor Identitätsverlust in sich birgt. Daß der Therapeut das Bedürfnis akzeptiert, bezieht den Patienten in ein therapeutisches Bündnis ein, das selbst ein libidinöses (verbindendes) Phänomen ist. Ein beobachtendes Ich ist geboren, wenn der Patient zu begreifen beginnt, daß der Analytiker nicht das Befriedigung versagende primäre Objekt ist.

Üblicherweise wurde in der Psychoanalyse Schweigen als Widerstand betrachtet. In der Tat ist der schweigende Patient so verwirrend, weil er so wenig Anhaltspunkte hinsichtlich dessen liefert, was in diesem Schweigen vorgeht. Wir (1974) verweisen auf ein Panel der Amerikanischen Psychoanalytischen Vereinigung (1961), wo zum ersten Mal der schweigende Patient nicht unbedingt als Widerstand leistender oder wütender Patient angesehen wurde (obwohl solche manchmal dabei sind), sondern als einer, der möglicherweise wünscht, mit dem Analytiker eine regredierte, präverbale Beziehung zu unterhalten. Das war zu einer Zeit, als man bei weitem nicht soviel wie heute über das präverbale Leben wußte, und es ist daher von erheblichem Interesse, daß Analytiker Überlegungen anstellten, in denen für möglich gehalten wurde, daß es einen Einfluß der präverbalen Phase auf die Art der therapeutischen Situation geben könne: einen Wunsch, eine Beziehung herzustellen oder aufrechtzuerhalten.

Unser heutiges Wissen vermehrt noch unsere Verlegenheit in bezug auf den schweigenden Patienten. Wie entscheiden wir, ob das Schweigen Widerstand, Feindseligkeit, Regression widerspiegelt, oder ob der Wunsch nach einer Beziehung die Richtung unserer Interventionen bestimmen soll? Neben diesen Fragen müssen wir nun noch das subphasenspezifische Verlangen in Betracht ziehen und überlegen, ob es wünschenswerter ist, es zu befriedigen oder es zu deuten, ohne die Abstinenzregel außer acht zu lassen. Wir entscheiden über diese Interventionen, sobald wir verstanden haben, welcher Art die Restbedürfnisse der Subphase sind und welchen Verlauf die nachfolgende Organisation genommen hat. Wir schildern unsere diagnostischen Überlegungen im 12. Kapitel, beginnen aber hier mit den Triebaspekten dieser äußerst wichtigen diagnostischen und technischen Frage. Wo es noch nicht zur völligen Differenzierung des Triebs vom Affekt gekommen ist, fördert die Realität des nicht-feindlichen Analytikers die Dominanz des Ichs gegenüber dem Affekt, ermöglicht Identifizierungsprozesse und beseitigt die Schranke, die eine Entwicklung behinderte – beide Triebe können nun spiralenförmig aufwärtsstreben. Nach einer Anfangsperiode einer liebeähnlichen affektiven Reaktion des in der Symbiose benachteiligten Patienten, während der ein gewissens Maß an Verinnerlichung erreicht wird, kann man damit rechnen, daß der feindselige Affekt zurückkehrt. Eingebettet in den Rahmen einer weiterhin libidinösen Beziehung, ähnelt die Feindseligkeit der negativen Aura, von der Kris (1956b) sagt, daß sie die »gute Analysestunde« ankündige. Tatsächlich handelt es sich um den Versuch, Beziehungen auf der nächsthöheren Stufe ungeschehen zu machen. Sie repräsentiert demnach eine neue Wellenbewegung in Richtung auf die Unabhängigkeit, nachdem zunächst durch das Knüpfen eines libidinösen Bandes Sicherheit geschaffen wurde. Nunmehr kann der aggressiv determinierte Entwicklungsspurt aufrechterhalten werden, weil libidinöse Ansprüche befriedigt wurden. Auf diese Weise bewegt sich die Spirale weiter aufwärts, wenn die selektive Identifizierung in immer höherem Maße die Ersetzung des realen äußeren Objekts durch Verinnerlichung ermöglicht. Das erneute Auftreten des feindseligen Affekts zeigt an, daß die Homöostase erreicht ist, nachdem Anforderungen im Zusammenhang mit Trennung und Vereinigung erfüllt wurden. Die Homöostase dient auch dazu, eine Regression auf symbiotische Bedürfnisse zu verhindern. Der Analytiker oder Therapeut übernimmt in diesem Prozeß nicht die Rolle des realen Objekts, sondern handelt als Entwicklungskatalysator, indem er jede in Erscheinung tretende Triebmanifestation anerkennt und ermutigt (Mahler, 1963). Bedient man sich der Triebtheorie auf diese Weise, kann man Borderline-Zustände wirksam behandeln, doch ist damit die schwierige Entscheidung verbunden, wann Gratifikation angemessen und wann sie schädlich ist.

Wir werden im 12. Kapitel auch die Rolle des Therapeuten als Katalysator erörtern. Hier wollten wir zeigen, inwiefern die Differenzierung des Triebs vom Affekt klinisch nützlich ist. Dadurch lassen sich therapeutische Maßnahmen auf niedrige Strukturierungsstufen ausdehnen, von denen man früher annahm, daß sie unbehandelbar seien oder aber nur von intuitiv vorgehenden Therapeuten behandelt werden könnten, ohne daß ein lehrbarer Begriffsrahmen zur Verfügung stand.

Der Narzißmus ist ein integraler Bestandteil des Organisierungsprozesses
und wird am besten verstanden, wenn
wir ihn innerhalb dieses Rahmens
statt als isoliertes Phänomen betrachten. Davon ging Freud bereits 1917
aus, denn damals sagte er, daß »wir
durch die Analyse der narzißtischen
Affektionen eine Kenntnis von der
Zusammensetzung unseres Ichs und
seinem Aufbau aus Instanzen zu gewinnen hoffen« (1917, S. 444).

4

Der normale
Narzißmus

Durch die Neudefinierung des Ichs als Organisierungsprozeß wird
weit mehr modifiziert als der Narzißmusbegriff. Von besonderem
Interesse ist die Art, wie diagnostische Beurteilungen anhand des
neuen Verständnisses des Ichs vorgenommen werden (siehe 5. Kapitel). Die übliche Schilderung von Verhalten und Symptombündeln
wird der Bewertung von Aktiva und Passiva im Organisierungsprozeß
untergeordnet. Besonders narzißtische Merkmale, die man normalerweise als Grandiosität, magische Omnipotenz u. ä. bezeichnet, werden heute richtiger als Verhaltensmanifestationen unbewältigter Entwicklungsaufgaben betrachtet denn als klinische Hinweise auf eine
unzureichende Phasen- oder Subphasenentwicklung. In welcher
Phase oder Subphase diese Unzulänglichkeit ihren Ursprung haben
mögen, der Schaden entsteht immer dem Organisierungsprozeß
selbst, den Organisationsformen, die zu entfalten das Individuum
fähig wird. Diese Formulierung ist unmittelbar von Hartmann abgeleitet, mittelbar stützt sie sich auf eine Untersuchung des ständigen
Kampfes Freuds mit dem Geheimnis des Narzißmus, mit den Schwierigkeiten, denen er begegnete, als er einen Weg nach dem anderen
einschlug und oft genug in einer Sackgasse landete. In der Tat hat er
sein Hauptwerk über den Narzißmus als *Einführung* bezeichnet und
damit angedeutet, daß noch viel zu untersuchen übrigbleibt. Strachey
(1957) beschreibt, wie Freud sich mit dem Narzißmusbegriff ausein-
andersetzte und immer wieder zu dem Problem zurückkehrte, ohne
jedoch seinen einführenden Überlegungen eine endgültige Ausarbeitung folgen zu lassen.
Bei seinem Versuch, die Verflechtungen des Narzißmus zu entwirren,
konnte sich Freud seiner klinischen Beobachtungen bedienen, die ihn
gelehrt hatten, nach Konflikten zu suchen, wie sie sich in Symptomen
und im Verhalten widerspiegelten, und ihre unbewußten Determi-

nanten zu erkennen. Die Lektüre von Schrebers Memoiren (1911) regte ihn dazu an, das Geheimnis des Narzißmus in einer schweren Pathologie zu suchen. Seit er mit der einzigen Entwicklungstheorie, die ihm seinerzeit zur Verfügung stand, der Libidotheorie, arbeitete, sah er den Narzißmus als normal an, wenn die Libido von der Autoerotik über den primären Narzißmus zur Objektliebe fortschritt, und als pathologisch, wenn die Libido der Objektwelt entzogen und erneut dem Ich zugewandt wurde (wie er damals den Ich-Begriff verstand). Dementsprechend wurde der sogenannte sekundäre Narzißmus lange Zeit als pathologischer Kern der *narzißtischen Neurosen*, der damals als unbehandelbar angesehenen Psychosen wie der Borderline-Zustände betrachtet.

Der Narzißmus wurde, wie so vieles in Freuds Denken, begrifflich in polarer Form gedacht – wobei die Objektbesetzung das eine Extrem, der Narzißmus das andere bildete –, wie auch unter ökonomischen Aspekten: In der Liebe (der libidinösen Besetzung des Objekts) bedeutet der Narzißmus einen Tiefpunkt. Freud sagt: »Wenn wir unsere Unterscheidung von Sexual- und Ichtrieben einführen, müssen wir dem Selbstgefühl eine besonders innige Abhängigkeit von der narzißtischen Libido zuerkennen . . . Es ist ferner leicht zu beobachten, daß die Libidobesetzung der Objekte das Selbstgefühl nicht erhöht. Die Abhängigkeit vom geliebten Objekt wirkt herabsetzend; wer verliebt ist, ist demütig. Wer liebt, hat sozusagen ein Stück seines Narzißmus eingebüßt« (1914c, S. 165 und 166).

Um 1914 erkannte Freud, daß die Begriffe *Ich* und *Narzißmus* miteinander verknüpfte theoretische Probleme aufwarfen, die die allerersten Anfänge des extrauterinen Lebens betrafen. Als er seine Untersuchungen fortsetzte, begann er zwischen sexueller Libido und Ich-Libido (der Energie der Ich-Triebe) zu unterscheiden, aber noch immer (1917b) äußerte er sich hinsichtlich des Ichs mit Unsicherheit: »Das Ich aber, seine Zusammensetzung aus verschiedenen Organisationen, deren Aufbau und Funktionsweise, blieb uns verhüllt« (1917, S. 430).

Die Definition des sekundären Narzißmus als Wiederbesetzung des (damaligen) Ichs mit narzißtischer Libido aus Enttäuschung über die Objektwelt löste das Rätsel der sogenannten narzißtischen Neurosen. Der Glaube an ihre Unbehandelbarkeit beruhte auf der Annahme, daß die Libido unbeweglich geworden war – einmal der Objektwelt entzogen, vermochte sie nicht den Weg zurück zu ihr zu finden. Dies wurde durch Unterschiede angeborener Dispositionen und Fixierungen erklärt, die wegen ihres Ursprungs in frühen Entwicklungsphasen

irreversibel waren. Freud (1917a) war nichtsdestoweniger recht opti-
mistisch in bezug auf einen künftigen Sieg über die narzißtischen
Neurosen »durch das Verständnis des Ichs« (S. 438), seiner Störungen und Zerstörungen. Er hielt diese Aufgabe für größer als die des
Verstehens der libidinösen Entwicklung: »Wahrscheinlich werden wir
von unserer bisherigen Kenntnis der Libidoschicksale, die wir aus
dem Studium der Übertragungsneurosen geschöpft haben, gering
denken« (S. 438). Um diese größere Aufgabe zu erfüllen, meinte er:
»Unsere technischen Methoden müssen also durch andere ersetzt
werden« (S. 438). Hier bewies Freud seine Flexibilität, indem er sich
von etwas so Grundlegendem wie der Libidotheorie in diesem einen
Fall abwandte, da die durch Beobachtung gewonnen Erkenntnisse der
Theorie nicht entsprachen. Als er sah, daß die Libidotheorie möglicherweise nicht zum Verständnis der narzißtischen Neurosen beitragen konnte, kündigte er die Wendung in seinem Denken folgendermaßen an: »Und ich kann kein Scheitern unserer Forschungsrichtung
darin erblicken, wenn uns die Erkenntnis bevorsteht, daß bei den
schweren Psychosen die Ichtriebe selbst in primärer Weise irregeführt
werden« (S. 445).
Die Bezeichnung *Narzißmus* hat mittlerweile verschiedene Bedeutungen. In der Pathologie ist er eine Form von Persönlichkeitsstörung,
während er in der Entwicklungstheorie eine normale Entwicklungslinie und eine wesentliche Voraussetzung psychischen Wohlbefindens
darstellt. Freud schrieb die Bezeichnung Näcke und Havelock Ellis
zu, die damit zum Ausdruck bringen wollten, daß der eigene Körper
als Sexualobjekt benutzt wird, daß es sich also um eine Perversion
handelt, bei der äußere Objekte eine unbedeutende Rolle spielen.
Indem er den sekundären Narzißmus auf seine Weise (libidinöse
Besetzung des Ichs)[1] definierte, rückt Freud den Narzißmus ein wenig
aus dem Bereich der Perversion. Nichtsdestoweniger standen wir
weiterhin von ernsten theoretischen Problemen. Wenn wir fortfahren,
die Libido als sexuelle Energie zu definieren, bleibt der Narzißmus
eine Perversion. Benutzen wir Freuds letzte Definition der Libido als
der Kraft, die zu verbinden und immer größere Einheiten zu schaffen
sucht, was wird dann verbunden und wozu?
Wir haben bereits darauf hingewiesen, daß Freud anfangs davon
ausging, daß der Narzißmus Verschiebungen der libidinösen Beset-

---

[1] Hartmann weist auf die Zwiespältigkeit hin, mit der Freud vor 1923 die Bezeichnung
Ich verwendet, und deutet an, daß Selbst (oder Selbstrepräsentanzen) der zutreffendere
Terminus sei.

zung von Objekten (oder Objektbildern) auf das Selbst (oder Selbstbilder) mit sich bringt. Zu jener Zeit in der Geschichte der Theoriebildung, waren Libido und Liebe nicht scharf voneinander getrennt, wie Freuds Beschreibung von Verliebten als Personen, die auf einen Teil ihres Narzißmus verzichtet haben, zeigt. Die Theorie schlug eine neue Richtung ein, als Freud erkannte, daß das ganze Phänomen sich nicht nur durch libidinöse Verschiebungen erklären ließ, insbesondere solange Libido so umfassend auf sexuelle Energie, Liebe, Anziehung u. ä. angewandt wurde. Eine Lösung wurde in der Form gefunden, daß zwischen Ich-Libido und sexueller Libido unterschieden wurde, wobei erstere die Energie der Ich-Triebe bezeichnete. Hier nimmt die Trennung der Ich-Interessen vom Trieb ihren Anfang. Die verbleibende Doppeldeutigkeit wurde von Hartmann (1950a) geklärt, der zwischen der Besetzung des Selbst und der des Ichs unterschied.

Solange der Narzißmus an die Libidotheorie gebunden blieb, war es erforderlich, an Konzepten von primärem und sekundärem Narzißmus festzuhalten, um Besetzungen und Besetzungsentzug darzustellen. Könnte dies einer der Bereiche sein, mit denen Freud, Strachey zufolge, unzufrieden war? Eine Lösung wurde durch Hartmanns Einführung des Begriffs der undifferenzierten Matrix möglich, der Raum für den Entwicklungsgesichtspunkt schuf. Durch diesen Begriff war Jacobson (1954) in der Lage zu zeigen, daß es vor der Differenzierung keine Selbst-Besetzung (d. h. primären Narzißmus) geben kann. Hartmann (1964) schildert, wie Ich-psychologisches Denken unseren Gesichtskreis in bezug auf das Problem des Narzißmus und seinen Einfluß auf die Objektbeziehungen erweitert: »Die frühesten Phasen dieser Selbst-Objektbeziehungen werden gewöhnlich als Stufen, die vom primären Narzißmus zur Objektbeziehung führen, beschrieben. Wesentliche pathologische Züge der schizophrenen Regression könnten von diesem Gesichtswinkel aus geklärt werden. Wir kennen die Rolle, die der Narzißmus in der Verursachung von Störungen der Objektbeziehungen spielt, auch die Rolle der geschädigten Objektbeziehung bei Zunahme des Narzißmus. Seit den zwanziger Jahren, als Freud die Ich-Funktionen im Einklang mit seinen späteren Ansichten neu definierte, wurde eine differenziertere – das heißt, die strukturelle – Auffassung der Ich-Es-Beziehung mehr oder weniger allgemein von den Analytikern akzeptiert, und die entwicklungsgeschichtliche Beschreibung der Objektbeziehung einerseits und der damit zusammenhängenden Ich-Funktionen andererseits wurde konkret und spezifischer. Dadurch erweitert sich das Feld unserer Fragestellung, aber auch der Zugang zu ihrer Beantwortung« (S. 185).

So wandelt sich der Narzißmus im psychoanalytischen Denken von einer pathologischen Erscheinung zu einer normalen Entwicklungslinie. Bei optimaler Entwicklung, behauptet Jacobson, bildet sich Identität, sobald Selbst- und Objektrepräsentanzen gleicher Wert beigemessen wird.

In Übereinstimmung mit Freuds Feststellung (1923), daß das Ich vor allem ein körperliches sei, ist Nagera (1964) der Auffassung, daß das Ich als organisiertes System mit dem Erwerb des Körperbildes zuerst in Erscheinung tritt. Aus Freuds (1937) Hinweis auf eine angeborene Ich-Konstitution und Hartmanns (1958) Postulat der Apparate primärer Autonomie ergibt sich, daß die Bildung der Körperimago das erste Resultat der Ich-Organisation ist. Sandler und Rosenblatt (1962) paraphrasieren Freud, wenn sie feststellen, daß die Selbstrepräsentanzen in erster Linie Körperrepräsentanzen sind. Damit erklären sie, daß es eben die Differenzierungs- und Strukturierungsvorgänge sind, die die Fähigkeit zum Erleben des Körperlichen schaffen. Angesichts einer solchen Verfeinerung der Theorie, wie das Ich zu einer Organisation wird, muß man glauben, daß der Narzißmus keine Polarisierung von Selbst- und Objektbesetzung mehr zur Folge hat, sondern vielmehr, daß es sich bei Narzißmus und Objektverbundenheit um zwei Entwicklungslinien handelt, die sich nicht polar gegenüberstehen, sondern ineinandergreifen. Davon gingen schon Hartmann und Loewenstein (1962) aus, als sie beschrieben, wie grandiose Selbstbilder und idealisierte Objektbilder vom normalen Ich-Ideal absorbiert werden. Die von uns vorgeschlagene Neuerwägung der Triebtheorie macht es nicht nur möglich, die Besetzung entweder positiv oder negativ zu bewerten, ohne Trieb mit Affekt zu verwechseln, sie befreit auch den Narzißmus von den einengenden Schranken der Libidotheorie und gibt ihm den Status einer Entwicklungslinie, der nun auch Raum für eine andere läßt: die Affektentwicklung.

Der Entwicklungsgesichtspunkt löst das Problem, ob der Narzißmus eher eine libidinöse Beziehung zum Selbst als zu den Objektrepräsentanzen hat. Mahler beschreibt den normalen sekundären Narzißmus als Folge des Erwerbs einer gesunden Selbstachtung. Diese repräsentiert keine libidinöse Beziehung zum Selbst, sondern eher einen Gefühlszustand, in dem den Selbstrepräsentanzen Wertschätzung zuteil wird. Selbst wenn wir die Freudschen Termini Ich-Interessen und Ich-Libido verwenden, geht es um affektive Interessen. Fahren wir fort, entwicklungspsychologische Termini zu benutzen, kann man sagen, daß die Wendung vom Nirwana-Prinzip zum Lustprinzip erfolgt, sobald affektive Fähigkeiten sich zu entwickeln beginnen.

Solange das Nirwana-Prinzip dominiert, dämmert der Säugling entweder vegetativ dahin, oder er empfindet organismisches Unbehagen. An der Schwelle der Entwicklung, unmittelbar nach der physischen Geburt, gibt es demnach einfache Vorläufer zweier umfassender affektiver Kategorien: Lust und Schmerz. Aber diese Affekte selbst werden erst erlebt, wenn sie in der Gesamtheit des Organisierungsprozesses differenziert werden, wenn die Organisierungsfähigkeit den Punkt erreicht, wo Erleichterung mit Lust, Unlust mit Versagung assoziiert wird.

Spitz hat den Prozeß der Affektdifferenzierung beschrieben. Die ersten Lebenswochen, in koenästhetischem Dämmerzustand verbracht, sind durch viszerale, allgemeine Reaktionen auf Reize gekennzeichnet, da die Differenzierung noch nicht begonnen hat. Die Affektdifferenzierung nimmt ihren Anfang ungefähr mit der Reifungskrise nach dem ersten Lebensmonat – dem Zeitpunkt, wenn nach Mahlers Meinung die autistische Schale birst. Erst dann beginnt das Neugeborene die Fähigkeit zu erwerben, zwischen Innen und Außen zu unterscheiden, zwischen Psyche und Soma, Lust und Schmerz. Etwa um dieselbe Zeit beginnen nach Jacobson auch Libido und Aggression sich voneinander zu scheiden. Spitz bemerkt, daß das visuelle Verfolgen des sich über dem Bettchen bewegenden Gesichts den klaren Beweis für ein Interesse liefert, das schon bald zur ausgesprochen lustvollen Lächelreaktion führt. Der quantitative Unterschied zwischen visuellem Verfolgen und Lächelreaktion illustriert die stattfindende Affektdifferenzierung. Die unmißverständlichen Anzeichen strahlender Laune, die die Lächelreaktion begleiten, unterscheiden sich deutlich von der schwächeren Neugier des visuellen Verfolgens, das ihr vorausging, und ganz erheblich von dem noch früheren, vermutlich behaglichen Dämmerzustand des Neugeborenen.

Hingegen sind Libido und Affekt zur Zeit der Lächelreaktion noch nicht differenziert, wie Spitz' Experimente mit der Halloween-Maske zeigen. Es besteht eine Verbindung (Libido) mit der Objektwelt, während der begleitende Affekt (Lust) sich noch nicht von jenem Trieb differenziert hat. Maske wie sich bewegendes Gesicht lösen die gleiche Lust aus, wohingegen sich Unlust nicht im Zusammenhang mit Anwesenheit oder Abwesenheit von Maske oder Gesicht zeigt, sondern erst dann, wenn Bedürfnisse nicht befriedigt werden. Wo sich Bedürfnisse regen, erwirbt das Kind zum Zeitpunkt der Lächelreaktion auch die Fähigkeit, einen kurzen Aufschub ohne Unlust zu ertragen, wenn es nicht zu lange warten muß. Objekte, die vorher der Bedürfnisbefriedigung dienten, werden allmählich mit Lust assoziiert.

Zur Spaltung kommt es, wenn das »gute« Objekt, das Lust bereitet, als vom »schlechten« Objekt getrennt erlebt wird, das Unbehagen nicht lindert. Die Trennung des »guten« vom »schlechten« Objekt fällt mit dem Erwerb des von Spitz beschriebenen zweiten Organisators zusammen – dem eigentlich libidinösen Objekt, wie er es nennt. Fügt man die von uns vorgeschlagene Unterscheidung zwischen Affekt und Trieb hinzu, würden wir nicht nur vom libidinösen Objekt sprechen, sondern vom positiv besetzten Objekt, womit wir die Libido auf ihren Status als Trieb beschränken würden. Wenngleich wir es nun für wünschenswert erachten, an einer klaren Unterscheidung zwischen Trieb und Affekt festzuhalten, greift ihre Entwicklung doch ineinander. Wir haben gezeigt, daß der Begriff der undifferenzierten Matrix impliziert, daß Entwicklungen immer miteinander in Beziehung stehen, während sie zahllose Differenzierungs- und Integrierungsstufen durchlaufen.

Mit dem verschwommenen Gewahrwerden einer Außenwelt beginnt die Symbiose, wenn es zu einem glücklichen Zusammentreffen der angeborenen Fähigkeit, aus der Umgebung Nutzen zu ziehen, mit einer hinreichend günstigen Umgebung kommt. Der Schub vom Autismus zur Symbiose muß durch libidinöse Energie angefeuert werden. Wenn durch ungünstige Verteilung von Triebenergie Aggression sich vorzeitig herausdifferenziert und die Oberhand gewinnt, wird die phasenspezifische symbiotische Vereinigung durch den der Loslösung dienenden Aggressionstrieb verhindert. Hat jedoch die Libido die phasenspezifische Vorherrschaft, wird die symbiotische › Vereinigung erleichtert. Hier ist der Punkt, wo der normale Narzißmus, definiert als Selbst-Objekt-Einheit von positivem affektiven Wert, sich zu entwickeln beginnt.

Mit fortschreitender Differenzierung kommt es zu weiteren Unterscheidungen im Bereich der Affektentwicklung. Es ist von besonderer Bedeutung für die normale Entwicklung, daß »gute« Selbst- und Objektbilder vorherrschen. Dann geht die Selbst- und Objektdifferenzierung weiter, wobei beide Sets von Imagines ständig mit positiven und negativen Wertmengen ausgestattet werden. Qualitative Unterscheidung ist der nächste Schritt bei der Affektdifferenzierung, da sich nunmehr Nuancen zeigen. »Ganz gut« und »ganz schlecht« erfahren allmählich Abstufungen wie lustvoll, glücklich, überschwenglich, liebevoll einerseits und unlustvoll, enttäuschend, bedrückend u. ä. andererseits. Wir müssen daher von normalem Narzißmus in verschiedenen Graden von Selbst-Objekt-Differenzierung und mit verschiedenen Abstufungen der Affektdifferenzierung sprechen. In der symbiotischen Phase wird auf die Einheit Wert gelegt. Mit dem Eintritt in die Subphase von Loslösung und Individuation steht der Differenzierungsgrad stärker im Vordergrund sowie Merkmale der Besetzung von Selbst und Objektbildern, sobald diese in Erscheinung treten. Im wesentlichen gehören zur normalen entwicklungsmäßigen Spaltung vier Sets von Imagines: »gutes« Selbst, »gutes« Objekt, »schlechtes« Selbst, »schlechtes« Objekt. Während die Selbst-Objekt-Einheit in der symbiotischen Phase geschätzt wurde, die damit eine bestimmte Form narzißtischer Einheit mit besonderen Merkmalen darstellte, ändert die narzißtische Formation mit dem Eintritt in die Loslösungs- und Individuationsphase Form und Qualität. Für die Entwicklung ist es wesentlich, daß den guten Selbst- und Objektbildern Wertschätzung zuteil wird. Das wird durch die Verwendung des der Loslösung dienenden Merkmals des Aggressionstriebes zur Bewahrung eines Sets von schlechten Selbst- und Objektbildern neben den guten erreicht. Indessen muß für das Kind noch immer das »Gute« überwiegen, an das es sich halten kann, bis Entwicklungsschritte die Wahrnehmung erträglich machen, daß die ganz guten und ganz schlechten Objektbilder zu ein und derselben Person gehören. Dann verschmelzen die Doppelbilder des Selbst zugleich mit der Verschmelzung beider Arten von Objektbildern. Schließlich werden Repräsentanzen ganzer Personen gebildet (Sandler und Joffe, 1969; Lichtenberg, 1975) – ein Vorgang, der eine komplexe Interaktion von Triebdifferenzierung und Affektentwicklung zur Folge hat.

Die dritte Stufe normaler narzißtischer Entwicklung ist erreicht, wenn die Sets guter und schlechter Imagines verschmelzen. Die erste Stufe fiel in die Symbiose, als der Gesamtheit der Selbst-Objekt-Einheit Wertschätzung zuteil wurde. Die zweite war durch die Besetzung eines der beiden Sets von guten Objektbildern gekennzeichnet. Die dritte Stufe ist erreicht, wenn das Kind fähig wird, ganze Personen zu besetzen, indem es gute und schlechte Selbstrepräsentanzen und gute und schlechte Objektrepräsentanzten kombiniert. Dann können wir vom Narzißmus als positiver Besetzung ganzer und relativ stabiler Selbstrepräsentanzen sprechen. Durch diese Entwicklung entsteht ein Bewußtsein bleibender Selbstachtung.

Zu irgendeinem frühen Zeitpunkt in der Entwicklung kommt es zu einem bedeutungsvollen Wandel in der Art, wie Erfahrung registriert wird. In den ersten Wochen der Nichtdifferenzierung (koenästhetisches Empfinden) wird das Leben rein empirisch wahrgenommen. Die Bearbeitung erfolgt in isolierten Erlebnissen wie Spannung, Spannungsminderung, die irgendwie vom Gedächtnis registriert werden.

Mit dem Einsetzen der diakritischen Wahrnehmung (Spitz) kommt es zu einer einheitlicheren, zentralisierten Form der Registrierung. Die Gesamtorganisation umfaßt Triebe, Erfahrung, Affekte und Eigenschaften wie Willenskraft und Motilität, was sich in der Lächelreaktion zeigt. Man kann behaupten, daß hier die ersten Grundlagen einer Innenwelt errichtet werden, die schließlich die psychische Struktur bilden. Die Organisation schreitet voran. Der Geist beginnt zu entstehen, und das Kind wird mit zunehmendem Wachstum ein wenig mehr in ihm leben, womit es langsam dazu übergeht, etwas weniger im Körper zu leben. Lichtenberg (1975) beschrieb es folgendermaßen: »Nach und nach erwirbt das Kind eine innere Welt von Erfahrungsbildern, die die Entwicklungen im Nichterfahrungsbereich strukturierter Repräsentanzen und organisierter Gedächtnisspuren widerspiegeln; es wird so fähig, das Bild der Mutter nach Belieben hervorzurufen. Der sich entwickelnde Reichtum seiner innerlichen Lebenserfahrungen liefert einen Ersatz von entscheidender Bedeutung für die Verluste, die es als Teil des Loslösungs- und Individuationsprozesses erleidet. Das Kind beginnt daher etwas weniger in seinem Körper zu leben . . . ; es lebt ein wenig mehr in seinem Geist« (S. 461).

Mit dem Eintritt in die Subphasen von Loslösung und Individuation ergeben sich ungezählte Möglichkeiten für eine Steigerung (oder Schädigung) der Selbstachtung. Die wichtigste Entwicklungsfunktion jeder Subphase wird zum Teil durch die Bezeichnungen der Subphasen benannt: Differenzierung, Übung, Wiederannäherung und ›Auf dem Weg zur Objektkonstanz‹. Gerade die Erfahrung, daß man in der Lage ist, den Entwicklungszweck angemessen bzw. optimal zu erfüllen, führt zu höherer Selbsteinschätzung. Doch die affektiven Erlebnisse, die mit den wichtigsten Entwicklungszwecken einhergehen, tragen erheblich zur Erhöhung des Selbstwertgefühls oder aber zu pathologischen narzißtischen Bildungen bei. Mahler und Kaplan (1977) drücken es so aus: »Jede Subphase leistet ihren besonderen Beitrag zu gesundem oder pathologischem Narzißmus; narzißtische Reserven werden noch in hohem Maße durch subphasenadäquate Bemutterung in den späteren Subphasen gebildet. *Die eigenständigen Leistungen* in der Übungsphase sind die Hauptquelle narzißtischer Erhöhung von *innen*. Die meisten Kleinkinder im Übungsstadium verfügen über drei Mithelfer auf dem Höhepunkt ihres Narzißmus. Dies sind (in übersteigerter Form und individuell verschiedenen Proportionen): Selbstliebe, primitive Überschätzung ihrer Leistungen und Omnipotenz. Während der Subphase der Wiederannäherung, vor und je nach der Bewältigung der Wiederannäherungskrise ist der

Narzißmus (insbesondere die durch das Heranreifen der Vorstellungsintelligenz erschütterte Omnipotenz) subphasenspezifisch verwundbar« (S. 73).

Der Drang nach Loslösung und Individuation bringt eine unterentwickelte Selbstbesetzung mit sich, die aus der differenzierenden Wegbewegung vom mütterlichen Körper in der ersten Subphase hervorgeht.

Das »Hochgefühl« (»elation«) ist das hervorstechende Merkmal der nächsten Subphase, dem Übungsstadium. Nun ist die aufrechte Fortbewegung erreicht, und die Welt wird omnipotent erlebt, wobei der Leistung beträchtliche Wertschätzung zuteil wird. Das Selbst, das sich erst vor so kurzer Zeit von der symbiotischen Einheit zu differenzieren begann, fährt fort, Wertbewußtsein auf diese Weise zu akkumulieren, d. h. durch magische Absorption der größeren Welt in seine Imago. Das so erworbene Selbstwertgefühl ist äußerst verletzlich, weil es so sehr von magischer Omnipotenz abhängig ist und leicht verlorengeht, wenn es nicht von außen gestützt wird.

In der Subphase der Wiederannäherung bahnt sich eine Umkehr an, die in hohem Maße durch eine bessere Realitätsprüfung vorangetrieben wird. Mit ihr kommt die Erkenntnis, daß das Primärobjekt nicht länger dazu benutzt werden kann, die allmächtige Zweieinheit wiederherzustellen. Das Kleinkind in der Wiederannäherungsphase ist zu einer realistischeren Wahrnehmung des Selbst und seiner Fähigkeiten wie der Objektwelt und dessen, was von ihr erwartet werden kann, gezwungen. Die Empfindlichkeit dieser Subphase tritt ins Blickfeld, wenn wir verstehen, wie notwendig ein ausgewogenes Verhältnis in der Besetzung von Selbst- und Objektbildern ist, um zu verhindern, daß Unabhängigkeit und Selbstwertgefühl zugunsten von Willfährigkeit aufgegeben werden, oder um dem Verlust der Objektbesetzung entgegenzuwirken. Optimale Frustration – nicht zuviel und nicht zu wenig – ist für die Wahrung dieser Ausgewogenheit wesentlich.

An dieser Stelle fällt es auf, daß die Neigung, das Adjektiv *narzißtisch* in herabsetzender Weise zu gebrauchen, der Gegenreaktion entstammt, die wir empfinden, wenn wir die Auswirkungen ungenügender Frustration in den Subphasen bei einem Erwachsenen sehen, da dieser Mangel in der Wiederannäherungskrise am stärksten ist. Ein solcher Mensch leidet darunter, daß es ihm nicht gelungen ist, realistische, objektbezogene Anforderungen mit einem realistischen Selbstwertgefühl zu integrieren. Es besteht eine regressive Neigung zur größeren Bequemlichkeit, die die magische Omnipotenz in der Übungssubphase bietet. Auch als Erwachsene bleiben solche Menschen die Tyrannen aus der Kinderstube. Wo jedoch die Frustration optimal war, wird die Subphase der Wiederannäherung zum Schmelztiegel, in dem die beiden Pole, wie Freud sie sah, zusammenfließen — Narzißmus und Objektbeziehungen.

Ist die Wiederannäherung andäquat bewältigt worden, legt sich das Hochgefühl als Folge selbständiger Meisterschaft, das in der Übungsphase magisch omnipotente Proportionen erreicht hatte, wenn das ältere Kleinkind entdeckt, daß es mit der Mutter nicht mehr so zusammenpaßt wie vorher, und daß es nun beginnen muß, sich auf sein eigenes, noch unentwickeltes Selbstwertgefühl zu verlassen, wenn es narzißtischer Zufuhren[2] bedarf.

Diese radikale Wendung, daß man sich nun nicht mehr auf die Außenwelt oder die eigene magische Omnipotenz verlassen kann, macht die Subphase der Wiederannäherung zu einer so delikaten, verwundbaren. Obwohl es bis zur psychischen Geburt noch eine kurze Zeit dauern wird, bringt die Subphase der Wiederannäherung eine Beschleunigung – einen Übergang vom Zustand der Angepaßtheit, die bisher für das Zusammenpassen von Mutter und Kind (im Sinne Hartmanns) um des psychischen Überlebens des Kindes willen so wesentlich war. Bis zu diesem Zeitpunkt wird die Verinnerlichung einen langen Weg zurückgelegt haben, und mit ihr wird, wie Hartmann ausführt, größere Unabhängigkeit von der Umwelt erreicht worden sein.

Eine adäquate Meisterung der Anforderungen der Subphase der Wiederannäherung beschleunigt auch den Prozeß der selektiven Identifizierung. Mit der Entdeckung, daß die frühere omnipotente Zweieinheit nicht wiederzuerlangen ist, weil nun keiner der Partner mehr bequem in sie hineinpaßt, wird das Kind immer stärker in die Richtung von Loslösung und Individuation gedrängt. Die dramatischen Kämpfe mit der Mutter, die Mahler beobachtete, stellen die Abwehr des Kleinkindes gegen die bedrückende Erkenntnis dar, daß die Welt, einschließlich des primären Objekts, nicht mehr sein Eigentum ist. Bei adäquatem Verlauf der Wiederannäherung kommt es zu einer Zunahme des Selbstwertgefühls, was Mahler als gesunden sekundären Narzißmus bezeichnet. Wir nehmen an, daß sie damit die in dieser Subphase erfolgende Verschiebung vom primären Zustand der Abhängigkeit von narzißtischen Zufuhren durch die Dyade zu größerem Vertrauen auf eine realistische und immer sicherer verin-

---

[2] Als narzißtische Zufuhren werden Erfahrungen bezeichnet, die das Selbstwertgefühl erhöhen.

nerlichte Selbsteinschätzung meint. Dies wird möglich, wenn bewunderte Eigenschaften der Objektbilder mittels selektiver Identifizierung in die sich ständig differenzierenden Selbstbilder integriert werden. Zwischenmenschliche Interaktion, die zwar noch auf lange Zeit von Bedeutung sein wird, wird langsam durch intrapsychische und intersystemische Transaktionen ersetzt, wenn die Struktur der Innenwelt gebildet wird.

Wir machen nun eine Wendung um hundertachtzig Grad und kehren zu Freuds Definition des sekundären Narzißmus zurück. In einer Hinsicht hatte er recht. Liebe (ein Affekt) und nicht Libido (Trieb) wird dem Ich (den Selbstbildern) zugewendet. Dazu kommt es nicht aus Enttäuschung über die Objektwelt, nicht weil ein Verliebter auf einen Teil seines normalen Narzißmus verzichten muß – verzichtet werden muß vielmehr auf die Teilhabe an der omnipotenten dyadischen Einheit. Freud war dies bereits in einem gewissen Sinn im Jahre 1914 bewußt, als er sagte, daß narzißtische Liebe unter anderem die Liebe zu der »Person, die ein Teil des eigenen Selbst war« (S. 156) gewesen ist.

Es ist daher der kindliche Narzißmus, der der Wiederannäherungskrise rechtmäßig vorausgeht und aufgegeben werden muß, um durch Objektliebe ersetzt zu werden. Freud ahnte dies, denn er nahm auch an, daß die Objektliebe an die Stelle der Selbst-Objekt-Liebe der dyadischen narzißtischen Einheit tritt, wenngleich er dieses Entwicklungsphänomen nicht im modernen Sinne verstand. Er sagt: ». . . endlich muß man beginnen zu lieben, um nicht krank zu werden, und muß erkranken, wenn man . . . nicht lieben kann« (S. 151f).

Mahler beschreibt die besondere Verwundbarkeit in der Wiederannäherungsphase, indem sie diese als den Angelpunkt bezeichnet, um den frühe magische narzißtische Formationen kreisen, um zu einer realistischeren Selbsteinschätzung zu gelangen (siehe auch 5. Kapitel). Mit dieser Verschiebung nähert sich der Narzißmus jenem gesunden Zustand, in dem er Seite an Seite mit der Objektliebe existiert. Das entspricht Jacobsons Beschreibung der Erlangung eines gesunden Selbstwertgefühls, sobald Selbst- und Objektrepräsentanzen gleichmäßig besetzt werden. Dazu kommt es, wenn die Entwicklung Gelegenheit bietet, die Selbstbilder mit positiven Werten auszustatten. Es unterstreicht den Status des Narzißmus als einer Entwicklung innerhalb des Konzepts des Ichs als eines Organisierungsprozesses und folgt der Richtung, auf die Freud 1917 hinwies:

»Ich habe Sie nun in das Gebiet geführt, auf welchem die nächsten Fortschritte der analytischen Arbeit zu erwarten sind. Seitdem wir uns getrauen, den Begriff der Ichlibido zu handhaben, sind uns die narzißtischen Neurosen zugänglich geworden; es hat sich die Aufgabe ergeben, eine dynamische Aufklärung dieser Affektionen zu gewinnen und gleichzeitig unsere Kenntnis des Seelenlebens durch das Verständnis des Ichs zu vervollständigen. Die Ich-Psychologie, die wir anstreben, soll nicht auf die Daten unserer Selbstwahrnehmung, sondern wie bei der Libido auf die Analyse der Störungen und Zerstörungen des Ichs begründet sein« (S. 438).

Die psychoanalytische Entwicklungstheorie verheißt die Erfüllung von Freuds Hoffnung, daß wir durch die Erforschung der narzißtischen Störungen erkennen werden, wie das Ich zusammengesetzt ist. Es besteht wenig Zweifel, daß der Narzißmus unter Entwicklungsgesichtspunkten im Rahmen der Ich-Psychologie, nach der Freud suchte, erforscht werden muß. Sie hat ihren Platz unter den reich facettierten Perspektiven, unter denen wir jene überaus komplexe Struktur, die der menschliche Geist darstellt, betrachten. Er kann weder auf die Libido eingeschränkt werden, noch läßt er sich genauer definieren, wenn wir die dualistische Triebtheorie in unsere Betrachtung einbeziehen. Er ist umfassender als jene. Er spiegelt die normalen Aspekte wider und nicht nur die Schicksale der Triebentwicklung, sondern ebenso die von Affekt und Struktur. Er ist ein Aspekt des Organisierungsprozesses selbst.

5

Diagnose im Sinne des Organisierungsprozesses

In unserem Buch *Angewandte Ich-Psychologie* erörtern wir die deskriptive Entwicklungsdiagnose als einen Ansatz, den Patienten in einer Weise zu verstehen, die sich vom medizinischen Modell der Suche nach Krankheitseinheiten unterscheidet. Wenn in der Medizin eine korrekte Diagnose gestellt werden kann, ergibt sich daraus häufig, wenngleich nicht immer, die erforderliche Behandlung und ihre Anwendung. Manchmal jedoch entscheidet sogar in der Medizin die Behandlung über die Diagnose; wenn durch die Behandlung die Beschwerden oder Symptome des Patienten behoben werden, kann der Arzt rückwirkend folgern, daß der Patient an einer bestimmten Krankheit litt. Der Wissenschaftler ist mit einer solchen retrospektiven Diagnose nicht zufrieden und versucht sie auszuschalten, sobald bessere diagnostische Methoden zur Verfügung stehen. Dennoch ähnelt diese unpräzise, so widerwillig angewandte Methode der psychoanalytischen Diagnose. Dies war sicherlich zu Beginn der Psychoanalyse der Fall, als Freud eine versuchsweise Analyse befürwortete, um zu bestimmen, ob der Patient in der Lage sein würde, die Kur zu ertragen. Bis zum heutigen Tage hört man von Analysen, die unterbrochen werden mußten, weil der Patient einen »Ich-Zusammenbruch« erlitt. Wenn die fundamentale Bedeutung des Organisierungsprozesses für die Diagnose beachtet wird, dann wird der Analytiker das Ich nicht mit Techniken überfordern, die über seine Kapazität hinausgehen.

Psychoanalytische diagnostische Vorstellungen sind lange Zeit von der psychiatrischen Diagnose ausgegangen, und zwar in so hohem Maße, daß Psychoanalytiker verwirrt werden, weil sie für statistische Zwecke komplexe Daten in starre psychiatrische Kategorien einordnen sollen. Mittlerweile ist das ganz selbstverständlich, muß aber hier nochmals erwähnt werden, weil z. B. Versicherungsträger nicht nur nach der Diagnose fragen, sondern auch nach dem Krankheitsbeginn. Wollte man wahrheitsgemäß und exakt antworten, müßte man sagen, daß eine »Krankheit« im Sinne psychoanalytischer Entwicklungspsychologie immer dort ihren Anfang nimmt, wo der Organisierungsprozeß in eine abweichende Richtung zu steuern beginnt. Wenn wir Organisation, Entwicklung, Verinnerlichung und Strukturierung in Betracht ziehen, läßt sich die Frage nach dem Krankheitsbeginn in verschiedene Teile zerlegen: Wann wurde die Organisation gestört? In welcher Richtung erfolgte die Verzerrung? Welches Maß an Strukturierung und Verinnerlichung wurde trotzdem erreicht? Wo liegen die Entwicklungsrückstände? War beim Erreichen des Ödipuskomplexes eine ausreichende Organisation vorhanden, um mit ihm umgehen zu können? Welche angeborenen Apparate und andere Fähigkeiten kommen der Organisation trotz ihrer Beeinträchtigung zu Hilfe? Definiert man Krankheit als Fehlbildung im Organisierungsprozeß, muß man davon ausgehen, daß sie an irgendeiner Stelle im Entwicklungskontinuum ihren Anfang nahm. Es ist allerdings wahrscheinlicher, daß die Frage nach dem Beginn aus der Sicht des Fragenden bedeutet, wann die Symptome zuerst in Erscheinung traten – und das ist in der Tat etwas ganz anderes.

Den Psychoanalytikern wurde die Verfänglichkeit der Diagnose anhand von Symptomen bewußt, als sie zu erkennen begannen, daß sogenannte Hysteriker sich häufig als psychotisch entpuppten, daß Phobiker oft unter Borderline-Zuständen und nicht an Angsthysterie litten, daß Zwangscharaktere mitunter diese Mechanismen benutzten, um gegen die Psychose anzukämpfen, und es sich nicht immer um Symptome einer Zwangsneurose handelte. Noch verwirrender ist es, daß wir nunmehr auf symptomatische Patienten treffen, von denen manche neurotisch, manche Borderline-Fälle oder gar psychotisch sind. Ich-syntone Strukturen scheinen heute stärker vorzuherrschen als früher, oder aber wir erkennen ihren pathologischen Charakter besser, sind daher außerstande, den Zeitpunkt anzugeben, zu dem ein Nicht-Symptom – Ich-Syntonität – auftrat, und müssen statt dessen Struktur(Organisations-)gesichtspunkte berücksichtigen. Eissler (1953) weist darauf hin, daß es wichtiger ist, die Ich-Struktur zu berücksichtigen, in die das Symptom eingebettet ist, als die Struktur des Symptoms.

Anna Freud (1963) brachte die moderne Diagnose einen großen Schritt vorwärts, indem sie das Konzept der Entwicklungslinien einführte. Dieser diagnostische Ansatz geht davon aus, daß jede einzelne Entwicklungslinie als Beiträger zum diagnostischen Gesamtbild anzusehen ist. Dann allerdings ist die Diagnose nicht mehr eine kurze Feststellung oder ein Etikett, sondern die Beschreibung der Gesamtpersönlichkeit. Wir folgen dieser Auffassung einer deskriptiven Entwicklungsdiagnose in unseren Büchern *Ehe und seelische Entwicklung* (1968, dt. 1978) und *Angewandte Ich-Psychologie* (1974, dt. 1978) und schlagen vor, ein diagnostisches Psychogramm anzulegen; die Merkmale der Entwicklung eines bestimmten Patienten können in einer graphischen Darstellung zusammengefaßt werden, die uns ein Bild von seiner Entwicklung, Entwicklungsverzögerung, Rückschritten und Fortschritten vermitteln kann. Für eine Verbesserung dieser beiden Psychogrammversionen ist viel Raum, insbesondere bei zunehmendem Wissen um die Entwicklung, und deshalb haben wir sie nicht als endgültig, sondern lediglich als Anleitung zur deskriptiven Entwicklungsdiagnose dargestellt. Vor allem wollten wir auf die vielen Entwicklungsmerkmale hinweisen, die in Betracht gezogen werden müssen.

Von den vielen zeitgenössischen Beschreibungen der geringer als neurotisch strukturierten Persönlichkeit finden wir Mahlers (1971) These über den Einfluß der Schicksale des Loslösungs- und Individuationsprozesses am nützlichsten. Sie geht davon aus, daß eine neurotische Struktur zwangsläufig unerreichbar bleiben muß, wenn Loslösung und Individuation ihre erste Runde nicht bewältigt haben. Wenn das Kind im Alter von etwa drei Jahren die psychische Geburt hinter sich gebracht hat, ist es »auf dem Weg zur Objektkonstanz«. Während dies ein neuer Anfang, nicht das Ende seiner Entwicklung ist und mehrere, vielleicht zahllose Runden von Loslösung und Individuation während seines ganzen Lebens folgen werden, entscheidet diese erste Runde darüber, wie sicher die folgenden bewältigt werden. Blos (1962) glaubt, daß eine zweite wichtige Entwicklung in der Adoleszenz stattfindet; sie ist aber kurzlebiger und erfolgreicher, wenn der Prozeß in der Kindheit adäquat verlaufen ist. Wir meinen (1968), daß die Ehe eine weitere »Runde« von Loslösung und Individuation ausmachen kann. Benedek (1959) beschreibt Elternschaft als eine weitere Entwicklungsphase.

Analytikern sind seit langem bestimmte Typen im wesentlichen neurotischer Strukturen mit Borderline-Merkmalen bekannt, die sie auch behandelt haben – wenn nötig, mit einer modifizierten psychoanalytischen Technik. Dieser Strukturtyp besitzt keine optimale Ausstattung zur Bewältigung des ödipalen Konflikts. Mahler führt diese Form von Pathologie auf ein Scheitern in der Wiederannäherungsphase des Loslösungs- und Individuationsprozesses zurück, wobei sie von der Überlegung ausgeht, daß diese Patienten in die ödipale Entwicklung mit einem geringeren Organisationsgrad des Ichs eintreten als jene, die relativ weniger durch Rückstände einer inadäquaten Subphasenentwicklung belastet sind.

Daß Subphasenprobleme in neurotischen Strukturen fortbestehen können, wurde seit langem geahnt, ohne daß eine Konzeptualisierung erfolgte. Mahler hat sie mit ihrer Beschreibung der Verwundbarkeit in der Wiederannäherungsphase untermauert, in der bei inadäquater Entwicklung die künftige Neurose durch ungenügende Bewältigung von Subphasen-Erfordernissen beeinträchtigt werden kann. Viele Termini haben in die Literatur und in Arbeiten Eingang gefunden, die wohl vorgetragen, aber bisher nicht veröffentlicht wurden. Ritvo (1964b) folgt Mahlers Begriffsbildung in dieser Frage in einer Diskussion »normaler« und »pathologischer« Neurose, mit welchen Bezeichnungen die vollstrukturierte Form der Neurose von der durch ungenügende Subphasenentwicklung belasteten Form unterschieden wird.

Es ist eine hypothetische Frage, ob die pathologische Neurose als Neurose einzustufen oder ob es korrekter ist, Kernbergs (1975) Bezeichnung eines Borderline-Zustandes »auf hohem Niveau« zu benutzen, oder ob ein solcher Fall wahlweise als »Neurose mit Borderline-Merkmalen« oder als »Borderline-Zustand mit neurotischen Merkmalen« zu diagnostizieren sei. Wir wollen diese Beispiele nicht näher erörtern, sondern benutzen sie lediglich, um zu zeigen, daß eine Kategorisierung weniger genau ist als eine Beschreibung. Wir ziehen es vor – was vielleicht ungeschickter ist –, solche Patienten in der Weise zu beschreiben, daß sie einige neurotische Züge aufweisen, die durch ungenügende Subphasenentwicklung verschärft werden und, wenn möglich, zu zeigen, wo diese ungenügende Entwicklung eine Fehlbildung in der Organisation auszulösen begann.

Wir geben eine Darstellung eines Angelpunkts der Entwicklung (Abb. 1), um die prästrukturelle Situation, den langen Strukturierungsprozeß und die adäquate Struktur eines bestimmten Patienten zu veranschaulichen. Damit folgen wir der Entwicklungstheorie mit besonderer Betonung der Bedeutung der Wiederannäherungskrise, wenn es darum geht zu bestimmen, ob die Entwicklung über sie hinaus relativ normal oder mit Fehlbildungen in der Organisation verlaufen wird, oder ob sie durch eine inadäquate Subphasenentwicklung so beeinträchtigt werden wird, daß die Fixierung an eine schwerwiegende Borderline-Pathologie die Neurosenbildung ausschließt.

Lichtenberg (1975) sagt zu dieser Frage: »Das normale Kind erlebt den 16. bis 18. Lebensmonat als einen ›Kernpunkt der Entwicklung‹, als Höhepunkt des aufgeblähten Omnipotenzgefühls des Kleinkinds. In den folgenden 18 Monaten muß dieser ›ideale Zustand des Selbst‹ von seinen wahnhaften Auswüchsen befreit werden« (S. 465).

Eine überwiegende Zahl von ambulanten Borderline-Patienten hat ein bescheidenes Maß an Struktur erworben und ist, diagnostisch betrachtet, irgendwo zwischen den beiden Extremen von voller Strukturierung und relativer Nichtstrukturierung angesiedelt. Damit soll die wichtige Tatsache nicht außer acht gelassen werden, daß es auch beträchtliche Bewegung, Fortschritt, Status quo und Rückschritt gibt. Wo der Organisierungsprozeß einen Schwerpunkt erreicht hat, sind Abwehrmaßnahmen möglich, die schwereren pathologischen Formationen nicht zur Verfügung stehen. Dies ist für den Behandlungsansatz von entscheidender Bedeutung. Es kann zur Regression als Abwehr gegen die Angst vor dem voll ausgebildeten ödipalen Konflikt kommen; klinisch kann sie sich in einer Form präsentieren, die an eine niedrigere Organisationsstufe denken läßt. In solchen Fällen kann der Therapeut den Widerhall von Subphasenproblemen vernehmen, obgleich sie vom Verlauf einer im allgemeinen günstigen Entwicklung in angemessener Weise ausgeräumt wurden. Deswegen kann eine Regression im Dienste des Ichs für die weniger beherrschten Regressionen von Borderline-Zuständen oder für den tatsächlichen Stillstand oder die Fixierung gehalten werden, die in solchen Fällen bestehen. Übersieht man den Unterschied im Organisationsniveau, so könnte dies zu falschen oder gar schädlichen Maßnahmen führen. Die Behandlung würde sich dann auf eine geringere Organisationsfähigkeit beziehen, womit das Risiko einer Infantilisierung des Patienten verbunden wäre; die Fähigkeit, Angst und Versagung zu ertragen und seine Aufgabe zu erfüllen, würde nicht genügend gefordert werden. Wir (1974) beschreiben die Unterscheidung zwischen Regression und Fixierung mit der Metapher eines Dschungelpfades. Es ist leichter, einen bereits vorhandenen Pfad wiederzufinden, der überwuchert ist, als einen neuen zu schlagen.

Subphasenbedürfnisse maskieren sich oft als Heterosexualität, wenn Patient und Therapeut verschiedenen Geschlechts, und als Homosexualität, wenn sie gleichen Geschlechts sind. Weder das eine noch das andere hat etwas mit Liebe zu tun – ein Beweis für die Tatsache, daß Sexualität als ein Reifungsphänomen ohne die gleichzeitige Entfaltung der Objektbeziehungslinie erreicht werden kann. Das Zusammenfallen von Sexualität mit Selbst- und Objektliebe definiert die Genitalität als Stadium psychosexueller Reife mit gleichzeitiger Wertschätzung des Objekts. Bei weniger organisierten Strukturen kann das Bild klarer werden, wenn man diese Manifestation als sexualisierte Beziehungen auf Subphasenniveau bezeichnet.

Eine Patientin bekundet ein romantisches Interesse an ihrem Therapeuten. Darin spiegeln sich nicht unbedingt ödipale Phantasien wider, obwohl dies dem Therapeuten am ehesten in den Sinn kommt. Man betrachtet die Lebensgeschichte, erforscht Träume und Phantasien. Im hier vorgestellten Fall stellte sich heraus, daß eine ödipale

Vatervorstellung fehlt. Eine Möglichkeit, die Diagnose zu bestätigen, ergibt sich aus der Untersuchung der Art der gegenwärtigen Beziehungen.

Patientin: Ich war gestern abend mit Jim zusammen, und es war schön.
Therapeut: Was hat Ihnen daran gefallen?
Patientin: Er läßt sich eben Zeit.
Therapeut: Was hat er denn gemacht?
Patientin: Er hat mich umarmt und wir haben geschmust.
Therapeut: Hatten Sie auch Geschlechtsverkehr?
Patientin: Ja, er wollte es zum Schluß.
Therapeut: Was hat es Ihnen bedeutet?
Patientin: Es war in Ordnung. Ich hatte nichts dagegen.
Therapeut: Sonst nichts?
Patientin: Nein, aber ich hatte nichts dagegen. Es war so schön, jemandem nahe zu sein.

Der Therapeut mußte ziemlich hartnäckig sein, um sicherzustellen, daß es sich nicht um ein echtes genitales Erlebnis handelte. Es kommt sehr oft vor, daß die Patientinnen über solche Details hinweggehen, nicht weil sie Verwirrung stiften oder etwas verheimlichen wollen, sondern weil es sich in Wirklichkeit um psychische Bedürfnisse handelt, die der Patientin selbst verborgen sind. Berührung und Schmusen können Vorspiele des Geschlechtsaktes sein oder sie können, wie in diesem Fall, einen Ersatz dafür darstellen, weil die genitale Entwicklungsstufe nicht erreicht worden ist.
Wie kann man eine Fixierung dieser Art von einer defensiven Regression unterscheiden? Ein 37jähriger Junggeselle ist in Behandlung, weil er, obwohl ihm viele Frauen leicht erreichbar sind, impotent wird, sobald er den Penis einzuführen versucht. Seine bevorzugte sexuelle Aktivität ist die Fellatio:

Therapeut: Was ist daran so gut?
Patient: Na, wenn es ihr Spaß macht.
Therapeut: Und was ist mit Ihnen?
Patient: Ich genieße es natürlich, aber es gibt da Unterschiede. Wenn ich an ihrem Gesichtsausdruck sehe, welche Lust sie empfindet, gefällt es mir am besten.
Therapeut: Was glauben Sie wohl, was das alles bedeutet?

Patient: Ich erinnere mich plötzlich, wie meine Mutter Eleanor (die 3 Jahre jüngere Schwester) fütterte.
Therapeut: Weshalb denken Sie gerade jetzt daran?
Patient: Ich fange an zu glauben, daß ich dasselbe tue.
Therapeut: Wie meinen Sie das?
Patient: (erregt) Na ja, sie haben sich alle so sehr um das Baby gekümmert, und mein Vater war vernarrt in sie.
Therapeut: Aha, Ihr Vater kommt in dem Bild vor.
Patient: Er schimpfte mich immer aus, weil ich wollte, daß meine Mutter mir ihre Aufmerksamkeit schenkte.

In einer anderen Analysestunde:

Patient: Am Ende der letzten Stunde hatte ich das Gefühl, daß Sie es nicht erwarten konnten, mich loszuwerden. Diese Frau, die nach mir kommt, war im Wartezimmer. (Der Therapeut hatte die Stunde rechtzeitig und ohne Eile beendet.)
Therapeut: Warum sollte ich das tun?
Patient: Ich bin so wütend. Vorige Nacht hatte ich einen Traum. Sie kamen darin vor. Es war wie ein Film. Ich kann mich nicht an viel erinnern, aber es war schrecklich.

Widerstand steigert sich bei negativer Übertragung. Aber es ist klar, daß die klinische Ausprägung infantiler Sexualität eine Regression im Dienste einer Abwehr ödipaler Schuldgefühle darstellt. In seinem Geschlechtsleben bedient sich dieser Mann der Verdrängung, der Verkehrung ins Gegenteil und der Regression. Er wird zum Baby und zur Mutter, die das Baby füttert, während der strenge Vater (Überich) mißbilligend die ödipalen Wünsche seines Sohnes zur Kenntnis nimmt, die sich in regredierter oraler Form ausdrücken; die Gegenwart der väterlichen Repräsentanz ist ein wichtiger Hinweis, daß die Objektbeziehungen triadisch sind, obwohl nach außen eine Dyade besteht. Es hat auch eine beträchtliche Verinnerlichung und Strukturierung stattgefunden; es gibt ein Überich, das sich in Gestalt eines mißbilligenden Vaters präsentiert.
Abb. 1 zeigt, wie einige primitive Entwicklungsmerkmale mittels Differenzierung, Integration und Strukturierung – kurz gesagt, des gesamten Organisierungsprozesses – zu höheren Formen fortschreiten. Es ist nicht beabsichtigt, in einem alles einschließenden Sinne genau zu sein, wie es auch aus demselben Grunde die nachfolgende Beschreibung des Organisierungsprozesses nicht ist. Die von der

Matrix ihren Ausgang nehmende Differenzierung ist so komplex und reich facettiert, daß kein einziges Merkmal des Ganzen herausgelöst werden kann, ohne der Orchestrierung der zahllosen Merkmale, die sich gleichzeitig, miteinander verknüpft und parallel weiterentwikkeln, Gewalt anzutun. Die höheren Organisationsstufen sind – wie sich nahezu von selbst versteht – um so viel komplexer als die vorausgegangenen, daß weder ein Diagramm noch eine Beschreibung mehr als eine annähernde Darstellung dieser Prozesse bieten kann. Wenn schon der Beschreibung hinsichtlich einer wirkungsvollen Darstellung des Organisierungsprozesses enge Grenzen gezogen sind, ist klar, wieso die diagnostische Nomenklatur diesem Zweck noch weniger gerecht werden kann. Wir schlagen statt dessen vor, die psychoanalytische Entwicklungsdiagnose als Verbindung unseres gegenwärtigen Wissens über Säuglings- und Kindesentwicklung mit gleichschwebender Aufmerksamkeit zu betrachten. Letztere behält den Patienten in seiner Ganzheit im Brennpunkt und bereitet zudem neuen diagnostischen Entdeckungen einen fruchtbaren Boden. Wir müssen bestrebt sein, Wahrzeichen zu finden und im Gedächtnis zu bewahren, die von Nutzen sein können, wenn es gilt, unsere vielen verschiedenartigen klinischen Eindrücke zu einem diagnostischen Ganzen zu verschmelzen.

Abb. 1 ist eine Darstellung des Angelpunkts, um den sich die Entwicklung in normalen progressiven und regressiven Schüben dreht. Sie soll zeigen, daß normalerweise im langen Entwicklungsablauf progressive Schübe überwiegen, wenngleich es auch Rückschritte gibt. Hartmann (1958) beschreibt es folgendermaßen:

»Ich meine damit dasjenige, was man als eine *progressive*, und dasjenige, was man als eine *regressive* Anpassung bezeichnen könnte. Was unter progressiver Anpassung gemeint ist, versteht sich von selbst; es ist die Anpassung im Sinne der Entwicklung. Es gibt jedoch auch Anpassung (u. zw. gelungene Anpassung), nicht nur Anpassungsversuche auf dem Wege über die Regression. Ich meine damit nicht nur den uns geläufigen Umstand, daß auch rationales, das heißt angepaßtes Verhalten genetisch im Irrationalen wurzelt; vielmehr denke ich an den anderen Fall, der uns . . . zweckmäßige Leistungen gesunder Menschen auf höherer Anpassungsstufe zeigt, die geradezu des Umwegs über die Regression bedürfen« (S. 109f.).

Man muß demnach, wenn man von Pathologie spricht, beachten, ob sie sich auf einer regressiven Ebene bewegt, die die Rückkehr zu progressiven Schritten zu sehr erschwert. Eine solche Ebene könnte man sich irgendwo auf der linken Seite des Diagramms vorstellen.

Abb. 1

DER ANGELPUNKT DER ENTWICKLUNG

Autismus	Symbiose / Differenzierung	Loslösung und Individuation		Auf dem Weg zur Objektkonstanz
		Übungsphase	Wiederannäherung	
A. Leben im Körper				Leben im Geist (Struktur)
B.	Interpersonelle Interaktion			Inter- und intrasystemische Operationen
C.	Primärprozeßhaftes Denken			Sekundärprozeßhaftes Denken
D.	Undifferenziertes Selbst-Objekt			Differenziertes Selbst mit Geschlechtsidentität
E. Unmittelbare Impulsabfuhr				Das Ich als Vermittler
F. Angst vor Vernichtung	Objektverlust	Liebesverlust	vor Kastration	Überich
G. Organismisches Unbehagen	Besänftigung von außen	Selbst-besänftigung		Signalangst
H. Nichtorganisierte Abwehrfähigkeit				Abwehr- und Widerstandsfähigkeit
I. Einfache Affekte »für« und »gegen«		Affektdifferenzierung		vollständiges affektives Repertoire
J. Ambitendenz				Ambivalenz
K. Gespaltenes Selbst und Objektbilder			(Verschmelzung)	Ganzes Selbst und Objektrepräsentanzen
L. Bedürfnisbefriedigung		Objektliebe		Selbst- und Objektkonstanz
M. Suche nach dem primären Objekt (Erwiderung [von Gefühlen])				Übertragungsfähigkeit
N. Dyadische Beziehung		erweiterte Objektwelt		Ödipale Objektbeziehungen

Ein Diagramm vermittelt den Eindruck von Unbeweglichkeit, während es den Versuch darstellt, eine kontinuierliche Entwicklung zu zeigen – Kontinuität und Bewegung sowohl nach vorwärts wie nach rückwärts. Wir haben diese Bewegung darzustellen und insbesondere hervorzuheben versucht, daß sie eine beachtliche qualitative Verschiebung etwa zum Zeitpunkt der Wiederannäherungsphase hervorruft, wenn höhere Entwicklungsstufen eine Wendung nach innen bringen, d.h. wenn Verinnerlichung und Ich-Organisation normalerweise ein verhältnismäßig stabiles Niveau erreichen, das weiter aufwärts führt, aber nicht mehr so anfällig für Regressionen auf niedrigere Stufen der Gesamtorganisation ist. Im folgenden wird dieser Angelpunkt beschrieben:

A. Das Kind lebt zunächst im Körper, bevor Psyche und Soma den langwierigen Prozeß der Differenzierung voneinander durchlaufen. Vor der Differenzierung ist das Menschenkind ein psycho-physiologischer Organismus. Unter den Auspizien adäquater Bemutterung, wie Jacobson es nennt, beginnt schon bald nach der Geburt die Differenzierung. Obgleich noch »im Körper« lebend, lebt das Kind zugleich in der unmittelbaren Interaktion der dyadischen Beziehung, da Selbst- und Objektbilder miteinander verschmolzen bleiben. Der Loslösungs- und Individuationsprozeß, durch den wichtige Aspekte der Strukturierung zustandekommen, fällt mit dem allmählichen Aussortieren der Selbst- von den Objektbildern und der allmählichen selektiven Identifizierung zusammen, durch die Attribute der Objektbilder in Teile von Selbstbildern umgewandelt werden. Sobald die späteren Subphasen von Loslösung und Individuation erreicht sind, hat auch eine beträchtliche Strukturierung stattgefunden. Dann könnte man sagen, daß die Psyche geboren sei, da die Spezialisierung von Psyche und Soma den Organismus in ein weniger psychophysiologisches Wesen umwandle. Normale und pathologische psychosomatische Regressionen finden jedoch wahrscheinlich weiterhin statt, und Psyche und Soma sind niemals ganz scharf getrennt – was auch nicht wünschenswert wäre; die Einheitlichkeit der Selbstbilder schließt das Körperbild als ein wesentliches Merkmal der Selbstrepräsentanzen ein.

B. Nach der autistischen Phase und während der Symbiose wie in den Subphasen ist die Selbst-Objekt-Beziehung ihrem Wesen nach weitgehend interpersonell. Mit der Strukturierung verringert sich das aber, und Distanz und Unabhängigkeit vom Objekt werden mittels Verinnerlichung erreicht. Während die selektive Identifizierung den Objektverlust ausschließt, setzt sich die strukturierte Psyche nunmehr mit ihren drei Instanzen sowie innerhalb jeder einzelnen auseinander. Die interpersonelle Interaktion verliert an Einfluß und weicht dem »stärker im Geiste« –, d. h. dem In-der-Struktur-leben. Durch Erfahrungen herbeigeführte Auseinandersetzungen mit einem äußeren Objekt gehen noch lange Zeit weiter, doch tritt das Ich als Vermittler bei intersystemischen Auseinandersetzungen stärker in den Vordergrund.

C. Mit zunehmender Organisation löst der Sekundärprozeß allmählich den Primärprozeß als vorherrschende Methode ab. Der Primärprozeß hört jedoch niemals auf, da er Bestandteil des Unbewußten bleibt. Er ist besonders aktiv in Träumen, im ästhetischen Erleben, in der Intimität des Geschlechtlichen, im Phantasieleben, und er wird bewußt vom Analytiker beschworen, der die freie Assoziation benutzt, um ihn in der psychoanalytischen Behandlung tätig werden zu lassen. Die Tatsache als solche, daß der Sekundärprozeß erreicht ist, sagt uns als eine Art Faustregel, daß die Anwendung der freien Assoziation – jenes technischen Hilfsmittels, durch den primärprozeßhaftes Denken ermutigt wird – nur bei jenen Patienten von Nutzen ist, deren Entwicklung sich auf die rechte Seite des Angelpunkts verlagert hat. Wenn bei einem bestimmten Patienten diese Verlagerung nicht ausreichend stattgefunden hat, ist es die Aufgabe des Therapeuten, diese Entwicklung zu fördern. Die Verwendung der freien Assoziation steht mit diesem Ziel nicht im Einklang, da die Denkprozesse bereits zu sehr in primärer Weise verlaufen. Das führt zu einem technischen Gebot für die Behandlung von Borderline-Strukturen, da die freie Assoziation, wenn sie in ungeeigneter Weise von der Neurosebehandlung auf die Behandlung weniger entwickelter Strukturen übertragen wird, die Fragmentierung von Denkprozessen fördert, die bereits verwundbar sind und den Sekundärprozeß libidinös besetzen müßten. Wenn diese technische Notwendigkeit vom Therapeuten gut genug verstanden wird, braucht man eine Dekompensierung weniger zu fürchten, da man sich stärker um eine Ermutigung zu immer höheren Entwicklungsstufen bemühen wird.

Die sogenannten Zwangsmechanismen kommen ins Spiel, sobald Struktur gebildet wird, da sie nützlich sind, um sekundärprozeßhaftes Denken zu binden. Daher ist eine sorgfältige Differentialdiagnose angebracht. Die Zwangsmechanismen der Borderline-Struktur, die um einen Halt im Sekundärprozeß kämpfen, sind mit neurotischen Zwangssymptomen nicht identisch. Eine genaue diagnostische Unterscheidung zwischen beiden wird durch die Beachtung aller konjunktiven Aspekte des Angelpunkts der Entwicklung erleichtert und bestimmt die geeignete Behandlung: Struktur zu bilden und die Abwehr des Borderline-Patienten zu stärken, d. h. eine Psychoanalyse der Dynamik des Symptoms in der Neurose mit echter Symptombildung.

D. Die lange, interessante Entwicklung des Menschenkindes von einem psychophysiologischen Wesen zu einer undifferenzierten Selbst-Objekt-Einheit und schließlich zu einem differenzierten Selbst mit einem klaren Körperbild und deutlichem Gewahrwerden seiner Geschlechtsidentität ist vielleicht am besten von Jacobson beschrieben worden. Sie verfolgt diesen Entwicklungsprozeß durch ständig zunehmende Grade der Differenzierung der Selbstbilder von den Objektbildern, wie er in Verbindung mit immer höheren Ebenen der Verinnerlichung voranschreitet.

Wir können die Kontinuität der Aktion hier unterbrechen, um einen Punkt in diesem Entwicklungsfortschritt zu untersuchen, wo eine mittlere Borderline-Pathologie besteht, sei es wegen einer Fixierung oder einer Regression – üblicherweise haben wir es mit einer Kombination von beiden zu tun.

Solche Patienten erleben sich selbst (unbewußt) als Teil einer Selbst-Objekt-Einheit. Sie suchen vielleicht nach ständiger Vereinigung mit anderen und pflegen sie als Teil ihrer selbst zu erleben, oder – wenn wir das Beispiel der interpersonellen Interaktion verwenden wollen – sie behandeln den anderen nicht als ein getrenntes Wesen, sondern als Teil des Selbst. Wenn die andere Person dieses Signal nicht aufnimmt oder der unbewußten Vorschrift nicht entspricht, können Verwirrung, Frustration oder Wut die Folge sein. Wahrscheinlich ist dieses Phänomen allen Therapeuten vertraut. Man pflegt dieses Resultat (Verhalten) als unangemessen zu bezeichnen. Und in der Tat ist es das auch, wenn man es von außen betrachtet. Aus der Sicht der Patienten hingegen ist es völlig angemessen (wenngleich unbewußt), daß sie sich durch die Vereinigung mit einem anderen zu vervollständigen suchen.

Hier wird mit Jacobsons Worten dasselbe Phänomen beschrieben, welches Mahler entdeckt hat: daß während der Symbiose und in den frühen Subphasen von Loslösung und Individuation von einem subjektiven Gesichtspunkt aus noch kein Individuum existiert, sondern nur eins, das sich selbst als Teil eines anderen erlebt, das sich allmählich loslöst und individuiert (oder differenziert, wie Jacobson sagen würde), bis die psychische Geburt von der ersten Wahrnehmung der Getrenntheit zu der klareren Erkenntnis führt, daß man ein ganzes Individuum ist und das Objekt ein anderes.

Nicht alle Borderline-Patienten auf dieser Stufe der Selbst-Objekt-Differenzierung kommen in die Behandlung, weil sie aktiv nach Vereinigung suchen. Manche wehren die Angst vor Identitätsverlust in einer solchen ersehnten Vereinigung ab und wirken daher unnahbar. Im 12. Kapitel beschreiben wir genauer, inwiefern solche Abwehren stets respektiert werden müssen. Andere haben eine narzißtische, pseudo-selbstgenügsame Vereinigung mit einem phantasierten Anderen aufgebaut, der natürlich sehr dem Selbst ähnelt. Das ist eine einfache und klare Beschreibung des pathologischen Narzißmus (siehe auch 11. Kapitel). Diese Patienten sind die unzugänglichsten unter den drei hier beschriebenen Typen, weil ihre Selbstgenügsamkeit relativ undurchdringlich ist. Wir möchten an dieser Stelle betonen, daß alle drei Patiententypen, deren klinische Ausprägungen so verschiedenartig erscheinen, auf ähnliche Stufen der Selbst-Objekt-Differenzierung fixiert oder regrediert sind (siehe Abb. 2).

Abb. 2 versucht, die Bewegung von der autistischen Phase über die Symbiose in die Subphasen von Loslösung und Individuation und die damit einhergehende Entwicklung affektiver Besetzungen bildlich wiederzugeben. Die symbiotische Phase, die mit einem diffusen Gewahrwerden affektiver Bindungen an ein Objekt einsetzt, enthält die erste Affektvorstellung, die hier durch Plus (+)-Zeichen dargestellt wird; negativer Affekt (Minus [-]-Zeichen) erscheint außerhalb des symbiotischen Umkreises. Dadurch wird die Spaltung zu zeigen versucht, d.h. die Aufrechterhaltung einer negativen Besetzung außerhalb der positiv besetzten Selbst-Objekt-Einheit.

Mit fortschreitender Differenzierung sind positive affektive Ladungen anfangs hauptsächlich im undifferenzierten Teil der Einheit enthalten. Ist die Übungsphase erreicht, nimmt die positive Besetzung der Selbstrepräsentanzen zu. In der Subphase der Wiederannäherung kommt es zu einem zeitweiligen Ungleichgewicht; der noch immer nicht ganz differenzierte Teil der Einheit wird erneut stark besetzt. Wenn die normale Entwicklung fortschreitet, spiegelt die gleichmäßig verteilte Besetzung von Selbst- und Objektrepräsentanzen normalen Narzißmus und normale Objektbesetzung, d.h. Selbst- und Objekt-Konstanz, wider.

E. Bevor das Ich als Vermittler funktioniert, pflegt die Abfuhr von Reizen, seien sie innerer oder äußerer Herkunft, unmittelbar zu erfolgen. Solange die Differenzierung zwischen Psyche und Soma noch relativ gering ist, geht die Abfuhr im allgemeinen nach innen, d.h. in das Soma; das erklärt psychosomatische Phänomene. Mit der allmählichen Differenzierung erfolgt die Abfuhr nach außen. Das

Abb. 2

SELBST-OBJEKT-DIFFERENZIERUNG

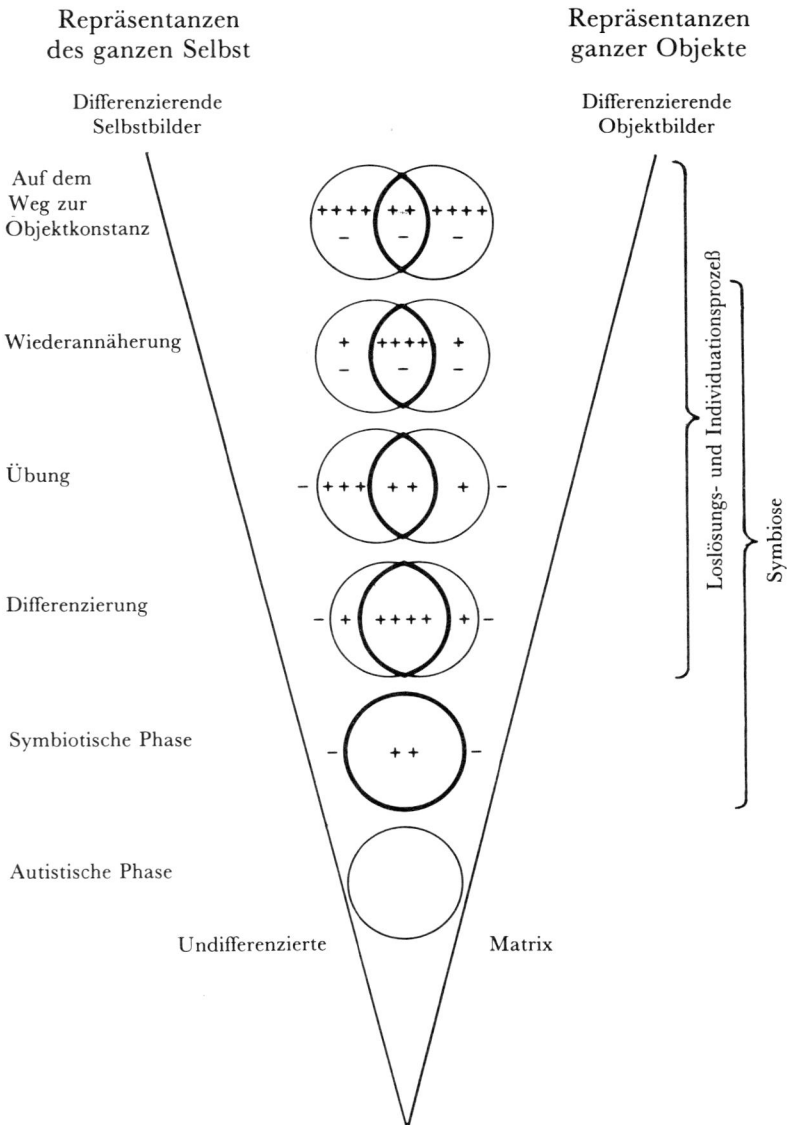

Repräsentanzen
des ganzen Selbst

Repräsentanzen
ganzer Objekte

Differenzierende
Selbstbilder

Differenzierende
Objektbilder

Auf dem
Weg zur
Objektkonstanz

Wiederannäherung

Übung

Differenzierung

Symbiotische Phase

Autistische Phase

Undifferenzierte   Matrix

Loslösungs- und Individuationsprozeß

Symbiose

Merkmal der Direktheit ähnelt Reiz-Reaktions-Phänomenen und führt oft zur Aktion. Wenn auf feindselige Impulse reagiert wird, kann die Aktion zerstörerisch sein. Auch auf das Bedürfnis nach Vereinigung kann reagiert werden – feindselig oder liebevoll. Dies wird oft mit Agieren verwechselt (Blanck und Blanck, 1974).

Durch zunehmende Differenzierung und Strukturierung wird eine organisierte Struktur allmählich wirkungsvoller und zielbewußter. Zu ihren vielen Funktionen gehört die Abwehr als Reaktion auf Angst. Wahrscheinlich sind Antizipation, Urteilsfähigkeit und Aufschub die ersten Anzeichen, daß das Ich als Vermittler zu wirken beginnt. Mit dem Eintritt dieses Ereignisses erfolgt die Abfuhr nicht mehr direkt, sondern hängt von der Fähigkeit des Ichs ab, Verhalten zu kontrollieren, die auf seiner unbewußten Einschätzung von Gefahr, Angst, affektiver Reaktion, angemessenem Handeln, Antizipation von Ergebnissen beruht.

F. Das Menschenkind ist bei seiner Geburt eines der hilflosesten Tiere und würde ohne körperliche und seelische Betreuung zugrunde gehen (Spitz, 1945). Zu Beginn ist es nur spärlich mit einem archaischen und wirkungslosen Anpassungsmittel ausgestattet: der Furcht vor Vernichtung. Die einzige Möglichkeit, die dem Säugling zur Änderung dieser Situation zur Verfügung steht, ist das Schreien. Das Überleben hängt davon ab, ob durch das Schreien eine Person herbeigerufen werden kann, die das Kind körperlich und seelisch versorgt, es sei denn, es stünde ein Erwachsener bereit, der die Pflegebedürfnisse des Säuglings antizipiert. Mit der verschwommenen Wahrnehmung eines Außen, die zu Beginn der Symbiose einsetzt, weicht die Furcht vor Vernichtung der Furcht vor dem Verlust des Objekts. Wird dem Objekt Wert zugeschrieben, wird aus der Furcht die vor dem Verlust der Liebe des Objekts. Schreitet die Verinnerlichung zu immer höheren Ebenen fort, glaubt man, daß es infolge phallisch-ödipaler Strebungen zur Kastrationsangst kommt. Schließlich – mit der Bildung des Überichs – lenkt das Überich das Verhalten.

G. Eng verbündet mit der Furcht vor Vernichtung ist das organismische Unbehagen, die Gesamtreaktion auf Unlust oder gestörtes Gleichgewicht. Allmählich entstehen im Neugeborenen, das besänftigt, d.h. dessen Unbehagen erleichtert wurde, Gedächtnisspuren der »guten« Erfahrungen, und es wird fähig – zunächst durch Halluzination –, Reaktionen aufzuschieben, womit die Entwicklung der Fähigkeit zur Antizipation erinnerter Erleichterung einhergeht, die ihm in einem vertrauten Rhythmus von Befriedigung und Versagung wieder zuteil werden wird. Die verschwommene Wahrnehmung des Außen bringt das Akzeptieren der Besänftigung von außen mit sich. Später werden mittels selektiver Identifizierung und der Schaffung des Übergangsobjekts Möglichkeiten der Selbstbesänftigung verinnerlicht. Wenn das Ich als Vermittler zur Funktion wird, wird die Fähigkeit erworben, Angst als Signal zu erleben und Abwehr zu mobilisieren. Mit dieser Drehung um den Angelpunkt werden neurotische oder normale Konfliktlösungen möglich.

H. Der Erwerb der Signalangst erfordert effektive Abwehrmaßnahmen. Seit Anna Freuds (1936) umwälzender Diskussion und Organisation des psychoanalytischen Denkens in bezug auf die Abwehr glaubt man, daß sie das Strukturniveau des Ichs widerspiegele. Abwehr wird daher mitunter als primitiv, als mittleren Ranges oder als im höchsten Maße verfeinert, etwa in Form der Verdrängung, angesehen. Unsere eigenen diagnostischen Psychogramme (1968–1974) folgen diesem Schema.

Mit der fortschreitenden Konzeptualisierung normalen Wachstums, einschließlich der Untersuchungen über frühkindliches Verhalten, ergeben sich jedoch Fragen hinsichtlich einiger Vorgänge, die als Abwehr betrachtet werden. Sie – Verleugnung, Projektion, Introjektion und Spaltung – werden im 9. Kapitel erörtert. An dieser Stelle wollen wir nur fragen, ob es sich bei ihnen tatsächlich um Abwehr handelt, oder ob sie auf frühe Strukturierungsstufen mit entsprechend begrenzten Fähigkeiten hinweisen. Die Wirksamkeit der Abwehr spiegelt auch das Niveau der Organisationsstruktur wider. Offensichtlich weist unwirksame Abwehr auf strukturelle Rückstände und Defizite hin. Struktureller Fortschritt führt deshalb zur Fähigkeit, Abwehr wirksam einzusetzen.

I. Wir haben erklärt, daß die Affekte selbständig aus der undifferenzierten Matrix hervorgehen und eine eigene Entwicklung durchmachen. Mit der Differenzierung lösen sie sich von Ich, Es, Trieb und Soma und allmählich auch voneinander. Zu Beginn ihrer Differenzierung erscheinen sie in primitiver Form. Dann werden Objekte global als »für« und »gegen«, »gut« und »schlecht« erlebt. Es bedarf vieler Jahre zur vollen Entfaltung des affektiven Repertoires, insbesondere weil es dem Kind schwerer fällt, diese Abstraktionen begrifflich zu erfassen als konkrete Gedanken. Der Umfang des affektiven Repertoires ist ein wertvoller Hinweis für die Diagnose.

Wir meinen, daß der Begriff *Neutralisierung* eine Einschränkung darstellt, weil er sich auf Triebzähmung in traditioneller Verwechslung von Trieb und Affekt bezieht. Mit der These, daß Affekte einer separaten Entwicklungslinie folgen, gewinnt das Maß an Affekten, die dem Patienten zur Verfügung stehen, diagnostisches Interesse, weil es den Grad der Differenzierung widerspiegelt. Wir versuchen herauszufinden, ob sich echte Affektnuancen entwickelt haben. Freude, Heiterkeit, Begeisterung, Leidenschaft, Depression, Traurigkeit, Kummer, Sorge zeigen beispielhaft die Nuancierung der Affekte an. Das *Schuldgefühl* nimmt eine Sonderstellung ein, weil es ein Anzeichen von Strukturierung auf hohem Niveau ist, von Spannung zwischen Ich und Überich, welches erkennen läßt, daß die Überich-Bildung abgeschlossen ist. Vor der Bildung des wahren Überichs, wenn Furcht vor Objektverlust oder vor Verlust der Liebe des Objekts herrscht, bewegt sich die Organisation noch im Bereich interpersoneller Auseinandersetzung. Wo Schuldgefühl – selbst unbewußtes, wie zumeist – vorhanden ist, finden intersystemische Auseinandersetzungen statt. Schuldgefühl bedeutet, daß ein Konflikt besteht. Da kann es auch Frieden geben. Es ist gut darauf zu achten, wie ein Patient seine Affekte schildert. »Ich fühle mich schuldig« heißt immer, daß echte Schuldgefühle vorhanden sind, die vom Überich als Regulator des Verhaltens auferlegt wurden. Es kann ein niedrigeres Niveau der Organisation, das Akzeptieren von Kritik von außen bedeuten, oder aber es wurde einem beigebracht, daß man sich wegen gewisser Handlungen oder selbst Gedanken schuldig fühlen *müsse*. Der Patient benennt also einen Affekt; der Therapeut muß sich vergewissern, ob damit wirklich ausgedrückt wird, was der Patient fühlt.

Ein erster Schritt zur Affektdifferenzierung wird unternommen, wenn das Objekt und die vom Objekt gelieferte Erfahrung gleichgesetzt werden. Ein weit größerer Schritt wird getan, wenn Objekt und Erfahrung als zwei verschiedene Dinge erkannt werden. Die Bewegung zum Objekt hin und von ihm weg erfolgen in den Subphasen von Differenzierung, Übung und Wiederannäherung gleichzeitig oder fast gleichzeitig. In der Subphase der Differenzierung können Hin- und Wegwendung bereits beobachtet werden, wenn das kleine Kind die Taille der Mutter mit den Beinen umschlingt, während es den Oberkörper von ihr wegstreckt. Zum Zeitpunkt der zweiten Subphase, der Übungsphase, wird die aufrechte Fortbewegung beherrscht, und das Kind geht das wohlbekannte »Liebesverhältnis mit der Welt« (Greenacre, 1972) ein. Dies ist die Periode des Hochgefühls. Das Kleinkind untersucht alles, ohne scheinbar die Mutter wahrzunehmen (Mahler). Es bedient sich der visuellen Wahrnehmung, um die Entfernung zwischen Selbst und Mutter mit den Augen zu überbrücken.

Die Wiederannäherungssubphase tritt ein, weil eine erneute Rückkehr zur Heimatbasis erforderlich ist, um die Mutter unter den psychischen Repräsentanzen genau zu lokalisieren, damit die Bewahrung eines inneren Bildes von ihr möglich wird. Das heißt, eine weitere libidinöse Verbindung geht dem geballten Drang zur Objektkonstanz voraus. Es war bereits von der Verwundbarkeit in der Wiederannäherungsphase die Rede, die darauf beruht, daß Kind und Mutter nicht länger zusammenpassen. Die nicht auf das Kind abgestimmte Mutter kann auch enttäuschen. Mahler hat beobachtet, daß Enttäuschung in der Wiederannäherungsphase zur Depression prädestiniert, wenn der Organisierungsprozeß durch Verringerung seiner Kompetenz zum Umgang mit dem Ödipuskomplex gefährdet wird. J. Mahler nennt die »Hin- und Wegwendung« von der Mutter *Ambitendenz*. Diese Bewegungen können sowohl gleichzeitig als auch abwechselnd vor sich gehen. Sie sind Vorläufer der Ambivalenz, die die Ambitendenz ablöst, wenn die Entwicklung jene Stufe erreicht, wo die Vorstellung einer einzelnen ganzen Person möglich wird. Das geschieht, sobald die guten Erfahrungen über die schlechten dominieren, so daß das Kind durch die Realitätsprüfung befähigt wird, die Tatsache der Ganzheit in sich aufzunehmen.

Zunächst bedarf es einer zeitweiligen Illusion und später eines idealisierten Objekts, damit das Kind das sichere Gefühl erwirbt, daß der Erwachsene die Macht und die Fähigkeit besitzt, es zu beschützen, und es sich später mit ihm identifizieren kann, um zum Bewußtsein seiner eigenen Macht zu gelangen. Dies ist für Selbstwertgefühl und Überich-Bildung (Jacobson) wie für einen gesunden sekundären Narzißmus (Mahler) von wesentlicher Bedeutung. Wenn Enttäuschung oder Ernüchterung über das Objekt zu schlimm, zu abrupt oder zu schwer sind, können Fehler der Eltern nicht mit der wünschenswerten Allmählichkeit entdeckt und toleriert werden. Die Verschmelzung der guten und schlechten Imagines wird verzögert oder ganz verhindert. Mit der Verschmelzung der Objektbilder verschmelzen aber auch die Selbstbilder, und dann kommt es zur Kohäsion (Selbst- und Objektkonstanz). Ein sehr großer Entwicklungsschritt ist daher getan, wenn die Fähigkeit zur Verschmelzung der unterschiedlichen Imagines zu einer einzigen Objektrepräsentanz erlangt wird. Damit wird die Spaltung überwunden und die Fähigkeit erworben, gemischte Gefühle für eine einzelne ganze Person zu ertragen.

K. Im vorstehenden folgen wir Mahlers Beobachtung, daß das sich in der Subphase entwickelnde Kleinkind Zeit braucht, um das Erlebnis des Guten zu stabilisieren, indem es die Objekt-(und Selbst-)imagines in »ganz gut« und »ganz schlecht« spaltet, solange diese Erfahrungen noch nicht genügend gefestigt sind, um eine Weiterentwicklung zu gestatten. Wie wir 1974 sagten, »kauft« das Kind damit Entwicklungszeit. Unter normalen Umständen kann das Kind beginnen, elterliche Fehler allmählich zu ertragen, und dann anfangen, Selbst- und Objektbilder zu Gesamtrepräsentanzen zu verschmelzen.

Sowohl Mahler als auch Kernberg betrachten die Fähigkeit zu verdrängen als wünschenswerte Folge der Verschmelzung von zuvor aufgespaltenen Selbst- und Objektbildern. Dies erscheint uns als eine Vermischung der getrennten, wenn auch häufig gleichzeitig vor sich gehenden Entwicklungen. Wir glauben eher, daß die Fähigkeit zur Verdrängung das Ergebnis der Entwicklung der Abwehrfunktion ist (vgl. die Punkte G und K). Spaltung und Verschmelzung der Objektbilder sind Entwicklungsphänomene auf der Linie der Selbst- und Objektbeziehungen.

L. Das Neugeborene wie der junge Säugling benötigen das Objekt zunächst zum Überleben und später auch zur Befriedigung ihrer Bedürfnisse. Wenn sich das Kind zunächst verschwommen und allmählich deutlicher seiner Getrenntheit sowie dessen bewußt wird, daß das Objekt ein anderer als das Selbst ist, dann schreitet auch die Affektdifferenzierung fort. Neid wie auch Wertschätzung und Dankbarkeit stellen sich ein. Mit der weiteren Entwicklung führen diese zur Identifizierungsfähigkeit, da der Neid den Aggressionstrieb zur selektiven Identifizierung benutzt und die Liebesfähigkeit aus der Dankbarkeit erwächst.

M. Während das Kind noch in der Unmittelbarkeit der interpersonellen Erfahrung lebt und ganze Selbst- und Objektrepräsentanzen noch nicht vorhanden sind, gewöhnt es sich allmählich an ähnliche Erlebnisse mit derselben Person und paßt sich ihnen durch Musterreaktionen an, die relativ beständig sind und einen Aspekt der Charakterbildung ausmachen. Diese Muster sind Ergebnisse der zahllosen Interaktionen, die die Reaktionen auf antizipierte neue Erlebnisse formen. Der erwachsene Borderline-Patient, der noch immer stärker im Erlebnisbereich als in der Struktur lebt, kommt in die Behandlungssituation mit den vorgefertigten Erwartungen, die in Wahrheit eine Suche nach Wiederholung des Erlebens des Primärobjekts darstellen. Das unterscheiden wir von der echten Übertragung, indem wir diesen Terminus und Begriff dem klinischen Phänomen vorbehalten, das jene Patienten bieten, die zur Selbst- und Objektkonstanz gelangt sind. Dann können Erfahrungen, Affekte, Einstellungen und Verhalten gegenüber dem primären Objekt gerade deshalb auf die Person des Therapeuten übertragen werden, weil es sich um Erfahrungen mit ganzen Objektrepräsentanzen gehandelt hat. Hier könnten wir Jacobson paraphrasieren: Was kann Übertragung in einer verschmolzenen Selbst-Objekt-Einheit vor der Differenzierung der Selbst- von den Objektrepräsentanzen bedeuten?

Die Fähigkeit zur Übertragung ist demnach eine weitere Entwicklungskonsequenz der erfolgreichen Bewältigung des Angelpunkts. Übertragung und Widerstand sind von so erheblicher technischer Bedeutung, daß sie eigene Kapitel erfordern (siehe 6. und 9. Kapitel).

N. Der Fortschritt der Objektbeziehungen von der dyadischen zur triadischen Ebene beginnt, wenn die Objektwelt sich erweitert. Vater und Geschwister leisten wichtige Beiträge zur Entwicklung des Kindes, indem sie Objekterlebnisse vermitteln, deren Umfang den dyadischen übersteigt, und dadurch zum Durchlaufen der Subphasen von Loslösung und Individuation ermutigen. Greenacre (1972) beschreibt die Rolle des Vaters bei der zeitlichen und räumlichen Orientierung des Kindes in der Subphase, bei der Förderung der Idealisierung, indem ihm das Geheimnis der weiteren Welt bewußt gemacht wird, so daß diese weitere Welt verlockender wird als die primäre Dyade. Obgleich das Kind das dyadische Erleben noch lange brauchen wird, werden seine Interessen umfassender und ermutigen es zu dem in der Übungsphase bestehenden »Liebesverhältnis mit der Welt«.

Abelin (1971) steuerte wichtige Beobachtungen über die Rolle des Vaters bei der Errichtung von Dreierbeziehungen lange vor der ödipalen Entwicklung bei. Wieder stoßen wir auf einen Entwicklungsvorläufer eines phasenspezifischen Phänomens, das sich zur rechten Zeit einstellt, sobald die frühere Entwicklung überschritten ist. Der eigentliche Ödipuskomplex stellt die zweite Phase einer triadischen Beziehung dar, die in den Subphasen beginnt. Die Ich-Organisation ist besser in der Lage, mit den Schicksalen der ödipalen Krise umzugehen, wenn die Objektbeziehungen, die ihr vorausgehen, jener nächsten Organisationsstufe sichere Unterstützung zuteil werden lassen.

Die Identitätsbildung, einschließlich der Geschlechtsidentität, wird sowohl durch die Entdeckung der Fähigkeit zu selbständigem Funktionieren als auch durch das genitale Interesse gefördert. Jacobson (1964) sagt:

»In der beginnenden ödipalen Phase erhält die Identitätsbildung des Kindes starke Impulse durch sein wachsendes genitales Interesse. Die selbst- und objektgerichteten Besetzungen richten sich mehr und mehr auf Imagines der Genitalorgane, und zwar der eigenen wie die der anderen« (S. 82).

Diese Aufgabe ist für den Knaben etwas leichter als für das Mädchen, denn, so fügt Jacobson hinzu: »Sicherlich erreicht der kleine Junge seine phallische Position und damit seine Geschlechtsidentität leichter und prompter als das kleine Mädchen, das mehr Zeit braucht, um von seinem Genitale eine realistische Imago zu bilden, d. h. es zu akzeptieren und damit auch seine weibliche Identität anzunehmen« (S. 83). Nichtsdestoweniger stimmen wir mit denen überein, die das Postulat einer phallischen Phase bei Mädchen in Frage gestellt haben. Diese Auffassung der weiblichen Psychosexualität gründet sich auf die Annahme, daß die psychosexuelle Reifung von Knaben und Mädchen eine phallische Phase durchläuft (Freud, 1905b). Sie ist jedoch nicht mehr haltbar, nachdem man heutzutage davon ausgeht, daß die Mädchen über eine primäre Femininität verfügen (Galenson, 1978). Deshalb würde eine Position, die sich nicht nur auf die Anatomie stützt, sowohl psychische Entwicklung als auch physische Reifung einbeziehen. Dann können die Entdeckung der Genitalien und des selbständigen Funktionierens als konstituierende Determinanten der Identitätsbildung und gleichzeitig als Förderer des Loslösungsprozesses angesehen werden, dem Komplementärgleis des Individuationsprozesses. Daraus können wir schließen, daß das Interesse an den eigenen Genitalien in der sogenannten phallischen Phase für beide Geschlechter den Beginn des Höhepunkts der Bindung an das symbiotische Objekt wie an das symbiotische Bedürfnis darstellt. An diesem Punkt der Entwicklung tritt der Aggressionstrieb seine Herrschaft als trennende und individuierende Kraft an. Dieser Teil der Anatomie, der später von der Libido dazu benutzt wird, um Verbindungen zu knüpfen, wird auch vom Aggressionstrieb benutzt, um durch die Errichtung der Geschlechtsidentität und des Geschlechtsunterschieds Ich-Grenzen zu bewahren.

Wenn die libidinöse Beziehung zum primären Objekt über den phasenspezifischen Zeitraum hinaus angestrebt wird, fällt das Kind Ängsten zum Opfer, die folgendes einschließen: 1. Verschlingung durch die Mutter in der Symbiose, 2. Kastration und 3. Verlust der Fähigkeit zu selbständigem Funktionieren. Der dritten Ursache von Angst ist hinsichtlich ihrer Rolle bei der Auflösung des Ödipuskomplexes noch nicht genügend Beachtung geschenkt worden. In der Tat kann die Berücksichtigung dieser Rolle zu einem besseren Verständnis des Rätsels beitragen, wie der Ödipuskomplex bei Mädchen ausgelöst wird. Wir gehen davon aus, daß die Umleitung heterosexueller Strebungen auf gegenwärtige Objekte durch selbständiges Funktionieren angefeuert wird, das die Geschlechtsidentität wie den physischen Apparat involviert, wenn der Heranwachsende in die Welt außerhalb der Familie hinausdrängt. Diese Formulierung läßt sich auf beide Geschlechter anwenden und enthebt uns der Verlegenheit, den Mädchen eine phallische Phase zuzuschreiben. Eine Bezeichnung und ein Begriff wie *genitales Interesse* als Vorläufer echter Genitalität schließt eine normale narzißtische Besetzung der eigenen Genitalien bei Knaben und Mädchen ein und stellt eine psychosexuelle Entwicklungsphase dar, die der eigentlichen genitalen Phase den Weg ebnet. Wir beabsichtigen nicht den Eindruck zu erwecken, daß der Therapeut alle Entwicklungsmerkmale um den Angelpunkt auswendig lernen und sie bei jedem Patienten ausfindig machen müsse. Es handelt sich um miteinander verknüpfte, häufig gleichzeitig auftretende Phänomene, die im Leben früh in Erscheinung treten. So ist beispielsweise gesagt worden, daß die Verschmelzung der Objektbilder zu ganzen Objektrepräsentanzen und die beginnende Fähigkeit zu Signalangst und verfeinerter Abwehr zum gleichen Zeitpunkt auftreten, und sie sind sogar als miteinander identisch betrachtet worden. Wir halten es für richtiger, sie als zwei getrennte Aspekte eines einheitlichen Entwicklungsschubes anzusehen. Wir möchten betonen, daß sich der Erwachsene, der zur Beratung kommt, insofern von dem sich entwickelnden Kind unterscheidet, als seine Organisation die Schwächen und Fehlbildungen der frühen Lebensabschnitte durch die späteren Entwicklungsphasen getragen hat. Die exakten Entwicklungsaspekte können nicht mehr Schritt für Schritt zurückverfolgt werden. Wir überlegen daher, wenn Fehlbildungen der Organisation angeboten werden, wo und wie die Entwicklung um den Angelpunkt geschädigt worden sein kann. Dadurch kann die Pathologie geklärt werden, und die diagnostische Exploration (wie die Behandlung) beginnt sich um eine einheitliche Entwicklungstheorie zu organisieren. Das klinische Gegenstück dieser theoretischen Position hinsichtlich der Diagnose soll später erörtert werden (siehe 12. Kapitel, Unterabschnitt »Identifizierung von Fehlbildungen im Organisierungsprozeß«).

6

Die Fähigkeit zu deutbarer Übertragung

Wir sind durch Gewohnheit gezwungen, die Übertragung (einschließlich der Übertragungsneurose) und übertragungsähnliche Phänomene im Rahmen ihrer allgemein verstandenen Bedeutungen und Definitionen zu diskutieren. Laut Moore und Fine (1967) ist Übertragung »... die *Verschiebung* von Gefühls- und Verhaltensmustern, die ursprünglich mit wichtigen Gestalten der Kindheit erlebt wurden, auf Individuen, mit denen wir gegenwärtig Beziehungen unterhalten. Dieser *unbewußte* Vorgang verursacht somit eine nicht bewußt wahrgenommene Wiederholung von Einstellungen, *Phantasien* und Gefühlen wie Liebe, Haß, Wut etc. unter vielen verschiedenen Umständen« (S. 89).

Wir meinen, daß die Technik an Präzision gewinnt, wenn man die *deutbare* Übertragung von überall anzutreffenden Übertragungsphänomenen unterscheidet. Auf hochorganisiertem Niveau kann ein Individuum durch das Verlangen nach einem Objekt zu dem Versuch veranlaßt werden, die Vergangenheit mit einem gegenwärtigen Objekt zu reproduzieren, mit einer idealisierten Autoritätsfigur oder einer Phantasiegestalt, die nicht der Realitätsprüfung unterworfen ist. Der entscheidende Faktor für die Deutbarkeit oder Undeutbarkeit der Übertragung ist jedoch das Organisationsniveau als ganzes. Alle Übertragungsphänomene können, ganz gleich auf welchem Organisationsniveau, als desorientierte Ich-Zustände angesehen werden. Diese resultieren nicht nur aus einem persistierenden Objektbedürfnis (das normal oder pathologisch sein kann), sondern aus ungelösten Entwicklungsaufgaben, aus traumatischen Ereignissen oder aus Kombinationen von beiden. Der Grad der Ich-Organisation und die Fähigkeit, wieder zur Realitätsprüfung zu gelangen, entscheiden darüber, ob die Übertragung deutbar ist. Wir ziehen es daher vor, die Übertragung als einen Versuch zur Meisterung zu betrachten, der der Anpassung dienlich oder auch nicht dienlich sein kann. Damit beziehen wir ein, daß unbewußt Befriedigung durch Wiederholung gesucht und auch angestrebt wird, Konflikte zu bewältigen und Subphasendefizite auf niedrigeren Organisationsstufen auszugleichen.

Ob Organisation vorwiegend auf der linken oder rechten Seite des Angelpunktes vorhanden ist, bestimmt darüber, ob die Realitätsprüfung zurückerlangt werden kann und somit Deutbarkeit gegeben ist.

Wenn wir von *deutbarer Übertragung* sprechen, meinen wir demnach, daß das regressive Bedürfnis, gegenwärtige Objekte verzerrt wahrzunehmen, durch die Deutung behoben werden kann. Wenn wir dies vorschlagen, müssen wir in Betracht ziehen, daß eine andere Bezeichnung für Entwicklungsrückstände und Organisationsebenen benötigt wird, wo die Unterscheidung von Selbst- und Objektbildern in so geringem Maße stattgefunden hat, daß die Suche einem Objekt gilt, mit dem durch unmittelbare Erfahrung interagiert werden kann. Wir behalten uns die Erörterung dieses Phänomens für das 7. Kapitel vor und überlegen nunmehr, wie sich der Begriff der Übertragung entwickelt hat und weshalb er jetzt der Ergänzung bedarf.

Die ersten Definitionen besaßen eine gewisse Spezifität, die verlorengeht, wie Anna Freud 1936 bedauernd bemerkt, wenn sie zu locker oder zu umfassend verwendet werden, um die therapeutische Beziehung insgesamt zu beschreiben. Als Freud in der therapeutischen Situation seine ersten Erfahrungen mit der Übertragung machte (1905a), beschrieb er sie als die Ersetzung einer Person aus dem früheren Leben durch die Person des Arztes. Damit gab er ihr eine eng umschriebene Bedeutung. Als er seine therapeutische Arbeit fortsetzte, begann er den Begriff Übertragung auch im diagnostischen Sinne zu verwenden. Er teilte die Pathologie in zwei umfassende Kategorien: 1. die Übertragungsneurosen, die mit der psychoanalytischen Methode gerade deshalb behandelt werden können, weil ein Mensch mit diesem Leiden infolge der Beweglichkeit seiner Besetzungen und der Fähigkeit, Verschiebungen von Vergangenem auf die Gegenwart vorzunehmen, nicht nur zur Übertragung in der Lage war, sondern auch in der Übertragungsneurose die gesamte kindliche Neurose wiederzuerleben vermochte; 2. die narzißtischen Neurosen, die er für unbehandelbar hielt, weil ihnen die Fähigkeit mangelte, eine Übertragungsneurose auszubilden. Er sagt: »Der Mensch ist also im allgemeinen auch von der intellektuellen Seite her nur insoweit zugänglich, als er der libidinösen Objektbesetzung fähig ist, und wir haben guten Grund, in dem Ausmaß seines Narzißmus eine Schranke für seine Beeinflußbarkeit auch für die beste analytische Technik zu erkennen und zu fürchten« (1917c, S. 463), und fügt hinzu: »Die Beobachtung läßt erkennen, daß die an narzißtischen Neurosen Erkrankten keine Übertragungsfähigkeit haben oder nur ungenügende Reste davon. Sie lehnen den Arzt ab, nicht in Feindseligkeit, sondern in Gleichgültigkeit« (1917c, S. 465).

Als Loewald 1960 das therapeutische Wirken der Psychoanalyse beschrieb, bemerkte er, daß die Übertragung buchstäblich mit der

Objektbesetzung identisch ist. Seitdem ist der Übertragungsbegriff immer wieder überprüft worden. Die letzten Panel-Diskussionen über dieses Thema fanden 1973 in Paris auf dem Internationalen Psychoanalytischen Kongreß, 1974 in New York und 1976 in Beverly Hills statt; bei den beiden letztgenannten handelt es sich um Veranstaltungen der Amerikanischen Psychoanalytischen Vereinigung.

Für eine Überprüfung ist es wieder einmal an der Zeit, weil Analytiker heutzutage, wie seinerzeit Freud, noch immer meinen, daß es eine Patientenpopulation gebe, deren Krankheitsbilder nicht den seit langem bekannten Übertragungsneurosen entsprechen. Die Persönlichkeit, deren Struktur unterhalb der Neurose liegt, gleichgültig, ob man sie als Borderline-Fall, narzißtisch oder krankhaft neurotisch bezeichnet, wird noch immer von jenen für nicht analysierbar gehalten, die weiterhin Freuds Ansicht vertreten, daß das wichtigste Kriterium für die Analysierbarkeit die Fähigkeit sei, eine Übertragung herzustellen und vor allem eine Übertragungsneurose zu entwickeln. Das impliziert, daß die schwereren Pathologien nicht analysierbar seien, und in der Tat hat diese Auffassung in der Geschichte der psychoanalytischen Technik viele Jahre Geltung gehabt. Während heutzutage eine Kontroverse darüber besteht, ob solche Patienten analysierbar seien, darf man nicht dem Irrtum anheimfallen, unanalysierbar mit unbehandelbar gleichzusetzen. Die schwereren Pathologien können behandelt werden, sei es analytisch oder mit einer analytisch orientierten Psychotherapie.

Wir haben (1972, 1974) die Meinungen diskutiert, die besagen, daß der Umfang der Indikationen für eine Psychoanalyse sich erweitere, während andere davon ausgehen, daß er sich verringere. In neuerer Zeit hat Stone (1975) diese beiden offenbar entgegengesetzten Anschauungen, die gegenwärtig im analytischen Bereich vertreten werden, entsprechend den Schlußfolgerungen zusammengefaßt, die er als Moderator des Symposions über den »Widening Scope of Indications for Psychoanalysis« (1954) gezogen hatte, das seinerzeit wegen desselben Problems erforderlich war und mit dem wir uns hier immer noch beschäftigen: daß nämlich Menschen, deren Struktur es ihnen unmöglich macht, eine Übertragungsneurose zu entwickeln, zur Behandlung kommen und Therapeuten dafür verantwortlich sind, angemessene Methoden zu finden. In den Schlußfolgerungen, die Stone 1975 zog, erkennt er an, daß im derzeitigen psychoanalytischen Denken eine »Krise« zu verzeichnen ist, und es spiegeln sich in ihnen folgende gegensätzliche Auffassungen wider: Einerseits kann man eine »Fülle unerschlossener Quellen als Wissenschaft und Therapie anbieten, die neue therapeutische Methoden hervorbringen können« (S. 367); andererseits gäbe es »unbegründete Träume von einem Allheilmittel« (S. 367), so als ob die Psychoanalyse als Behandlungsmethode am Ende ihres Weges angekommen wäre.

Die sich erweiternden oder verringernden Indikationen schließen sich nur dann gegenseitig aus, wenn man an einer starren Demarkationslinie zwischen den analysierbaren Übertragungsneurosen und manchen geringer als neurotisch strukturierten Persönlichkeiten festhält. Unter Entwicklungsgesichtspunkten kann durch den therapeutischen Eingriff Struktur gebildet werden, um diese Linie bzw. den Angelpunkt zu überschreiten, wie wir es im 5. Kapitel beschrieben haben. Viele Patienten bleiben unanalysierbar, weil ein zu früher Affront gegen die Entwicklung nicht wiedergutzumachen ist, weil die angeborene Konstitution ungünstig war oder wegen einer Kombination von beiden. Wir gingen zwar 1974 davon aus, daß es nützlich sei, die Unterscheidung zwischen psychoanalytischer und psychotherapeutischer Technik beizubehalten, doch gibt es Leidensformen, die zunächst psychotherapeutisch und später psychoanalytisch behandelt werden können. Erweiterte oder verringerte Indikation sind also nicht absolut unvereinbar – das heißt, es gibt Leidensformen, die unanalysierbar sind, wenn die Patienten zur Behandlung kommen, aber analysierbar werden können, nachdem durch die Anwendung entwicklungspsychologisch orientierter psychotherapeutischer Methoden das Ich eine höhere Organisationsstufe erreicht hat.

Die Frage nach der Fähigkeit zur Herstellung einer Übertragungsbeziehung ist für die Ausarbeitung von Techniken für die Behandlung solcher Fälle von entscheidender Bedeutung. Loewald hat schon darauf aufmerksam gemacht, daß die Übertragung ihren Charakter ändert, wenn keine klaren Ich-Grenzen errichtet werden. Dies wird durch Mahlers spätere Erkenntnisse hinsichtlich der spezifischen Eigenschaften der Ich-Entwicklung in den Subphasen erneut unterstrichen. Die Schwierigkeiten, den Angelpunkt unbeschadet zu bewältigen, werden deutlich, wenn man die hochkomplexe und individuell einzigartige Form des Organisierungsprozesses in Betracht zieht.

Trotz so vieler Überprüfungen ist der Übertragungsbegriff nicht revidiert worden. Er beruht noch immer auf Freuds Annahme, daß der analysierbare Patient in die Behandlungssituation mit einem intakten Ich oder, wie wir heute sagen würden, einer intakten Organisation kommt, die aus für die Entwicklung günstigen frühen Lebensumständen in Verbindung mit einer guten angeborenen Konstitution hervorgegangen ist. Das impliziert, daß weder Mängel noch Konflikte schwere Schädigungen verursachten, bevor der ödipale Konflikt eintrat. Die in solchen Fällen benötigte Technik ist vorwiegend die der Deutung. Der Großteil der analytischen Arbeit ist der Beschäftigung mit Abwehr und Widerstand gewidmet, um Phantasien, Konflikte und, laut Kris (1956a), auch Muster aufzuspüren. Die Übertragung darf sich voll entfalten, um die kindliche Neurose »einzufangen«, die dadurch wiederbelebt wird. Ein zwangloser Überblick zeigt, daß der Begriff der kindlichen Neurose als solcher in den Köpfen vieler Analytiker recht verschwommen ist. Tolpin (1970) findet es überraschend, »daß ein Begriff, der im psychoanalytischen Denken so fest verwurzelt ist... noch der Klärung bedarf« (S. 273). Sie definiert ihn als »... das Ergebnis fortschreitender libidinöser und Ich-Entwicklung auf der Linie einer mehr oder weniger normalen Entwicklung ohne schwerwiegende Schädigung, so daß das Kind . . . die komplexen Konflikte der phallisch-ödipalen Phase erlebt und mit der intrapsychischen Aufgabe der Meisterung dieser Konflikte konfrontiert wird« (277).

Sie fügt hinzu, daß das unbeschädigte Erreichen der phallisch-ödipalen Phase impliziere, daß das Ich zu einer kohärenten Organisation geworden ist, ein Ich-Begriff, der von dem des Ichs als Organisierungsprozeß *per se* etwas abweicht.

Mit zunehmendem Wissen über die Entwicklung glauben Analytiker nicht mehr, daß die Wiederbelebung in der Übertragungsneurose die einfache Wiederholung einer Neurose sei, die in der Kindheit um die Zeit des Ödipuskomplexes geformt wurde und dann in der Analyse des Erwachsenen wiedererwachte, als hätte sie wie Dornröschen in unveränderter Gestalt im Schlaf gelegen. Wir wissen jetzt, daß eine voll ausgebildete Neurose wahrscheinlich nur selten, wenn überhaupt in der Kindheit entsteht, daß die Latenzphase die Entwicklung nicht zum Stillstand bringt, und daß die Adoleszenz und vermutlich auch die frühen Erwachsenenjahre Perioden beschleunigter Entwicklung und Reorganisation sind. Loewald (1974) betrachtet die kindliche Neurose als Gegenstück zu den latenten Traumgedanken. So hat »die kindliche Neurose, wie sie aus der manifesten Neurose rekonstruiert wird, Anteil an einer Ordnung psychischer Realität, die nur durch psychoanalytische Erforschung entdeckt werden kann« (S. 188).

1960 griff Loewald die lange verteidigte Position an, daß das psychische System ein geschlossenes sei, und stellte damit nicht nur die Existenz einer primären kindlichen Neurose ernsthaft in Frage, die in der Übertragungsneurose wiederbelebt werden könne, sondern fügte auch die radikale Idee hinzu, daß der Analytiker als ein reales Objekt

102

in die Struktur eingehen könne, um sie zu verändern. (Wir behandeln dieses Thema im 7. Kapitel). Wenn Loewald recht hat, was wird dann in der Übertragungsneurose wiederbelebt? Freud schrieb erstmals im Jahre 1905 (1905c) über den Wiederholungszwang und definierte ihn 1920 als die Tendenz der organischen Materie, in den anorganischen Zustand zurückzukehren: den Todestrieb. Analytiker benutzen weiterhin den Begriff der Wiederholung und schieben den Todestrieb beiseite. Damit bleibt die Frage nach dem Wesen des Wiederholungszwangs offen. Wie bekannt, dient er oft dem Ziel der Meisterung. Das zeigt sich deutlich in der Neigung, ein Trauma zu wiederholen, das Vertraute aufzusuchen. Obgleich jeder Analytiker es täglich erlebt, ist es immer wieder eine Quelle der Verwunderung und Überraschung, wie ein Patient einen Aspekt der Persönlichkeit des Analytikers oder der therapeutischen Situation aufzugreifen vermag, der eine schwache Ähnlichkeit mit einer Person oder einem Ereignis der Vergangenheit aufweist; aus einem sozialen Faden versteht dieser Patient ein ganzes Tuch zu weben, indem er primärprozeßhaft denkt. Das erklärt dann die Verzerrungen, die als Versagen der Realitätsprüfung bei intakter Ich-Organisation erscheinen. Diese Verzerrungen ähneln einem Traum, der natürlich auch vom Primärprozeß bestimmt wird. Sie ergeben sich aus der Regression im Dienste des Ichs während der analytischen Situation. Eine Übertragung ist am nützlichsten für das intakte Ich, das sowohl zu beobachten als auch zu erleben versteht (Sterba, 1934).

Da wir mehr Patienten begegnen – oder sie besser erkennen –, deren Fähigkeiten weit unter dem Optimum liegen, müssen wir uns dem Problem der Übertragung auf neue Weise nähern und seine Verflechtungen erfassen, durch die seit langem festgelegte Definitionen in Frage gestellt werden. Für Augenblicke beschränken wir unsere Diskussion auf die sogenannte positive Übertragung, die die Fähigkeit zu lieben im weitesten Sinne umfaßt. Entwicklungsmäßig wird die Objektliebe zum Begleitumstand der Selbstliebe, wenn die Differenzierung der Selbstbilder von den Objektbildern den Punkt erreicht, wo die affektive Besetzung gleichmäßig auf Selbst- und Objektrepräsentanzen verteilt ist. Umfassend betrachtet impliziert die Liebe zum Analytiker, daß die Fähigkeit vorhanden ist, eine positive Objektbesetzung aus der Vergangenheit auf eine andere ganze Person in der Gegenwart zu verschieben. In jenen Zwischenstadien, wo weder eine voll ausgebildete Neurose noch ein schwerer Borderline-Zustand vorliegt, fällt uns die Entscheidung am schwersten, was Übertragung und was das Verschwimmen von Selbst- und Objektbildern ist, was Liebe ist und was Bedürfnis, was Ödipuskomplex und welche unvollständige, verzerrte frühere Entwicklung verhindert, daß die phallisch-ödipale Phase erreicht und eine echte Neurose ausgebildet wird. Wenn die Organisation an dem Punkt angelangt ist, wo es möglich ist, die sehr wünschenswerte affektive Besetzung von Selbst- und Objektrepräsentanzen in die Analyse einzubringen, kann es zur sogenannten positiven Übertragung kommen. Aus der Erkenntnis, daß der relativ gesunde Neurotiker sich nicht nur in dem beschränkten Sinne auf die Übertragung einläßt, daß er sich mit dem Analytiker lediglich als mit einem Objekt aus der Vergangenheit auseinandersetzt, schloß Greenson (1965a), daß auch eine reale Beziehung und die Fähigkeit vorhanden ist, mit dem Analytiker auf ein gemeinsames Ziel hinzuarbeiten; er nannte dies das *Arbeitsbündnis*. Etwas Ähnliches – das *therapeutische Bündnis* – beobachtete Zetzel (1956). Freud (1914b) wußte dies bereits, wie aus seiner Bemerkung hervorgeht, daß die Übertragungsneurose »ein Stück des realen Erlebens« sei (1914b, S. 135), wenngleich ein vorläufiges, und man müsse die Krankheit als »eine aktuelle Macht« (1914b, S. 131) behandeln, nicht als ein Ereignis der Vergangenheit, sondern als real und gegenwärtig; sie müsse analysiert werden, indem man sie in die Vergangenheit zurückverfolgt. Loewald glaubt, daß es ohne Übertragung weder eine Realität noch eine reale Beziehung gibt.

Sterbas Begriff der therapeutischen Spaltung war zu der Zeit, als er ihn vorschlug (1934), nützlich, verursacht aber leider heutzutage Verwirrung über diesen Gegenstand. Diese Verwirrung kann nur teilweise auf die Benutzung des Wortes *Spaltung* zurückgeführt werden, das so viele Nebenbedeutungen hat. Sterba bezieht es auf die Fähigkeit des Ichs, zu erleben und zu objektivieren. Das sogenannte beobachtende Ich als Bestandteil des erlebenden Ichs verbündet sich mit dem Analytiker, um ein gemeinsames Ziel zu erreichen. Freud hat bereits die Bezeichnung *Spaltung* verwendet, um eine besonders beim Fetischismus verwendete Abwehr zu beschreiben. Nun wird sie von Mahler gebraucht, wenn von der fehlenden Verschmelzung »guter« und »schlechter« Objektbilder die Rede ist (Mahler, Pine und Bergmann, 1975; Kernberg, 1975). Da die Liebe bzw. die Wertschätzung des Objekts mit dem Selbstwertgefühl sogar vor der Individuation verwoben ist, wird die Fähigkeit zur Übertragung durch die Qualität der frühen Selbst-Objekt-Erfahrungen wie durch progressive und regressive Verschiebungen des Grades von Individuation und Organisation beeinflußt. Sterbas Begriff der therapeutischen Spaltung bezieht sich daher auf die Fähigkeit eines Menschen mit hohem

Organisationsniveau, im Dienste des eigenen Selbst zu regredieren (Kris, 1952), von dieser Regression zu genesen oder, um es entwicklungspsychologisch auszudrücken: Bereits differenzierte Selbst- und Objektbilder können verschmelzen, um sich erneut zu differenzieren und ihre Identität zu bewahren, obwohl sie sie paradoxerweise vorübergehend aufgeben.

Eine Patientin war im fünften Jahr einer Psychotherapie, die zur Psychoanalyse wurde, als die Organisation einen Punkt erreichte, wo die Struktur die Analyse ertragen konnte. Sie war eine Patientin von der Art, die Freud wahrscheinlich für unanalysierbar erklärt hätte. Zu Beginn der Behandlung war sie gerade geschieden worden, und obwohl sie einigermaßen zurechtkam, war sie unzufrieden mit ihren Leistungen, vor allem wenn sie sich mit Kollegen und Freunden verglich. Nach Ansicht des Analytikers wurde sie in dieser Unzufriedenheit von inneren Kräften bestärkt; die Patientin war unruhig, weil sie intellektuell weit begabter war, als sie glaubte. Sie leistete weniger, als ihren Fähigkeiten entsprach, wenngleich genug für einen Menschen mit durchschnittlichen Gaben. Ihre Ehe war gescheitert, weil sie in ihren Objektbeziehungen wenig Talent entfaltete, eine getrennte, ganze Person zu lieben. Das hätte sich für die frühe klassische Analyse als unüberwindliches Hindernis dargestellt, weil eine Übertragungsneurose nicht möglich gewesen wäre. Die Patientin war leicht depressiv und verzweifelt promiskuös.

Eines Tages begann sie Besorgnis über die emotionale Stabilität des Analytikers zu äußern. Sie war sicher, daß in seinem Verhalten in den letzten Wochen Störungen aufgetreten seien. Für den Analytiker war dies ein Zeichen, daß das Ich der Patientin nun die Erkenntnis zu ertragen vermochte, daß ihre Mutter psychotisch gewesen war. Das ist ein Beispiel einer intrasystemischen, im Gegensatz zu einer äußeren Konfrontation. Es kann nur dann als Übertragungsphänomen angesehen werden, wenn der Analytiker seiner eigenen geistigen Gesundheit gewiß ist (und diese Gewißheit den Tatsachen entspricht). Natürlich konnte es die Patientin nur infolge des höheren Niveaus ihrer Objektbeziehungen und des Vertrauens zum Analytiker, das in vielen Behandlungsjahren aufgebaut worden war, wagen, sich ihrer düstersten Erkenntnis zu stellen. Aber warum in dieser Form und mit der absoluten Sicherheit, daß der Analytiker gestört sei? Weshalb nicht als Erinnerung an das bizarre Verhalten der Mutter? Gewiß, man stellt sich die Übertragung als ein Mittel vor, solche Erinnerungen durch Wiedererleben in die Analyse einzubringen. Aber in diesem Fall einer Verwechslung der Gegenwart mit der

Vergangenheit brachte die Patientin keine Gefühle, Einstellungen, Affekte oder Erinnerungen ein; sie war sich nicht einmal bewußt, daß sie den Analytiker mit ihrer Mutter verwechselte. Das erinnert tatsächlich an das gewöhnliche vorübergehende Aussetzen der Realitätsprüfung, das man vom erlebenden Ich in der Übertragungsneurose erwartet. Aber es gehört gerade zu der Frage, die wir hier stellen möchten, ob wir da, wo eine Überzeugung sich so gründlich über die Realitätsprüfung hinwegsetzt, mit dem Ich umgehen können, als wäre es fähig, auf höchstem Organisationsniveau zu funktionieren. Wir glauben vielmehr, daß solche Ausfälle eine Ich-Regression auf einen undifferenzierten Berührungspunkt darstellen, wo Selbst- und Objektbilder sich vereinigen. In diesem Falle wurde der Punkt der Vereinigung mit dem mütterlichen Objekt durch die Preisgabe einer im übrigen kompetenten Realitätsprüfung erreicht, weil eben diese Ich-Funktion bei der Mutter gestört war. Loewald sagt, daß primitive Übertragungsphänomene massiv in Erscheinung treten, wo Ich-Grenzen nicht klar gezogen werden. Sie verweisen auf eine Regression zur Undifferenziertheit und dürfen nicht mit dem Abzug libidinöser Besetzungen von Objekten verwechselt werden.

Weshalb ist das wichtig? Jeder Analytiker würde das offensichtliche Übertragungsphänomen deuten. Der richtige Zeitpunkt ist dabei von größter Bedeutung. Eine solche Deutung kann nur im Rahmen eines sicheren therapeutischen Bündnisses und bei einem über viele Jahre aufgebauten Vertrauen erfolgen, in denen der Patient die Zuverlässigkeit und Standfestigkeit des Analytikers erlebt hat. Im vorliegenden Fall wurde die Deutung in eine Frage gekleidet: »Glauben Sie, daß Ihre Mutter gelegentlich solche Störungen hatte?« Dies gibt der Patientin Stoff zum Nachdenken und läßt ihr auch die Möglichkeit der Verneinung, wenn die »Deutung« noch nicht toleriert werden kann.

Dieser Fall veranschaulicht genau die Dimension, die wir dem Begriff der Übertragung hinzuzufügen versuchen: daß sich nämlich Fehlbildungen im Organisationsprozeß in der analytischen Situation enthüllen und als solche erkannt werden müssen, um den Analytiker in die Lage zu versetzen, zwischen intakten Strukturen und solchen zu unterscheiden, bei denen ein Versagen auf früheren Organisationsebenen die ödipale Entwicklung übermäßig belastet. Bei den letztgenannten müssen die unbewältigten früheren Bedürfnisse zuerst bearbeitet werden. Diese Patientin hätte nicht in eine Analyse ihrer ödipalen Konflikte eintreten können, bevor die dyadische Sehnsucht gestillt war. Der geschilderte Fall bestätigt Mahlers aufsehenerregende Schlußfolgerungen über den Einfluß der Wiederannäherungsphase sowie früherer Subphasen auf die spätere Entwicklung: Sie (Mahler, Pine und Bergmann, 1975) sagt: »Dauer und Ausmaß der Wiederannäherungskrise verweisen auf eine vorzeitige Verinnerlichung von Konflikten, auf Entwicklungsstörungen, die Vorläufer kindlicher Neurosen waren, aber der Ausbildung einer kindlichen Neurose im klassischen Sinne entschieden im Wege stehen können!« (S. 139f.)

Tolpin weist darauf hin, daß Analytiker interessanterweise dazu neigen, die Tatsache zu übersehen, daß Freud sich dessen irgendwie bewußt war. Schon sehr früh machte er in der damaligen Terminologie darauf aufmerksam, daß der Wolfsmann keine normale phallisch-ödipale Phase durchgemacht hatte, weil eine bereits früher bestehende Pathologie die Ich-Organisation in konträrer Weise beeinflußt hatte.

Nachdem Mahler Freuds Gedanken bestätigt und weitergeführt hat, kann man erkennen, daß diese Patientin die größere Last der subphasenspezifischen Bedürfnisse des Kleinkinds zu tragen hatte. Da die Mutter psychotisch und nicht auf das Kind eingestimmt war, suchte dieses einen Ausweg, indem es sich mit der Mutter in der beiderseitig imkompetenten Realitätsprüfung vereinigte. Der spezifische Charakter dieser Störung in der Behandlungssituation, wo die Realitätsprüfung in anderer Hinsicht relativ normal war, führt zu der Annahme, daß es sich um ein umschriebenes Scheitern der Differenzierung handelte, das den Organisierungsprozeß in einem frühen Stadium verzerrte. Ein weniger begabter Mensch wäre vielleicht nicht in der Lage gewesen, selbst in so verzerrter Form aus seiner Umwelt Nutzen zu ziehen, und dies hätte zu einem schwereren Leiden geführt.

Technisch kommt uns ein solches spezifisches Verständnis der Verflechtungen von Übertragungsphänomenen zugute. Wir erkennen, daß die Organisation der Hilfe bedarf, und lernen, wie wir den ganz bestimmten Entwicklungsbereich suchen müssen, wo therapeutisches Eingreifen erforderlich ist. In diesen Fällen versagt die traditionelle Psychoanalyse, weil die ödipale Krise nicht von einem Ich gelöst werden kann, das nicht ausreichend organisiert ist, um die Anforderungen dieser Entwicklungsphase erfüllen zu können. Gleichgültig, ob es sich um einen Patienten oder eine Patientin handelt, eine Verschiebung von der dyadischen zur triadischen Beziehung und letztlich zur Liebe des gegengeschlechtlichen Elternteils kann nicht gelingen, wenn die fortbestehende Sehnsucht aus der Subphase und eine beschädigte Organisation die Annäherung an die phallisch-ödipale Position schwach und unsicher machen. Kernberg stellt fest, daß umgekehrt die ödipale Entwicklung bei vorzeitiger Stimulierung nur in verzerrter Form vor sich gehen kann, weil sich genitale und prägenitale Konflikte verdichten. Nach seiner Auffassung ist dies für eine Leidenskategorie charakteristisch, die er als Borderline-Persönlichkeitsstruktur bezeichnet.

Ein anderer Patient erlitt eine Schädigung, als er aus der Symbiose in die Subphasenentwicklung eintrat – ein Geschwister wurde geboren, als er 14 Monate alt war. Wir gehen davon aus, daß die Mutter bei solchen recht häufigen Ereignissen von ihrer Schwangerschaft etwa 7 bis 8 Monate vor der Geburt des nächsten Kindes weiß, und daß ihre Gefühle, ob positiv, negativ oder ambivalent, sich auf das phasenspezifische Erleben des ersten Kindes auswirken. Da der Patient nicht psychotisch war, wird angenommen, daß er über eine ausreichende angeborene Ausstattung verfügte und die Symbiose zufriedenstellend verlaufen war. Wir datieren die Entwicklungsschädigung auf den 5. bis 7. Lebensmonat, als die Differenzierung gerade begonnen hatte, und vermuten, daß der Rückzug in den Hafen der symbiotischen Nähe unausweichlich war. Da sie keine Kinder mehr bekam, nachdem der Patient die ödipale Phase erreicht hatte, nahm die Mutter die enge Beziehung zu ihm verspätet wieder auf. Das ist nicht ungewöhnlich und wird oft mit mütterlicher Verführung verwechselt, so als ob der Patient gewissermaßen mit beiden Füßen in der ödipalen Phase gestanden hätte. Es scheint vielmehr, daß er die regressive, der Phase angemessene Nähe begrüßte, die die volle Ausbildung der Fähigkeit zum Umgang mit den ödipalen Strebungen an diesem Punkt verhinderte. In der Übertragung wiederbelebt, nahm sie die Form sexuellen Interesses an seiner Analytikerin an. Doch statt Furcht vor dem ödipalen Vater, empfand er Angst vor der präödipalen Mutter. Dieses Phänomen findet eine neue Erklärung, die über die klassische einer regressiven Abwehr der Kastrationsangst hinausgeht. Als er sich den Geschlechtsakt *per se* vorstellte, glaubte er nicht nur seinen Penis, sondern sein ganzes Selbst zu verlieren. Mit anderen Worten, die Phantasie von der sexuellen Vereinigung mit der ödipalen Mutter wich rasch der Angst vor Identitätsverlust in der ersehnten Verschmelzung mit der Mutter der Symbiose. Solche Übertragungsphänomene machen uns darauf aufmerksam, daß die ödipale Position mit zu starker Kontaminierung der Bedürfnisse vorausgegangener Phasen und Subphasen erreicht wurde; sie vermochte so nicht zum Kern einer neurotischen Organisation zu werden. Der klinische Hinweis, daß die Übertragung nicht die triadische ödipale Beziehung widerspiegelt, lag darin, daß in Träumen und Phantasien keine Vaterrepräsentanz existierte.

Mahler (persönliche Mitteilung) schlägt drei Kriterien für einen lebensfähigen Ödipuskomplex vor:

1. Die am Ende der Wiederannäherungssubphase erreichte Selbst- und Objektkonstanz,

2. ein Maß an Objektkonstanz, das eine mit neutralisierter Libido und Aggression besetzte Dreierbeziehung erlaubt,

3. auf der psychosexuellen Ebene eine teilweise Entwicklung der narzißtischen genitalen Phase.

Als noch die unverrückbare Regel galt, daß sich Analytiker lediglich als Übertragungsfiguren sehen, brauchten sie nur darüber nachzudenken, welche primären Objekte sie zu einem bestimmten Zeitpunkt der Analyse darstellten. Jetzt müssen sie nicht nur darüber nachdenken, wen sie repräsentieren, sondern ob sie die primären Objekte nur im Sinne der Verschiebung repräsentieren. Wir werden zu dem Schluß kommen, daß die Ich-Organisation mancher Patienten nicht zu einer solchen Übertragungsfähigkeit beiträgt. Eben dieses Problem stürzte das Panel der Internationalen Psychoanalytischen Vereinigung in Paris 1973 in Verwirrung. Arlow (1974) stellt zusammenfassend die Frage: ». . . wieviel Ich-Entwicklung stattfinden muß, bevor ein persistierender organisierter unbewußter Konflikt in der Psyche strukturiert ist; das ist entscheidend für den Charakter der Übertragung in der Zukunft« (S. 320).

Wir treten dieser Frage näher. In welcher Phase oder auf welchem Organisationsniveau kann die Fähigkeit zu deutbarer Übertragung entstehen? Solche Fragen mußten offenbar nicht gestellt werden, bevor wir wußten, daß das Kind von der Symbiose an bis zum Erwerb von Selbst- und Objektkonstanz in einen Prozeß einbezogen ist, in dem sich die Selbstbilder von den Objektbildern allmählich differenzieren, bis relativ ausgeprägte Repräsentanzen beider konstant vorhanden sind. Die Konstanz muß man sich als relativ denken, da es normale Fluktuationen innerhalb von Individuation und Entdifferenzierung gibt.

Wir wollen nun damit beginnen, die gestellte Frage zu beantworten. Wo eine Schädigung der Ich-Organisation, des Niveaus der Objektbeziehungen, des Grades der Verinnerlichung, der Entwicklung autonomer Ich-Funktionen besteht, kann eine Neurose im eigentlichen Sinne nicht ausgebildet werden. Bei dieser Sachlage ist die Fähigkeit, die Übertragungsdeutung anzunehmen und zu nutzen, beeinträchtigt. Wo der Therapeut beispielsweise als potentieller Befriediger symbiotischer Bedürfnisse oder als narzißtisch empfundener Teil einer Selbst-Objekt-Einheit wahrgenommen wird, treffen lange aufrechterhaltene Übertragungsdefinitionen nicht mehr in traditioneller Weise zu. Oft ist der Analytiker weder ein echtes Übertragungsobjekt noch ein reales äußeres Objekt, sondern nur ein potentieller Befriediger von Subphasenbedürfnissen.

Es wäre gefährlich und irreführend, eine scharfe Demarkationslinie zu ziehen, um den Punkt genau zu bestimmen, wo die Fähigkeit zur Wertschätzung des Analytikers als einer ganzen Person und zur Annahme von Übertragungsdeutungen als Resultat der Organisation möglich wird. Wir stellen uns eher eine verschwommene Linie vor, bei der es auf der linken Seite des Angelpunkts zu Fluktuationen kommt. Man müßte die zahllosen Entwicklungsaspekte und den Charakter des Organisierungsprozesses in jedem Fall berücksichtigen. Wegen individueller Variationen der angeborenen Gegebenheiten in bezug auf die Fähigkeit zur Anpassung an die Umwelt und zur Interaktion mit ihr sowie auch der unendlichen Variationen des Organisierungsprozesses gibt es nicht zwei Individuen, die sich in gleicher Weise entwickeln, insbesondere in zeitlicher Hinsicht. Damit dies dem Therapeuten nicht zu weitläufig und daher entmutigend erscheint, könnten wir hinzufügen, daß es nichtsdestoweniger bestimmte Muster und darüber hinaus feste Richtlinien innerhalb der psychoanalytischen entwicklungspsychologischen Theorie gibt.

Die Fähigkeit, die Übertragungsdeutung anzunehmen, muß in Gestalt eines Spektrums gesehen werden. Am einen Ende können wir eine relativ gut an der Realität orientierte Person zu finden hoffen, die zur Übertragung fähig ist, weil Selbst- und Objektrepräsentanzen genügend voneinander getrennt sind und es ihr so mit einem beobachtenden Ich ermöglichen, den Analytiker als ein ganzes, der Verschiebung unterliegendes Objekt wahrzunehmen. Am anderen Ende stehen jene, deren persistierende Subphasenbedürfnisse und -mängel dazu führen, daß sie nach Objekten suchen, die diese Restbedürfnisse befriedigen. Da diese Bedürfnisse aber nicht mehr altersentsprechend sind, ist es sehr wahrscheinlich, daß die gegenwärtigen Objekte die Enttäuschung verewigen. Häufiger pflegen Personen, deren Interaktionen in den Subphasen zu verzerrter Selbst- und Objektwahrnehmung geführt haben, den Versuch zu machen, die verzerrte Selbst-Objekt-Beziehung zu wiederholen, d.h. sie verzichten auf eine Befriedigung der Restbedürfnisse. Gerade das Fehlen phasengerechter Befriedigung hat eine Fehlbildung in der Organisation hervorgerufen. Vom Wiederholungszwang getrieben, wird die Wiederherstellung der pathologischen Beziehung angestrebt. Der Therapeut wird verzerrt wahrgenommen – zwischen ihm und dem realen primären Objekt besteht ein himmelweiter Unterschied, und sicherlich hat er auch keine Ähnlichkeit mit seiner wirklichen Persönlichkeit.

Nachdem wir die wichtigen Kriterien der Borderline- bzw. neurotischen Entwicklung diskutiert haben, wird offensichtlich, daß – wo immer die Grenze liegen mag – die Fähigkeit zur Übertragung ganzer Objekte auf die Gegenwart eng mit diesen Kriterien verknüpft ist. Es kann nicht bestritten werden, daß Übertragung und Übertragungsneurose Begriffe sind, auf die die Theorie der psychoanalytischen Technik nicht verzichten kann. In der Tat sind wir Freud nicht nur wegen seiner Genialität zu Dank verpflichtet, sondern auch wegen seines Mutes zum Vorstoß in ein Gebiet, das andere (etwa Breuer) zu betreten fürchteten. Ohne Freuds Entdeckung des Wesens der Übertragungsphänomene hätte die Technik und wahrscheinlich sogar die Theorie der Psychoanalyse dahinvegetiert. Die zentrale Bedeutung von Übertragung und Übertragungsneurose für die Technik muß nicht für jene unterstrichen werden, die diese Begriffe in ihrer täglichen Arbeit anwenden. Unsere sich fortentwickelnde Theorie verlangt aber jetzt, daß sie neu überdacht werden. Sie müssen nunmehr nicht nur die Einschätzung der Fähigkeit zu deutbarer Übertragung bei gewissen Borderline-Zuständen umfassen, sondern auch die Neudefinierung der Rolle des Analytikers, wenn er dieser Fähigkeit auf seiten des Patienten mit einer entsprechenden Pathologie begegnet.

Wahrscheinlich wird der einzelne unmodifizierte Terminus Übertragung dem Umfang und der Vielfalt der Objektbezogenheit in der therapeutischen Situation nicht gerecht, die wir in Betracht ziehen müssen, wenn wir die schwereren Leidensformen ebenso wie die Neurose eingehender behandeln wollen. Während eine gewisse Konsistenz des Objektbeziehungsniveaus bei neurotischen Strukturen erwartet werden kann, weil diese das Merkmal der Selbst-Objekt-Konstanz gemeinsam haben, verlangen die starken Schwankungen dieses Entwicklungsmerkmals bei der pathologischen Neurose und den Borderline-Zuständen, daß der Analytiker stets auf Variationen in der Darbietung der deutbaren Übertragung im Gegensatz zu übertragungsähnlichen Phänomenen achtet, die auf nichtdifferenzierte Selbst- und Objektbilder auf Subphasenniveau hindeuten.

Dies bringt uns noch einmal zu unseren grundlegenden Fragen zurück, die nun neu formuliert werden können: Wann ist der Analytiker real, wann ist er wirklich eine Übertragungsfigur, wann wird er als

Teil einer phantasierten Selbst-Objekt-Einheit erlebt, die möglicherweise unerfüllte Bedürfnisse befriedigen kann? Die Psychoanalyse der
Neurose verfügt über umfassende Erfahrungen mit der Übertragung,
wo es sich um Bedürfnisse handelt, die früheren Stufen psychosexueller Reifung entstammen. Jetzt muß hinzugefügt werden, daß der
Analytiker auch über Erfahrungen als potentieller Befriediger der
Bedürfnisse aus den frühen Subphasen der Ich-Organisation – Symbiose, Differenzierung, Übung, Wiederannäherung – verfügen muß.
Furer (1976) benutzt Mahlers Befunde zum Verständnis von Nicht-
übertragungsaspekten der Beziehung des echten Neurotikers zum
Analytiker, indem er Merkmale des therapeutischen Bündnisses auf
ihren Ursprung in der Übungs- und Wiederannäherungssubphase
zurückverfolgt. Die Fähigkeit zur Empathie, behauptet er, gehe aus
diesen Interaktionen und Kommunikationen hervor und stelle einen
Vorläufer des therapeutischen Bündnisses dar. Er geht davon aus,
daß Patienten, die Übertragung und Realität verwechseln, die Fähigkeit fehlt, eine Ersatzperson für die Mutter der Übungsphase zu
akzeptieren. Diese Erweiterung der Mahlerschen Theorie entspricht
unserer Extrapolation ihrer technischen Nützlichkeit. Unsere Unterscheidung zwischen der Fähigkeit zur Bildung einer deutbaren Übertragung und einer Übertragung, in der der Patient nicht akzeptieren
kann, daß der Therapeut nicht das primäre Objekt ist, beruht auf der
Erfahrung mit erwachsenen Borderline-Patienten, die solche Substi-
tutionen nicht vornehmen können.
Bevor wir versuchen, eine endgültige und vollständigere Antwort auf
die wiederholte Frage nach dem Ursprung der Fähigkeit zu deutbarer
Übertragung zu geben, bedarf die sogenannte negative Übertragung
der Erörterung. In den theoretischen Anfangsstadien der psychoanalytischen Technik glaubte man, daß beide Aspekte in der Übertragung wiederbelebt werden. Greenacre (1954) bezweifelt die Haltbar-
keit der Ansicht, daß die Übertragung zunächst eine Form und dann
eine andere annimmt. Sie glaubt vielmehr, daß beide Aspekte der
primären Objektbeziehungen in der analytischen Situation eher zufällig wiederbelebt werden, daß eine Änderung von Einstellung und
Affekt oft in einer einzigen Stunde beobachtet wird. Eher als einheitliche positive und negative Übertragung spiegeln nach Greenacres
Meinung vielleicht »aktive übertragungsneurotische Manifestationen« die rasch wechselnden Affektqualitäten wider, denen man oft
innerhalb einer Stunde oder von einer Stunde zur anderen begegnet.
Wenn sie aber von polaren oder wechselnden Übertragungsqualitäten
spricht, hält sie immer noch an der Annahme fest, daß der Patient

eine Ebene der Objektbeziehungen erreicht hat, wo Ambivalenz obwaltet. Mahlers Behauptung, daß die Ambitendenz der Ambivalenz vorausgeht, zwingt uns, die Implikationen der Übertragung auf dieser früheren Stufe vor der Loslösung zu berücksichtigen, wenn sich das Kind abwechselnd und manchmal sogar gleichzeitig dem Objekt zu- und von ihm abwendet.

Die Abwendung ist ein Merkmal der Entwicklung. Als solches kann man sie nicht als negativ oder unerwünscht betrachten. Sie stellt den Aggressionstrieb in den Dienst der Loslösung, um dem Drang nach einer höheren Entwicklungsstufe Auftrieb zu geben, nicht um gegen das Objekt zu handeln. Für jene Anwendungen der Aggression, die dem Wachstum dienen, brauchen wir eine Bezeichnung ohne negative oder feindselige Nebenbedeutung. Auf der Suche nach ihr ist es nützlich, daran zu denken, daß nicht jede Abwendung vom Analytiker wie vom primären Objekt unbedingt negativ ist. Es muß zwischen Wut und progressiven Entwicklungsschüben unterschieden werden. Sie kommen auf jeder Entwicklungsstufe vor und haben wichtige technische Implikationen in jedem Behandlungsstadium, selbst bei der am besten zu analysierenden Neurose, wo autonomes Funktionieren am stärksten ausgeprägt ist.

Die Rückwärts- und Vorwärtsbewegung in den Subphasen reflektiert den Umstand, daß die Libido nach Vereinigung strebt, während die Aggression der Trennung dient (um Verbindungen zu lösen). Diese Phänomene werden oft mit positiver oder negativer Übertragung verwechselt, d. h. für Gefühls- statt für Triebmanifestationen gehalten. Wenn sie von Handlungen begleitet werden, ist es wahrscheinlich, daß man sie gleichermaßen inkorrekt als Agieren bezeichnet. Obwohl sie unter affektiven Gesichtspunkten weder positiv noch negativ sind, wird hier übermäßig vereinfacht; bei normaler Entwicklung werden sie im allgemeinen von Affekten begleitet. Damit wird wiederholt, daß Affekt und Trieb koexistieren, aber nicht identisch sind. Ein aggressiver Entwicklungsschub kann wütend vor sich gehen, aber auch spielerisch und liebevoll. Entwicklungspsychologisch betrachtet sind diese Verhaltensweisen, ob aggressiv oder libidinös, positiv zu werten.

Wenn sich Struktur bildet, gelten affektive Reaktionen einer ganzen Person, und man kann dann von Ambivalenz und damit von negativer und positiver Übertragung sprechen. Hier können wir anfangen darüber nachzudenken, ob es sich um die Fähigkeit zu konflikthaft neurotischen oder Borderline-Lösungen handelt. Die Fähigkeit zur Ausbildung einer deutbaren Übertragung könnte ihre Wurzeln an eben dieser Stelle der Entwicklung haben, wo sich die Organisation beschleunigt. Dies erklärt auch, weshalb wir so vielen diagnostischen Kontroversen hinsichtlich der Leidensformen von Erwachsenen begegnen, die hier ihren Ursprung haben. Betrachtet man die neurotischen Symptome, stellt man die eine Diagnose, ebenfalls vorhandenes Borderline-Verhalten diktiert die andere. Da an dieser Stelle die Entwicklung die Grenze zu überschreiten beginnt, scheint es korrekt, von einem Borderline-Fall zu sprechen, bis die Behandlung die weitere Strukturbildung und Organisation gefördert hat. Dann wechseln die Patienten eher auf die neurotische Seite des diagnostischen Angelpunkts. Die Grenzlinie zwischen Borderline- und neurotischer Organisation kann nicht absolut sein. Sie ähnelt den Grenzen zwischen den Bundesstaaten der USA, an denen es keine Wachtposten gibt. Ein Haus und ein Grundstück auf der Grenze zwischen, sagen wir einmal, Massachusetts und Vermont kann zu beiden Staaten gehören und Streit darüber auslösen, welcher Staat die Steuern erhält und die Dienstleistungen erbringt, so wie Analytiker darüber streiten, ob die Diagnose Borderline-Zustand mit neurotischen Zügen oder Neurose mit Borderline-Merkmalen zu lauten habe.

Bei der Überprüfung des Begriffs Übertragung äußert Lipton (1976) Zweifel, ob man die frühe Lebenserfahrung in der analytischen Situation wirklich genau rekonstruieren könne, indem er ausführt, daß die Phänomene der frühen Phasen und Subphasen nicht auf ihr erstmaliges Auftreten begrenzt seien, sondern sich in modifizierter Form im späteren Leben wiederholen. Er behauptet, daß wir deshalb nicht sicher sein können, ob wir es nicht mit der frühesten Schicht zu tun haben, wenn wir einen Erwachsenen behandeln. Hat er damit nicht die wohlbekannte Tatsache wiederholt, daß die Entwicklung das ganze Leben umfaßt und die Schübe und Gegenschübe der frühen Entwicklung auf neuen Organisationsstufen jedesmal wiederholt werden? Der Hauptpunkt bei Widerspiegelungen früher Erfahrungen in der Übertragung wird durch Liptons Beobachtung bestätigt und bestärkt, denn wir sehen niemals eine genaue Wiederholung genetischer Erfahrungen bei Erwachsenen, sondern lediglich deren komplexe Ausgestaltung, die auf vielen Schichten der Integration der ersten Runde dieser Erfahrungen mit späteren aufgebaut ist. Das ist nur eine Erweiterung des Beitrags von Kris (1956a) zur Technik der Wiedererweckung von Kindheitserinnerungen; der Erwachsene erinnert sich nicht an ein Ereignis, wie es tatsächlich ablief, sondern nur so, wie es in Verbindung mit späteren Erlebnissen zu Mustern gerann. Auch Spitz hat davor gewarnt, Erwachsenenverhalten als analog oder homolog zum Kindheitserlebnis mißzuverstehen. Und sicherlich würde uns unsere eigene These hinsichtlich des Organisierungsprozesses davor bewahren, frühes Erleben allzu einfach zu rekonstruieren.

Die historische Entwicklung des Begriffs Übertragung ist mit dem Entwurf der Psychoanalyse als einer Therapie zur Behandlung der Triebregression verknüpft, die durch die Gefahren des ödipalen Konflikts ausgelöst wird: dem Kernproblem der Übertragungsneurosen. Freud war fest davon überzeugt, daß der analysierbare Neurotiker über ein intaktes (unmodifiziertes) Ich verfügt, von dem man erwarten kann, daß es nach der psychoanalytischen Übereinkunft auf den Vorgang der Aufdeckung unbewußter Konflikte und Phantasien reagieren wird. Dieses gesunde Ich kann dann die Aufgaben des Durcharbeitens und der Synthese erfüllen, die letztlich dazu führen, daß eine Triebabfuhr in den angemessenen Bahnen erfolgen kann. Ebenso überzeugt war Freud von der Unbehandelbarkeit der »narzißtischen Neurosen«. Er sagte voraus, daß sie möglicherweise in der Zukunft überwunden werden könnten, was geschehen würde, wenn man das Ich, seine Organisations- und Funktionsweise verstünde. Wir haben die theoretische Position, die Freud vorhersagte, erreicht und können nun zur endgültigen Prüfung der fundamentalen Frage kommen, an welchem Punkt der Entwicklung die Fähigkeit zu deutbarer Übertragung erworben wird, und diesmal beantworten wir sie negativ. Wo der Therapeut als schwächeres symbiotisches Objekt, als narzißtische Funktion eines Selbst-Objekts, als potentieller Befriediger von Subphasenbedürfnissen wahrgenommen wird, kann sich eine solche Fähigkeit nicht entfalten, denn der Therapeut ist kein echtes äußeres Objekt, das ebenso wahrgenommen wird, wie es bei einem Menschen mit relativ ausgeprägten ganzen Selbst- und Objektrepräsentanzen der Fall wäre.

Bei der Erörterung dieses Problems folgen wir dem Weg, den Freud in dem Bemühen einschlug zu bestimmen, wo eine ausreichende Ich-Organisation besteht, um den Begriff Übertragung technisch korrekt anwenden zu können. Dies führt zu folgenden Überlegungen in bezug auf Übertragungsphänomene: Das Verwechseln der Gegenwart mit der Vergangenheit (Fenichel, 1945), d.h. die falsche Wahrnehmung des Objekts bei der Übertragungsneurose, beruht auf der Theorie der Triebe und der Triebregression einer gesunden Ich- und Überich-Struktur, die von unbewußten inzestuösen Konflikten bedrängt wird. Wir brauchen daher einen neuen Terminus, um darauf hinzuweisen, daß in die gegenwärtigen interpersonellen Beziehungen unerfüllte

Bedürfnisse aus früheren Lebensabschnitten einbezogen werden, als die Ich-Organisation noch nicht abgeschlossen oder gestört war. Das Grundprinzip unserer Position ist die These, daß es einen Punkt in der Entwicklung gibt, wo die auf Erfahrung beruhende Interaktion durch eine organisierte psychische Struktur ersetzt zu werden beginnt. An diesem Punkt stellt man sich eine »ich-gefilterte Sehnsucht« (Mahler, Pine und Bergmann, 1975, S. 99) vor, da sich das Ich bildet, wenn es sich anschickt, die mit Loslösung und Individuation verbundenen Aufgaben zu organisieren. Wo dies dem Ich gelingt, schreitet die Entwicklung der Fähigkeit zu deutbarer Übertragung voran. Wo es versagt, werden die Restbedürfnisse im therapeutischen Setting reproduziert werden. Dort wird ein Objekt gesucht, das nicht – wie beim besser strukturierten Patienten – Triebbedürfnisse befriedigen, sondern narzißtische (Ich-bildende) Zufuhren liefern soll. Die Bezeichnungen und Begriffe *Übertragung* und *Übertragungsneurose* sollten daher dem gut organisierten Ich vorbehalten bleiben, während ein Terminus, der das Verlangen nach Wiederherstellung der Selbst-Objekt-Einheit zur Stillung von Bedürfnissen in der Unmittelbarkeit der Dyade beschreibt, sich vielleicht eher auf die ungefilterten Sehnsüchte anwenden läßt, die in Situationen wiederbelebt werden, wo ein Subphasendefizit ohne intervenierende Struktur fortbesteht. Wir verfügen noch nicht über Bezeichnungen für zwei Differenzierungsgrade innerhalb der Selbst-Objekt-Erfahrung. Auf dem früheren Niveau wird die Befriedigung von *Bedürfnissen* ersehnt, auf der nächsthöheren Stufe wird das *Objekt* als Teil des Selbst begehrt. Am ehesten kommunizierbar scheint uns die »Suche nach Wiederholung früher Selbst-Objekt-Erfahrung«. Wir schlagen daher für den Augenblick die Kurzformen *Bedürfniswiederholung* und *Objektwiederherstellung* vor.

In der Literatur finden sich wechselnde Ansichten über die Rolle des Analytikers und den Charakter der therapeutischen Interaktion. Diese Strömungen wurden auf dem 28. Kongreß der Internationalen Psychoanalytischen Vereinigung in Paris im Jahre 1973 überprüft und von Dewald (1976) zusammengefaßt: »Das begriffliche Verständnis der Rolle des Analytikers im psychoanalytischen Prozeß hat sich ständig erweitert und

7

Das reale Objekt

vom Bild des neutralen, passiven, teilnahmslosen Spiegels wegentwikkelt, der dem Patienten lediglich Einsicht durch Deutungen vermittelt. In zunehmendem Maße wird die psychoanalytische Situation als ein aktiver Entfaltungsvorgang zwischen zwei Beteiligten betrachtet, bei dem jeder auf den Input des anderen reagiert« (S. 215f.).

Dewald glaubt, daß das Klima der psychoanalytischen Situation an sich – etwa Empathie, fehlende Verurteilung, Freundlichkeit, Einstimmung, Verfügbarkeit, Verläßlichkeit u.ä. – das neue Erlebnis eines »guten Elternteils« (Anführung von ihm, S. 218) schafft, das unvermeidlich wachstumsfördernder ist als die primäre Erfahrung. Dieser Punkt wurde 1946 von Alexander und French stärker betont, die erklärten, daß der Analytiker eine korrigierende emotionale Erfahrung bieten müsse. Das war ein Gedanke, dessen Zeit noch nicht gekommen war. Alexander und French verfügten noch nicht über die verfeinerte psychoanalytische Entwicklungspsychologie und konnten ihr Vorgehen daher nicht auf eine logische Grundlage stellen. Sie konnten nur eine interpersonelle Beziehung vorschlagen, die Manipulationen bedauerlichen Ausmaßes einschloß. Dieser Vorschlag mußte von Analytikern zurückgewiesen werden, die an der herrschenden Meinung festhielten, daß das intrapsychische Arrangement interpersonellen Eingriffen nicht zugänglich ist. So erwarb die korrigierende emotionale Erfahrung als Terminus und Begriff einen schlechten Ruf. Das ereignete sich jedoch in einer anderen Zeit. Heute hingegen, wo wir mit einem Wissen ausgestattet sind, das damals nicht zur Verfügung stand, wird die Vorstellung des Analytikers als eines realen Objekts vielerorts überprüft.

Loewald (1960) beispielsweise glaubt nicht, daß die psychische Struktur für interpersonelle Erfahrungen undurchlässig sei. Er glaubt, daß ein Strukturwandel von der Beziehung zum Analytiker abhängt. So wird der Begriff einer korrigierenden oder reparierenden Erfahrung in einem neuen theoretischen Rahmen ernsthaft erörtert, während die manipulativen Aspekt der Technik von Alexander und French – etwa das Variieren der Verfügbarkeit des Therapeuten und der Häufigkeit der Stunden, um die Übertragung abzuschwächen – für die meisten Analytiker unannehmbar bleiben. Fleming (1975) fragt: »Ist es möglich, daß die strukturellen Veränderungen, die wir von der psychoanalytischen Erfahrung erhoffen, durch andere Reaktionen des Analytikers als die Deutung im üblichen Sinne des Wortes erleichtert werden können?« Und sie antwortete darauf, daß die psychoanalytische Erfahrung sie immer dringlicher in diese Richtung geführt habe, denn »das Objektbedürfnis vieler Erwachsener reproduziert auf vielerlei Art die funktionale Beziehung zwischen Mutter und Kind« (S. 749).

Von besonderem Wert ist die Präzisierung, die uns nunmehr das Organisierungsprinzip ermöglicht: daß der Organisierungsprozeß im Umkreis der Loslösungs- und Individuationsvorgänge stattfindet. Daraus leiten wir die Information über die spezifischen Merkmale der Entwicklungsprozesse ab, wenn der Angelpunkt behandelt wird. Außerdem beginnt die umwälzende Entdeckung, daß der Keim für gewisse neurotische Formationen nicht in der phallisch-ödipalen Phase, sondern in den Subphasen von Loslösung und Individuation gelegt wird, unsere Meinung über die Theorie der Neurose selbst zu ändern, und sie läßt stark vermuten, daß sogar bei der psychoanalytischen Behandlung der Neurose Subphasendefizite eine wichtigere Rolle spielen, als bisher angenommen wurde.

Um der Klarheit willen ziehen wir es vor, in diesem Stadium unserer Erfahrung wie unseres Wissens bei der Ansicht zu bleiben, daß bei der normalen Neurose intersystemische Bedingungen das analytische Bild beherrschen. Die realen Züge der Patient-Analytiker-Beziehung sollen zwar nicht bestritten werden, doch erlangen sie ihre höchste Bedeutung in den Endphasen der Analyse, wenn Übertragung und Übertragungsneurose begonnen haben, sich aufzulösen. Dann nehmen Verinnerlichungsvorgänge, wie Loewald (1962) in einer anderen Arbeit sagt, die anfänglichen selektiven Identifizierungen der frühen Entwicklung wieder auf – nun mit den realen Eigenschaften des Analytikers, die sich der Patient zu eigen macht, um die Behandlung beenden zu können.

Eissler (1953) glaubte, daß die ideal ausgebildete Neurose lediglich mit Hilfe der Deutung analysiert werden könne. Wir machen darauf aufmerksam, daß dieser Ausgangspunkt sehr fragwürdig ist, da kein

Patient in Wirklichkeit diesem idealen Modell entspricht. Wenn wir uns der Tatsache deutlich bewußt werden, daß die Ich-Organisation mindestens ebenso wichtig ist wie die psychosexuellen und die Trieb-aspekte der Neurose, muß die Technik Dimensionen einbeziehen, die erst seit etwas mehr als zehn Jahren ernsthaft überdacht werden (G. Blanck, 1966). Während man durchaus weiterhin annehmen kann, daß die Regression in der Neurose sich hauptsächlich auf einer psychosexuellen Linie bewegt, muß nunmehr auch der Faktor der Ich-Regression beachtet werden. Dies ist insbesondere bei Neurosen mit Subphasendefiziten der Fall – eine komplexe Tatsache, die nicht begrifflich erfaßt wurde, bevor Mahler sie 1973 darstellte. Vielleicht wurden diese Neurosen in der Vergangenheit übersehen, weil sie nicht so dramatisch ins Auge fallen wie die Ich-Defizite der schwerer gestörten Patienten. Obgleich das Ich kompetent genug erscheint, um im Alltag zu funktionieren, kann man beobachten, daß es hinsichtlich mancher Organisationsaspekte Mängel aufweist. Analytiker kennen die Diskrepanzen zwischen dem Funktionsniveau eines Individuums und seinem maximalen Leistungsvermögen, die sich aus der neuroti-schen Hemmung ergeben. Durch die Analyse vom Konflikt befreit, kann das Individuum beispielsweise erfolgreicher arbeiten.

Es lohnt sich, die seit langem gehegte Ansicht zu lockern, daß eine verminderte Funktion lediglich auf Hemmung oder Konflikt zurück-zuführen sei. Es ist zudem ein würdiges Ziel der Analyse, die Entwick-lung von Ich-Apparaten der konfliktfreien Sphäre zu fördern, wenn diese zwar in den frühen Lebensabschnitten »angeworfen«, aber nicht zu voller Entfaltung angeregt wurden. Wir denken hier sowohl an neurotische als auch an Borderline-Patienten, deren Befähigung zu Antizipation, Initiative und Neugier – um nur drei von vielen zu nennen – durch elterliche Gleichgültigkeit oder gar Opposition unter-drückt wurde. Das forschende Kleinkind der Übungsphase zum Beispiel fiel vielleicht seiner Mutter zur Last, weil sie zu sehr mit ihren anderen Kindern beschäftigt war oder unter krankhafter Unfähigkeit litt, die aufkeimende Neugier des sich nun frei fortbewegenden Kindes zu ertragen. Fehlende Neugier kann Lernschwierigkeiten verursa-chen, von denen man lange geglaubt hat, daß sie auf neurotische Hemmungen infolge Unterdrückung und Verdrängung sexueller Neugier zurückzuführen seien.

Beim erwachsenen Neurotiker werden solche Dinge gewöhnlich auf der Grundlage derselben Prämisse behandelt: Triebkomponenten stehen im Konflikt mit Überich-Verboten. Wenig Aufmerksamkeit wurde bisher der Beobachtung geschenkt, daß die Unterdrückung einer Ich-Funktion die Folge elterlicher Vernachlässigung in den Subphasen sein und daher entwicklungsmäßig früher entstehen kann als ein Überich-Verbot. Ferner tragen die angeborenen Eigenschaften dazu bei, die dyadische Interaktion zu fördern oder zu belasten, was sich entsprechend auf die fortschreitende Organisation auswirkt. Dies bestätigt, daß eine Pathologie mit ähnlich erscheinender Symptomatologie nicht nur durch einen Konflikt oder das Versagen des mütterlichen Partners der Dyade ausgelöst worden sein kann, sondern auch durch die Ausstattung, die das Kind in die Dyade einbringt, oder durch eine Kombination von beiden. Weiterhin können sogar taugliche oder gar überdurchschnittliche angeborene Apparate verlangsamt werden, wenn das Kind in eine Umwelt eintritt, die ungünstiger ist, als man durchschnittlich erwartet. Von einem solchen Menschen sagt man normalerweise, daß er sein Lebenspotential nicht ausschöpfe.

Einen Patienten, dem jüngsten von fünf Kindern, hatte man auf ziemlich grausame Weise wissen lassen, daß er unerwünscht war. Ihm war vom mütterlichen Teil der Dyade, vor allem in den Subphasen, nur der kärglichste Beitrag zur Entwicklung zuteil geworden. Die Familie hatte ein hohes Mittelstandseinkommen und konnte sich mancherlei Luxus leisten. Nach alter Familiensitte war es trotzdem nur möglich, eine Haushaltshilfe – etwa eine Putzfrau, die einmal wöchentlich kam – in sehr bescheidenem Umfang zu beschäftigen. Für den Patienten bedeutete das, daß er von einer Mutter betreut wurde, die sich kaum auf ihn einstellte, während sie mit der täglichen Kocherei und ähnlichen Aufgaben für ihre große Familie beschäftigt war. Nichtsdestoweniger schien er eine recht gute Symbiose durchgemacht zu haben und vermochte aus seiner Umwelt mehr als nur minimalen Nutzen zu ziehen. Er wurde zum einzigartigen Kind seiner Mutter, wie Mahler (1968) es beschreibt: »Es ist das spezifische unbewußte Bedürfnis der Mutter, das von den zahllosen Möglichkeiten des Kindes eben jene aktiviert, die für jede Mutter ›das Kind‹ schaffen, das ihre eigenen *einzigartigen* und individuellen Bedürfnisse widerspiegelt. Dieser Prozeß findet in dem Umfang statt, der der angeborenen Begabung des Kindes entspricht« (S. 24f.).

Der Patient konnte sich aus seinen Kleinkinderjahren daran erinnern, daß er immer auf dem Boden herumkrabbelte, während seine Mutter ihrer Arbeit nachging. Als Erwachsener scheint er pathologisch narzißtische Züge aufzuweisen, was Mahlers Ansicht bestätigt, daß die Entwicklung eines gesunden sekundären Narzißmus angemessene mütterliche Reaktionen in jeder Subphase voraussetzt. Die Eltern hatten bereits drei Söhne und eine Tochter, die vor dem Patienten in

120

die Kleinstadtschule kamen, wo er, als die Reihe an ihm war, dieselben Lehrer hatte. Alle waren stolz auf die Leistungen der vier älteren Kinder. Die Mutter hatte lange bevor er ins Schulalter kam entschieden, daß der Patient ihr Dummerchen sei. Zwar wurde er körperlich in den Vorschuljahren gut versorgt, doch empfing er gefühlsmäßig und intellektuell wenig Anregung. Er konnte sich nicht erinnern, daß irgend jemand – nicht einmal seine Geschwister – jemals mit ihm spielte oder ihm vorlas. Er spielte die Rolle, von der er ahnte, daß sie ihm von seiner Mutter unbewußt zugeteilt worden war, und wurde, wie er es ausdrückte, Mutters Depp. Die Lehrer wunderten sich bereits in der ersten Klasse, daß er aus derselben Familie stammte wie die sehr begabten Geschwister, die sie unterrichtet hatten.

Dieser Mann erwarb eine neurotische Struktur, die jedoch durch pathologischen Narzißmus und große Wut auf seine Objekte belastet war, die ihn zum Gegenstand ihres Spotts gemacht hatten. In der Analyse war es von zentraler diagnostischer Bedeutung, inwieweit sein schwaches Funktionieren auf intellektueller Ebene von der angeborenen Ausstattung herrührte, wieviel auf Konflikte und Wut zurückzuführen war und wieviel darauf, daß er seine Selbstbilder in den Subphasen mit den Mutterbildern verschmolzen hatte, weil es das Bedürfnis der Mutter war, ihn als ihr Dummerchen zu betrachten. Bedürfnisse der Wiederannäherungs- wie der Übungsphase konnten von einer so uneinfühlsamen Mutter nicht in vollem Maße befriedigt werden, und der Patient »extrahierte« ihr Interesse – wie es sich dann in der analytischen Situation wiederholte –, indem er Dinge tat, die sie von ihren übrigen Aufgaben genügend ablenkten, um auf seine »Dummheit« zu reagieren. In der Analyse mußte diese Schicht gedeutet werden, bevor die aus Konflikten hervorgegangene Funktionshemmung interpretiert wurde. Interessanterweise waren die ödipalen Wünsche durch das mütterliche Bedürfnis nach einem unbegabten Kind kontaminiert. So wie er in den Subphasen nichts richtig machen konnte, entwickelte er auch als Erwachsener Potenzprobleme. Ja, sein Hauptproblem bestand darin, daß er ein unfähiger Liebhaber war. Technisch führte die Tatsache, daß den Subphasendefiziten Priorität eingeräumt wurde, insbesondere in bezug auf das Selbstwertgefühl, zur Behandlung des eigentlichen Ödipuskomplexes, so daß er auf dieser Organisationsstufe analysiert werden konnte, ohne durch die vorausgegangenen Probleme belastet zu werden.

Ein Patient zeigte wenig Ehrgeiz, mehr zu erreichen als die Position eines kleinen Beamten, womit er die Erwartungen seiner Eltern erfüllte. Durch den Umgang mit dem Analytiker als Repräsentanten eines größeren Umfeldes erweiterte sich sein Horizont, was er mit Spannung wahrnahm. So erinnerte er sich beispielsweise, daß er als Kind Musik liebte, aber nicht ermutigt wurde, seine Begabung zu entfalten. Die Praxis des Analytikers liegt in der Nähe eines großen Musikzentrums, und der Patient fragte ihn schließlich, ob er manchmal dort hingehe. Es wäre falsch gewesen, die Abstinenzregel zu mißdeuten, indem die Antwort verweigert worden wäre. Das »Ja« des Analytikers enthüllte nicht dessen besondere Interessen, es ließ nur erkennen, daß eine weitere Welt existiert und auch dem Patienten erreichbar ist. Er ging nun mit Begeisterung in Konzerte und lernte sogar, ein Instrument zu spielen. Der Analytiker lenkte diese Interessen nicht. Das ist ein Beispiel für die Wirkung des Analytikers als einer realen Person, die dem Patienten nicht oktroyiert, von ihm aber wahrgenommen wird. Es waren damit keinerlei intime Enthüllungen über den Analytiker verbunden, was hinreichend dadurch bewiesen wurde, daß er vorhanden und von den Eltern offensichtlich verschieden war. Der Analytiker drängte dem Patienten auch nicht seine besonderen Neigungen auf. Der Patient wählte schließlich einen neuen Beruf, nicht den des Analytikers, aber er kombinierte Identifizierung und Unabhängigkeit – ein Beispiel selektiver Identifizierung durch ein Ich, das stark genug war, den nächsten Schritt vom Objekt weg zu tun.

Ein weiteres Beispiel des Subphaseneinflusses auf die Neurose ist der Fall einer Frau, deren Subphasenentwicklung zur Bildung einer Neurose ausgereicht hatte, allerdings mit knapper Not. Selbst die Interaktion mit der Umwelt schien im großen und ganzen während der meisten Subphasen ausreichend gewesen zu sein. Die Mutter schätzte geistige Errungenschaften und lehrte das Kind sehr früh lesen. Die Art des Subphasendefizits zeigt sich daran, daß die Mutter sich entfernte und das Kind im Fernsehen »Bildungs«programme betrachten ließ, ohne auf deren phasenspezifische Eignung oder die Bedürfnisse des Kindes nach Alleinsein oder Objektzuwendung Rücksicht zu nehmen. Daß sie sich auf diese subtile Weise zu Zeiten entfernte, wenn ihre Anwesenheit erforderlich gewesen wäre, führte dazu, daß das Kind den Bildschirm als Partialobjekt besetzte und dadurch am Erwerb einer optimalen Selbst-Objekt-Konstanz gehindert wurde. Für die Adoleszentin wie die Erwachsene blieb das Fernsehen weit über das normale Maß hinaus eine Quelle des Trostes und der Gemeinsamkeit. Sie sah sich »jedes blöde Programm« an, wenn sie allein war oder nachts wachlag.

Während der therapeutischen Interaktion (die wir vorerst nicht spezifisch als Übertragung bezeichnen wollen) neigte die Patientin dazu, sich vom realen Objekt (Analytiker) zurückzuziehen, wenn sie unzufrieden war. Der Analytiker glaubte, daß das jederzeit als Objekt verfügbare Fernsehen die Patientin vor der Notwendigkeit bewahrte, sich in unerfreulichen Situationen mit einer realen Person auseinanderzusetzen. Dadurch konnte sie sich ein »gutes« Objekt ohne Konflikte erhalten. Lange Zeit hielt sie daran fest, daß ihre Subphasen-Mutter nur gut gewesen sei. Sie berichtete, daß sie getröstet, daß ihr vorgelesen wurde, was offenbar die Entwicklung ihrer Apparate beschleunigte. Die Wut darüber, daß ihr zu oft zugemutet worden war, sich von einer Maschine unterhalten zu lassen, mußte ans Tageslicht gebracht werden, bevor sich das reiche Potential der Innenwelt dieser jungen Frau entfalten konnte. Da in diesem Fall eine Struktur vorhanden war, war der Analytiker hauptsächlich Übergangsobjekt, außer in dem einzigen Bereich, wo das primäre Objekt die Beziehung nicht ausreichend gepflegt hatte. Die spezifische Technik, die von der klassischen abwich, bestand in dem Vorschlag abzuwarten, bis sich Gedanken einstellten, statt automatisch das Fernsehen einzuschalten. Allmählich wurden die eigenen Gedanken und Phantasien so interessant für die Patientin, daß sie vergaß, den äußeren »Besänftiger« in Anspruch zu nehmen.

Diese Technik war deshalb so erfolgreich, weil in anderer Hinsicht eine gute Selbst-Objekt-Konstanz bestand. Der Analytiker war daher überzeugt, daß die Patientin bei ihrer Intelligenz ohne Fernsehen nicht »allein« gewesen wäre. Bei anderen Fällen mit geringerer Verinnerlichung würde man keinen Objektverlust riskieren, sondern mit einem solchen Vorschlag warten, bis der Organisierungsprozeß höhere Stufen der Objektbeziehungen erreicht hat. Noch besser ist es in solchen Fällen, wenn nach erreichter Selbst-Objektkonstanz dieser Vorschlag vom Patienten statt vom Analytiker gemacht wird, was häufig vorkommt.

Die Suggestion hat eine wechselhafte Geschichte in der Technik der Psychoanalyse. Als enge Verwandte der Hypnose aus präpsychoanalytischer Zeit betrachtet, fiel sie in Ungnade, als die psychoanalytische Technik sich verfeinerte. Die Vorstellung, daß der Analytiker aufgrund seines größen Wissens dem Patienten etwas *suggerieren* könne, bleibt für diesen unbehaglich. Doch einige Zeit nach der Ära der Hypnose hielt Freud es für erforderlich, phobischen Patienten gegenüber (zu einem als optimal angesehenen Zeitpunkt) darauf zu bestehen, daß sie sich ihren Phobien stellten, um sich mit der Angst auseinanderzusetzen und sie dadurch zu besiegen, vermutlich durch ein stärkeres Ich als jenes, das zur Zeit der Bildung der Phobie existierte. Interessanterweise arbeitete Freud nicht direkt mit Ichbildungstechniken, erkannte aber, daß das stärkere Ich des Erwachsenen mit der Angst besser fertig werden konnte, als das Ich des Kindes oder das des Erwachsenen, dessen Phobien vom Ich in der Kindheit gebildet worden waren. Eissler nennt Freuds diesbezügliche Vorstellung einen *Parameter*, doch schließt Eisslers Definition des Parameters ein, daß er beseitigt sein muß, bevor die Analyse abgeschlossen werden kann. Das liegt daran, daß bei der Psychoanalyse der Neurose die Einführung einer Technik, die von strikter Neutralität abweicht, ein solcher Parameter als kontaminierend betrachtet wird, wenn er bestehen bleibt. In dem Buch *Angewandte Ich-Psychologie* erörtern wir die Erfahrung so vieler Psychotherapeuten, daß gewisse Eingriffe in die Behandlung von Borderline-Patienten nicht eliminiert werden können. Um Eisslers Definition nicht zu »kontaminieren«, ziehen wir es vor – obgleich uns ein anderer Terminus nicht zur Verfügung steht –, *diese* Eingriffe nicht als Parameter zu bezeichnen[1]. Und so könnten wir sie vorerst noch einmal etwas unbeholfen als Abweichungen von der klassischen psychoanalytischen Technik bei der weniger als neurotisch organisierten Persönlichkeit bezeichnen. Wir befürworten aber nicht, daß solche Abweichungen weniger sorgfältig überlegt und verwendet werden sollten, als es Eissler hinsichtlich des sich selbst eliminierenden Parameters in der Neurose tat. In der Tat müssen wir dort, wo wir in der so schwer wiederzubelebenden, nebelhaften Ära des Subphasendefizits arbeiten, desto sicherer sein, daß unser Eingriff, welcher Art er auch sein möge, so exakt wie möglich der Fehlbildung in der Organisation zu gelten hat. Wir kennen keine

---

[1] *Suggestion* ist einer der zahlreichen Termini im Vokabular von Psychotherapie und Psychoanalyse, die dort eine speziellere Bedeutung haben als im allgemeinen Sprachgebrauch, dem sie entstammen. Hypnotische Suggestion beseitigt tatsächlich die Autonomie des Subjekts, indem sie das Ich ausschaltet, und führt daher nicht zur Wachstumsförderung. Ratschläge sind von hypnotischer Suggestion nur einen kleinen Schritt entfernt. Dennoch gibt es eine Form der Suggestion, die in jeder therapeutischen Bemühung enthalten ist. Allein der Umstand, daß wir uns als Therapeuten anbieten, suggeriert, daß wir helfen können; den Patienten suggeriert er, daß es ihnen besser gehen kann. Die Wünsche, Werturteile oder Befehle des Therapeuten stehen nicht zur Diskussion, denn sie repräsentieren schlichte Suggestion, der Folge zu leisten ist. Jetzt wird die sorgfältige Beachtung der Entwicklungsfähigkeit des Patienten zum therapeutischen Ziel. Loewald nannte dies das therapeutische Differential. Dieses Differential als solches suggeriert, daß Patienten nunmehr nach höheren Organisationsebenen streben können, als ihnen vorher zu erreichen möglich gewesen wäre.

bessere Garantie vor wilder Psychotherapie als das präzise Wissen um die Subphasenentwicklung.

In diesem Bezugsrahmen wird der Analytiker oder Therapeut für den Patienten real, allerdings in einer umschriebenen Weise: nicht wirklich er selbst, sondern Repräsentant der Objektwelt, insbesondere wenn die Beziehung des Patienten zur realen Welt unsicher ist. Viele Analytiker meinen, daß sie das Bild des teilnahmslosen Beobachters und Deuters selbst bei der Psychoanalyse der Neurose nicht aufrechterhalten können. Wenngleich man die neutrale Position nur mit größter Vorsicht aufgibt, kann kein Mensch diese Rolle absolut wahren, und es wäre auch nicht wünschenswert. Außerdem laufen therapeutisch wertvolle Verinnerlichungsvorgänge während einer Analyse auch dann ab, wenn die Technik durchaus klassisch gehandhabt wird. Ross (1968) verweist in diesem Zusammenhang sehr überzeugend auf den Analytiker als Träger moralischer Werte. Aufmerksamen Analytikern kann nicht entgehen, daß das, was man zunächst für neue Erfahrungen in der Übertragung gehalten hatte, in Wahrheit neue Erfahrungen sind, die sich aus der realen Beziehung ergeben.

Es erscheint notwendig, den technischen Begriff des *Durcharbeitens* angesichts unseres neuen theoretischen Wissens zu überprüfen. Als Freud feststellte, daß das Erkenntnisvermögen allein, d.h. die Deutung des Es-Wunsches, nicht ausreichte, um die dynamischen Beziehungen zu verändern, schlug er das Durcharbeiten vor. Er sagte, »daß wir seine Krankheit nicht als eine historische Angelegenheit, sondern als eine aktuelle Macht zu behandeln haben« (1914b, S. 131) und fügte hinzu: »Man muß dem Kranken die Zeit lassen, sich in den ihm unbekannten Widerstand zu vertiefen, ihn *durchzuarbeiten*, ihn zu überwinden, indem er ihm zum Trotz die Arbeit nach der analytischen Grundregel fortsetzt« (1914b, S. 135).

Die Literatur über das Durcharbeiten ist hinsichtlich des Vorgehens wenig präzise. Zu denen, die es unternommen haben, über die Einführung von Freuds Terminus in die Theorie der Technik genauer nachzudenken, gehören Fenichel (1935), Glover (1955), Greenacre (1956), Greenson (1965), Lewin (1950), Novey (1962) und Schmale (1966). Alle – oder die meisten – Autoren gehen davon aus, daß das Durcharbeiten mit Widerstand, insbesondere Widerstand von seiten des Es, zu tun habe. Glover und Greenacre wußten, daß das Ich auch irgendwie involviert ist. Einige Autoren (Fenichel, Lewin, Greenson) vergleichen das Durcharbeiten mit der Trauerarbeit. Moore und Fine (1967) definieren es folgendermaßen:

»*Durcharbeiten*: Ein Terminus, der ursprünglich von Freud benutzt wurde, um die ständige Anwendung der analytischen Arbeit bei der Überwindung von *Widerständen* zu beschreiben, die nach der anfänglichen *Deutung* verdrängter Trieb*impulse* weiterbestanden. Er bezeichnete diesen Es-Widerstand als ein wahrscheinliches Vorkommnis in Anbetracht der Tatsache, daß ein Triebgeschehen, das jahrzehntelang in bestimmten Bahnen verlaufen ist, plötzlich einen neuen Weg einschlagen soll, der ihm gerade eröffnet wurde. Zweck des Durcharbeitens ist es, Einsicht wirksam werden zu lassen, d. h. einen signifikanten, dauerhaften Wandel beim Patienten herbeizuführen, indem die Formen und Ziele der *Triebe* verändert werden. Dies führt schließlich zur Einbeziehung abgewehrter Komponenten in der Gesamtpersönlichkeit. Nunmehr als äußerst wichtiger Teil des analytischen Prozesses betrachtet, besteht das Durcharbeiten im wesentlichen aus einer Wiederholung, Ausweitung und Vertiefung der Analyse der Widerstände, die repetitiv nach und nach überwunden werden müssen« (S. 92).

Fenichel (1935) folgte Freud, indem er unter der Einzelüberschrift *Durcharbeiten* subsumierte, was vielleicht sinnvoller als zwei getrennte Techniken anzusehen wäre: 1. Widerstandsanalyse, 2. Aufdeckung. Zwar trifft es zu, daß der Widerstand zum Zwecke der Aufdeckung analysiert wird, doch ist es verwirrend, beides als denselben Vorgang oder gar als zwei Teile desselben Vorgangs zu bezeichnen. Definiert man das Durcharbeiten auf diese Weise, besteht es einerseits aus der Entdeckung von etwas an einer Stelle, das man bereits anderswo gefunden hatte; andererseits besteht es jedoch aus dem technischen Vorgang der Unterminierung resistenter Positionen, insbesondere des Widerstandes von seiten des Es.

Interessant für unsere Einstellung zu Affekt und Trieb (3. Kapitel) ist Noveys Beobachtung: »Es wird zunehmend deutlicher, daß die Verzögerung in der Entwicklung einer befriedigenden psychoanalytischen Affekttheorie zum großen Teil dafür verantwortlich war, daß wir den Prozeß des Durcharbeitens nicht verstanden haben . . . Der Affekt ist eine bewegende Kraft der psychischen Aktivität, und affektive Erfahrungs- und Reaktionsmuster widerstehen einer Veränderung stärker als kognitive. In der Tat sind die relativ labilen Reaktionen des Menschen und seine Fähigkeit, mit seiner Umwelt fertig zu werden, eng mit seiner Intelligenz und der Fähigkeit verknüpft, verbale Signale aufzunehmen, aus der wiederum die Fähigkeit zur Veränderung automatisierten Fühlens und Verhaltens resultiert . . .

Es ist eine psychoanalytische Binsenweisheit, daß das uneingeschränkte Erleben pathogener Konflikte in der Übertragung die therapeutische Wirkung fördert. Es bestand jedoch die Neigung, den genetischen Deutungsansatz zur Therapie auf Kosten der Rolle der korrigierenden emotionalen Erfahrung zu unterstreichen« (S. 666).

Im Hinblick auf Noveys Einbeziehung der affektiven Erfahrung, erscheint es wünschenswerter, die Definition des Durcharbeitens auf Entdeckung und Wiederentdeckung zu beschränken und sie von der Widerstandsanalyse zu trennen. Bei seinen Äußerungen über den *Takt* war Freud sich bewußt, daß die Fähigkeit, eine Deutung zu akzeptieren und sie sich zu eigen zu machen, von dem Gefühlsklima abhängig ist, in welchem sie angeboten wird. In seiner Arbeit *Über »wilde« Psychoanalyse* (1910, S. 118) zeigt er auf recht amüsante Weise, wie nutzlos die Deutungen eines Arztes (der kein Analytiker war) waren, der sich allein auf das Erkenntnisvermögen des Patienten verließ, ohne sich um das therapeutische Bündnis zu kümmern. Das Wesen des Bündnisses ist schließlich eine Funktion der Befähigung zu Objektbeziehungen. Das besagt auch, daß andere Ich-Funktionen dem Erkenntnisvermögen zu Hilfe kommen.

Die Eliminierung der Widerstandsanalyse aus dem *Durcharbeiten* und seine Beschränkung auf Entdeckung und Wiederentdeckung in einem günstigen Gefühlsklima, bietet auch Gelegenheit, diesen technischen Begriff zu erweitern, indem man hinzufügt, daß Ich-Funktionen in einem solchen Klima gefördert werden können. Wir stimmen nicht mit Novey überein, daß diese Technik eine *korrigierende* emotionale Erfahrung ausmache, weil korrigieren impliziert, daß ein Irrtum vorliegt; wir sprechen lieber von einer reparativen statt von einer korrigierenden Erfahrung. Wo der Patient in einem »Klima« lebte, in dem die Ich-Apparate nicht gefördert wurden, bietet ihm der Therapeut ein günstigeres oder anregenderes Klima, oder er hilft ihm, ein solches zu schaffen. Dann verbinden sich kognitive und emotionale Fähigkeiten, um aus der Deutung Nutzen zu ziehen. Die meisten neurotischen Patienten, die in einem einigermaßen guten therapeutischen Bündnis analysiert werden, sind bereits in der Lage, eine richtige und zu rechter Zeit gegebene Deutung zu nutzen, weil diese sich mit bestehenden kognitiven Fähigkeiten und einem hohen Niveau der Objektbeziehungen verbindet. Objektbeziehungen bestimmen nicht nur die Qualität des therapeutischen Bündnisses, sondern auch die Übertragung und sogar die Übertragungsneurose. In den meisten Fällen kann bei Borderline-Patienten nicht davon ausgegangen werden, daß sie solche Fähigkeiten besitzen, und so wird es zu einer der wichtigsten Aufgaben der Therapie, ihre Entstehung zu fördern.

Das in diesem Kapitel bereits dargestellte Fallmaterial veranschaulicht, wie Ich-Funktionen durch therapeutisches Bemühen angeregt werden können. Das »Klima«, in dem die Befähigung zu Selbst- und Objektbeziehungen mangelhaft ausgebildet ist, muß manchmal vom Patienten mit beträchtlicher Hilfe seitens des Therapeuten hergestellt werden, der die Vorkehrungen dafür trifft. Das geschieht, indem man dem Patienten hilft, die Fähigkeit zu Selbstempathie und Selbstbesänftigung zu erwerben. Zum Teil wird diese durch die Förderung der selektiven Identifizierung mit den besänftigenden und empathischen Affekten des Therapeuten vermittelt. Oft ist mehr erforderlich; man muß dann die Patienten aktiv ermuntern, zu den Kindern zurückzuschauen, die sie einmal waren, und sich in sie einzufühlen.

Ein Beispiel. Eine junge Frau, Krankenschwester, kommt von der Arbeit und benötigt fünf bis fünfzehn Minuten, bevor sie das Material der Stunde einbringen kann. Später erklärt sie, sie müsse sich erst geistig von den Vorgängen im Krankenhaus distanzieren, ehe sie mit der Stunde beginnen kann. Es erübrigt sich, ihr mitzuteilen – wie man es bei der Psychoanalyse einer Neurose täte –, daß alles, was sie denkt, in die Stunde gehöre. Der Therapeut denkt an ihre ihm aus früheren Sitzungen bekannte Geschichte und rekonstruiert aus seiner Kenntnis der inadäquaten Haltung der Mutter, daß die Mutter dieser Frau gefühlsmäßig nicht zur Verfügung stand, als es darum ging, Erfahrungen zu vermitteln, die Übergänge ermöglichten; die Patientin kämpft als Erwachsener mit Übergängen, weil ihr keine Gelegenheit zu selektiver Identifizierung beim Erwerb von Übergangsmechanismen geboten wurde. Von den aus der Geschichte der Patientin bekannten Erfahrungen wählt der Therapeut eine aus, die der Patientin bewußt ist – Heimkommen von der Schule –, indem er bemerkt, daß sie sich wahrscheinlich während dieser Augenblicke jeden Tag sehr einsam fühlte. Die Patientin geht darauf ein. Ja, sie mußte nach der Schule immer sofort auf ihr Zimmer gehen, um die Hausaufgaben zu machen. Der Therapeut sagt dazu, daß Übergänge schwierig seien. Die Patientin stimmt in einer Weise zu, die erkennen läßt, daß sie nicht geglaubt hatte, es könne auch anders sein. Gemeinsam beginnen sie nun sich vorzustellen, wie es hätte sein können, wenn es ihr möglich gewesen wäre, über den Tag in der Schule zu reden, bevor sie in ihr Zimmer ging. Der Gedanke beginnt einzusickern, daß man ein Anrecht auf das Interesse eines anderen bei der Herstellung von Übergängen hat. Damit wird bezweckt, daß die Patientin Empathie für sich selbst wegen eines ungestillten Bedürfnisses empfinden kann, von dem sie nicht einmal etwas wußte. Obgleich es um einen Lebensabschnitt ging, der in die kontinuierliche Erinnerung einbezogen war, sollte eine Leere angesprochen werden, die durch die Unfähigkeit der Mutter entstanden war, der Patientin für ihr ganzes Leben gültige Übergangserfahrungen zu vermitteln; das umfaßt auch die Subphasenentwicklung.

Diese Art der Herstellung eines Klimas unterscheidet sich sehr von der einfachen Schaffung einer wohltuenden Atmosphäre in der Therapie selbst. Sie läßt den Patienten erkennen, daß das neue wohltuende therapeutische Klima so ist, wie die Objektwelt während der ganzen frühen Existenz hätte sein sollen. Hier möchten wir zeigen, wie wir Patienten helfen, sich selbst in der Vergangenheit deutlicher zu sehen und mit sich selbst wegen dessen, was fehlte, Mitgefühl zu haben.

Wenn wir nun zu den theoretischen Aspekten der Technik des Durcharbeitens zurückkehren, erkennen wir die Notwendigkeit, daß Erkenntnisvermögen, Selbst- und Objektbeziehungen und Hilfs-Ich-Funktionen in einem angemessenen Gefühlsklima in Übereinstimmung miteinander operieren, damit Entdeckung und Wiederentdeckung ihre Wirkung entfalten können. Der ganze Prozeß kann als emotionale Erfahrung beschrieben werden, doch mit dem neuen Akzent, daß es wünschenswerter ist, wenn sie von den Patienten selbst rückwirkend hervorgebracht wird. Das hat den weiteren Vorteil, daß die Autonomie des Patienten bewahrt wird, denn es ist nur zu leicht, einem verblüfften Patienten mit Hilfe unserer vermutlich kompetenteren Ich-Funktionen ein Verstehen aufzuzwingen. Das würde den Patienten an den Therapeuten binden, da sich der Patient immer stärker auf dessen wirkliche oder vermutete Kompetenz verlassen würde. In diesem Falle würde sich die Deutung darauf reduzieren, narzißtische Zufuhren zu liefern. Das ist auch der Grund, weshalb wir die intrasystemische Konfrontation soviel höher bewerten als die äußere (R. Blanck, 1965).

Wenn der Therapeut an der Rolle des Entwicklungskatalysators festhält, bleibt der Patient davor bewahrt, daß er den Therapeuten *ad infinitum* als reales Objekt benötigt. Wir wollen die Bedeutung der klassischeren Methode nicht herabsetzen, die in der Wiederholung der Deutung aus verschiedenen Blickwinkeln besteht, wenn Träume und Assoziationen, die sich auf das gleiche Material beziehen, immer wieder mit Hinzufügungen und Abänderungen vorgebracht werden, auf die Analytiker zu achten gelernt haben. Der neue Zug im »alten« Material nimmt gerade deshalb unsere Aufmerksamkeit gefangen, weil das Durcharbeiten die Deutung einmal unter dem einen, ein andermal unter dem anderen Gesichtspunkt erfordert. Vielleicht hätte Freud die Widerstandsanalyse nicht unter den Schutz des Durcharbeitens gestellt, wenn ihm die Lösung des Problems der »narzißtischen Neurosen« zu Gebote gestanden hätte, die die psychoanalytische Entwicklungspsychologie nunmehr bietet.

Nach dieser Exkursion zum Problem des Durcharbeitens kehren wir nun zum zentralen Thema der Rolle des Analytikers als realem Objekt zurück. Jede therapeutische Situation enthält Elemente, die neu sind und sich von anderen Erfahrungen unterscheiden. Man muß einen Unterschied machen zwischen denen, die für jede therapeutische Begegnung wesentlich sind – etwa die wohltuende Atmosphäre –, und jenen Eingriffen, die das besondere Problem an dem Ort der Entwicklung angehen, wo sie zur Förderung der Organisation benötigt werden. Die Rolle des Therapeuten oder Analytikers als Katalysator der Organisation in einem günstigen therapeutischen Klima unterscheidet sich von der Elternrolle, so verlockend eine Gleichsetzung sein mag. Die wirklichen Eltern als bis zu einem gewissen Grade verinnerlichte primäre Objekte sind sozusagen Konkurrenten, die die Interaktion zwischen Therapeut und Patient behindern. Es ist gerade die Verinnerlichung verzerrter Objektbilder, die wenig direkten Zugang zum Therapeuten als Repräsentanten der Objektwelt erlaubt und eine »korrigierende emotionale Erfahrung« im simplen Sinne eines besseren Elterntums ausschließt. Solange Verzerrungen bestehen, kann der Therapeut weder als real noch als Elternersatz (außer durch Übertragung) erlebt werden. Für den neurotischen Patienten, der über relativ »ganze« Objektrepräsentanzen verfügt, bleibt der Analytiker derjenige, der die Deutung ermöglicht; für den stärker gestörten Patienten ist er derjenige, der die Verzerrungen korrigiert, und Katalysator der Organisation.

Unsere Position hält sich so eng wie möglich an die wörtliche Bedeutung von Katalysator: eine notwendige Präsenz, jedoch nicht an der Aktion beteiligt. Das ist eine konservative Einstellung, die die Patienten vor einer gutgemeinten Kontamination ihrer Selbst- und Objektbilder schützt. Sie reserviert dem Behandelnden die Rolle des Therapeuten statt des realen Objekts selbst bei Leidensformen, bei denen eine echte Übertragung nicht möglich ist. Der Patient muß den Therapeuten vielleicht aus pathologischen Gründen in eine reale Beziehung verwickeln – für den Therapeuten bleibt sie nichtsdestoweniger eine therapeutische. Die affektiven Verzerrungen der Objektbilder werden durch die Nichtteilnahme des Therapeuten an der Wiederholung der schädlichen Objektbeziehung herausgestellt. Der Therapeut benutzt sich selbst dazu, optimale Verhältnisse zu schaffen, damit die latenten Ich-Apparate des Patienten die notwendige Reorganisationsarbeit zu leisten vermögen.

Wo infolge einer Organisation auf niedrigem Niveau die dominierenden Bedürfnisse noch immer im Erlebnisbereich liegen, kann sich der Therapeut sinnvoll und absichtlich als Nicht-Übertragungs-Objekt betrachten lassen. Der stärker gestörte Patient braucht eine reparative Erfahrung. Die Frage bleibt: Wann, wie und – im Sinne einer Theorie der Technik – vor allem *warum* benutzt man dieses Mittel? Es ist Fällen vorbehalten, bei denen schwere symbiotische und Subphasendefizite bestanden haben. Es wird verbal durch *Erklärung*[2] des Bedürfnisses angewendet und etwa durch die Beantwortung von Fragen ergänzt, um die Objektwelt realer zu machen. Bei dieser technischen Einstellung unterscheidet sich der Therapeut von einem realen Objekt. Die interpersonelle Einstellung, dem Patienten gegenüber man selbst zu sein, ist sinnlos, weil wir für den hier beschriebenen Patienten weder real noch wir selbst sind. Wir können nur ein narzißtisch wahrgenommener Aspekt der verzerrten und schwach differenzierten Selbst- und Objektbilder des Patienten sein.

Wir haben die Verschiebung vom einfachen Erleben (in der interpersonellen Interaktion und in der Dyade) zum Leben in der Struktur (im Geist) als Angelpunkt der Entwicklung beschrieben (5. Kapitel). Die technische Einstellung des Therapeuten wird durch den Status des Patienten im Hinblick darauf bestimmt, welche erfolgreichen Verschiebungen um den Angelpunkt stattgefunden haben. Das gibt der Rolle des Therapeuten ihre innere Berechtigung und macht es sogar möglich, eine Faustregel aufzustellen: Je höher der Organisations- und Strukturierungsgrad, desto unwirksamer ist das Bereitstellen von Erfahrung. In jedem Fall bietet man korrigierende, interpersonelle oder interaktive Erfahrungen, wie sie im allgemeinen verstanden werden, am wirkungsvollsten auf Entwicklungsstufen an, die dem Erleben verhaftet sind. Eingriffe dieser Art müssen sorgfältig überlegt werden, da sie ein neues und besseres Objekt anzubieten scheinen, während der Patient nach Wiederholung der Erfahrung mit dem primären Objekt verlangt.

Warum soll man dem Patienten nicht trotzdem ein besseres Objekt anbieten? Eine solche Frage setzt voraus, daß keine Objektbesetzung besteht, was offenkundig selbst in der Psychose unmöglich ist. Wir halten es daher für wirkungsvoller, mit dem Patienten zu arbeiten, um die pathologischen Elemente in der primären Partnerschaft herauszu-

---

[2] *Erklärung* als Methode wird im 8., 11. und 12. Kapitel näher erläutert.

stellen, statt einen Ersatz zu offerieren, selbst wenn wir diesen für zuträglicher halten. Damit wird unterstrichen, daß ein Erwachsener mit eigenen Erfahrungen mit einem primären Objekt in die Behandlung kommt, auch wenn er bei der Herstellung von Struktur nicht sehr weit fortgeschritten ist.

Wie sollen wir also technisch vorgehen? Der Therapeut derart schwer gestörter Patienten vermeidet die Wiederholung negativer Erfahrungen, die die Ich-Organisation an der Weiterentwicklung hinderten. Im Laufe der Zeit und indem man ihn zur Realitätsprüfung ermutigt, kann man dem Patienten helfen, seine affektiven Verzerrungen der Objektwelt zu korrigieren. Autonomie wird stets dadurch bewahrt, daß man es vermeidet, den Patienten an den Therapeuten als an eine einzigartige Person zu binden. Therapeuten behaupten niemals, daß sie besser, freundlicher, einfühlsamer seien oder über sonstige wünschenswerte Eigenschaften verfügten. Die Patienten erleben Güte, Freundlichkeit, Einfühlsamkeit und erkennen allmählich, daß der Therapeut kein Heiliger ist, daß aber die Welt mehr Möglichkeiten der Objektwahl bietet, als in der Kindheit zur Verfügung standen. Die Objektwelt dehnt sich aus, und man kann erwarten, daß die Organisierungsfähigkeit das Ruder übernimmt und Struktur mit weniger feindseligen und verzerrten Selbst- und Objektbildern schafft, als vorher vorhanden waren. Wir beabsichtigen nicht, zu unangebrachtem Optimismus hinsichtlich der Prognose in allen solchen Fällen zu ermutigen. Patienten auf manchen Borderline-Ebenen haben äußerst schädliche Objekterfahrungen hinter sich; ihre Ich-Funktionen sind wegen fehlender Anregung verkümmert, und ihre Feindseligkeit kann so groß sein, daß sie die Behandlung zum Scheitern bringt.

Im Mittelfeld der Borderline-Zustände stehen jene Patienten, die einen Organisationsgrad erreicht haben, der den Beginn von Strukturbildern erkennen läßt. Auch hier liefert der Therapeut nicht unmittelbar Erfahrungen, kann aber die bereits begonnene Strukturbildung besser fördern. Die Subphasendefizite treten in diesen Fällen schneller in den Vordergrund, und die Rolle des Therapeuten als Organisationskatalysator bleibt dem therapeutischen Ziel angemessen. Nur bei den am schwächsten organisierten Patienten würde man eine verspätete Behebung von Subphasendefiziten auf frühen Stufen versuchen, indem man eine begrenzte Erfahrung im Einklang mit Wachstumsbedürfnissen liefert. Wann immer es möglich ist, hält der Therapeut an der Rolle des Katalysators wie des Führers in die Objektwelt fest. Diese Rollen ähneln denen eines Elternteils in der frühen Entwicklung; sie können diese jedoch weder kopieren noch ersetzen. Zum einen ist die Zeit vergangen, und man kann den Erwachsenen nicht mehr so behandeln, als ob die Entwicklung zu einem gewissen Zeitpunkt im früheren Leben stehengeblieben wäre und nun wiederaufgenommen werden könnte, wobei der Therapeut die Rolle eines wohlwollenden Elternteils spielt. Es ist im allgemeinen unmöglich zu bestimmen, wo die Subphasenprobleme ihren Ausgang nahmen. Der Versuch, dort anzuknüpfen und Reparaturen vorzunehmen, ist gleichermaßen untauglich und wahrscheinlich allzu simpel. Führt man aber den Patienten in die Objektwelt als Repräsentant dieser Welt ein, so hat das nichts mit zeitgerechter Elternschaft zu tun, obgleich es sich um eine Aufgabe ähnlicher Art handelt. Das höchste Ziel des Therapeuten ist es, sich bis zu einem gewissen Grade selbst auszuschalten. Die Einschränkung läßt Raum für selektive Identifizierung, die am ehesten möglich ist, wenn unsere Einzigartigkeit auf ein Minimum beschränkt wird, um den Einfluß unserer Persönlichkeit zu verringern. Die Identifizierung soll mit den allgemein menschlichen Attributen erfolgen, die wir besitzen, vielleicht vor allem mit unserer wachstumsfördernden Einstellung, die die Patienten sich zu eigen machen können, um ihre Entwicklung voranzutreiben.

8

Gegenübertragung

Anders als die Übertragung ist die Gegenübertragung kein Phänomen, das aus Geschichte, Struktur, aus Entwicklungs- und Organisationseigenschaften oder -mängeln des Patienten hervorgeht, sondern aus denen des Analytikers. Oft negativ als Reflex von Persönlichkeitsmängeln des Analytikers betrachtet und insofern als Behinderung der therapeutischen Absicht, wurde sie auch als nützlich angesehen, wenn sie – was für die Übertragung ebenfalls zutrifft – in die richtige Bahn gelenkt werden konnte. Die Literatur zur Gegenübertragung ist von Orr (1954) so sachkundig besprochen worden, daß unsere Erörterung sich auf die Zusätze zur Theorie konzentrieren kann, die durch die Entdeckungen der psychoanalytischen Entwicklungspsychologie notwendig wurden. Letzteres ist besonders deshalb erforderlich, weil angesichts der veränderten Techniken, die sich aus der relativ neuen Erkenntnis ergeben, daß bestimmte Patienten eine Art therapeutischer Interaktion zur Strukturbildung benötigen, schwer zu entscheiden ist, was infolge destruktiver Gegenübertragung als schädlich anzusehen und was für die Entwicklung des Patienten wirklich wesentlich ist.

Seit Freud die Dynamik der Übertragung entdeckte, wird sie uneingeschränkt als außerordentlich nützliches therapeutisches Werkzeug anerkannt. Das kann man von der Gegenübertragung nicht sagen. Wie Orr bemerkt, waren Analytiker hinsichtlich ihres Wertes im unklaren; sie sind verschiedener Meinung darüber, was sie ist und wie sie angewendet werden kann. Moore und Fine (1967) definieren sie als »... die nur teilweise bewußten Einstellungen und Gefühle des Analytikers gegenüber dem Patienten. Sie können die unbewußten eigenen Konflikte des Analytikers widerspiegeln, und wenn er sich dessen nicht ständig bewußt ist, können sie sein Verständnis und den therapeutischen Umgang mit dem Patienten beeinflussen. In der Gegenübertragung verschiebt der Analytiker Einstellungen und Gefühle, die früheren Situationen seines eigenen Lebens entstammen, auf den Patienten; der Vorgang entspricht der *Übertragung*, d. h. der ähnlichen Reaktion des Patienten auf den Analytiker – ein wichtiges Instrument der analytischen Therapie. Einer der wichtigsten Zwecke der eigenen Analyse des Analytikers während seiner Ausbildung ist

es, ihm seine Konflikte und ihre Ursprünge bewußt zu machen, so daß sie seine therapeutische Arbeit mit Patienten nicht beeinträchtigen. Die ständige Überprüfung seiner Gegenübertragungsgefühle liefert dem Analytiker häufig richtige Hinweise auf den Sinn des Verhaltens, der Gefühle und Gedanken des Patienten und kann eine raschere *Wahrnehmung* des *Unbewußten* des Patienten ermöglichen.«
Man stellt sich die Gegenübertragung als Widerspiegelung blinder Flecke beim Analytiker vor, die eigenen unbewußten kindlichen Bedürfnissen entstammen und, in diesem Sinne, eine potentielle Beeinträchtigung der Behandlung darstellen. Sie wird aber auch als ein Mittel zum Verständnis der Kommunikationen des Patienten angesehen, insofern der Analytiker gefühlsmäßig darauf reagiert.
In jener Epoche der Geschichte der Psychoanalyse, als Es mit unbewußt und Ich mit Bewußtsein gleichgesetzt wurde, hieß es: »Wo Es war, soll Ich werden!« Das bezog sich natürlich nicht auf das Ich, wie wir es heute kennen, sondern auf das Bewußtsein. Eine solche Überbewertung des Systems *Bw* war zu jener Zeit die logische Konsequenz der allzu einfachen Theorie der Neurose als nachteiliges Resultat der Verdrängung. Und so war es das Ideal des Analytikers nicht weniger als das des Patienten, das Unbewußte bewußt zu machen. Dann konnten Verhalten und Verstandestätigkeit vernünftig, intelligent, realitätsgerecht sein, und das wurde am ehesten erreicht, wenn die Analytiker nicht nur ihre früheren unbewußten Kindheitsreste kontrollierten, weil sie sie bewußt gemacht hatten, sondern auch, indem sie eine neutrale Position einnahmen und sich selbst als »leere Leinwand« oder »Spiegel« darstellten, der nur die Projektionen des Patienten reflektierte. Der Patient war auf diese Weise gegen das Eindringen von Verzerrungen aus dem Unbewußten des Analytikers abgesichert, und die Bahn war frei für die genaue Erkundung der Entstellungen durch Übertragung, der Fehlwahrnehmungen und Projektionen des Patienten. Das Ideal des »neutralen« Analytikers wurde so als größte therapeutische Chance angesehen; der Analytiker konnte den Assoziationen des Patienten seine gleichschwebende Aufmerksamkeit zuwenden, und vor allem war der Patient vor den schädlichen Wirkungen der infantilen Bedürfnisse des Analytikers geschützt.
Einige der hervorragendsten Theoretiker der Technik in der »mittleren« Ära psychoanalytischer Theoriebildung waren sich der Gegenübertragung bewußt und machten klare Vorschläge, wie mit ihr umzugehen sei. So beschrieb Glover bereits 1920 (sein Buch über Technik wurde allerdings erst 1955 veröffentlicht) die Gegenübertragung als Gegenstück der ödipalen, Kastrations- und Überich-Kon-

flikte des Patienten auf seiten des Analytikers. Er hielt die Gegenübertragung in erster Linie für negativ und destruktiv und riet den Analytikern, vor ihren eigenen Reaktionen (Reizbarkeit, Angst, zu starkes Engagement) auf der Hut zu sein; in echt britischer Manier schlug er vor, daß sie auf ihre eigene analytische Toilette achten sollten. Sharpe (1930) glaubte ebenfalls, daß die Gegenübertragung ein Fehler des Analytikers sei. Sie demonstrierte, wie sie ihr durch Selbstanalyse zu Leibe rückte; sie ging dabei so weit, daß sie Deutungen vermied, wenn sie vor der Analysestunde von einem Patienten geträumt hatte. Vermutlich wollte sie so genügend Zeit gewinnen, um ihren Traum zu analysieren und sich ihre Gefühle gegenüber dem Patienten bewußt zu machen. Während dies in einer Beziehung heutzutage als eine unnötig heldenhafte Maßnahme erscheint, bescheinigt es in anderer Hinsicht ihre Rücksichtnahme auf den Patienten und ihre hohe Achtung vor unbewußten Prozessen, seien es die des Patienten oder ihre eigenen. Wie es so oft in der Wissenschaft vom menschlichen Verhalten geschieht, begannen schon bald vielschichtige Beobachtungen an der bequemen, klaren und festen Überzeugung zu rütteln, daß die Gegenübertragung nichts als ein Fehler des Analytikers sei.

Als Hartmann 1937 seine Vorlesung *Ich-Psychologie und Anpassungsproblem*[1] hielt, nahm er so manche Last von uns, indem er versicherte, daß der Mensch kein reines Vernunftwesen sein kann und auch nicht sein muß. Während unbewußte Vorgänge mit ihren Verzerrungen in der Tat zu Konflikten und Leiden beitragen, sind sie als Quellen einiger unserer am höchsten geschätzten Ideale – Liebe, einschließlich der Überbewertung des Objekts, Loyalität u. ä. – doch anpassungsfähig. Hartmann behauptet, daß der Fortschritt nicht in grader Linie verläuft, sondern auch auf Umwegen (Träume und andere Formen der Regression) stattfindet, die für unsere menschlichen Qualitäten unerläßlich sind. Patienten erwecken Gefühle beim Therapeuten und Analytiker. Hartmanns Beobachtung, daß Entwicklung auf Umwegen und mittels Regressionen stattfindet, legt nahe, daß der Therapeut aus technischen Gründen in der Lage sein muß, Umwege einzuschlagen, ohne sich durch die Holprigkeit des Geländes ablenken zu lassen.

Freud befürwortete zwar analytische Reinheit, chirurgische Kälte, Neutralität, Verzicht auf Werturteile, spiegelähnliches Reflektieren,

---

[1] In deutscher Sprache 1939 veröffentlicht, aber erst 1958 vollständig ins Englische übersetzt und publiziert.

aber wie sollen wir dann seine Behandlung des Rattenmannes (1909) verstehen (»Er ist hungrig und wird gelabt«) oder die des Wolfsmannes, den Freud unterstützte, als er sein Vermögen verlor? Ein solches Verhalten ihrer Supervisierten würden heutige Analytiker sicher mit Stirnrunzeln zur Kenntnis nehmen, da sie darin ganz sicher eine zu enge Beziehung zum Patienten, d.h. eine Gegenübertragung, erblicken würden. In der Tat wurde auch Freuds Anteilnahme vom Rattenmann mit Klagen über die Qualität des ihm servierten Mittagessens gelohnt, und bei einem weniger disziplinierten Analytiker hätte dies eine negative Gegenübertragung herbeiführen können. Diese Handlungsweise kann nur als Widerspiegelung der menschlichen Qualitäten Freuds angesehen werden. Die kalte, chirurgische Einstellung in seinen Schriften erscheint nur um der Nachdrücklichkeit willen so einseitig und entspricht nicht seiner wirklichen Ansicht über die Rolle des Analytikers, wie oft behauptet wird. Chirurgische Kälte, Spiegel, leere Leinwand sind Metaphern, die Freud für nützlich hielt, um zum Ausdruck zu bringen, daß undiszipliniertes Engagement oder zu großer therapeutischer Eifer die Behandlung beeinträchtigen. Es kam ihm wahrscheinlich nicht in den Sinn (noch glauben wir, daß er sich darum gekümmert hätte), daß seine Verleumder diese Redewendungen aus dem Zusammenhang reißen würden, um die psychoanalytische Methode lächerlich zu machen. Sie sollten nicht den Eindruck vermitteln, daß der Analytiker ein uninteressierter Zuschauer sei, noch bedeutet Neutralität das Fehlen von Werten. Wenn auf nichts sonst, legen Analytiker Wert auf den Organisierungsprozeß, da strukturelle Reorganisation stets das Ziel der Psychoanalyse war. Neutralität bedeutet schlichtweg, daß der Analytiker seine Werte nicht dem Patienten aufzuzwingen versucht, was sich himmelweit von der Absicht unterscheidet, ohne Werte auskommen zu wollen. Absurd vereinfachende Fragen wie: Würden Sie einen Mörder analysieren? kennzeichnen einige der irrealen Herausforderungen an die Psychoanalyse, als ob sie eine Art Soziologie wäre. Ross hat mit seinen Ausführungen über die Rolle des Analytikers als Träger moralischer Werte Hartmanns Darstellung dieses Problems noch erweitert. Nachdem wir nunmehr wissen, daß Identifizierungsprozesse Bestandteil der therapeutischen Interaktion werden, erscheint es unrealistisch, an der Fiktion festzuhalten, daß der Analytiker kein Wertsystem habe. Alles was der Analytiker an Menschsein und Menschlichkeit in sich hat, ist für das therapeutische Klima vonnöten. Statt es zu eliminieren, muß man es zur Anwendung bringen. Greenacre (1954) spricht von einer »Erwärmung« der Beziehung, die einem professionellen

Zweck dient und gleichzeitig die therapeutische Arbeit bereichert. Analytische Neutralität bezieht sich auf das Fehlen von Werturteilen und wird nicht dadurch verletzt, daß man sich darüber Gedanken macht, ob es dem Patienten besser geht, vorausgesetzt, die therapeutische Disziplin wird gewahrt.

Wir stehen also vor der Frage, wo die Grenzen menschlicher Reaktionen liegen, die der Behandlung nutzbar gemacht werden können, wenn der Analytiker nicht kalt, spiegelähnlich, eine leere Leinwand, chirurgisch ist. Und weiter: An welcher Stelle und mit welchen Reaktionen werden diese Grenzen überschritten und schaden der Behandlung? Solche Fragen sind nicht einfach zu beantworten. Es gibt Grenzen, die unter keinen Umständen überschritten werden sollten. Aber im großen und ganzen sind diagnostische Überlegungen wichtige Determinanten von Form, Inhalt und Grenzen der Reaktionen des Analytikers. An dem am höchsten organisierten Ende des diagnostischen Spektrums definieren und diskutieren die Standardwerke über die Technik die Gegenübertragung im Hinblick auf die Psychoanalyse der Neurose. Es wird angenommen, daß die Ich-Organisation einigermaßen reibungslos vonstatten gegangen ist, und daß das psychosexuelle Niveau (phallisch, mit oder ohne Regression) und das Objektbeziehungsniveau (ödipal) konvergieren. Im Idealfall ist die Analyse vorwiegend mit den ödipalen Konflikten und mit den prägenitalen Fixierungen und Regressionen befaßt. Da man sich das Ich als voll entwickelt und unmodifiziert vorstellt, besteht die Rolle des Analytikers hauptsächlich darin, die Deutung zu fördern. Bei der Behandlung dieser Art von Pathologie, wurde die Gegenübertragung erkannt und für schädlich gehalten, wenn sie die Neutralität des Analytikers beeinträchtigt, seine Deutungsfähigkeit störend beeinflußt und ihn zur Verletzung der Abstinenzregel verführt.

Eine exakte Darstellung der Gegenübertragung scheint aus vielen Gründen wünschenswert, deren wichtigster darin besteht, undisziplinierte Interventionen zu verhindern. Wir implizieren, daß Abweichungen statthaft sind, wenn sie in disziplinierter Weise erfolgen, d. h. wenn das Organisationsniveau des Patienten die Technik bestimmt und nicht die Bedürfnisse des Analytikers. Hier besteht eine Ähnlichkeit mit Eisslers Beschreibung der Abweichung von der idealen Deutungstechnik, die nur dann zuverlässig ist, wenn die Struktur (Organisation) des Ichs es erfordert. Wir glauben, daß neue Entdeckungen die psychoanalytische Methode beeinflussen werden, wenn unser diagnostisches Blickfeld sich so erweitert, daß wir die Ich-Organisation neben der psychosexuellen Reifung in unsere Überlegungen einbeziehen. Der Grad der Konvergenz der vielen Entwicklungslinien ist eine wichtige Determinante der Organisation, und zwar bei den Neurosen nicht weniger als bei schwereren Pathologien. Daher können Techniken, die zuvor als unanfechtbar galten, durch zunehmendes Wissen modifiziert werden.

Wir sind bereits gezwungen, die Technik bei Neurosen mit Subphasendefiziten zu überprüfen, d. h. bei einer neurotischen Organisation, die Fehlbildungen aus der Wiederannäherungs- und möglicherweise früheren Subphasen mit Auswirkungen auf Form und Inhalt der ödipalen Organisation aufweist. Damit erheben sich gewisse schwierige Fragen hinsichtlich der Gegenübertragung, etwa ob, wann, warum und wie der Analytiker die Rolle des »realen« Objekts akzeptiert; ob einer »Hier und jetzt«- Interaktion ein korrigierender oder reparativer Wert beizumessen ist, und wenn ja, wie man damit umgehen soll. Wir haben einiges davon im 7. Kapitel beantwortet. Wenn sie vor solchen Problemen stehen, sind Analytiker gezwungen, über ihre Ausbildung hinauszugehen. Sie wurden gelehrt, das Unbewußte zu benutzen, um die freien Assoziationen und Phantasien des Patienten zu begleiten oder einen Kontrapunkt dazu zu setzen. Durch ihre eigene Analyse haben sie Signale erkennen gelernt, die auf eine angemessene emotionale Beteiligung, eine zu geringe oder zu starke Beteiligung hinweisen. Es ist jedoch nicht wahrscheinlich, daß sie bewußt Erfahrungen in der Analyse von Subphasendefiziten machen konnten, obwohl Analysanden begabterer Lehranalytiker sicherlich deren intuitive Einstimmung auf die Entwicklungsaspekte erlebt haben. Die Erfahrungen, die die Analytiker bei ihrer eigenen Analyse mit der Abstinenz gemacht haben, befähigt sie, die Abstinenz vertrauensvoll dem Patienten gegenüber zu üben, da sie wissen, wie sie empfunden wird und wie sie ertragen werden kann. In ähnlicher Weise wird auch ihre Erfahrung mit der Angst zum Instrument, das sie in die Lage versetzt, einzuschätzen, inwieweit der Patient sie zu ertragen vermag.

Auf unbekanntem Gelände befinden wir uns, wenn wir gezwungen sind, uns mit Problemen wie schwerwiegendem Mangel an Einstimmung in den Subphasen, Angst vor Objektverlust, unvollständiger Selbst- und Objektdifferenzierung u. ä. zu befassen – nicht nur, weil sie nicht zu unserer analytischen Erfahrung gehörten, sondern weil sie sich auf Lebensabschnitte beziehen, die der Erinnerung im allgemeinen verschlossen sind. Unter solchen Umständen entsteht ein Potential schädlicher Gegenübertragungsaktivität, da die Analytiker, wenn sie eigene Gefühle und Reaktionen als therapeutische Instrumente benutzen, nicht in den Genuß der beruhigenden Wirkung der Sicherheit kommen, die aus ihrer persönlichen therapeutischen Erfahrung erwächst. Während sich therapeutische Methoden zum Umgang mit den schwereren Leidensformen herausbilden, funktionieren die Analytiker stärker im experimentellen Bereich der Interaktion als im strukturierten psychischen Bereich, der ihnen durch ihre Ausbildung vertraut ist. Unter diesen Umständen können die intuitiven Reaktionen des Analytikers sich als nützlich erweisen, wenn es darum geht, den Patienten zu verstehen. Sandler (1976) beschreibt, wie der Patient in der Übertragung eine Situation schaffen kann, die den Analytiker verlockt, eine ihm unbewußt zugeteilte Elternrolle zu spielen. Durch Selbstanalyse entdeckt der Analytiker, wie er zu dieser Rolle verführt wurde; er kann auf diese Weise die Rolle des Patienten deuten, d. h. sie auf ihren Ursprung zurückführen.

Die Gegenübertragung als nützliches Werkzeug ist auch von R. Blanck (1973) erläutert worden. Ein erwachsener enuretischer Patient beschrieb in so fesselnder und humorvoller Weise die elterlichen Versuche, ihm zur Harnkontinenz zu verhelfen, daß der Analytiker beinahe dazu verleitet wurde, in das spöttische Lachen des Patienten über das Scheitern ihrer Bemühungen einzustimmen. Erst im letzten Moment entzog er sich der Witzigkeit dieses talentierten Erzählers, und indem er nicht an dem »Jux« teilnahm, ebnete er den Weg zu einer sinnvollen Diskussion der Weigerung des Patienten, die Harnkontinenz aufzugeben. Die nachfolgende Selbstanalyse ließ keinen Zweifel, daß diese Sympathie für die Opfer »elterlicher Unterdrückung« in der universellen Erfahrung mit der Reinlichkeitsgewöhnung und anderen von den Eltern auferlegten Frustrationen ihre Wurzel hat.

Der nützliche Aspekt der (unbewußten) Gegenübertragung des Therapeuten liegt in dessen Fähigkeit, die eigene Reaktion zu deuten. Dies produziert den regulierenden »theoriegefilterten« Prozeß, der zum therapeutischen Austausch beiträgt, statt es bei simpler Interaktion bewenden zu lassen. Für Therapeuten ist es daher unerläßlich, ihre Übertragungsreaktionen zu deuten.

In Fällen »pathologischer« Neurose behandelt man die Phasen- oder Subphasendefizite, um die Organisation zwecks Bewältigung des ödipalen Konflikts zu stärken. Hier bewegt sich der Therapeut in den von uns befürworteten abgewogenen Schritten zurück und vorwärts vom Repräsentanten beider Elternteile in der Triade zur alleinigen mütterlichen dyadischen Repräsentanz. Er muß ein freischwebendes Bewußtsein dieser wechselnden Rollen bewahren, die rasch zwischen elterlichen ödipalen und Subphasenrepräsentanzen nach rückwärts und vorwärts schwanken können. Angemessene Gegenübertragungsgefühle lassen sich etwas schwerer kontrollieren, wenn es Analytikern und Psychotherapeuten notwendig erscheint, sich in unbekannte Richtungen zu bewegen, weil sie dafür Verständnis haben, daß ihnen verschiedene Rollen übertragen werden. Um eine der dadurch entstehenden häufigsten Schwierigkeiten zu illustrieren: Ein Analytiker, der sich selbst als Vaterrepräsentanz auf ödipaler Ebene empfindet, muß äußerst flexibel von dieser Selbstwahrnehmung Abstand nehmen, wenn er plötzlich von einem Patienten mit Liebeserklärungen überhäuft wird. Wenn er sich an das Vertraute klammert, wird ihm wahrscheinlich als erstes die Übertragungsrolle der negativen ödipalen Position oder Homosexualität in den Sinn kommen. Es muß aber auch väterlichen und mütterlichen Repräsentanzen Raum gegeben werden, die Objektbeziehungen auf Subphasenniveau widerspiegeln. Da ferner solche bedürfniswiederholenden Phänomene den schwächer Strukturierten nicht gedeutet werden können, weil das Ich des Patienten die Deutung nicht anzunehmen und zu nutzen vermag, muß sich der Therapeut als Katalysator der notwendigen reparativen Arbeit zur Verfügung stellen.

Negative oder feindselige Übertragungsmanifestationen verlangen auch Flexibilität in der Gegenübertragung. Es liegt klar auf der Hand, daß sich in ihnen ohne weiteres Feindseligkeit gegenüber dem gleichgeschlechtlichen Elternteil in der positiven ödipalen Position ausdrücken kann. Sie können aber auch Aggression im Dienste der Fortbewegung vom mütterlichen Objekt während der Subphasenentwicklung darstellen. Damit soll gezeigt werden, wie diffizil die Gegenübertragungsrolle ist, und ferner, daß eine irrige Wahrnehmung der Repräsentanz, die einem in einem bestimmten Augenblick übertragen wird, zu einer irrigen Deutung führen kann, wie bereits bekannt ist. Betrachten wir aber eine Leidensform, die noch schwerer ist als die »pathologische« Neurose – Borderline- und narzißtische Zustände auf niedrigem Niveau –, dann wird die Gegenübertragungsrolle noch delikater. Der Therapeut wird hier mit der Notwendigkeit konfrontiert, sich vom Idealmodell der Deutung noch weiter zu entfernen, auf die schwer gestörte Organisation zu reagieren, indem er das Bedürfnis nach reparativen Objektbeziehungen anerkannt. Daher müssen verwirrende Fragen auftauchen, wie man diese schwierigen technischen Entscheidungen am vorteilhaftesten für den Patienten trifft.

Dadurch wird der Begriff der Gegenübertragung so gedehnt, daß unter diese Rubrik Eingriffe fallen, die bei der Psychoanalyse der

Neurose völlig kontraindiziert wären. Unsere Rechtfertigung dafür liegt darin, daß Gefühle und Selbstbild des Therapeuten – insbesondere bei der Behandlung schwererer Leidensformen – Instrumente sind, die dem therapeutischen Bedürfnis des Patienten entsprechen. Nicht die geringste Schwierigkeit bei dieser Aufgabe ist die Unterscheidung dieses Bedürfnisses von der Suche nach Wiederholung pathogener Objekterfahrungen. Wie man sich selbst im Interesse des Patienten einsetzt, ist die Essenz der Gegenübertragung im positivsten Sinne, wenn wir aus diagnostischen Überlegungen gezwungen sind, uns nicht allein auf die Deutung zu verlassen, sondern auch experimentelle Techniken anzuwenden, die der Reorganisation zu Hilfe kommen. Diese Probleme ergeben sich, weil wir in absteigender Linie der Diagnosenhierarchie Patienten begegnen, deren primäre Selbst-Objekterfahrungen den Organisierungsprozeß als solchen geschädigt haben. Der Therapeut ist aufgerufen, dem Patienten bei der Wiederherstellung durch Methoden behilflich zu sein, die eben erst entdeckt werden. Wir sind überzeugt, daß die Pathologie des Erwachsenen nicht durch einfache interpersonelle Erfahrung behoben werden kann. Nachdem wir die schädlichen Auswirkungen unzureichender Erfahrungen während der Subphasen erkannt haben, ist es verlockend, den Schluß zu ziehen, daß der erwachsene Patient einer besseren Bemutterung bedürfe. Das jedoch steht im Widerspruch zu allem, was wir über den Organisierungsprozeß wissen. Eine Schädigung in einer bestimmten Phase oder Subphase führt nicht zu Beendigung der Entwicklung. Obgleich es auf einer Entwicklungslinie oder mehreren zu Fixierung und Regression kommen kann, schreiten Gesamtentwicklung und -organisation nichtsdestoweniger weiter voran. Bei günstiger nachfolgender Entwicklung kann die Schädigung in einem früheren Stadium durch den Schwung der Organisation mitgerissen und sogar repariert werden, indem sie an geeigneter Stelle eingeordnet wird. In anderen Fällen schreitet die Entwicklung, einschließlich der Verzerrung, voran und lenkt nachfolgende Prozesse in abschüssige Richtungen.

Wir haben betont, daß die Entwicklung innerhalb der Dyade die Interaktion von Elementen einschließt, die von beiden Partnern eingebracht werden. Wie sollen wir bei unseren erwachsenen Patienten vom Kinde eingebrachte Mängel ausgleichen, vor allem, wenn sie aus angeborenen Gegebenheiten bestanden? Und selbst wenn man sich die Entwicklung einseitig im Sinne einer einfachen Mutterbeziehung vorstellt, müßten wir nicht immer noch in Betracht ziehen, daß der Begriff der Organisation Entwicklung, Strukturierung und Verinnerlichung einschließt und wegen seiner Vielschichtigkeit simple therapeutische Bemühungen zum Scheitern verurteilt sind?

Mitunter werden die schwereren Störungen einer kompetenten Ich-Organisation nicht einer verspäteten, sondern einer verfrühten Ich-Entwicklung zugeschrieben. Das ist oft ein Merkmal der angeborenen Ausstattung und zeugt nicht unbedingt von übermäßiger Stimulierung von außen, obwohl auch das der Fall sein kann. In jedem Fall kommt das Kind sozusagen selbst voran. So kann beispielsweise eine »zu gute« Ausstattung zur Entdeckung elterlicher Mängel in einer Entwicklungsphase führen, in der noch der Glaube an die elterliche Allmacht zur optimalen Entwicklung benötigt wird. Daraus folgen abrupte Enttäuschung und Objektverlust, was eine Form des Narzißmus verursachen kann, die im 11. Kapitel beschrieben wird; die Selbst-Objekt-Auseinandersetzungen erfolgen hier in verzerrter Gestalt, weil sie außerhalb des kontinuierlichen Kontakts mit dem realen Objekt vor sich gehen. Wenn elterlicher Ehrgeiz eine vorzeitige Entwicklung fördert (»Sei ein großer Junge!« oder »ein kluges Mädchen«), kann der Stolz auf die »Selbständigkeit« des Kindes die Eltern veranlassen, die Beschützerrolle aufzugeben, wenn sie noch benötigt wird. Am häufigsten begegnet man übermäßiger vorzeitiger Stimulierung im sexuellen Bereich. Kernberg zeigt, wie elterliche Verführung phasenspezifisch frühere Bedürfnisse überlagert, was zu einer Verzerrung der Organisation mit Verdichtung genitaler und prägenitaler Merkmale führt. Wir würden diese Beschreibung noch auf Merkmale der Ich-Entwicklung in den Phasen und Subphasen ausdehnen. Im 6. Kapitel haben wir dargestellt, wie ein ödipaler Wunsch durch ein fortbestehendes symbiotisches Verlangen infiltriert werden kann. Diese doppelschichtige Pathologie ist dem psychoanalytischen Denken vertraut. Greenacre (1953a) hat bereits geschildert, wie Kastrationsangst auf der phallischen Stufe in manchen Fällen durch ein unkorrigiertes falsches Körperbild vergrößert werden kann, das aus einer früheren Zeit in die phallische Phase hineinwirkt. Hier hat die Deutung der Angst auf der höheren Ebene allein wenig Sinn. Sie muß auf beiden Ebenen behandelt werden, so daß·das Ich des Patienten verstehen lernt, wie Verzerrungen aus einem Lebensabschnitt im anderen widerhallen.

Die Patienten bringen in alle Begegnungen, einschließlich der therapeutischen, das organisierte Endprodukt früher interpersoneller Erfahrungen ein: die Interaktion ihrer angeborenen Ausstattung mit der mütterlichen Umwelt. Da auch die therapeutische Situation dyadisch ist, wird die primäre Erfahrung wiederbelebt, nun aber in

Verzerrungen und Verdichtungen späterer Erfahrungs- und Entwicklungsebenen eingebettet. Die Wiederbelebung findet in einer abgeschlossenen, organisierten Form statt, entspricht also nicht dem wirklichen Erlebnis in der Kindheit. Wie es sich in der Therapie darstellt, ähnelt es kaum einer Wiederbelebung. Obgleich der Therapeut in der Tat zum Partner in einer Dyade wird, ähnelt er dem primären Partner in der Fehlwahrnehmung des Patienten nur wegen des Bedürfnisses nach Objektwiederherstellung und selbst dann erst, nachdem der Organisierungsprozeß den relativen Ruhezustand des Erwachsenseins erreicht hat. »Relativ« zieht in Betracht, daß Entwicklung das ganze Leben hindurch stattfindet, doch in einem ruhigeren Zeitmaß als in der frühen Kindheit und mit dem Ich, das zuerst im frühen Leben organisiert wurde.

Trotz all dieser Einschränkungen müssen wir berücksichtigen, daß der Therapeut eine Rolle in der Dyade spielt, in welcher Form auch immer sie in der Behandlungssituation wiederbelebt wird. Seine interpersonelle Aufgabe ist größer, als man vermutete, solange sich Gegenübertragung im striktesten Sinne nur auf die Neurose bezog. Ob Phasen- und Subphasendefizite behandelt werden müssen, weil eine solche Behandlung ein Vorspiel zur Stärkung der Organisation in der ödipalen Position bildet, um ihre Auflösung herbeizuführen, oder ob es sich um eine Leidensform handelt, die die Beschränkung der therapeutischen Ziele auf eine Verbesserung der Organisation auf jeder nur möglichen Stufe erfordert – in der therapeutischen Beziehung ist ein Erfahrungsmerkmal enthalten, das erst seit kurzem gewürdigt wird. Die relevanten Arbeiten von Sandler und Joffe und anderen werden in Lichtenbergs Darstellung psychischer Strukturierung als eines Prozesses, in dessen Verlauf das Kind lernt, etwas weniger im Körper und etwas mehr im Geiste zu leben, übersichtlich zusammenfaßt. Da wir hier Probleme diskutieren, die sich aus Subphasendefiziten ergeben, kann man von Patienten auf solchen niedrigeren Organisationsebenen nicht erwarten, daß sie auf dem Weg zur Strukturierung genauso weit fortgeschritten sind wie die Neurotiker; ihre Existenz ist daher stärker im Erleben verhaftet als im Geist. Um so mehr bedürfen daher die Gefühle und Reaktionen des Therapeuten in der therapeutischen Dyade sorgfältiger Bewertung.

Die strikte und enge Definition der Gegenübertragung kann nun insofern erweitert werden, als sie auch eine angemessene Reaktion des Therapeuten, die auf seinem Wissen um die Erlebnisebenen der Subphasen beruht, einschließt, wenn wir uns die positive Gegenübertragung eher als ein nützliches Behandlungswerkzeug vorstellen wollen. Im negativen Sinne würde sie Subphasendefizite und -bedürfnisse des Therapeuten widerspiegeln. Vor allem weil wir nunmehr verstehen, daß die therapeutische Notwendigkeit einer Neuorganisation der Subphasendefizite des Patienten eine Art erlebnishafter Interaktion mit dem Therapeuten erfordert, muß dieser mit den Umständen seiner eigenen Subphasenentwicklung, seien sie positiv oder negativ gewesen, vertraut sein. Patienten mit schweren und mitunter sogar mittleren Subphasendefiziten erwarten vom Therapeuten narzißtische Zufuhren, um eine »Wiederholung« (replication) zu erreichen. Unter Differenzierungsgesichtspunkten wird nach einem Partner gesucht, durch dessen Teilnahme an der Interaktion das Leiden verewigt oder gar verschlimmert wird. Es ist Aufgabe des Therapeuten, die Einladung zur Dyade anzunehmen, doch muß er es in wachstumsfördernder Weise tun. Das verringert die Intensität der Anteilnahme nicht, sondern erhöht sie eher. Es ist daher von wesentlicher Bedeutung, daß sich der Therapeut über seine eigenen Bedürfnisse und Reaktionen unter Einbeziehung der Phasen- und Subphasen im klaren ist, wenn die »Gegenübertragung« benutzt werden soll, um eine Neuorganisation in wachstumsfördernder Richtung in Gang zu setzen.

Bei diesem Bemühen stehen dem Therapeuten nicht die Vorteile zur Verfügung, mit denen das primäre Objekt auf die Entwicklung einwirken konnte. Grundsätzlich konnte auf das primäre Objekt nicht verzichtet werden, während der Therapeut abgelehnt werden kann. Diese Ablehnung braucht nicht aus Fehlern des Therapeuten zu resultieren; sie kann sich vielmehr aus dem Wiederholungszwang ergeben, der Verhaltensweisen wie das Agieren von Zurückweisung oder das Agieren des aggressiven Drangs nach Abkehr vom Objekt anfeuert. Im letzteren Fall allerdings kann ein gutes Erfassen der subphasenspezifischen Verwendung der Aggression in dieser wachstumsfördernden Weise dem Therapeuten helfen, der Entwicklung eine günstige Wendung zu geben. Wenn das gelingt, kann eine vorzeitige Beendigung der Behandlung vermieden werden, was Glover als krasseste Form des Widerstands ansah, weil es oft etwas anderes als Widerstand ist. In vielen Fällen ist es eine Form des Agierens des positiven Entwicklungsdrangs, wenn die zusammenwirkenden Triebe den Patienten vorübergehend vom Therapeuten entfernen. Der Therapeut kann die Absicht akzeptieren, ohne die Handlung zu unterstützen. Das kann dadurch erreicht werden, daß man dem Patienten hilft, die Absicht zu verstehen, indem er sie in seiner Vorstellung von dem Mittel trennt, mit dem er sie verwirklichen wollte. Diese Technik ist nur eine andere Art der Förderung der Ich-Funktionen – in diesem Fall Urteilsvermögen, Antizipation und Aufschub –, um dem Patienten die Entscheidung zu ermöglichen, ob die Aktion seinem Vorsatz am besten dient. Dann kann er sein Bedürfnis verstehen, danach handeln oder von der Aktion Abstand nehmen oder aber ein angemesseneres Vorgehen wählen. Der Zweck besteht darin, das Bedürfnis und seine Verhaltensmanifestationen in den verbalen Bereich zu überführen, d. h. unter die Kontrolle des Ichs zu bringen. Dadurch können Handlungen verhütet und höhere Ebenen der Verinnerlichung erreichbar gemacht werden, wenngleich es keine Garantie dafür gibt, daß jeder Patient auf solche Bemühungen reagieren wird. Der Therapeut muß erkennen, daß die Ambitendenz die Wiederherstellung der Nähe vorantreibt: die Benutzung der Libido, um sich dem Objekt zu nähern. Wenn der Drang nach Abwendung sich in Handlung umsetzen durfte, wird die zweite Phase dieser konzertierten Entwicklungsbewegung verhindert. Die bloße Wahrnehmung dieses zweiphasigen Aspekts der Triebentfaltung unterscheidet den Therapeuten bereits vom primären Objekt, das zur inadäquaten Phasen- und Subphasenenwicklung beigetragen haben mag, weil es sich nicht auf die ambitendenten Zu- und Abwendungen einstellen konnte. Das mütterliche Objekt, das die Nähe nicht ertragen konnte, hätte die libidinöse Bewegung zurückgewiesen, während die Mutter, die zuviel Nähe brauchte, durch den aggressiven Loslösungsdrang gekränkt worden wäre. Beim Therapeuten braucht sich diese nicht gelungene Einstimmung nicht zu wiederholen. Doch Vermeidung von Wiederholung allein führt nicht zur Wiedergutmachung der in der Vergangenheit erlittenen Kränkung. Zur Neuorganisation einer Fehlentwicklung auf einer so frühen, präverbalen Ebene stützen wir uns sehr auf die Erklärung als technische Vorläuferin der Deutung. So exakt wie es bei unserem gegenwärtigen Wissensstand möglich ist, versuchen wir zu erkennen, wo und wie die Entwicklung in den Phasen und Subphasen zu weit vom optimalen Kurs abweicht. Dann wird der Patient uns sehr wahrscheinlich auf die Probe stellen. An diesem Punkt in der Behandlung kann die Neuorganisation gefördert werden, wenn der Therapeut seine Rolle, die hier entscheidend ist, richtig versteht. Er muß nicht nur besser als das primäre Objekt auf die Zu- und Abwendungen eingestimmt sein und mit ihnen »ziehen«, er muß auch das richtige Gespür dafür haben, wieviel Nachgiebigkeit optimal ist, wieviel davon Schwäche bedeuten würde, und umgekehrt, wieviel Abstinenz optimal und wieviel zu hart ist und Deprivation bedeuten würde.

Ein junger Mann von dreiundzwanzig Jahren beginnt die Behandlung mit der Schilderung von Symptomen, wie sie bei Borderline-Zuständen bestehen: vage Gefühle von Leere, Haltlosigkeit, Unfähigkeit, Beziehungen aufrechtzuerhalten, kein Lebensziel. Als er kürzlich in die Stadt zurückkehrte, wo seine Mutter mit ihrem vierten Ehemann lebt, reizten ihn die mit seiner neuen Tätigkeit verbundenen beruflichen Möglichkeiten, und auch sein Arbeitgeber gefiel ihm. »Ich will diese Gelegenheit nutzen und bei der Stange bleiben,« sagt er, nachdem er beschrieben hatte, mit welcher Sorglosigkeit und Leichtigkeit er Arbeitsstellen, Partner, Wohnorte zu wechseln pflegt.: »Ich springe einfach auf mein Motorrad und haue ab.« Hinsichtlich der Häufigkeit der Stunden, meint er, daß er einmal die Woche kommen könne, obwohl ihm zweimal monatlich lieber wäre.

Dem Therapeuten fällt in diesem Augenblick Freuds Patientin ein, eine Frau, die sechs Wochen in Wien verbringen konnte, in denen er sie von einem Leiden befreien sollte, das seit dreiundzwanzig Jahren bestand. Freud (1913) schrieb, das entspräche der Forderung, daß ein Mann einen schweren Tisch mit zwei Fingern hochheben solle. Im vorliegenden Fall forderte das Verlangen nach dem Unmöglichen den Therapeuten heraus, der daraufhin seinen hochintellektuellen, pseudoprofessionellen Gedankengang unterbrach und sich sagte: »Der Junge sucht einen Zauberer.« Dieser Gedanke lenkte das Interesse des Therapeuten auf die Subphasen, das Bedürfnis nach magischer Omnipotenz und darauf, wie gut die makellose Erscheinung, Geschichte und Symptome des Patienten den grandiosen Erwartungen entsprachen. Unbeantwortet bleibt noch die Frage, weshalb die Reaktionen des Therapeuten diesen Umweg wählten, und weshalb er die diagnostischen Implikationen nicht unmittelbarer wahrnehmen konnte. Auch das mußte zu Ende gedacht werden, wobei der Grund in der eigenen Geschichte des Therapeuten zu suchen ist. Diese Überlegungen befähigten ihn, sich besser auf die Gegenwart einzustimmen: daß er zwar die vorhandenen Probleme – finanzielle und ähnliche – beurteilen konnte, daß es aber nicht im Interesse des Patienten lag, therapeutische Abmachungen zu treffen, die auf eine Kopie eben jenes Problems hinausliefen, dessen Bearbeitung er wünschte.

Der Therapeut gesteht dem Patienten den Wunsch nach Einbeziehung des primären Objekts in die Interaktion zu, läßt sich aber nicht darauf ein, dem Verlangen nach Wiederholung eines übermäßig nachgiebigen Verhaltens stattzugeben, indem er darauf besteht, daß die Stunden mit angemessener Häufigkeit stattfinden. Die Reaktion des Patienten bestätigt einen Aspekt der Diagnose: Er ist von der Festigkeit des Therapeuten beeindruckt; das ähnelt dem tiefen Respekt und der Bewunderung, die das ältere Kleinkind der Stärke entgegenbringt.

Nachdem der Patient diesen Anfang »akzeptiert« hat, folgt die schwierige Aufgabe, ihn zur Aufnahme einer Objektbeziehung zu bewegen. Ein Test nach dem anderen wird durchgeführt oder ergibt sich zufällig. Sein bewunderter Arbeitgeber benötigt ihn für eine einwöchige Geschäftsreise, die mit einem Urlaub verbunden werden kann, und so muß er Verabredungen absagen. Daß er für die ausgefallenen Stunden bezahlen muß, ist ein gehöriger Schock, der durch die Beobachtung gemildert wird, daß er nicht einmal versucht hatte, eine Verlegung zu erreichen. Freilich! Das wird vom Therapeuten am besten als Gelegenheit benutzt, mit dem aggressiven (Individuations-) Drang zu »ziehen«. Dem Patienten wird vorgeschlagen, seinen Urlaub so zu legen, daß er mit dem Urlaub des Therapeuten zusammenfällt. Überrascht von der Kooperation des Therapeuten, beschuldigt ihn der Patient, solche Angelegenheiten nur auf der Basis seiner eigenen Bedürfnisse zu entscheiden. Hier muß der Therapeut vermeiden, daß er sich zu verteidigen versucht. Der Patient hat eine Projektion geliefert. Die Bedürfnisse des Therapeuten werden vom Patienten dazu benutzt, die narzißtische Meinung »Jeder ist sich selbst der Nächste« zu bestätigen. Versäumte Stunden, für die der Patient nicht bezahlen möchte, sind technisch besonders heikel, wenn die Objektbeziehungsebene des Patienten die getrennten Bedürfnisse des Therapeuten nicht einschließen kann. Ein sinnvoller Einwand, wenn es dem Patienten nicht paßt, daß er für die »freie« Zeit des Therapeuten zahlen soll, ist: »Mir wäre es lieber, wenn wir zusammen wären, damit wir weiterarbeiten könnten.«

Infolge der Wiederbelebung von Subphasenerlebnissen und -defiziten wird dem Therapeuten die Rolle des primären Objekts zugeteilt; es muß daher betont werden, daß er weiterhin die Rolle des Therapeuten spielt, der sich vom primären Objekt dadurch unterscheidet, daß er Dinge versteht, erklärt und beleuchtet, die der Patient als Kind nicht hatte verstehen können. Fordert man Zustimmung und eine Änderung des Verhaltens, besteht die Gefahr, daß sich die Erfahrungen der Vergangenheit wiederholen. Das würde zu einer Gegenübertragung im negativen Sinne führen, denn dann würde der Therapeut den Patienten – vielleicht von eigenen Subphasenbedürfnissen getrieben – zu seinem Objekt machen, von dem er Anerkennung für seinen Eifer erwartet.

Würden nicht einige Nicht-Freudianer bewußt Gegenübertragungsreaktionen in der Interaktion benutzen, wäre es überflüssig, hier festzustellen, daß wir den Patienten die Schlußfolgerungen aus unserer Selbstanalyse der Gegenübertragung zu ersparen haben. Der Glaube, daß es nützlich sei, Gefühle mit dem Patienten zu teilen, läßt die Nuancen der Entwicklungsbedürfnisse des Patienten außer acht. Wir überfordern den Patienten, wenn wir ihn mit unseren neurotischen Reaktionen und sogar noch mit den analysierten Schlußfolgerungen daraus belasten. Ein etwas zwingenderes Argument für das »Teilen« von Gefühlen bieten jene, die die Interaktion zwischen Therapeut und Patient deshalb schätzen, weil sie glauben, daß Verhalten verändert werden kann, wenn der Patient mit seiner Wirkung auf andere konfrontiert wird. Das mag sein. Aber Verhaltensänderung ist nicht strukturelle Veränderung und Willfährigkeit ist nicht Anpassung. Wir (1968) unterschieden die Konfrontation von außen von der intrasystemischen Konfrontation. Letztere kommt zustande, sobald Patienten sich selbst, ihrer Vergangenheit, ihrem eigenen Funktionieren gegenübertreten können, wie das beobachtende Ich dem sich verhaltenden Selbst gegenübertritt. Sie bewirkt Veränderung, wenn der Patient dazu bereit ist und nicht auf Befehl des Therapeuten. Sie beseitigt die Gefahr, daß nur einer Forderung entsprochen wird, die von außen kommt.

Schur (1955) erklärt, daß Probleme, die ihren Ursprung in der Vergangenheit haben, nicht dadurch gelöst werden können, indem man seinen – gewöhnlich negativen – Gefühlen gegenüber dem Analytiker Luft macht. Gefühlsentladungen wie die Katharsis im allgemeinen können zu vorübergehender Abfuhr aufgestauter Spannung führen, können aber eine erneute Anspannung nicht allein verhindern, wie Freud um die Jahrhundertwende entdeckte, als er die kathartische Methode aufgab. Schurs Beobachtung kann nun begrifflich weiter geklärt werden. Die Gefühlsentladung fördert nicht die kognitive Unterscheidung zwischen gegenwärtigem Objekt und vergangener Erfahrung – sie erhöht die Verwirrung. Der Therapeut, der zu Gefühlsentladungen um ihrer selbst willen ermutigt, ist damit beschäftigt, sich selbst zum besseren Elternteil in einer Gegenübertragung zu machen, die nichts zur Stärkung der behinderten Ich-Funktion beiträgt, welche in erster Linie für die aufgestaute Spannung verantwortlich war.

Damit soll nicht gesagt werden, daß sich zwischen den beiden Partnern in der therapeutischen Situation nichts abspielt. In der Tat ist es unser erklärter Vorsatz zu zeigen, daß die Interaktion im Interesse des Patienten genutzt werden kann und soll: Sie unterscheidet sich von der einfachen zwischenmenschlichen Interaktion, sie dient einem anderen Zweck als dem der Verhaltensänderung, und ihre therapeutische Wirkung unterscheidet sich von beiden. Die Interaktion ist auf die Bereiche des diagnostischen Spektrums beschränkt, wo der Organisationsprozeß fehlläuft. Reaktionen, die unter der Überschrift Gegenübertragung zusammengefaßt werden könnten, erfolgen unter dem Schutz angemessener Sicherheitsmaßnahmen. Da die therapeutische Wirkung von der Organisationsfähigkeit abhängt, vermeidet der Therapeut ein Eindringen in die Ich-Autonomie, indem er die Rolle des Katalysators beibehält, soweit das Organisationsniveau es erlaubt. Wenn wegen eines Subphasendefizits, das für eine pathologische Entwicklung im Erwachsenenleben spricht, ein Bedürfnis nach Behebung der Selbst-Objekt-Verzerrung besteht, muß der Therapeut in höherem Maße reales Objekt sein, als man es früher für nötig und nützlich hielt. Er beginnt seine Arbeit mit der Schaffung eines therapeutischen Klimas, das für die Behandlung jeder Art von Pathologie wichtig ist, wie Dewald bemerkte. Aber das Klima allein bietet nur das Milieu für die Kur – es kann nicht *per se* zur Heilung führen. Zu ihm müssen die wesentlichen Aspekte der Therapie hinzutreten. Wenn die Therapie eine bessere Objekterfahrung erfordert, wird der Therapeut ganz bewußt zum Repräsentanten der besseren Objektwelt. In dieser Rolle ähnelt er dem vorsichtigen Chirurgen, der nicht wild drauflosschneidet in der Hoffnung, den kranken Blinddarm schon irgendwo zu finden. Er diagnostiziert das Leiden, bestimmt seinen Sitz, macht den Schnitt und nimmt sich nur des wirklich erkrankten Teils an. Der Heilungsprozeß hängt von den Möglichkeiten des Patienten ab.

Wenn sich das Wissen über frühe Organisationsstufen durch weiterreichende Forschungsergebnisse vertieft, wird die Theorie der Technik gegenüber dem schwerer gestörten Patienten eindeutiger werden und begrifflich zu fassen sein. Wahrscheinlich wird sich dann – und wenn die Therapeuten ihre eigenen Subphasendefizite in der Lehranalyse erleben – die Notwendigkeit verringern, sich auf affektive Gegenübertragungsreaktionen zu stützen. Die Behandlungstechniken für die schwerer gestörte Patientenpopulation werden systematisiert werden und hinsichtlich ihrer Zuverlässigkeit vielleicht sogar an die Techniken zur Behandlung der Neurose heranreichen. In der Zwischenzeit benutzen wir die Instrumente, die uns zur Verfügung stehen, mit Disziplin und Vorsicht.

Wenn wir von Widerstand sprechen (dem Gebrauch der Abwehr in der analytischen Situation), gehen wir von der Existenz eines Organisationsniveaus aus, das die Fähigkeit einschließt, Abwehr und Abwehrmechanismen einzusetzen. Üblicherweise pflegen wir die Abwehrmechanismen nach dem Grad ihrer Wirksamkeit einzuordnen, wobei Verleugnung, Projektion und Introjektion auf der unteren Stufe stehen, Isolation, Reak-

9
Widerstand im Rückblick

tionsbildung, Ungeschehenmachen u.ä. einen mittleren Rang einnehmen, während die Verdrängung als der wirkungsvollste und subtilste Mechanismus angesehen wird. Wenn sich die Auseinandersetzung um den Angelpunkt der Entwicklung auf die Strukturierung zubewegt, werden gleichzeitig höhere Verinnerlichungsgrade erreicht. So vermag beispielsweise das sich reibungslos loslösende Kleinkind (Mahler, Pine und Bergmann, 1975) mit der Verschmelzung zu akzeptieren, daß die »guten« und »schlechten« Objektbilder ein und derselben Person angehören. Ganze Selbst- und Objektrepräsentanzen sind jetzt eher stärker als schwächer verinnerlicht. Das ermöglicht die Strukturierung und das Ertragen von Konflikten »im Geist«. Die Signalangst wird erworben, und die Abwehrmechanismen höheren Ranges werden einem nunmehr strukturierten Ich zugänglich. Interaktionen mit der Umwelt werden immer stärker von inneren Vorgängen abgelöst.

Wir stehen nun noch vor der Frage, wie wir jene Prozesse verstehen und klassifizieren sollen, die stattfinden, bevor eine psychische Organisation und Struktur existiert, die zur Vermittlung interaktioneller Geschehnisse ausreicht. Dies führt zu einer weiteren Frage: Welchen Charakter haben jene Prozesse, die traditionell als Abwehrmechanismen kategorisiert werden, wenn sie auf noch nicht strukturierten Organisationsebenen operieren? Indem wir uns auf die Angaben von Jacobson und Loewald stützen, schlagen wir vor, Verleugnung, Projektion und Introjektion einer anderen Kategorie zuzuordnen als die Abwehrmechanismen auf höherem Niveau.

1. Jacobson beschreibt Projektion und Introjektion als Vorgänge während eines Lebensabschnitts, in dem die Grenzen zwischen Selbst- und Objektrepräsentanzen noch verschwommen sind.

2. Loewald sieht es als Funktion der Mutter an, daß sie die noch

undifferenzierten Impulse des Kindes zusammenfaßt und es dadurch befähigt, sie in einen Bezugsrahmen einzuordnen, den die mütterliche Umwelt bietet. So introjiziert das Kind die Reaktionen der Mutter als organisierende Hinweise auf erkennbare Reize, etwa Hunger und Unbequemlichkeit, um durch sie die globale Reaktion des organismischen Unbehagens zu ersetzen. 3. Brazelton u. a. (1975) zeigen in Filmen, daß das etwa zehn Wochen alte Kind mit Lauten reagiert, was nahelegt, daß die zärtlichen Laute des äußeren Objekts introjiziert und dann projiziert werden, wodurch für kurze Zeit eine Zweieinheit geschaffen wird. Projektion und Introjektion, betrachtet man sie in diesem Licht, sind also Beispiele einer libidinösen Aktivität, des Zusammenfügens und der Schaffung immer größerer Einheiten (Nunberg, 1931; Freud, 1940). Auf diese Weise wird die Selbst-Objekt-Einheit hergestellt. Mit zunehmender Differenzierung kommt es schließlich zur Unterscheidung der Selbst- von den Objektrepräsentanzen. Diese früheren verbindenden Prozesse können als Vorläufer der selektiven Identifizierung angesehen werden.

Als wir die Spaltung überprüften, haben wir sie als ein Merkmal der Entwicklungsphase vor der Erlangung der Fähigkeit betrachtet, gute und schlechte Objektbilder als Eigenschaften derselben ganzen Person zu tolerieren. Die Tatsache, daß dieses Phänomen über das altersentsprechende Niveau hinaus persistiert, verwandelt es nicht in einen Abwehrmechanismus. Das Fortbestehen der Spaltung kann ohne weiteres ein längeres Verweilen beim guten Objekt bedeuten, weil es für Entwicklungszwecke gebraucht wird, so wie Mahler feststellte, daß manche Kinder die symbiotische Phase verlängern, wenn sie kümmerlich war, um qualitative Mängel quantitativ auszugleichen. Ein solches Fortbestehen, wenngleich in einer Hinsicht notwendig, verzerrt die Gesamtorganisation, wenn sie sich um den Angelpunkt dreht. Dadurch bleibt ein Kind, das noch nicht über ganze Selbst- und Objektrepräsentanzen verfügt, in bezug auf Strukturierung, Identitätsbildung und Verschiebung von erlebnismäßigen auf intrapsychische Auseinandersetzungen zurück. Für die zeitgerechte Aneignung einer höherrangigen Abwehrfähigkeit bestehen daher weniger günstige Voraussetzungen.

Anna Freud (1936) beschreibt überzeugend die Abwehr in der Phantasie der strukturierten Persönlichkeit. Das steht im Einklang mit der Entwicklungstheorie, denn jedes Individuum, ob neurotisch, Borderline-Fall oder selbst psychotisch, kann auf Ebenen regredieren, wo Projektion oder Introjektion am Werke sind. Bei neurotischen Struk-

152

turen oder neurosenahen Borderline-Strukturen kann es unter dem Druck von Angst zur Regression (Entdifferenzierung) kommen. Verringert sich die Angst, wird eine kohärentere Organisation wiedergewonnen, die das gut strukturierte Individuum befähigt, auf eine differenziertere Funktionsebene zurückzukehren. Angesichts des Charakters der Entwicklungsprozesse und ihrer großen Abhängigkeit vom Loslösungs- und Individuationsprozeß, ist es kein Wunder, daß der Mensch dazu neigt, zur »Sicherheit« des Einsseins zu regredieren. Bezeichnenderweise ist gerade das Regressionspotential für die Differentialdiagnose der Struktur unterhalb der Neurose so wichtig. Hier sucht man nach der Regressions»plattform«, deren Niveau über die Fähigkeit zur Rückerinnerung entscheidet.[1] Wenn die »Plattform« zu niedrig ist, werden Schritte nach vorn zu schwierig, d.h. die Regression ist relativ schwerer rückgängig zu machen. Abwehr an sich ist Regression auf einen weniger differenzierten Zustand, wo kognitive Fähigkeiten vorübergehend zurücktreten. Grad oder Tiefe der Regression und die Frage, ob sie im Dienste des Ichs reversibel ist, zeigen an, ob der Angelpunkt der Entwicklung überschritten, teilweise bewältigt oder knapp erreicht wurde.

Abwehr und folglich Widerstand sind intrapsychische Phänomene, die vom Vorhandensein von Struktur abhängen. Widerstandsähnliches Verhalten wird oft falsch beurteilt. Fenichel (1941b) nennt das abwehrende Ich »unseren Feind« (S. 37). Greenson sagt: »Widerstand bedeutet Opposition ..., die gegen den Fortschritt der Analyse, gegen den Analytiker und die analytischen Verfahren und Prozesse wirkt« (1967, S. 71). Menninger (1958) betrachtet den Widerstand als aggressiv, selbstzerstörerisch und als Opposition gegen die Behandlung. Es trifft zu, daß Freud den Widerstand ganz zu Anfang als Hindernis für die Rückerinnerung ansah, doch bereits 1917, lange vor Anna Freuds klarsichtiger Darstellung der Abwehrfunktion des Ichs, hatte er seine Ansicht über den Widerstand in derselben Weise geändert, wie die, die er hinsichtlich der Übertragung vertreten hatte. Man benutzt ihn, um der Behandlung eine günstige Wendung zu geben.

Freuds wechselnde Einstellungen zum Widerstand sind ein Modell wissenschaftlicher Entwicklung. Er konnte die Hypnose aufgeben, als er feststellte, daß sie am Ich (und damit am Widerstand) vorbeiging.

---

[1] Kris (1956b) fragte sich, wie sich die Kontrolle der Regression aus den konflikthaften Konstellationen der frühen Kindheit entwickelt, insbesondere da »die Kontrolle der Regression eines der Kernstücke der Integrationsfunktionen des Ichs bildet« (S. 450).

In seinem Bericht über Elisabeth von R. (1895) schreibt er, daß sein Versuch, sie in tiefe Hypnose zu versetzen, scheiterte. Er kam dann darauf, einen Druck auf den Kopf der Patientin auszuüben, um neues Material zu erhalten. »Ich fing während dieser schweren Arbeit an, dem Widerstand, den die Kranke bei der Reproduktion ihrer Erinnerungen zeigte, eine tiefere Bedeutung beizulegen und die Anlässe sorgfältig zusammenzustellen, bei denen er sich besonders auffällig verriet« (S. 219). Selbst nachdem er entdeckt hatte, daß die Patientin eine unerträgliche Vorstellung – die Liebe zu ihrem Schwager – abwehrte und er ihr dies enthüllte, »... dauerte (es) eine lange Zeit, bis meine beiden Trostgründe, daß man für Empfindungen unverantwortlich sei und daß ihr Verhalten, ihr Erkranken unter jenen Anlässen ein genügendes Zeugnis für ihre moralische Natur sei, bis diese Tröstungen, sage ich, Eindruck auf sie machten« (S. 223). Die Aufgabe war dann, »diesen Assoziationswiderstand durch psychische Arbeit zu überwinden« (S. 269).

Im Jahre 1912 stellte Freud jene technische Regel auf, die wir als das Modell für den Therapeuten als Katalysator ansehen. Er verzichtete auf die Omnipotenz, indem er sich mit dem Chirurgen Ambroise Paré verglich, der sich als Versorger von Wunden, doch nicht als die eigentliche Heilkraft bezeichnet hatte. Interessanterweise äußerte Freud, »...diese Technik hat sich als die einzig zweckmäßige für meine Individualität ergeben«. Er warnte vor der Auswahl von Material, betonte die gleichschwebende Aufmerksamkeit, denn wenn der Analytiker von seinen Erwartungen ausgeht, wird er nichts Neues entdecken, »folgt man seinen Neigungen, so wird man sicherlich die mögliche Wahrnehmung fälschen« (S. 377).

Während Freud darum rang, den Widerstand des Patienten als für die Behandlung nützlich zu akzeptieren, lassen einige seiner Schriften die Schwierigkeiten erkennen, die er beim Durcharbeiten dieser enormen Gegenübertragungsaufgabe hatte. In seiner Vorlesung *Widerstand und Verdrängung* beschreibt er den Widerstand in widersprüchlicher Weise. Er stellt einen Patienten »wegen Verletzung der heiligen Regel zur Rede« (1916/17, S. 298); er betrachtet den Widerstand mit »mißvergnügtem Erstaunen« (S. 298); er benutzt die Metapher vom Verbrecher und dem »Asylrecht«; der Widerstand »[bietet uns] erfolgreich die Spitze« (S. 299); er beklagt den Umstand, daß es endlich gelingt, »durch Entschiedenheit und Beharrung dem Widerstand ein gewisses Ausmaß von Gehorsam gegen die technische Grundregel abzuringen, und dann wirft er sich auf ein anderes Gebiet« (S. 299). Andererseits sagt er auch, daß Widerstände nicht verurteilt werden sollten; sie seien die beste Unterstützung der Analyse; die Arbeit bleibe unbefriedigend, wenn sich keine Widerstände zeigen, weil das Durcharbeiten der Widerstände die wesentliche Funktion der Psychoanalyse sei. »...diese unsere Erfahrung mit dem Widerstande der Neurotiker gegen die Beseitigung ihrer Symptome [ist] die Grundlage unserer dynamischen Auffassung der Neurosen geworden« (S. 301 f.). Während man die vielen Lern- und Entwicklungsschwierigkeiten nicht wirklich ermessen könne, ist es sicherlich eine der wichtigsten Aufgaben, die Widerstände des Patienten respektieren zu lernen.

Ob wir es nun mit Neurosen oder schwereren Leidensformen zu tun haben, die Deutungsregel, daß vor die Zufriedenheit die Abwehr (und damit der Widerstand) gesetzt sei, gilt noch immer. Das Problem ist klinischer Art: Wie soll man zwischen Abwehr eines Es-Impulses unterscheiden, der in einen intersystemischen Konflikt verwickelt worden ist, und der bestehenden Situation, in der eine ungenügende Organisation (Strukturierung) das unmöglich macht. Damit kehren wir zu der Frage zurück, die wir bereits hinsichtlich der Übertragung gestellt haben. Wir fragen jetzt, in welchem Entwicklungsstadium die Fähigkeit zum Widerstand erworben wird. Das ist lediglich ein anderer Aspekt von gelungener oder gescheiterter Bewältigung des Angelpunkts. Und analog der Fähigkeit des schwächer strukturierten Patienten, Beziehungen mit dem Analytiker aufzunehmen, die noch nicht den Status der Übertragungsfähigkeit des Neurotikers erreicht haben, kann auch widerstandsähnliches Verhalten bei Borderline-Zuständen mit Arten des Widerstands verwechselt werden, die nur bei neurotischen Strukturen möglich sind. Ähnlich wirkende klinische Phänomene können Probleme widerspiegeln, die in den verschiedenen Entwicklungsstufen ihren Ursprung haben.

Wir wollen zunächst veranschaulichen, wie die Anwendung der psychoanalytischen Entwicklungspsychologie die Technik der Behandlung der besser strukturierten Persönlichkeiten beeinflußt. Wir haben 1974 gezeigt, daß die bekannten Charakterausprägungen, deren Entstehung man in der analen Phase vermutete, eher eine progressive Entwicklungsaktivität als eine regressive Pathologie darstellen können – daß die auf der analen Ebene gebildeten Abwehren im Dienste des Widerstandes gebraucht werden können, daß sie aber auch Siege des Ichs insofern sind, als wichtige Fertigkeiten erworben werden. Die körperlichen Fähigkeiten des Kleinkindes nehmen in der analen Phase in dramatischer Weise zu. Wenn wir es vorziehen, den einzelnen Terminus *Analität* zu verwenden, müssen wir daher darin die psychische und physische Reifung einbeziehen: Stuhlkontrolle; die

Fähigkeit zum Neinsagen als Konsequenz der Identifizierung mit dem Aggressor (Spitz); ein Objektbeziehungsniveau, das Willensäußerungen erlaubt, so daß das Ja schnell auf ein Nein folgt; einen deutlichen Drang zu den Subphasen der Übung und Wiederannäherung; eine gesunde, dem sekundären Narzißmus entspringende Körperbesetzung; ein wachsendes Gefühl der Getrenntheit der Selbstbilder von den Objektbildern; Verschiebung des Angelpunkts der Entwicklung insgesamt. Zur Erörterung der Analität gehört insbesondere der Erwerb der Fähigkeit, Abwehrmechanismen einzusetzen, etwa Verdrängung, Reaktionsbildung, Ungeschehenmachen.

Wenn wir erwachsene Patienten behandeln, die im Dienste der Abwehr (des Widerstands) auf diese Ebene regrediert sind, haben wir es mit einem komplexen Satz von Phänomenen zu tun, die erfordern, daß wir die Anpassungsmerkmale, die zur Förderung der Entwicklung freigesetzt werden können, von den echten Abwehr- und Fehlanpassungsmerkmalen trennen. Nun möchten wir zwar den Patienten von letzteren befreien, da auch sie das Wachstum behindern, technisch gesehen fragt es sich nur, was wir zuerst angehen sollen und in welcher Weise. Wir haben 1974 einen Zusatz zur analytischen Regel, daß Abwehr vor Zufriedenheit komme, vorgeschlagen: den Entwicklungsdrang zu fördern, bevor konfliktbestimmte Widerstände gedeutet werden. Man würde also bei der Behandlung der eigentlichen Neurose – wobei wir im Augenblick vom analen Charakter, analer Regression und Zwangsneurose sprechen – die Entwicklungs- ebenso wie die Abwehrmerkmale beachten und beide verschieden behandeln.

Aus diesem Grunde sind die technischen Entscheidungen, die zu treffen sind, wenn man es mit Bekundungen von Oppositionsgeist, Negativismus, Starrsinn, Zurückhaltung, Trotz u.ä. zu tun hat, komplexere, als man früher glaubte. Wenn z.B. Zurückhaltung bzw. Weigerung teilweise im Dienste des Wachstums steht und teilweise als feindselige Handlung gegen das Objekt gerichtet ist, müssen wir sie im ersten Fall unterstützen, im anderen getrennt deuten (G. Blanck, 1966), um die Entwicklungs- und Anpassungsaspekte, den Drang nach Wachstum anzuerkennen, damit gerade durch ihr Funktionieren das therapeutische Bündnis gestärkt wird.

Die Sache wird noch komplizierter, wenn wir es wie bei der Zwangsneurose mit dem Konflikt zu tun haben, wo der Kampf intersystematisch ausgetragen wird, weil das Objekt der Feindseligkeit das Ich ist und Überich und Es sich verbinden, um es zu bestrafen. Die klassische Technik lehrt uns abzuwarten, da der Analytiker angeklagt werden wird, sobald die Projektion des Überichs auf den Analytiker den Anschein erweckt, daß er das grausame Überich sei. Wir glauben, daß diese verlängerten, wiederholsamen Anklagen und das ermüdende Warten abgekürzt werden können, wenn man zunächst vom Gesichtspunkt der Entwicklung aus an die Sache herangeht. Wir fragen uns, ob der mit der Analyse der Zwangsneurose verbundene Zeitaufwand verringert werden könnte, wenn der erste Ansatz ein adaptiver wäre. Könnten wir so die Wachstums- von den Konfliktaspekten trennen, indem wir die Bedeutung der ersteren für die Entwicklung anerkennen, und könnte dies zur Besänftigung des strengen Überichs führen? Wir haben erlebt, daß Patienten von ihren Schuldgefühlen weitgehend befreit wurden, wenn wir uns nicht auf die Seite des Überichs stellten und hinsichtlich Starrsinn, Geiz, Negativismus u. ä. keine ablehnende Haltung einnahmen. Wir meinen damit keine korrigierende Erfahrung mit einem wohlwollenderen Elternteil – der Verinnerlichungsgrad in der Zwangsneurose würde das ausschließen. Wir wollen dem Patienten bewußt machen, daß seine Fähigkeit zu opponieren eine Willensäußerung ist, die das Kind tun und genießen muß: als Bestandteil seines aufkeimenden Identitätsgefühls. Das hilft den Patienten zu erkennen, weshalb sie ihrer bedurften; mit ihrem rationalen Ich zu entscheiden, ob sie ihren Willen noch immer in diesem Ausmaß bestätigen müssen; es nimmt einem Verhalten, das einst angepaßt war, aber der Fehlanpassung anheimfiel, den Beigeschmack von Schuld; es befreit das Überich von jenen Verinnerlichungen, die verzerrt sind, weil sie vorzeitig und allzu harsch angeeignet wurden. Der Konflikt verliert an Macht und Intensität, indem er die Es-Aspekte befreit, so daß sie rascher als bisher auf der phallisch-ödipalen Ebene gedeutet werden können, da in der Analyse einige Ängste der früheren psychosexuellen Phase wegfallen, auf die der Patient regredierte.

Die vielen Zu- und Abwendungen gegenüber dem Analytiker in der Übertragung und der Übertragungsneurose sowie in der Beziehung, die vom schwächer strukturierten Patienten hergestellt wird, sind bereits beschrieben worden. Vieles kann erhellt werden, wenn wir in Betracht ziehen, was wachstumsfördernd und was wirklich feindselig, negativ oder auf andere Weise gegen das Objekt gerichtet ist. Nehmen wir zuerst die Grundregel. Ist jeder Bruch der Regel ein Widerstand? Der neurotische Patient kann ebenso wie der Borderline-Fall anpassungsbedingte Gründe haben, Assoziationen zurückhalten. »Ich möchte Ihnen darüber jetzt nichts erzählen« kann bei der Neurose die Bewahrung von Unabhängigkeit bedeuten und muß nicht unbedingt eine grobe Verletzung der Regel darstellen. Man respektiert dies durch Warten. Einige der »Regeln« wurden vor den Entdeckungen der Ich-Psychologie aufgestellt; sie gehen auf die Frühzeit der Analyse zurück, als Freud glaubte, daß die Autorität des Arztes die Behandlung tragen könne. Selbst damals bestand Freud nicht auf sofortiger Zustimmung. Obwohl er klarmachte (z. B. dem Rattenmann), daß er die Regel nicht aufheben könne, war er hinsichtlich des richtigen Zeitpunkts geduldig. Taktgefühl bei der Deutung kann mit Geduld in bezug auf die Erfüllung der Regeln verglichen werden. Dem Ich wird freigestellt, Informationen zu liefern, ohne daß seine Autonomie verletzt wird. Damit scheint man festzustellen, was offenkundig ist. Dennoch halten manche die einfache Methode, die Bereitschaft des Patienten abzuwarten und damit selbst den Anschein einer Beeinträchtigung seiner Autonomie zu vermeiden, für ein Scheitern bei der Behandlung des Widerstands. Wir erinnern hier an Freuds Beobachtung (1916/17), daß der Widerstand nicht verurteilt werden sollte, an seine Warnung (1913) vor allzu schnellen Deutungen und an Sharpes (1950) eindrucksvolle Schilderung von Nachsicht und Geduld. Sharpe war eine intuitive Ich-Psychologin. Geduldig befaßte sie sich mit dem berühmten roten Halstuch. Ihr Patient brachte das Halstuch mit in die Stunde und wickelte es sich mit einer ausgedehnten Zeremonie um den Kopf. Sharpe fragte lediglich: »Ist das gut für Ihr Kopfweh?« (S. 58). Sie wartete dann vier Wochen lang, bis der Grund für dieses verwirrende symbolische Verhalten zutage trat. Ihre Geduld wurde belohnt, als sie erfuhr, daß das rote Halstuch mit der Menstruationsperiode der Frau des Patienten zusammenhing. Weil Sharpe ihn nicht bedrängt hatte, gab der Patient seine heimliche Identifizierung mit seiner Frau nach seinem Ermessen zu einer Zeit preis, als sie ihn beunruhigte und nicht die Analytikerin.

Das führt uns zu einer anderen These: daß Widerstand und ähnliche Phänomene, besonders bei Borderline-Zuständen und narzißtischen Pathologien, im allgemeinen eher erfolglose Bemühungen um Loslösung und Individuation darstellen denn Opposition gegen die Behandlung. So wünscht beispielsweise eine klinisch erfahrene Sozialarbeiterin, die bereits in eigener Praxis tätig ist, eine Therapie, ist aber eisern entschlossen, nicht öfter als zweimal wöchentlich zu kommen. Sie sagt: »Einige meiner Freunde sind zu ihrem Schaden ›analysiert‹ worden, so daß sie meiner Meinung nach schlimmer dran waren als vorher.« Die logische Frage erhebt sich, weshalb sie einen Therapeuten aufgesucht hat, von dem sie wußte, daß er Analytiker ist. Die Frage darf nicht gestellt werden, um die Patientin nicht herauszufordern und um Zeit für eine differenzierte Diagnose zu gewinnen, aus der sich ergibt, ob dieser Schritt symbolische Furcht vor Verschlingung darstellt, oder ob es sich um einen Widerstand handelt, der einer späteren Entwicklungsphase entstammt. Selbst im letzteren Fall ist nichts verloren, wenn man auf eine direkte Konfrontation verzichtet; stattdessen kann man viel gewinnen, wenn man sich auf die Äußerung der Patientin einstellt.

Für uns ist Autonomie nicht gleichbedeutend damit, daß der Patient alles tun kann, was ihm beliebt. Nach Hartmanns Definition (1950a) stellt Autonomie die relative Freiheit des Ichs dar, außerhalb des Konfliktbereichs zu funktionieren. Ein konfliktgebundenes Ich ist zu vernünftiger Entscheidung unfähig, und wir tun dem Patienten keinen Gefallen, wenn wir übermäßig nachgiebig gegenüber einem Verhalten sind, das eine echte Gefahr heraufbeschwören kann. Damit werden Agieren und Triebabfuhr eingeschränkt.

Ein Beispiel, wie wir den Begriff der Autonomie verwenden: Ein Patient, der sich Zeit läßt, bevor er dem Analytiker etwas erzählt, hatte vielleicht eine aufdringliche Mutter; das Verhalten des Patienten spiegelt Furcht vor Einmischung in Loslösungs- und Individuationsprozesse wider. In einem solchen Fall ist es für den Patienten wichtig, daß der Analytiker abwartet, um die wachstumsverzögernde Erfahrung nicht zu wiederholen. Dann wird an den Willen appelliert, dem Analytiker zu erzählen, was zur Heilung beitragen wird. Das nicht allzu schwer geschädigte Ich des Neurotikers kann sich weiterentwickeln, wenn die peripheren (d. h. die nicht mit Übertragung und Deutung verbundenen) Techniken der Analyse die Schicksale der Subphasen in Betracht ziehen. Zwar ist dies nicht das Hauptthema in einem Kapitel über den Widerstand, doch hat es hier seinen Platz, weil es sich um widerstandsähnliches Verhalten handelt, in dem sich ein gewisses Subphasendefizit widerspiegelt. Diese nicht allzu starken Beeinträchtigungen der Erfordernisse der Subphasen werden in der Analyse von selbst korrigiert, wie es auch durch die Entwicklung geschieht, wenn die nachfolgenden Subphasen regelrecht genug verliefen, um sie auf lange Sicht auszugleichen. Wir stellen uns wieder vor, daß der Analytiker keine Elternrolle, sondern die des Katalysators übernimmt, d. h. eine Rolle, durch die das Wachstum optimal gefördert wird.

Eine ziemlich häufige Verletzung der »Regeln« der Analyse durch den Patienten besteht darin, daß er Material außerhalb der Stunden »durchsickern« läßt. In solchen Fällen können die spezifischen Gründe für dieses Verhalten gleichzeitig Widerstand, Agieren, einen Entwicklungsschub und feindseligen Trotz gegenüber den analytischen Regeln, wenn nicht gar gegenüber dem Analytiker bedeuten. Wir denken hier an Freuds großartige Metapher, wenngleich er sie in einem anderen Zusammenhang benutzte: Alle Seile, die das Schiff am Pier festhalten, müssen nach und nach gekappt werden, aber die Reise geht nicht los, bevor das letzte gekappt ist. Die einzigartige Bedeutung eines jeden Aspekts spezifischen Verhaltens muß verstanden werden, und keiner von ihnen kann einen therapeutischen Gewinn bringen, bevor alle verstanden worden sind (vgl. auch die Ausführungen über das Durcharbeiten im 7. Kapitel). Subsumiert man alles unter der Überschrift Widerstand, unterschätzt man die Komplexität menschlichen Verhaltens – therapeutische Wirkungslosigkeit kann dann die Folge sein. Kandidaten glauben mitunter, daß eine korrekte Deutung vor der Ausführung einer Handlung das Agieren verhindern könne. Ein gewisses Maß an Agieren muß im Lauf einer Analyse erwartet werden. Auch muß eine Deutung ebenso vollständig wie korrekt sein (Glover, 1955). Eine einzige Äußerung kann nicht alle Verhaltensaspekte umfassen, die in kondensierter Form als einzelner Widerstand erscheinen. Was die Reihenfolge der Deutungen angeht, lohnt es sich, erneut darauf hinzuweisen, daß der Patient wahrscheinlich seinen Entwicklungsschub am ehesten durch den Anpassungsaspekt einzuschätzen lernt; im allgemeinen ist seine Wirkung anfangs am stärksten.

Im folgenden soll die Aufdeckung eines Widerstandes *innerhalb* eines Widerstandes gezeigt werden: Der Patient, mit den Regeln der Analyse vertraut, erzählte seiner Frau einen Traum, bevor er in seine Stunde kam. Er ließ den Analytiker die Deutung seiner Frau wissen, und dieser fragte, ob der Patient damit einverstanden sei. Dadurch wurde eine Tirade gegen seine Frau ausgelöst. Er hatte ihr den Traum nicht erzählt, damit sie eine Deutung abgebe; er hatte ihn auf diese Weise lediglich im Geist fixieren wollen, um sich daran erinnern zu können; sie ging zu weit und mischte sich in seine Analyse ein; sie hätte es besser wissen müssen. Da er die »Deutung« nicht verteidigte, konnte der Analytiker die Gelegenheit benutzen, der Angst, den Traum zu vergessen, auf den Grund zu gehen. War es die übliche Angst vor dem Versuch, den Widerstand gegen die Traumgedanken zu besiegen? Aber der Patient fuhr fort: »Wenn ich keinen Traum mitbringe, habe ich nichts zu sagen.« Und so wurde, indem man darauf verzichtete, an die Regel zu erinnern, anderen Personen keine Träume zu erzählen, eine tiefere Widerstandsschicht aufgedeckt: nämlich der Versuch, den Traum als Widerstand zu benutzen. Indem er abwartete, bereitete der Analytiker den Boden für eine Selbstkonfrontation von außen. Dieses Fallbeispiel bestätigt auch Freuds Behauptung, daß Widerstände die Analyse am stärksten fördern. Während die frühere Auffassung, daß Widerstände überwunden werden müssen, im Schwinden ist, ist nicht immer klar, daß Widerstand am besten dadurch gebrochen wird, daß der Analytiker nicht dagegen opponiert; wie Sharpe (1950) sagte, »gehen wir mit dem Patienten« (S. 32).

Der Widerstand in der Neurose ist in der Literatur eingehend beschrieben worden, ebenso wie die ihm gegenüber anzuwendenden Methoden; wir werden also dieses Thema nicht noch einmal behandeln. Stattdessen wollen wir uns widerstandsähnlichen Phänomenen bei schwächer strukturierten Persönlichkeiten zuwenden. Da die Ich-Organisation bei diesen Patienten nicht jene Stufe erreicht hat, auf der Signalangst, Abwehrmechanismen und Gegenbesetzung »arbeitsfähig« sind, wollen wir sehen, wie Abwehren eingesetzt werden und insbesondere deren klinische Manifestationen, da sie mitunter Widerstand repräsentieren, manchmal aber auch einen Entwicklungsschub, der für Widerstand gehalten werden kann.

Die Verschmelzung guter und schlechter Selbst- und Objektbilder führt zur Konsolidierung einer höheren Stufe von Selbst-Objekt-Beziehungen, und mit dem Fortschreiten des Organisierungsprozesses über den Angelpunkt hinaus entfaltet sich auch die Fähigkeit, Signalangst und Abwehrmechanismen einer höheren Entwicklungsstufe zusammen mit den vielen anderen Aspekten der Strukturierung zu benutzen. Bei den Borderline-Zuständen besitzt das Individuum diese Fähigkeiten nicht, und daher müssen weniger taugliche Abwehrmanöver eingesetzt werden, insbesondere Regression (Entdifferenzierung) und Zurückziehung. Klinisch ähnelt die Zurückziehung jener mitunter als *schizoid* bezeichneten kalten Verschlossenheit der narzißtischen Haltung, mit der eine pseudo-selbstgenügsame Selbst-Objekt-Einheit andere Menschen ausschließt (siehe 11. Kapitel). Ein ähnliches, inhaltlich aber verschiedenes klinisches Erscheinungsbild bietet die Distanzierung des Patienten, der sich gegen den Wunsch nach symbiotischer Verschmelzung wehrt – die damit einhergehende Angst vor Identitätsverlust veranlaßt diese Patienten, sich verschlossen zu zeigen. Krankhaft sind jene Situationen, in denen es zu raschen Anhänglichkeiten kommt; hier ist die Abwehr wirkungslos, und das Individuum versucht mit jedem potentiellen bedürfnisbefriedigenden Objekt zu verschmelzen. Unter solchen Umständen pflegt der Laie zu glauben, daß solche Menschen »zugänglich«, »gesellig« und ähnliches seien. Therapeuten wissen, daß ein soziales Verhalten dieser Art auf

161

schwache Ich-Grenzen und nahezu schrankenlose Regression hinweisen kann.

Wir geben einige klinische Beispiele, bei denen der Gebrauch des Telefons und anderer Mittel eine Rolle spielen, die bei der eigentlichen Neurose kaum jemals verwendet werden, es sei denn, daß ein Termin geändert oder andere »geschäftliche« Vereinbarungen getroffen werden müssen. Viele Borderline-Patienten denken niemals daran, den Therapeuten anzurufen, wie schlecht sie sich auch fühlen mögen. Es gibt Nuancen, von denen jede eine andere Störung der Objektbeziehungen anzeigt. In einem Fall können die Objektbilder verlorengehen, sobald der Patient den Behandlungsraum verläßt. Diese Art des Vergessens beschreiben wir im 2. Kapitel. In einem anderen Fall kann die Auslöschung des Objektbildes ein aktiverer Vorgang sein, der von übermäßiger Feindseligkeit gegenüber diesen Bildern angetrieben wird. Einer weiteren Variation kann eine schwere vorzeitige oder abrupte Enttäuschung über das Objekt zugrunde liegen, was für einen Objektverlust spricht (Jacobson). In Fällen, wo Angst vor Identitätsverlust besteht, ist der Organisierungsprozeß früher entgleist; dann überwiegen symbiotische Bedürfnisse die Befriedigung, die sich aus der Getrenntheit und dem selbständigen Funktionieren ergibt; die Abwehr ist minimal, wie wir es logischerweise bei Patienten erwarten würden, deren Organisationsniveau niedriger ist. Wo narzißtische Merkmale im Vordergrund stehen, muß man mit Geduld genügend Vertrauen schaffen, so daß im narzißtischen Panzer »Sprünge« entstehen. Der Analytiker muß auf diese achten und in sie eindringen, um Teil der narzißtischen Einheit zu werden (siehe auch 11. Kapitel).

Eine Patientin stellte sich stolz als Mitglied einer großen Familie vor. Sie war die älteste von drei Kindern aus der ersten Ehe ihres Vaters, war auch zusammen mit drei Kindern der zweiten Frau ihres Vaters und mit zwei Halbgeschwistern aufgewachsen, die der zweiten Ehe entstammten. Unter der Devise, daß strenge Disziplin herrschen müsse, wurde den Kindern keinerlei Selbständigkeit zuerkannt. Die Patientin hatte in ihrem Leben wenige Entscheidungen getroffen, die wirklich ihre eigenen waren, und hatte schwere Identitätsprobleme. Ihre richtige Mutter, die offen psychotisch war, war nach der Geburt des zweiten Kindes hospitalisiert worden. Die Patientin war zwei Jahre alt, als sie die Geburt des Geschwisters und die erste der vielen Hospitalisierungen ihrer Mutter erlebte, die sich während der ganzen Kindheit der Patientin wiederholten. Sie kann sich an keine bestimmte Person erinnern, die die Kinder versorgte, nur an namenlose Babysitter. Die Mutter kehrte dann für einige Jahre nachhause zurück; in dieser Zeit wurde ein weiteres Kind geboren. Kurz nach dem fünften Geburtstag der Patientin ließen sich die Eltern scheiden, und der Vater erhielt das Sorgerecht für die Kinder. Sie sah ihre Mutter kaum jemals wieder. Die Mutter starb, als die Patientin siebzehn Jahre alt war. Sie nahm am Begräbnis teil und begann dadurch einen gewissen Kontakt mit der Großmutter mütterlicherseits aufzunehmen, die, die ersehnte Mutter repräsentierend, verschlingend schien.

Zwischen ihrem 5. Lebensjahr und der Zeit, als sie zur Behandlung kam, hatte sie sich um ihre jüngeren Geschwister kümmern und Haushaltspflichten übernehmen müssen, die die Kräfte eines Kindes übersteigen. Seit ihrem 12. Lebensjahr half sie zudem ihrem Vater im Geschäft. Ihre Erziehung wurde vollständig von ihm bestimmt, wobei beabsichtigt wurde, daß sie nicht heiraten, sondern zeitlebens zur Verfügung stehen sollte, um der Stiefmutter bei der Betreuung der jüngeren Kinder zu helfen.

Die Behandlung begann mit Zu- und Abwendungen, die man fälschlicherweise für ambivalent oder widerspenstig halten konnte; wir gingen davon aus, daß der Organisierungsprozeß noch nicht weit genug fortgeschritten war, um solche Eigenschaften auszubilden. Die Patientin wünschte die Behandlung, wollte aber nicht öfter als zweimal wöchentlich kommen. Wir betrachten dies nicht als Widerstand, sondern als Hinweis auf eine Abwehr auf niedrigerer Stufe. Viele Monate später äußerte sie ihre Angst, »abhängig zu werden«, eine Furcht, die aus den verschiedensten Gründen von Patienten vorgebracht wird. Diese Patientin zeigte eine narzißmusähnliche Selbstgenügsamkeit, die sich mit der Omnipotenz ihres Vaters verband. Der Therapeut stellte ihren absoluten Gehorsam dem Vater gegenüber niemals in Frage, um sie nicht einer Objektbeziehung zu berauben, und auch um zu vermeiden, daß zu einem zu frühen Zeitpunkt der Behandlung ein Loyalitätskonflikt ausgelöst wurde. Eine Zeitlang blieb der Vater ein Gott, während die Patientin gegen ihr wachsendes Bedürfnis und die Anziehung durch die Sanftmut des Therapeuten ankämpfte. Die meisten Therapeuten sind mit der Tatsache vertraut, daß solche Patienten zwar gegen Abhängigkeit protestieren, nichtsdestoweniger aber recht abhängig sind. Als die Behandlung über diesen Punkt hinausgelangte, wurde Furcht geäußert, daß der Therapeut verschwinden könnte, so wie die Mutter verschwunden war. Brücken wurden gebaut, insbesondere in Ferienzeiten, wobei das Telefon und »Papierfetzen« benutzt wurden. Man sagte ihr, daß sie mit der

Mutter nicht hatte reden können, während sie in der Klinik war, daß sie aber mit dem Therapeuten sprechen könne. (Wir sind nicht dafür, uns während unserer Abwesenheit von einem Kollegen vertreten zu lassen, weil wir den wichtigsten Behandlungszweck darin erblicken, solide Selbst- und Objektbilder mit ein und derselben Person aufzubauen.) Sie rief niemals an, hegte aber die Papierfetzen mit den Telefonnummern als Übergangsobjekte. Sie sagte, sie fühle sich einfach dadurch sicher, daß sie sie in der Tasche habe.

Ein anderes Mittel ist die Postkarte, das wir bei neurotischen Patienten sparsam verwenden, in Fällen wie dem vorstehenden aber für äußerst wertvoll halten. Bei einem zweiwöchigen Winterurlaub wurde nach einer Woche eine harmlos formulierte Karte geschickt. Als die Behandlung wieder aufgenommen wurde, erzählte die Patientin dem Therapeuten, wie wichtig die Postkarte gewesen war. Sie war gerade im Begriff, in Verzweiflung und Depression zu versinken, als die Karte ankam und sie aufmunterte. Das Objektbild war wiederhergestellt. Ein wertvolles Merkmal einer Postkarte ist es, daß die den Poststempel eines Ortes auf der Landkarte trägt, mit dem der Patient im Geist etwas verbinden kann. Der Therapeut existiert noch, und es gibt einen Ort, der das Objektbild so zu erweitern vermag, daß es ein reales geographisches Gebiet einschließt. Auf diese Weise stellt der Therapeut eine Kontinuität von Selbst- und Objektbildern her und beginnt in die vorher »geschlossene« narzißtische Einheit als beständiger, zuverlässiger Katalysator der Entwicklung einzutreten.

Plötzlich fing die Patientin an, zu spät zu ihren Stunden zu kommen. Dies als Widerstand, wie er üblicherweise definiert wird, anzusehen, wäre schädlich gewesen. Der Therapeut betrachtet es als ein Wegtreten. Die Patientin schmunzelte, als es erkannt wurde: So brachte sie zum ersten Mal Selbstständigkeit zum Ausdruck. Es war ein Triumph der therapeutischen Beziehung, daß sie genügend Vertrauen entwickelte, um ein Verhalten zu zeigen, das an eine verspätete Übungsphase erinnerte.

Im allgemeinen ist es üblich, Verspätung als Widerstand, der Negativismus, Zurückhaltung, zwanghafte Ambivalenz, Feindseligkeit, destruktive Opposition u. ä. einschließt, anzusehen. Die klinische Erfahrung hat uns auch gelehrt, daß Zuspätkommen einen Kampf zwischen libidinösen und aggressiven Bedürfnissen bedeuten kann, wenn wir diese Bezeichnungen auch im Sinne von Vereinigung und Unabhängigkeit benutzen. Ein Patient kam gewohnheitsmäßig zu spät, selbst wenn dann für die Stunde nur noch fünf oder zehn Minuten übrigblieben. Oft genug hing dies mit einer mangelhaften

164

Realitätsprüfung zusammen: Der Wunsch, die Stunde wahrzunehmen, war stärker als die reale Beurteilung der Zeit, die benötigt wurde, um dorthin zu gelangen. Doch er meinte, es wäre so gut für ihn, die »Heimatbasis« zu berühren, daß es ihm nichts ausmachte, wenn ihm der Therapeut nur ein paar Minuten seiner Zeit widmen konnte. Ein anderer Patient beschrieb, inwiefern sein Ich keine Kontrolle über sein Verhalten habe. »Ich dachte an die Stunde und freute mich darauf, während mich meine Füße in den falschen Zug beförderten.« Die weitere Begründung des Zuspätkommens wurde vom Therapeuten abgebrochen. Der Therapeut wollte die libidinöse Bindung aufrechterhalten; indem er darauf verzichtete, dem Patienten seine Verspätung vorzuhalten, wurde nicht nur dessen Bedürfnis nach Unabhängigkeit gestärkt, der Patient brauchte sich auch nicht einer fruchtlosen und verwirrenden Diskussion zu stellen, die nur Gefühle des Scheiterns auslösen konnte, da er sich mit diesem Problem nicht auseinanderzusetzen vermochte. M. Ross (1976) zitiert einen psychotischen Patienten, der ein wahres Wort ausspricht: »Warum glaubt ihr Psychiater immer, daß das, was ihr für wichtig haltet, auch für den Patienten wichtig ist?« (S. 316).

In einem anderen Fall wurde eine Patientin wegen ihres Zuspätkommens selbst neugierig und bat sogar um eine zusätzliche Stunde pro Woche, um mehr Zeit zur Ergründung von etwas zu haben, das sie nun als ihr eigenes Problem erlebte. Ein junger Mann hielt es für möglich, die vereinbarte Zeit besser einzuhalten, und bemerkte erfreut, wieviel mehr wir erreichen konnten, wenn mehr Zeit zur Verfügung stand. Der Analytiker erkannte darin eine selektive Identifizierung, da er dieselbe Formulierung viel früher gebraucht hatte. Es schien nicht wünschenswert, den Patienten darauf hinzuweisen, daß er den Analytiker wiederholte, sondern lediglich den aggressiven Elan zu begrüßen, mit dem der Patient den Gedanken als seinen eigenen reklamierte.

Die Wichtigkeit der Unterscheidung des Affekts vom Trieb (2. Kapitel) wird durch folgendes Beispiel illustriert: Ein Patient, von dem man annahm, daß er eine kaum adäquate symbiotische Phase durchgemacht hatte, begann die Behandlung vorwiegend schweigend. Dieses Schweigen wurde häufig durch Wutausbrüche unterbrochen. Solche Ausbrüche und das Schweigen als Bekundungen von feindseliger Aggression und Widerstand aufzufassen, hieße die Tatsache übersehen, daß dieser Patient aufgrund libidinöser Bedürfnisse zur Behandlung gekommen war. Betrachtet man hingegen die Überreste unbefriedigter libidinöser Phasen- und Subphasenbedürfnisse, ist es möglich, auf diese Bedürfnisse zu reagieren – nicht unbedingt in der Form, die der Patient fordert, aber sicherlich indem man ihre Existenz und den Druck, der auf ihm lastet, anerkennt.

Das folgende Erlebnis mit einer schweigenden Patientin veranschaulicht, wie komplex diese Probleme sind, und wie wichtig es ist, das Schweigen unter vielen Gesichtspunkten zu betrachten. Das Schweigen der Patientin wurde zuerst durch Wutreaktionen verursacht, die für ihre Impulsivität typisch waren; tatsächlich war die Frau infolge mangelnder Triebbeherrschung zur Behandlung gekommen. Da dem Therapeuten die Verletzlichkeit des therapeutischen Bündnisses bewußt war, half er der Patientin, die Stunde damit zu beginnen, daß sie das Schweigen selbst brach. Der Therapeut kann den Grund des Schweigens nicht kennen und äußert keine Vermutungen, die als »über den Daumen gepeilt« empfunden werden, obwohl er unter dem Druck des unausgesprochenen Wunsches der Patientin stehen mag, daß er erraten möge, was sie beschäftigt. Er hilft ihr schrittweise, was dazu dient, nach und nach genau ins Blickfeld zu bekommen, weshalb sie nicht spricht. Zuerst: »Soll ich Ihnen anfangen helfen?« Das wurde von der Patientin begrüßt, und der Therapeut erkannte nun, daß sie Unterstützung von außen brauchte, um ihre Organisierungsfähigkeiten zu mobilisieren. Nach einigen Stunden lautete die Frage: »Brauchen Sie meine Hilfe noch?« Damit wird begonnen, die Aufgabe der Organisation der Patientin zu übertragen, indem man andeutet, daß sie dazu fähig sein könnte. Nachdem die Patientin auf diese Erwartung besser reagiert, kommt die Aufforderung: »Na, dann versuchen Sie es mal.« Die autonome Organisierungsfähigkeit ist stärker geworden, und sie wird weiterhin wirkungsvoll operieren, wenn die Behandlung fortschreitet.

Als der Therapeut mit wohlüberlegten Interventionen fortfuhr, die dazu bestimmt waren, die Patientin allmählich zur Übernahme von Aufgaben und gleichzeitig zur Erhöhung ihrer Frustrationstoleranz zu befähigen, veränderte sich das Gleichgewicht: zuletzt war es die Patientin, die die Behandlungsstunde begann. Daß sie intellektuell den Zweck akzeptierte, hielt sie nicht davon ab zu prüfen, ob der Therapeut bereit war, daran festzuhalten, und das gipfelte in einer Stunde vollkommenen Schweigens, nach der der Kampf beendet war. Später veränderte sich das Schweigen. Sie liebte es, einen Augenblick nachzudenken, einem Gedankenaustausch nachzusinnen, ein symbiotisches Einssein zu genießen; zu anderen Zeiten schwieg sie, ohne zu wissen warum. Schließlich wurden diese Probleme mit Hilfe einer Formel behandelt, auf die sich Patientin und Therapeut geeinigt hatten: »Kommen Sie nicht weiter, brauchen Sie meine Hilfe oder brauchen Sie einfach mehr Zeit?« Dadurch wurde die Patientin zur Mitarbeit angeregt, um zu erkennen, was es mit dem Schweigen auf sich hatte.

Wir beschrieben 1974 den schweigenden Patienten und gaben einen Rückblick auf die klassische Literatur, die das Schweigen als eine Form des Widerstandes bezeichnet. Daher wiederholen wir hier nur kurz, daß Gründe zu schweigen, etwa das Bedürfnis, ohne Worte zusammen zu sein, wenig mit der Art des Schweigens zu tun haben, von dem üblicherweise angenommen wird, daß es die Verdrängung oder Unterdrückung feindseliger Gedanken gegenüber dem Analytiker bedeute. Die psychoanalytische Entwicklungspsychologie zwingt daher zur Überprüfung des Widerstandsbegriffs, um jene Verhaltensmanifestationen auszuschließen, die unter klassischen Gesichtspunkten als Widerstand betrachtet werden, in Wahrheit aber Gelegenheit bieten, Selbst- und Objektbilder zu festigen, durch selektive Identifizierung zu stärken. In vielen derartigen Fällen kann die Zustimmung zur Grundregel einfachen Gehorsam bedeuten, statt eigenen Willen oder Selbständigkeit zu beweisen. Es kann als Förderung des Identifizierungsprozesses angesehen werden, wenn man den Patienten in die therapeutische Aufgabe einbezieht. Ein beobachtendes Ich wird geboren, wenn der Patient zu begreifen beginnt, daß der Analytiker nicht das primäre unbefriedigende Objekt ist. Der reale, nicht-feindselige Analytiker dient der Herrschaft des Ichs über feindselige Gefühle, indem er vermittelt, daß es befriedigende Erfahrungen gibt. Damit pflegt die feindselige Schranke durchbrochen zu werden, die den Entwicklungsfortschritt behinderte, und es macht beiden Trieben den Weg zur Aufwärtsspirale frei.

Nach einer Zeitspanne positiver Gefühlsreaktionen solcher Patienten kann man mit neuen feindseligen Reaktionen rechnen. Diese jedoch, in die weiterbestehende libidinöse Beziehung eingebettet, ähneln jener negativen Stimmung, von der Kris (1956b) sagt, daß sie die »gute Stunde« ankündige. Aggression in Form von gemildertem Negativismus unterstützt Loslösungsbedürfnisse. Bei ihnen handelt es sich tatsächlich um aggressiv getönte Bewegungen, die dazu bestimmt sind, Verbindungen auf einer Ebene aufzulösen, um auf der nächsten Ebene stärker verinnerlichte Verbindungen zu schaffen. Deshalb ermutigt der Therapeut zum Drang nach vorn. Eine ständige spiralenförmige Bemühung wird in Gang gesetzt, wenn selektive Identifizierungen das äußere Objekt in immer höherem Maße ersetzen. Der Patient beginnt stärker in der Struktur zu leben und kann in den meisten prognostisch günstigen Situationen Signalangst erwerben und mit ihr die Fähigkeit zu Abwehr und Widerstand. Für den schwächer strukturierten Patienten ist das therapeutische Bündnis eine Beziehung, deren wichtigste technische Aufgabe darin besteht, die affektiven Verzerrungen aufzuhellen, welche aus Subphasendefiziten infolge der Beziehung zum primären Objekt resultieren. Seit die Interaktion selbst eine wichtigere Rolle im therapeutischen Prozeß spielt, wenn die Organisation mangelhaft ist, bringt sich der Therapeut auch selbst in das therapeutische Bündnis ein.

Moore und Fine (1967) definieren das therapeutische Bündnis als »eine positive grundlegende Beziehung zwischen Analytiker und Patient, die aufrechterhalten werden muß, um die analytische Situation zu schützen, wenn die *Übertragungsneurose* mit Erfolg aufgelöst werden soll« (S. 15).

Wir würden diese Definition dahingehend erweitern, daß sie auch eine positive affektive Valenz für den Patienten insofern beinhaltet, als sich der Therapeut der Subphasendefizite und daraus folgender Entwicklungsverzerrungen bewußt ist. Das befähigt den Therapeuten, eine Wiederholung schädlicher Objektbeziehungen der Vergangenheit in der Behandlungssituation zu vermeiden. Auf diese Weise wird das Behandlungsbündnis zum eigentlichen Werkzeug, um die »Widerstände« des Patienten zu bearbeiten. Statt sich gegen sie zu stellen oder sie gar zu deuten, sollte gezeigt werden, daß sie in der Vergangenheit angemessen waren, weil sie der Anpassung dienten. Dadurch wird ihre gegenwärtige Unangemessenheit geklärt. Ein Teil der therapeutischen Erfahrung besteht darin, daß der Therapeut gemeinsam mit dem Patienten die Fehlanpassungen ausfindig macht. Das muß von der Deutung des Übertragungswiderstands beim besser strukturierten Patienten unterschieden werden. Bis zum Jahre 1916 wertete Freud es als großen Erfolg, wenn der Patient veranlaßt werden konnte, die Ansicht des Analytikers zu akzeptieren und mit dem Vorhandensein von Widerstand zu rechnen. Dabei unterschied er natürlich nicht zwischen Widerstand und dem Abwehrverhalten auf niedrigem Niveau, das wir hier beschreiben, aber er verstand in der Tat das therapeutische Bündnis.

Diese Überlegungen sollen zu der Erkenntnis führen, daß widerstandsähnliche Übertragung und andere Verhaltensmanifestationen in der therapeutischen Situation am besten unter Aspekten der psychoanalytischen Entwicklungspsychologie zu verstehen sind, wenn wir ihr spezifisches Grundprinzip finden wollen. Wir brauchen die Teilnahme des Patienten, um das zu erreichen. In der klassischen Psychoanalyse wird die Teilnahme des Patienten durch die analytische Übereinkunft erreicht, mit der der Patient die Grundregel anerkennt. Es wird angenommen, daß ein unmodifiziertes Ich existiert sowie die Fähigkeit, die Methode wirklich zu akzeptieren, was sich von einfacher Willfährigkeit unterscheidet. Bei schwereren Krankheitsformen kann eine eigenständige Teilnahme nicht erwartet werden. Die Therapie kann nicht von strukturierten Identifizierungen und relativ differenzierten, gleichmäßig besetzten ganzen Selbst- und Objektbildern ausgehen, weil diese noch nicht existieren; sie sind vielmehr die Bereiche, in denen Ich-Bildung erforderlich ist. Der Therapeut wird zum Kopieren gezwungen, was möglicherweise nicht so sehr durch den Wiederholungszwang ausgelöst wird wie durch unbefriedigte oder übermäßig befriedigte, auf jeden Fall aber verzerrte Bedürfnisse, die ihren pathogenen Ursprung in den Subphasen haben. Wie bei der Übertragungsneurose vermeidet es der Therapeut, unangebrachte Bedürfnisse zu befriedigen. Ein Unterschied besteht jedoch darin, daß angemessene Reparaturen, deren neurotische Patienten nicht bedürfen, beim Borderline-Patienten ausgeführt werden können. Um dieses Ziel zu erreichen ist es von wesentlicher Bedeutung, daß widerstandsähnliches Verhalten vom eigentlichen Widerstand unterschieden wird und beiden gegenüber unterschiedliche Techniken angewendet werden.

10

**Träume:
Der Königsweg zum
präverbalen Leben**

Als Freud (1900) entdeckte, daß in den Träumen etwas aus der Gegenwart (Tagesreste) und etwas aus der Vergangenheit (Kindheit) enthalten ist, richtete er sein Augenmerk auf das Wiederfinden der Erinnerungen aus der Zeit, in der das Kind die ödipale Phase durchlebt. Doch als er den Wolfsmann analysierte, stieß er auf eine Erinnerung aus dem 2. Lebensjahr, die in einem Traum im 4. Lebensjahr aufgetaucht war. Der größte Teil des präverbalen Lebens ist jedoch durch Amnesie verschüttet. Mahler (1975) zitiert A. Frank, der das präverbale Leben als „das Unerinnerbare und Unvergeßliche" (S. 247) bezeichnet. Der Begriff des Organisierungsprozesses erhellt diese wohlbekannte Tatsache. Erst mit der Zeit und fortschreitender Entwicklung werden Gedächtnisspuren allmählich organisiert und erwerben Kontinuität. Um dem Analytiker oder Therapeuten auch nur ein erinnertes Erlebnis mitzuteilen, muß ferner ein gewisses Maß an Symbolisierungsfähigkeit vorhanden und eine Ebene der Objektbeziehungen erreicht sein, einschließlich der semantischen Kommunikation, damit eine Besetzung von Worten durch das Erlebnis erfolgen kann. Hier liegt der Unterschied zur psychotischen Verwendung von Worten für Dinge, bei denen weder Erleben noch Objekte libidinös besetzt sind. Freud glaubte, daß es der eigentliche Zweck der Analyse sei, die infantile Amnesie aus der Verdrängung zu befreien. Er dachte dabei aber nicht an die Amnesie des präverbalen Lebens, sondern an die der verbalen ödipalen Phase. Zwar kann die Analyse inzwischen weit mehr bewirken, als nur Erinnerungen aufzudecken, und die Analytiker sind mit den erforderlichen Techniken vertraut. Daß sie mit der Amnesie des präverbalen Lebens weniger Erfahrung haben mögen, liegt daran, daß es sich um einen schwierigeren und oft völlig unzugänglichen Prozeß handelt. Frühe Erfahrung wird weder vergessen noch verdrängt. Sie hat keine organisierte Struktur durchlaufen und kann daher nicht in derselben Weise wiedererweckt werden wie spätere Erfahrungen. Freuds Arbeit mit dem Wolfsmann wurde durch den Drang bestimmt, das einzelne Ereignis aufzuspüren – in diesem Fall die Urszene –, doch dies erfolgte auf dem Wege der Rekonstruktion und nicht durch Gegenbesetzung zum Zweck, die verdrängte Erinnerung hervorzulocken.

Im Lichte dessen, was wir über den Organisierungsprozeß wissen, scheint es nun logischer, daß wir uns nicht in erster Linie mit wirklichen Vorkommnissen befassen, sondern mit den Ergebnissen der Interaktion in der Dyade. Sie treten wahrscheinlich klinisch eher als Charakter, beeinträchtigte Strukturierung, Verhalten, Wiederholung oder Übertragung und natürlich in Träumen in Erscheinung, wie in der Traumtheorie stets vermutet wurde. Das soll aber nicht heißen, daß es keine hervorstechenden Ereignisse gegeben haben kann, die als solche den Organisierungsprozeß beeinflußt haben: Geburt eines Geschwisters, längere Abwesenheit, Krankheit oder Tod eines Elternteils und andere Traumata.

Wir werden im 12. Kapitel auf die Methoden eingehen, mit denen die Wirkungen präverbaler Erlebnisse, wie sie in diesen anderen klinischen Manifestationen in Erscheinung treten, aufgespürt werden können, um uns hier auf das präverbale Leben in Träumen zu konzentrieren. Die psychoanalytische Binsenweisheit, daß nichts wirklich verlorengeht, gilt nicht nur für das Verdrängte, sondern für jeden Aspekt des Lebens, selbst des frühesten. Wir müssen lediglich Techniken zu ihrer Auffindung entwickeln. Mehr als in jedem anderen Bereich stehen wir hier ganz am Anfang.

Aufgrund unserer eigenen Erinnerungen und Träume wie denen gesünderer Patienten sind wir mit widersprüchlichen Erinnerungen aus der präverbalen Phase, bei denen es sich oft um Verdichtungen von Erfahrungen oder um Deckerinnerungen handelt, bestens vertraut. Menschen mit einer kohärenten Struktur berichten Träume normalerweise als Träume; sie wissen, wo der Traum beginnt und endet, und können klar zwischen Wachen und Träumen unterscheiden. Der Borderline-Patient, dessen Entwicklung um den Angelpunkt schwankt, weiß manchmal, wo der Schlaf endet und das wache Leben beginnt – manchmal aber auch nicht. Wo die Unterscheidung verschwommen ist, empfiehlt es sich, nicht zu versuchen, am Traum zu arbeiten, sondern den Organisierungsprozeß zu stützen, um das Ich zu befähigen, seinen Halt auf den höheren Ebenen seiner Organisation wiederzufinden und zu bewahren. Dadurch erlangt der Patient eine Position, in der seine Träume stärker den Träumen des neurotischen Patienten ähneln. Sie können dann in der seit langem üblichen Weise analysiert werden.

Das wichtigste Ziel der Ich-Bildungstherapie ist die Förderung von Strukturierung und Organisation. Wenn diese höheren Ebenen erreicht werden, wird die Deutung zum therapeutischen Mittel der Wahl, wie es bei der Neurose stets der Fall war und aus demselben

Grund: Es ist ein kompetentes Ich vorhanden, das die Deutung in seine Organisation aufnehmen kann. Bei der Arbeit mit dem Border-line-Patienten müssen viele Träume, die über lange Zeit vorgebracht werden, unberücksichtigt bleiben. Geduld wird meist belohnt. Man arbeitet an der Strukturierung (Ich-Bildung) gleichzeitig auf viele verschiedene Arten, wobei man fast völlig auf das vom Patienten vorgebrachte Material angewiesen ist: an einem Tag ein Traum, an einem anderen ein Erlebnis in der Gegenwart, an einem weiteren Tag das Verlangen nach Wiederholung. Die Technik der Ich-Bildung arbeitet mit jedem Material, das geboten wird, wobei man stets im Kopf hat, bis zu welchem Grad der Angelpunkt sich in Richtung Neurose neigt, während die Technik, die wir im 12. Kapitel definieren und als *Erklärung* bezeichnen, dann angemessener ist, wenn die Waag-schale eine geringere Strukturierung anzeigt. In vielen Borderline-Situationen, besonders zu Beginn, „opfert" man den inkohärenten Traum, um zunächst an die Ich-Bildung zu gehen. Das ist allerdings kein wirkliches Opfer für jene, die Träume nicht überbewerten. Wie wir 1974 ausführten, ist der Königsweg nicht die einzige Straße, auch nicht die einzige zum präverbalen Leben. Um bei der Metapher zu bleiben: Es führen viele Wege nach Rom bei der Behandlung aller Strukturen – mal der eine, mal der andere. Dennoch bleiben hinsicht-lich des sehr frühen Erlebens, nicht weniger als in bezug auf das Verdrängte, Träume der Königsweg. Wir wollen mit einem Beispiel beginnen:

Ein Patient träumt, daß er rasch irgendwohin gelangen möchte. Er fühlt sich unsicher auf den Beinen, fällt hin, kriecht ein Stück, steht wieder auf. So sehr er sich auch bemüht, es gelingt ihm nicht, seinen Bestimmungsort so rasch zu erreichen, wie er will, während andere schnellen Schrittes an ihm vorbeieilen.

Wir verzichten bewußt auf eine Erklärung dieses besonderen Falles, weil wir aus diesem Traum eine allgemeine Schlußfolgerung ableiten wollen. Wahrscheinlich wäre es eine Simplifizierung, würde man bei jedem Erwachsenen davon ausgehen, daß der Traum sich nur auf den Lebensabschnitt bezieht, als die aufrechte Fortbewegung noch unsi-cher war. Hier gibt es drei Hauptmomente: Frustration, Inkompe-tenz, ein unerreichbares Ziel. Jeder Traum ist *per definitionem* eine Regression. Auf hohen Organisationsebenen würde ein solcher Traum mit Hilfe von Symbolisierung und Verdichtung als Abwehr benutzt werden. Fraglos befand sich der Patient in seinem Leben einmal in einem Stadium unsicherer Fortbewegung und fühlte sich damals frustriert. Mittels Verdichtung und Regression werden

spätere Frustrationen an jener frühen festgemacht. Wir benutzen diesen Traum hier, weil er so deutlich zeigt, wie das präverbale Leben in einem Traum dargestellt werden kann. Wir können nur darüber nachsinnen, weshalb dieser Patient einen unerinnerbaren Lebensabschnitt als manifesten Trauminhalt verwendet. Um darauf zu antworten, mußten wir den Patienten kennen und mit seinen Assoziationen zu dem Traum arbeiten. Auf ödipaler Ebene würde er vielleicht Gefühle der Inkompetenz im Vergleich mit Rivalen, die Besseres leisten, bedeuten; in der Übertragung könnte er darauf hinweisen, daß der Analytiker oder Therapeut als der Fähigere empfunden wird; als Widerstand könnte er durch Umkehrung ausdrücken, daß eine Beschleunigung der Behandlung unerwünscht ist. Kennt man den Patienten, ordnet man den Traum vielleicht der phallischen, der analen oder gar der oralen psychosexuellen Entwicklungsstufe zu. Welche Deutung auch zutreffen mag, stets sind Faktoren der Organisation, Struktur, therapeutisches Ziel, Übertragung *vs.* Objektwiederholung, Widerstand *vs.* geringere Fähigkeiten u.ä. in das im Traum erscheinende präverbale Leben einbezogen. Es kann nicht in allzu simpler Weise als Ausdruck jenes Erlebens an sich betrachtet werden – es ist vielmehr durch spätere Frustrationen und andere Faktoren verdichtet. Dadurch wird der Wesensgehalt des Begriffs des Ichs als einer Organisation klar veranschaulicht. Einige der ersten Empfindungen von Unfähigkeit, Frustration und Rivalität dringen in spätere Erfahrungsbereiche ein und erscheinen in Träumen als mit späteren Ausformungen ähnlicher Themen verwoben. Lipton hält es für überflüssig, die Anfangserfahrung genau zu bestimmen. Dem können wir zustimmen, wenngleich wahrscheinlich aus einem anderen Grund. Gewöhnlich ist es nicht möglich, präverbalem Erleben ein Ereignis zuzuordnen. Selbst in den seltenen Fällen, wo es möglich sein könnte, wäre die Information von geringem therapeutischen Wert, weil das, was tatsächlich geschah, weniger bedeutet als das Resultat des Ereignisses, wie es sich mit den Umweltmerkmalen verband, um in der Psyche Form anzunehmen. Wir müssen wissen, auf welcher Organisationsstufe das Ereignis stattfand; wie es durch frühere Organisation beeinflußt wurde und in welcher Weise es in die nächsthöheren Organisationsebenen eigegangen ist.
Der nächste Traum zeigt die Unsicherheit zwischen Schlaf und Wachen im dritten Jahr der Behandlung einer Patientin, die ihr Leben lang unter *Pavor nocturnus* gelitten hatte. Allmählich beginnt sie besser zwischen Nacht und Tag zu unterscheiden, wenn sie den Traum in Gegenwart des Therapeuten erzählt, der daran gearbeitet

173

hat, das ungünstige Gleichgewicht zwischen negativer und positiver Besetzung zu verbessern. Die Mutter der Patientin war starr, gefühllos, ohne Einfühlung. Sie hatte die Patientin als Kind allein schlafen gehen lassen, sobald diese körperlich in der Lage war, in ihr Zimmer zu gehen, sich auszuziehen und ins Bett zu legen. Sie pflegte stundenlang wach zu liegen, und wenn sie einschlief, hatte sie Alpträume. Sie erzählt einen Traum, den sie gerade hatte:

Patientin: Vorige Nacht hatte ich zwei Träume. In dem einen kamen Sie vor. Das einzige, woran ich mich dabei erinnere, ist, daß es gegen Ende der Stunde war. Ich bin nicht sicher, ob ich das geträumt habe. Haben wir uns gestern am Ende der Stunde die Hand gegeben?
Therapeut: Wir wollen die Antwort aufschieben, bis wir Ihren Traum verstehen. (Sie hatten sich nicht die Hand gegeben, und das ist auch nicht üblich, außer vor oder nach einem langen Urlaub oder bei anderen besonderen Gelegenheiten.)
Patientin: Es war ein Traum. (Der Therapeut versucht nicht, die Realitätsprüfung zu stärken, da er mit dieser Patientin daran so lange gearbeitet hat, daß nun die Zeit reif scheint, ihr zu gestatten, selbst Klarheit zu erlangen. Sie ist dazu fähig, wenn der Therapeut zögert, zwar nicht vollkommen in Schweigen versinkt, die Antwort aber aufschiebt, um ihr Gelegenheit zu geben, sich klar zu werden, aber auch Hilfe in Aussicht stellt, falls sie es nicht allein schaffen sollte.)
Patientin: Im Traum küßten Sie mich auf die Wange, so als ob Sie mir Gute Nacht sagten. Dann bekam ich Angst, weil es vielleicht bedeutete, daß die Behandlung zu Ende ginge. Im zweiten Traum erschien ein schrecklich aussehendes Ungeheuer. Es sah mich an und sagte: „Hab keine Angst, ich tu dir nichts."
Therapeut: Hören wir doch mal, was Ihnen im Traum widerfährt. (Der Therapeut drückt sich in der Einzahl aus, um klarzumachen, daß beide Träume eins seien, ohne die Traumtheorie zu erläutern.)
Patientin: Das ist das erste Mal, daß ein Ungeheuer im Traum freundlich war. Das tut mir gut.
Therapeut: Sie haben also jetzt ein gutes Ungeheuer, und das macht *Sie* auch gut. (Es soll vermittelt werden, daß Objekt- und Selbstbilder nun anfangen, wohlwollender zu werden.)
Patientin: Aber ich mache mir Gedanken, daß die Behandlung zu Ende gehen wird. (Eine häufige Furcht bei Borderline-Patienten, die auf dem Wege der Besserung sind. Wenn der Aggressionstrieb den Loslösungs- und Individuationsprozeß vorwärts drängt, entsteht Trennungsangst.)

174

Therapeut: Warum sollte sie denn gerade zu Ende gehen, wenn Sie ein gutes Ungeheuer gefunden haben?

Patientin: O Gott, das Ungeheuer müssen Sie sein.

Therapeut: Ich glaube, Sie haben recht. Aber warum erscheine ich überhaupt als Ungeheuer?

Patientin: Sie gaben mir auch einen Gutenachtkuß. Meine Mutter hat das nie getan.

Therapeut: Sie haben Angst, daß Sie mit sich und mir zufrieden sind, daß es aber nicht anhalten wird?

Patientin: Ja, das stimmt. (Eine Bestätigung wäre hier nicht von Nutzen. Die Patientin muß ihre Trennungsangst im Rahmen der weiteren Behandlung, die konstant bleibt, ertragen.)

Therapeut: Wir sind noch nicht dahinter gekommen, weshalb ich ein Ungeheuer bin.

Patientin: Es klingt nicht gerade schmeichelhaft.

Therapeut: Aber ich bin eine Art Ungeheuer. Versuchen Sie sich doch einmal vorzustellen, wie einem Baby zumute ist, wenn es zu einer riesigen Erwachsenen aufsieht.

Patientin: O ja!

Therapeut: Und wenn sie (die Mutter) nicht dafür sorgt, daß Sie sich wohlfühlen, ist sie ein böses Ungeheuer.

Patientin: Ja, schon.

Therapeut: Aber ab und zu muß sie Ihnen schon etwas Gutes tun, sonst könnten Sie nicht von ihr träumen. Sie hat Ihnen vielleicht sogar ein paar nette Sachen gesagt.

Der Therapeut äußert sich in dieser Weise, weil er sich auf die Traumtheorie stützt. Das im Traum gesprochene Wort ist schon einmal gehört worden; der Therapeut knüpft daran den Gedanken, daß Säuglinge gegen Ende des 1. Lebensjahres Gesprochenes oft verstehen, obwohl sie selbst noch nicht sprechen können. Die Patientin ist auch keineswegs psychotisch. Man geht davon aus, daß die symbiotischen und einige Subphasenerlebnisse adäquat waren. Der Therapeut möchte die guten Selbst-Objekt-Erfahrungen in der Dyade festhalten. Das kann nur geschehen, wenn eine ausreichende Gewißheit besteht; andernfalls dichten wir dem Patienten eine falsche Biographie an.

Eine andere Patientin träumt, daß sie Schmerzen im Mund habe. Sie äußert spontan, so müsse es gewesen sein, als ihr die Brust weggenommen wurde. Hier ist eine gewisse Skepsis am Platze sowie eine genaue Selbstprüfung, um sicher zu sein, daß nicht das Interesse des Thera-

175

peuten am präverbalen Erleben von einer willfährigen Patientin aufgenommen wurde. Dennoch muß die Assoziation ernst genommen werden.

Ein Homosexueller träumt, daß seine Beine von einer Frau abgesägt werden.[1] Er assoziiert eine Frau, von der er weiß, daß sie bei ihrer Arbeit eine Säge benutzt. Die Therapeutin muß hier an Übertragung oder Objektwiederholung denken. Sie fragt den Patienten nach seinen Gefühlen während des Traums oder danach. Es gab keine. Es wirkt unwahrscheinlich, daß ein Mann auf der phallischen Stufe keine Angst empfinden würde, wenn es sich wirklich um einen Kastrationstraum handelte, wie es der manifeste Trauminhalt nahelegt. Die Traumempfindung könnte sich auf etwas anderes beziehen, doch die Patienten äußern sich gewöhnlich folgendermaßen: „Ich hatte einen schrecklichen Traum" – und das sind die Gefühle, die sich beim Erwachen einstellen.

Therapeutin: Beide Beine?

Patient: Ja. Weshalb fragen Sie?

Therapeutin: Was würde geschehen, wenn Sie keine Beine hätten?

Patinet: Ich könnte nicht gehen.

Therapeutin: Warum tut Ihnen eine Frau das an?

Patient: Wissen Sie, meine Mutter ließ mich niemals irgend etwas tun. Sie hatte soviel Angst, daß ich mich verletzen könnte. Ich hatte immer Angst vor jeder Art körperlicher Tätigkeit. Ich besaß niemals ein Fahrrad oder spielte Ball. Der Sport in der Schule war eine wahre Hölle für mich.

Therapeutin: Glauben Sie vielleicht, Sie träumen, daß Ihre Beine abgesägt werden, weil Sie dann solche Dinge nicht mehr tun müssen?

Patient: Das könnte sein.

Therapeutin: Eine Frau tut es. Ist sie ein Zimmermann? (Die Therapeutin muß herausfinden, ob die Traumgestalt ein Mann ist, der durch die Traumarbeit als Frau verkleidet erscheint, d.h. ob der kastrierende Vater dahinter verbirgt, oder ob es sich um eine vorwiegend dyadische Beziehung handelt.)

Patient: Nein, sie ist in Wirklichkeit Schaufensterdekorateurin.

Therapeutin: Wie sieht sie aus?

Patient: Sie hat kurzgeschnittenes Haar und läuft immer in Jeans herum.

Therapeutin: Was mache ich denn mit Ihnen?

Patient: Sie beschützen mich. Ich dachte gerade, abgeschnittenes

---

[1] Dieser Traum wurde von Jane Hall beigesteuert.

176

Haar, abgeschnittene Beine – das macht mich Ihnen ähnlich. O, jene Frau ist ein Schutzwall. (Die Selbstbilder werden nicht hinreichend von den Objektbildern einer allmächtigen phallischen Mutter unterschieden, die paradoxerweise ebenfalls kastriert ist.)
Therapeutin: Wovor beschütze ich Sie?
Patient: Ich würde Sie niemals verlassen. Ich wäre nicht in der Lage, aus diesem Raum zu gehen.
Therapeutin: Wäre das so gut?
Patient: Wahrscheinlich würde ich anfangen, Sie zu hassen.

Durch die Bearbeitung des Traums wurden also Ätiologie und die Ebene der Homosexualität bloßgelegt. Man betrachtet es nicht als erwiesen, daß die Fehlbildung in der Organisation sehr wahrscheinlich in der Mutter-Kind-Interaktion während der Übungssubphase ihren Ursprung hat. Man kann sich nur vornehmen, weitere Beweise dafür abzuwarten, daß die Mutter dieses Mannes bereits in der Übungsphase deren wichtigste Funktion zunichte machte. Die Interaktion führte zu Willfährigkeit, zur Absorption ihrer Angst in seine Selbstbilder und zu heftiger Wut. Da in dieser Entwicklungsphase normalerweise Selbst- und Objektbilder noch verschwommen sind, wurde die Unterscheidung der Geschlechtsidentität schwierig. Die Beziehung zur Therapeutin entspricht einer Objektwiederholung; sie stellt keine Übertragung dar, was durch den Wunsch nach Wiederholung der Verschmelzung mit dem Objekt deutlich wird. Es ist interessant festzustellen, daß die Therapeutin den Affekt, d. h. die Wut hervorlockte, um in der Wiederholung jenen vergessenen Aspekt der Interaktion aufzuspüren. Es wird der Therapie zugute kommen, daß diese Tatsache von nun an offen zutage liegt, denn sie erklärt die Willfährigkeit, Passivität und Homosexualität unter dem Aspekt der Einwirkung eines vereitelten Entwicklungsfortschritts auf die Organisation. Die Kastrationsangst wird also durch die abgesägten Beine symbolisiert, aber ein therapeutischer Eingriff auf dieser Stufe sollte so lange aufgeschoben werden, bis die durch den Traum enthüllte Fehlbildung in der Organisation eingehender bearbeitet worden ist und dem Patienten so geholfen werden kann, ein höheres Niveau zu erreichen. Auf sehr lange Sicht besteht Hoffnung, die Homosexualität direkt zu behandeln oder sie in den Entwicklungsschub einzuordnen. Eine junge Frau, deren Leiden auch damit zusammenzuhängen scheint, daß sie den Angelpunkt nicht erfolgreich bewältigen konnte, träumt, daß sie sich im Wohnzimmer ihrer Eltern befindet:
„Ich saß auf einem Stuhl. Ein kleines Mädchen von vielleicht zwei

oder drei Jahren umarmte mich. Meine Mutter stand mitten im Zimmer und drehte mir den Rücken zu. Das kleine Mädchen wendete sich plötzlich von mir ab und ging zu meiner Mutter hinüber. Sie zupfte sie am Kleid, um ihre Aufmerksamkeit zu erregen, aber meine Mutter sah sie nur gleichgültig an. Nach einem Weilchen wendete sich das Mädchen von meiner Mutter ab, kam zu mir zurück und legte seinen Kopf in meinen Schoß. Dann fand ich mich in einem Badezimmer wieder, wo ich die Wasserspülung betätigte, und ich hatte Angst, daß ich auch runtergespült worden sei."[2]

Die Patientin erkennt in beiden kleinen Mädchen sich selbst. Sie versucht, sich selbst gegenüber eine mütterliche, tröstende Haltung einzunehmen, doch gelingt es ihr nicht. Der manifeste Traum, einschließlich der Handlung und des Alters des Kindes, läßt auf Enttäuschung in der Wiederannäherungsphase schließen. Die Patientin berichtet, man habe ihr gesagt, daß sie ein unzugängliches Kind war. Der manifeste Traum kann nur zu einer Hypothese führen, die im Gedächtnis zu behalten für den Therapeuten von Nutzen ist. Sie ist noch nicht deutbar, kann aber vielleicht bei einer Deutung der Objektwiederholung verwendet werden, wenn sich in der therapeutischen Beziehung Gelegenheit dazu bietet. Sobald dies eintritt, wird der Therapeut daran denken und dadurch in der Lage sein, der Patientin zu helfen, mit der Enttäuschung in der Wiederannäherungsphase auf neue Weise fertig zu werden. Da wir uns hier auf unsicherem Boden bewegen, sollte der Therapeut nicht zu hastig vorgehen. Wir brauchen nicht nur mehr Anhaltspunkte; auch die Unzugänglichkeit in der Kindheit, von der die Rede war, muß berücksichtigt werden. Handelte es sich hier um eine Schwäche der angeborenen Fähigkeit, aus der Umwelt Nutzen zu ziehen? Vielleicht, obwohl normalerweise dadurch das symbiotische Erleben so geschädigt wird, daß eine Psychose die Folge ist. War das Kind wegen der Verschlossenheit der Mutter unzugänglich geworden? Hatte die Mutter ihre eigene Kälte auf das Kind projiziert und rationalisiert? Diese Frage kann noch nicht beantwortet werden; es müssen weitere Entwicklungen in der Therapie abgewartet werden.

Die folgende Geschichte wurde von einem psychotischen Adoleszenten erzählt. Da sein Denken weitgehend primärprozeßhaft ist, kommt ihr der Status eines Traums zu. Sie veranschaulicht, wie frühes, präverbales Leben rekonstruiert werden kann. Sie ist deshalb besonders nützlich, weil weder der Patient noch die Mutter die darin

---

[2] Dieser Traum wurde von Rena Shadmi beigesteuert.

enthaltene Information aus dem Gedächtnis hätte geben können.

„Da war eine Spinne, die spann ein großes Gewebe und fing eine Fliege. Die Fliege sollte gerade verspeist werden. Da kam jemand und zerstörte das Gewebe, erschlug die Spinne, die Fliege und alles."[3]

Die Mutter wird als Spinne identifiziert und der Vater als die Fliege. Von der Mutter weiß man, daß selbst ihre gegenwärtige Beziehung zu Sohn und Ehemann symbiotischer Art ist. Ihre parasitären symbiotischen Bedürfnisse sind in sehr hohem Maße für die Psychose des Jungen verantwortlich. Der passive Vater ist mit der ehelichen Beziehung einverstanden, weil sie seine eigenen symbiotischen Bedürfnisse befriedigt.

Die Geschichte zeigt, daß der Vater seine Funktion nicht wahrnahm, das Kleinkind aus der symbiotischen Einheit zu befreien. Normalerweise hätte dies irgendwann im Laufe des 2. Lebensjahres erfolgen müssen. Der Patient besitzt natürlich kein theoretisches Wissen, erklärt aber den Sachverhalt in dramatischer Weise durch seine Geschichte. Evident ist auch seine unbewältigte Wut und der Wunsch, beide primäre Objekte zu zerstören, weil sie nichts getan haben, um seinen verkümmerten Entwicklungsdrang zu fördern.

Zum Schluß präsentieren wir einen Traum, der zeigt, daß die phallisch-ödipale Position mit knapper Not von einer Organisation erreicht wird, die den Aufgaben dieser Phase nicht gewachsen ist. In diesem Fall wird aus dem phallisch-ödipalen Material, einschließlich der Träume, ersichtlich, daß Residuen aus den Subphasen vorhanden sind, die die Auflösung des Ödipuskomplexes erschwerten. Der Patient ist 34 Jahre alt und ledig. Er würde gern heiraten, hat aber Angst vor der Sexualität. Er kommt aus einer intakten Familie. Der Vater war weder besonders ermutigend in bezug auf männliche Identifikation und Strebungen noch behinderte er sie in besonderer Weise. Die Mutter war ein sicherer Hafen, wann immer man Enttäuschung, Frustration oder Angst empfand. Der Therapeut stellt sie sich im Geiste als eine Glucke vor, deren Flügel immer ausgebreitet sind, die immer für ihren Sohn da ist und ihm keine Gelegenheit gibt, Mechanismen zu entwickeln, um mit den kleinen Unbilden des Lebens fertig zu werden. Größere Traumata, etwa Trennung, Krankheiten oder auch nur negative affektive Erlebnisse, hat es nicht gegeben. Typisch für die Gefühlsarmut ist folgendes Beispiel: Als der Sohn aus dem Koreakrieg zurückkehrte, hatten die Eltern Theater-

---

[3] Dieses Material stellte Dr. Carolyn Saari bei einer Fallvorstellung an der Smith College School for Social Work zur Verfügung.

karten. Diese benutzten sie auch, so daß er seinen ersten Abend zuhause allein verbringen mußte.

Die Stunde beginnt recht planlos. Die Therapeutin wartet eine Weile.

Patient: Ich erinnere mich jetzt an einen Traum. Er ist verschwommen. Er hat etwas mit einem Möbelstück zu tun. Ich halte mich daran fest. Ich glaube, ich muß es retten, falls ein Feuer ausbricht.

Assoziationen: Wenn ich glaube, etwas festhalten zu müssen, denke ich an meine Genitalien. (Pause) Vorige Woche war ich bereit, auf sie zu verzichten, um so zu sein wie Sie.

Therapeutin: Das Problem liegt darin, daß Sie mir nahe sein und doch ihre Männlichkeit bewahren wollen. (Wegen der Neigung, Selbst- und Objektbilder zu verschmelzen.)

Patient: Da ist aber auch noch die Feuergefahr. Wenn ich zu nahe komme, werde ich erregt, zu heiß ... Es ist gefährlich. Ich weiß nicht, wie die Gefahr aussehen würde.

Therapeutin: Was Ihre Assoziationen Ihnen eben sagen.

Patient: Ich würde in Ihnen steckenbleiben.

Therapeutin: Warum?

Patient: Na, ich glaube, weil ich Ihnen nahe sein möchte.

Therapeutin: Wieso?

Patient: Ich würde nicht loslassen wollen. (Hier können wir beobachten, wie gleichzeitig an den Genitalien in der phallischen Phase festgehalten wird und bei stärkerer Regression am mütterlichen Objekt.) Ein Teil von mir möchte dort bleiben, und ich könnte mich nicht lösen.

Therapeutin: (Um das Verlangen nach Fortschritt zu unterstreichen) Aber Sie würden sich auch lösen wollen.

Patient: Sie und ich würden zusammenhängen. Dann würde ich mich lösen wollen. Dann möchte ich wieder zurück. Es dreht sich im Kreis.

Therapeutin: Können Sie diesem Kreis entrinnen? (Die Mutter ließ ihn nicht allein kämpfen.)

Patient: Wenn ich einmal drin bin, komme ich nicht mehr heraus. Das passiert gerade. Ich kann mir keinen Ausweg vorstellen. Am liebsten würde ich gehen. (Die Stunde ist noch lange nicht zu Ende.)

Therapeutin: Vielleicht gibt es eine andere Möglichkeit.

Patient: Wenn ich bleibe, wird meine Angst unerträglich.

Therapeutin: Versuchen Sie es. Vielleicht ist es nicht so unerträglich, wie Sie meinen, und vielleicht erfahren wir etwas.

Der Patient erkannte, daß er mehr Angst auszuhalten vermochte, als er geglaubt hatte. Man kann hoffen, daß dadurch sein Bedürfnis nach mütterlichem Schutz verringert wird, und daß er lernt, sich auf eigene Hilfsquellen zu verlassen. Später wird er lernen, mit der eigentlichen Kastrationsangst fertig zu werden.

In diesem Fall wurde das präverbale Erleben nicht unmittelbar wiedererweckt. Die Therapeutin befaßte sich mit der gesamten Subphaseninteraktion und reparierte jene Aspekte, die das Wachstum beeinträchtigten, insbesondere die Bereitstellung eines schützenden Hafens durch die Mutter, der ihm die Möglichkeit nahm, sich selbständig mit Konflikten auseinanderzusetzen.

Träume sind zwar nur eine von verschiedenen Möglichkeiten, präverbales Leben aufzudecken, doch könnten sie sich mit zunehmender Erfahrung mit dieser noch relativ unerforschten Nutzung von Träumen als die wichtigste erweisen. Träume werden täglich analysiert, um Erinnerungen aus dem verbalen Leben und an Gesprochenes zu wecken; es bedarf aber nur eines kleinen Schrittes, um das, was wir durch die Traumtheorie wissen, auch auf das präverbale Leben anzuwenden. Loewald (1977) beschreibt den Sinn der verbalen Mitteilungen des Analytikers an den Patienten wie folgt:

„Die verbale Deutung selbst als Hauptstütze psychoanalytischer Intervention nimmt Nebenbedeutungen und Aspekte von Bedeutsamkeit auf – dessen müssen wir uns als Analytiker bewußt sein –, die unmittelbarer auf jene ,magische' Macht und Bedeutung von Worten zurückgehen oder auf sie zurückgreifen, welche in der präverbalen und frühen verbalen Lebensphase wie im Echo und den Reaktionen des kleinen Kindes auf die verbalen Äußerungen der Eltern eine vorherrschende Rolle spielen."[4]

Es gibt nur einen kurzen Lebensabschnitt, in dem das Kind, das sich noch im koenästhetischen Dämmerzustand befindet und durch die Reizschranke geschützt ist, nicht auf Worte reagiert. Wenngleich es sie noch nicht wiederholen kann, hört es Worte, die in seiner Umgebung und zu ihm gesprochen werden. Das präverbale Leben ist demnach wirklich kurz, denn es dauert nur solange, bis das Kind gesprochene Worte hört. In diesem Sinne ist Loewalds Bemerkung zu verstehen, daß das Kind Sprache zuerst erlebt, indem es die Mitteilungen der Eltern hört. Das erklärt auch, weshalb die Patienten soviel Wert auf die „Magie" der Deutung legen. Was die Träume angeht, bedarf es keiner Revision der Traumtheorie, um nach präverbalem

---

[4] Unveröffentlichte Arbeit, die auf dem Margaret S. Mahler-Symposion in Philadelphia vorgetragen wurde.

Leben zu suchen, sondern lediglich einer Revision unserer Vorstellungen, wann das verbale Leben beginnt. Darüberhinaus muß der Therapeut mit gespannter Aufmerksamkeit zuhören, um Reflexe des frühen Lebens wahrzunehmen, sobald sie in Träumen oder anderem Material auftauchen.

Der pathologische Narzißmus spiegelt Defizite in der gleichzeitigen und wechselseitig befruchtenden Vervollkommnung des Selbstwertgefühls und der Achtung des Objektes wider. Die spezifische Form des Leidens resultiert aus der Art, wie der Organisierungsprozeß fortschreitet, wenn er nunmehr gezwungenermaßen die Folgen einer Entwicklungsstörung auf bestimmten Ebenen in sich aufnehmen muß. Das Geheimnis des Narzißmus und der Borderline-Zustände kann daher nicht in Verhaltensmanifestationen, sondern ausschließlich in Entwicklungsschicksalen gesucht werden. Daraus folgt also, daß weder die Borderline-Zustände noch der pathologische Narzißmus als solche diagnostische Einheiten sind, noch ist der Narzißmus nur ein diagnostisches Merkmal, sondern vielmehr ein solches der Entwicklung.

Pathologischer Narzißmus

Die normalen Entwicklungsaspekte des Narzißmus sind bereits erörtert worden. Jetzt wollen wir seine Pathogenität untersuchen, die unseres Erachtens am besten verstanden wird, wenn wir sie im entwicklungspsychologischen Zusammenhang betrachten. Der Narzißmus gibt sein Geheimnis nicht bereitwillig preis, wie Freuds Kampf um ihn beweist. Seine wiederholten Versuche, ihn zu verstehen, veranlaßten ihn zu vielfältigen Betrachtungsweisen: Er verknüpfte den Narzißmus mit der Libidotheorie, er trennte sexuelle Libido von Ich-Libido, er sah den Narzißmus in den narzißtischen Neurosen (Psychosen), im Größenwahn, in der Homosexualität sich widerspiegeln. Die Libidotheorie allein trägt in der Tat sehr wenig zur Erhellung bei. Die Lage besserte sich auch nicht merklich, als die duale Triebtheorie hinzukam. Das Geheimnis des Narzißmus ist umfassender als die Triebkraft allein. Er spiegelt die Schicksale der Triebreifung, der affektiven Entwicklung, von Strukturierung und Verinnerlichung insgesamt wider. Er ist ein wesentlicher, untrennbarer Aspekt des Organisierungsprozesses an sich.

Bei normaler Entwicklung bilden wiederholte Erfahrungen von Spannungsminderung Bündelungen undifferenzierter Selbst-Objekt-Bilder, die mit positiven Gefühlen besetzt werden. Schon in der symbiotischen Phase besteht ein pathogenes Potential, wenn die Symbiose nicht befriedigend genug ist, um eine solche positive Besetzung zu ermöglichen. Ein Defizit kann Folge eines Nichtzusammenpassens sein, weil der eine oder beide Partner der Dyade versagen. Diese Schicksale erwachsen aus der Unfähigkeit des Säuglings, in die symbiotische Einheit einzutreten, aus einem Ungleichgewicht der differenzierenden Triebstruktur, aus einem unzureichenden mütterlichen Beitrag zur Dyade oder aus Kombinationen sämtlicher Faktoren. Solche Mängel verhindern das Zusammenpassen, das Hartmann (bestätigt durch Mahler) für so wesentlich hielt, daß ihm sogar der Vorrang vor dem Anpassungsprozeß gebührt. Eine optimal befriedigende Einheit mit dem primären Objekt fördert die allmähliche Verschiebung der Besetzung auf das Außen, da antizipiert wird, daß die Objektwelt Spannungen mindert und lustvolle Erlebnisse bereitet. Die Lächelreaktion ist wiederholt als Beispiel für diese dramatische Wendung nach außen herangezogen worden. Wir können hier von unentwickelter Selbst-Objekt-Liebe sprechen, da die Differenzierung von Selbst- und Objektbildern noch nicht begonnen hat. Die noch miteinander verschmolzenen Selbst- und Objektbilder profitieren von positiven Gefühlsreaktionen und leiden unter pathogenen Bedingungen darunter, daß sie unzureichend sind. Wenn die Differenzierung zu den nächsthöheren Ebenen fortschreitet, ist ein Gleichgewicht von Libido und Aggression vonnöten, um eine gleichbleibende libidinöse Bindung aufrechtzuerhalten, während der aggressive Drang zur Loslösung das Individuum der psychischen Geburt immer näher bringt. Die Fähigkeit zum Umgang mit der normalen Trennungsangst entfaltet sich am besten, wenn sich die Triebe im Gleichgewicht befinden. Dann wird die »häppchenweise« (Tolpin, 1971) Bewegung in Richtung auf Unabhängigkeit und Meisterschaft erträglich, besonders weil ihr Mechanismen zur Selbstbesänftigung zu Gebote stehen, die mittels selektiver Identifizierungen erworben wurden.

So wie die Entwicklung kontinuierlich verläuft, bleibt auch die pathogene Gefahr bestehen. Wenn wir hier einmal innehalten, um Pathogenität zu beschreiben, entspricht dies dem Augenblick, in dem im Film eine Großaufnahme zu näherer Betrachtung einlädt. Diese »Großaufnahmen« auf verschiedenen Entwicklungsebenen innerhalb der kontinuierlichen Bewegung helfen klären, wie der pathologische Narzißmus anfänglich auf verschiedenen Organisationsstufen aussieht. Damit wird auch gesagt, daß wir diese Pathologie nicht als stabil betrachten, sondern als Resultat von Fehlbildungen, die an jedem beliebigen Punkt im Wachstumskontinuum auftreten können. Die Entwicklung schreitet nichtsdestoweniger fort, umfaßt aber nun auch Verzerrungen der Organisation. Diese Auffassung läßt die Möglichkeit offen, daß Verzerrungen auch andere Entwicklungsstörungen begleiten, daß sie von ihnen überschattet oder durch spätere günstige Entwicklungen zum Abklingen gebracht werden können. Unsere Ansicht über die Erscheinungen, die als *narzißtische Persönlichkeitsstörungen* (Kohut, 1971) und *Borderline-Persönlichkeitsstruktur* (Kernberg, 1975) bezeichnet werden, beruht darauf, daß Entwicklung so komplex, vielschichtig und von so vielen Faktoren positiv wie negativ beeinflußt ist, daß diagnostische Kategorien unser Verständnis für die pathologische Entwicklung und ihre Behandlung zu trüben pflegen. Sieht man Pathologie als Ergebnis von Fehlbildungen in der Organisation, bestätigt sich, daß Stabilität eine Folge des Organisierungsprozesses ist. Unter diesem Gesichtspunkt können pathologische narzißtische Strukturen und Borderline-Zustände als unsichere Anpassungsversuche angesehen werden. Narzißtische Störungen sind vielgestaltig. Jacobson (1966) beschreibt die kalte narzißtische Grandiosität in der Schizophrenie. Grandiosität charakterisiert auch das Kleinkind in der Übungsphase, um nur eine Entwicklungsstufe zu nennen, auf der dieser kindliche Narzißmus normal ist.

Geht man von einem Entwicklungsschema aus, kann keine einzelne Phase oder Subphase als Ort der narzißtischen Pathogenität bezeichnet werden. Mahler setzt spezifische Formen der Anfälligkeit für narzißtische oder Borderline-Störungen zu einer inadäquaten Entwicklung innerhalb der verschiedenen Subphasen des Loslösungs- und Individuationsprozesses in Beziehung. Sie ist der Meinung, daß jede Subphase ihren besonderen Beitrag zum normalen oder pathologischen Narzißmus leistet. Körperliche libidinöse Zufuhren sind insbesondere während der symbiotischen Phase wie in der Differenzierungs- und Übungsphase vonnöten. In der Übungsphase tragen Eigenliebe, primitive Wertschätzung von Leistung und Omnipotenz zur Narzißmusbildung bei; sie sind normal und für die weitere Entwicklung notwendig. Für Subphasendefizite sind sie anfällig. Die Subphase der Wiederannäherung wird als noch empfindlicher dargestellt. Ständige „subphasengerechte Bemutterung" ist erforderlich, wenn sich der Narzißmus normal entwickeln soll.

Der Narzißmus nimmt nicht nur dann pathologische Gestalt an, wenn seine phasenspezifischen Entwicklungsformationen behindert werden, sondern auch wenn er nicht im Gleichklang mit seinem Partner, der Objektliebe, voranschreitet. Wenn eine Seite dieser Zweieinheit in der fortschreitenden Entwicklung die andere überholt, wird der Organisierungsprozeß von nun an pathologische Richtungen einschlagen. Wird das Selbstwertgefühl einer übermäßigen Wertschätzung des Objektes geopfert, bleibt es in primitiver Form fixiert, während die nunmehr fehllaufende Organisation auf Störungen der Identitätsbildung zusteuern wird. Senkt sich die Waagschale in die andere Richtung, wird der Narzißmus auf Kosten der Liebesfähigkeit übersteigerte Formen annehmen und im Erwachsenenleben seine infantilen Verzerrungen widerspiegeln.

Der Narzißmus hat die Forscher, selbst Freud mit seinem scharfen klinischen Blick und kühnen theoretischen Geist, aus zwei Gründen in Verwirrung gestürzt: 1. Das pathologische narzißtische Arrangement ist so beschaffen, daß es sich gegenüber Versuchen, therapeutisch einzugreifen, als nahezu undurchdringlich erwiesen hat; 2. seine Anfänge liegen im frühen, präverbalen Leben und verraten seine Geheimnisse in einer Sprache, die wir bis vor kurzem nicht verstehen konnten. Nachdem wir nunmehr klinisch in einer besseren Position sind, um Reflexe präverbalen Erlebens wahrzunehmen, wenn sie in der therapeutischen Situation auftauchen, können wir über die frühen Ursprünge pathologischer narzißtischer Formationen nachzudenken beginnen.

Im folgenden wollen wir versuchen, den Ursprung der pathologischen narzißtischen Formationen zu den Stufen der Behinderung der Ich-Organisation in Beziehung zu setzen.

Im Borderline-Bereich hat die schädlichste Form des pathologischen Narzißmus ihren Ursprung in der symbiotischen Phase; sie ist das Resultat einer allzu kärglichen Befriedigung symbiotischer Bedürfnisse. Gewöhnlich war in solchen Fällen die Symbiose immerhin so befriedigend, daß die Psychose vermieden wurde, doch kaum ausreichend, um das Kind „mit beiden Füßen" in die Phase von Loslösung und Individuation zu befördern. Auch der entgegengesetzte Fall kann zu pathologischem Narzißmus und anderen Borderline-Zuständen führen. Was Mahler *parasitäre Symbiose* nennt, das Ergebnis einer übermäßig verlängerten und übermäßig befriedigenden Symbiose infolge eines pathologischen Bedürfnisses des mütterlichen Teils der Dyade, verhindert das „Ausschlüpfen" aus der symbiotischen Membran. Unter solchen Umständen wird die Entwicklung in vieler Hinsicht beeinträchtigt. Wenn jedes Bedürfnis antizipiert wird, wenn das Kind den Eindruck hat, daß man seine Gedanken lese und somit die Notwendigkeit, sich verbal zu äußern, entfällt, wenn das Objekt jederzeit verfügbar ist – sogar körperlich allzu nahe –, bleiben Ich-

Grenzen unscharf, und die Fähigkeiten des Ichs entwickeln sich kümmerlich. In solchen Fällen ist eine realistische Selbsteinschätzung kaum möglich. Der Eintritt in die Subphasen wird verzögert. Jacobson beschreibt die Notwendigkeit, an einem mittleren Punkt der Selbst-Objekt-Differenzierung vorübergehend an der entwicklungsmäßig normalen Illusion elterlicher Omnipotenz festzuhalten. Bei normaler Entwicklung wird diese Illusion allmählich der Realitätsprüfung unterzogen, wenn die Situation es erlaubt, sich der Wirklichkeit in kleinen und daher erträglichen Dosen zu stellen. Dann kann man es hinnehmen, daß die Eltern nicht nur gut und allmächtig sind. Wir zitierten Mahlers diesbezügliche Ausführungen, um zu zeigen, wie das Kind in diesem Stadium die Objektbilder in ganz positive und ganz negative aufspaltet, weil es der Entwicklung dient, die guten Objektbilder von den schlechten getrennt zu halten. Wenn die Lebensumstände die Bildung sicher etablierter positiver Objektbesetzungen erlauben, dann bieten diese ein Polster, das gelegentliche Dosen negativer Objekterfahrungen abfängt. Unter solchen glücklichen Umständen kann es sich das Kind sozusagen leisten, die Einbeziehung negativer Objektbilder in die Repräsentanz einer einzelnen Person zu gestatten und zu tolerieren. Zugleich mit der Verschmelzung der guten und schlechten Objektbilder gewinnen auch die Selbstbilder Kohärenz.

In weniger optimalen Situationen pflegt die Spaltung, die als normales Entwicklungsphänomen einsetzte, fortzubestehen, und die Entwicklung neigt zur Fixierung auf dieser Stufe, weil die guten Objektbilder bewahrt werden müssen. Das hat folgenden Grund: Wenn die Entwicklung etwa in der Mitte der aufsteigenden Skala der Differenzierung der Selbstbilder von den Objektbildern gestört wird, wird eine besonders empfindliche Stelle berührt, weil eine zu frühe oder zu abrupte Desillusionierung zu vorzeitiger Differenzierung führt. Hier kann pathologischer Narzißmus in Form einer verzerrten Selbst-Objekt-Einheit erzeugt werden, die aus Selbstbildern besteht, welche an der trügerischen Omnipotenz überidealisierter Objektbilder teilhaben. In diesem Fall wird das Selbst der Gelegenheit beraubt, sich kontinuierlich an Auseinandersetzungen mit dem realen Objekt zu beteiligen, weil es stattdessen ein allmächtiges Phantasieobjekt erschafft. Unter anderen Umständen, etwa bei ungewöhnlicher Begabung, werden pathologische narzißtische Formationen aus frühreifer Enttäuschung über das Objekt gebildet; Ich-Funktionen wie Erkenntnisvermögen und Realitätsprüfung versetzen das begabte Kind in die Lage, elterliche Mängel früh wahrzunehmen, d.h. während es ihrer

Omnipotenz noch zu seiner Entwicklung bedarf. Lichtenberg (1975) schildert, wie Selbstvertrauen, das wir für ein Merkmal des gesunden sekundären Narzißmus halten, geschädigt werden kann:

„Die häufig vorkommenden Identifizierungen dienen oft dem Ziel defensiver Verschmelzung oder einer Schutz bietenden massiven Einverleibung des Objekts; Selbstbilder ... die auf diese Weise entstehen ... behalten den Charakter primitiver Phantasien von einer pathologischen Vereinigung ... Es ist äußerst schwierig, derartige Identifizierungen mit einem konsistenten Selbst zu integrieren, das sich vom Objekt unterscheidet und eine klare Beziehung zur Realität unterhält" (S. 464). Die nachstehenden klinischen Beispiele erhellen die Spezifität des pathologischen Narzißmus und werden dazu führen, daß wir über Behandlungsmethoden nachdenken. Es ist nicht unsere Absicht, eine weitere konkurrierende Theorie vorzustellen, sondern lediglich zu zeigen, daß die vorhandenen Theorien das Rätsel des Narzißmus recht gut erklären.

Eine Patientin war achtundzwanzig Jahre alt, als sie mit der Behandlung begann. Sie vermochte nicht klar auszudrücken, was sie veranlaßt hatte, Hilfe zu suchen; sie hatte nur das unbestimmte Gefühl, daß in ihrem Leben etwas fehlte. Sie nahm an einem Fortbildungskurs teil, und ihre Freunde und Kollegen fanden sie großartig, weil sie Hervorragendes leistete. Sie selbst hegte unsichere und schwankende Gefühle hinsichtlich ihrer Tüchtigkeit und ihres Wertes. Wenn sie eine Beziehung mit einem Mann unterhielt, den sie bewunderte, fühlte sie sich am wohlsten. Endeten solche Beziehungen, empfand sie Leere und Selbstentwertung. Kernberg (1975) zufolge werden solche Gefühle der Leere durch schwache libidinöse Besetzungen hervorgerufen.

Interessant ist ihre Art sich zu verlieben. Einmal mußte sie für einen Tag ins Krankenhaus gehen, um eine Biopsie vornehmen zu lassen, die glücklicherweise keinen Befund erbrachte. Ein Mann, den sie kaum kannte, bot ihr freundlicherweise an, sie nachhause zu begleiten. Aus dem Bedürfnis heraus, ihn zu einem Zeitpunkt mit großer Macht auszustatten, als sie sich schwach und hilflos fühlte, verliebte sie sich sofort in ihn. Hierin spiegelt sich eine ungleiche Verteilung der Besetzung von Selbst- und Objektbildern wider. Während früher Entwicklungsphasen rechnen wir mit schwankender, ungleichgewichtiger Selbst- und Objekteinschätzung. Erst mit der psychischen Geburt nähert man sich einer gewissen Stabilität. Die bekannten Mechanismen der Projektion und Introjektion kommen hier ins Spiel. Man kann natürlich sagen – betrachtet man die eine Seite der Waage –, daß diese Patientin omnipotente Selbstbilder auf das Objekt projizierte. Die Vorderseite des Narzißmus wird erkennbar, wenn die Selbstbilder von als omnipotent wahrgenommenen Objektbildern durchtränkt sind. Jacobson hat dies bereits dargestellt. Integriert man ihre Theorie mit der Mahlers über die Subphasendefizite, kann man sagen, daß bei dieser Patientin bereits in der Übungsphase etwas nicht in Ordnung war, was sich besonders im übermäßigen Respekt vor den omnipotenten Objektbildern widerspiegelt – übermäßig sogar gemessen an der phasengerechten vorübergehenden Periode in der Kindheit. Im Vergleich mit dem normalen Ungleichgewicht in der Übungsphase, wo es zu einer Verschiebung in Richtung einer zeitweiligen, phasenspezifischen Selbstüberschätzung kommt, wird von der Patientin zuviel magische Omnipotenz auf das Objekt projiziert. Hier ist die Vermutung berechtigt, daß das Hochgefühl der Übungsphase weitgehend gefehlt hat. Mahler (persönliche Mitteilung) glaubt, daß ein Defizit in dieser Subphase, wenn es die narzißtische Entwicklung berührt, auf das schwache Interesse der Mutter am Körper des Kindes und auf ihre Unfähigkeit zurückzuführen sei, das vom Kind empfundene Hochgefühl bis zu einem gewissen Grade zu teilen. Wir könnten vermuten, daß das Kleinkind der Übungssubphase wegen seiner noch bestehenden relativen Abhängigkeit vom Objekt das Hochgefühl nicht in die Subphase der Wiederannäherung einbringen kann, wenn es nicht von der Mutter geteilt und bestätigt wird.

Die hervorstechenden Ereignisse in der Vergangenheit der Patientin waren folgende. Zwei Jahre vor ihrer Geburt verloren die Eltern ein Kind. Als sie sechs Monate alt war, starb ihre Großmutter mütterlicherseits. Sie war achtzehn Monate alt, als ihre Mutter operiert wurde, was einen dreiwöchigen Krankenhausaufenthalt erforderlich machte. Zwei Beispiele für die Interaktion mit der Mutter in der Latenzphase sollen zeigen, in welcher Weise sich die Mutter auf das Kind einstellte, was unseres Erachtens ihrem Charakter entsprach und sich daher in ähnlicher Form auch auf die frühe Kindheit auswirkte.

Als die Patientin etwa sechs Jahre alt war, nahm sie einen Zehndollarschein aus dem Portemonnaie ihrer Mutter und kaufte dafür eine Puppe in einem Spielwarengeschäft, das fünf Häuserblocks entfernt war. Ohne fremde Hilfe überquerte sie alle Straßen, darunter eine zehnspurige Hauptverkehrsader mit zwei Verkehrsinseln. Die Reaktion der Mutter bestand darin, sie zu loben, »weil sie so ein großes Mädchen« war. So bestätigte und unterstützte sie sogar noch das Allmachtsgefühl des Kindes und förderte die vorzeitige Loslösung. Man muß auch beachten, daß sie nicht nur über die Gefahr hinwegsah, sondern auch über das Stehlen. Wir können vermuten, daß dadurch die Überich-Bildung beeinträchtigt wird wie auch die Fähigkeit, mit ödipalen Belastungen angemessen umzugehen.

Als sie etwa zehn Jahre alt war, lief sie hinter einem Ball her auf die Straße und wurde von einem Auto umgerissen, das der überaus aufmerksame Fahrer gerade noch zum Halten brachte. Die Mutter, die sich im oberen Stockwerk aufhielt, hörte das Kreischen der Bremsen, blickte aus dem Fenster, sah, daß es ihr Kind war und fragte, ob alles in Ordnung sei; als das Mädchen das bestätigte, wandte die Mutter sich wieder ihrer Hausarbeit zu. Die Patientin erinnerte sich an diesen Vorfall als an einen Wendepunkt in ihrem Leben. Sie hatte das Gefühl, keine Mutter mehr zu haben. Unseres Erachtens verdichtet diese Erinnerung viele Mutter-Kind-Erlebnisse, und wir erfahren durch sie, daß lange vor diesem einzelnen Vorfall, in den sich ihre Enttäuschung eingekapselt hatte, keine Objektbeziehung mehr bestand. Das notwenige Gleichgewicht zwischen Selbständigkeit und Abhängigkeit vom Objekt fehlte.

Nach unserem Verständnis des Verhaltens der Patientin, scheint es, daß sie Liebe und Bewunderung nur solchen Personen gegenüber zeigen konnte, bei denen die Möglichkeit, eine wirkliche Beziehung aufzunehmen, minimal war. Als Liebhaber wählte sie stets beliebte, attraktive Männer, die man als »Nachtschwärmer« mit entsprechenden Talenten zu Objektbeziehungen bezeichnen konnte. Eine echte Objektliebe war auf diese Weise ausgeschlossen. Sie bediente sich solcher Beziehungen vielmehr, wenn ihr schwankendes Selbstvertrauen der Stützung bedurfte. Es schien, als ob Gegenwart und Kraft dieser Männer den Treibstoff lieferte, wenn ihr eigenes Selbstwertgefühl zu erlöschen drohte. Sie konnten nicht zu konstanten Objektrepräsentanzen werden, weil die Patientin diese Stufe in ihrer Entwicklung nicht erreicht hatte. Sie konnten ihr nur vorübergehend Beruhigung verschaffen, wenn sie sich leer fühlte.

Die Behandlung begann damit, daß sie dagegen opponierte, öfter als zweimal wöchentlich zur Stunde zu kommen – ein verteidigtes, pseudo-selbstgenügsames Arrangement. Dieses recht vertraute klinische Merkmal des Narzißmus hat es so schwer gemacht, sich dem Problem theoretisch zu nähern und genügend klinische Daten zu sammeln, um unsere Hypothesen zu untermauern. Wir bezeichnen diese scheinbare Selbstgenügsamkeit für den Augenblick als ein Arrangement, dessen Charakter wir zu erhellen beabsichtigen. Wer mit solchen Arrangements in der Praxis zu tun hatte, ist sich wohl bewußt, daß sie zwar unsicher sind, aber weit komplexer und extremer als eine bloße Fassade. Die Patientin erhielt reichlich Zeit, die Behandlung nach eigenem Belieben anzufangen. Die Aussicht auf eine intensive Beziehung zum Therapeuten bedrohte die narzißtische Lösung, die sie gefunden hatte, um mit den traumatischen Schäden bei den ersten Schritten zu Objektbeziehungen fertig zu werden. Man muß diese Angst allmählich reduzieren, indem man immer wieder zeigt, daß der Wunsch nach Verschmelzung allein vom Patienten ausgeht. Das erreicht man am besten, indem man nicht zuviel Eifer an den Tag legt, den Patienten zu schnell zu einer intensiven Behandlung zu veranlassen.

Die Patientin war Studentin im psychohygienischen Bereich, und daher erfüllte ein zufälliges Ereignis im Leben des Therapeuten ihr Bedürfnis nach Verschmelzung mit seiner »Omnipotenz«. Sie entdeckte ein Buch, das er geschrieben hatte, und benutzte es, um an seiner Größe teilzuhaben, die sie erheblich übertrieb. Eine Zeitlang sprach sie von ihm als dem »großen Dr. X.«. Aber sie achtete ständig mit äußerster Gespanntheit auf schwache Punkte, indem sie nach Anzeichen der Ermüdung suchte, einen nachdenklichen Blick als Stirnrunzeln deutete, während ein leichtes Räuspern ihrer Meinung nach eine ernstere Erkrankung des Therapeuten erkennen ließ. Die Frage erhebt sich, weshalb wir darin Anzeichen von Feindseligkeit erblicken – ein Gedanke, der einen automatisch in den Sinn kommt, wenn ein Patient so auffallend um das Wohl des Therapeuten besorgt ist. Für Patienten, deren Pathologie einer so frühen Entwicklungsstörung zuzuschreiben ist, ist es eine hypothetische Angelegenheit zu versuchen, mit Feindseligkeit, Ärger und Wut fertig zu werden, solange das Bedürfnis nach Vereinigung mit dem allmächtigen Objekt dominiert. Obwohl diese Affekte wirklich vorhanden sind, darf man sie nicht zu schnell ans Tageslicht bringen, weil dadurch nur die Beziehung gelockert und damit die vorzeitige Differenzierung verstärkt würde, die das auslösende Moment für die Pathologie war. Während der Behandlung gibt es einen Zeitpunkt, an dem negative Affekte sich äußern dürfen. Dieser Zeitpunkt ist gekommen, sobald ein ausreichendes Reservoir positiver Objektbesetzung vorhanden ist, so daß Wut ohne Angst vor Objektverlust toleriert werden kann. Wenn die libidinöse Beziehung aufrechterhalten wird, wird der Patient den Analytiker in den »closed shop«* der früheren omnipotenten Einheit einbeziehen. Diese Wiederbelebung in der therapeutischen Beziehung entspricht der Übergangsneurose der strukturier-

---

* Betrieb, der nur Gewerkschaftsmitglieder einstellt (Anm. d. Übers.).

ten Persönlichkeit und wird in ähnlicher Weise begrüßt, weil der Therapeut sie dazu benutzen kann, eine positive Besetzung aufzubauen und auf die Verzerrung hinzuweisen. Wenn das Ich sie korrigiert, kann eine ordentliche, aufsteigende Progression in der Entwicklungslinie der Selbst-Objekt-Beziehungen gefördert werden.

Wir wollen dies noch etwas vertiefen. Es versteht sich von selbst, daß wir niemals eine künstliche Situation schaffen. Hätte der Therapeut kein Buch geschrieben, hätte diese Patientin einen anderen Beweis für seine »Größe« gefunden. Jedem Therapeuten sind »Zufälle« bekannt, die auftreten, weil sie benötigt werden, und er weiß, wie er ihnen eine gute therapeutische Wendung geben kann. Ohne seine wirkliche Bedeutung zu beteuern, die natürlich wesentlich geringer war, als es die Überidealisierung der Patientin wahrhaben wollte, nahm der Therapeut im vorstehenden Fall dennoch die Aufforderung an, sich zum Teil der omnipotenten Einheit zu machen. Das besondere technische Hilfsmittel des »Mitmachens« entspricht dem Bedürfnis gewisser narzißtischer und Borderline-Patienten, lange beim guten Objekt zu verweilen. Dies ähnelt teilweise Kohuts Technik, leitet sich aber von einer anderen theoretischen Auffassung her. Wir sehen den Zweck in der Strukturbildung und meinen, daß dies mit einem entwicklungspsychologischen Bezugsrahmen übereinstimmt, der davon ausgeht, daß dem Patienten geholfen werden muß, vom pathologischen Narzißmus zum normalen Selbstwertgefühl zu gelangen, während der Organisierungsprozeß fortschreitet.

Wenn die Lebenserfahrung so beschaffen war, daß die Symbiose in parasitärer Weise übermäßig befriedigt und dadurch ein reibungsloser Eintritt in die Loslösungs- und Individuationsphase verhindert wurde, dann würden wir uns nicht in die omnipotente Einheit einbeziehen lassen. Hier muß man das Bedürfnis deuten, darf es aber nicht befriedigen – eine Art Abstinenz. Unser technischer Ansatz wird dadurch bestimmt, daß wir Fehlbildungen und Verzerrungen in der Entwicklung reparieren wollen, und daher halten wir es für angebracht, nur in solchen Situationen »mitzumachen«, wo die Ätiologie des Narzißmus in der Verweigerung von Nähe im phasengerechten Entwicklungsabschnitt zu suchen ist. Wir haben aber bereits darauf hingewiesen, daß dies nur eine von verschiedenen möglichen Stellen ist, an denen eine Entwicklungsstörung zu pathologischem Narzißmus führen kann. Wir müssen daher unsere Technik mit großer Vorsicht anwenden sowie unter sorgfältiger Berücksichtigung der exakten entwicklungsmäßigen Ursachen der Pathologie, wenn wir sie aufspüren können. Meistens müssen wir – da die Information, die wir benötigen, präverbal ist – im Verhalten in der therapeutischen Situation nach Fingerzeigen suchen, mit deren Hilfe die traumatische Situation rekonstruiert werden kann. Ähnlich der Wiederbelebung in den Übertragungsneurosen, werden die präverbalen Erlebnisse von narzißtischen und Borderline-Patienten in der therapeutischen Beziehung wiederholt. Es bedarf eines geschulten Ohrs, um den Widerhall früher Objektauseinandersetzungen und ihrer Verzerrungen zu vernehmen. Wenn wir aber auf diese Weise hören lernen, lernen wir auch den Punkt in der Entwicklung erkennen, wo die Schädigung erfolgte und die Pathologie ausgelöst wurde.

Aber wir sind nicht nur auf ein gutes Gehör angewiesen. Es gibt immer auch eine Geschichte, die eigene Angaben beisteuert, so daß wir diagnostische Hypothesen aufstellen und durch die Behandlung prüfen können. Im vorstehenden Fall erlauben uns Hinweise, die die Patientin zu geben vermochte, gewisse Vermutungen anzustellen. Wir schließen aus der Tatsache, daß ein Kind vor der Geburt der Patientin und die Großmutter mütterlicherseits kurz nach ihrer Geburt starb, daß die Mutter den eigenen verlorenen Objekten noch nicht die Besetzung entzogen hatte, d.h. daß sie noch trauerte. Wir können zwar nicht genau abschätzen, welche Art affektiver Beziehung sie zur Patientin herstellen konnte, aber wir können sicher sein, daß diese beträchtlich unter dem Optimum lag, und fühlen uns daher zu der Annahme berechtigt, daß die Symbiose entweder hinsichtlich ihrer Dauer oder ihrer Qualität beeinträchtigt war. Es wurde auch gezeigt, daß die Mutter die vorzeitige Individuation förderte und Subphasendefizite bestanden. Die mangelnde Einstimmung der Mutter wird an Beispielen aus der Kindheit und der Latenzphase dargestellt, an die sich die Patientin erinnern kann. Klinisch gesehen vervollständigt ihr Bedürfnis, den Therapeuten als »groß« zu betrachten, das Bild des pathologischen Narzißmus.

Der Therapeut ermutigte die Patientin, die Objektauseinandersetzungen an dem einzigen Ort, wo es ihr möglich war, wieder aufzunehmen, d.h. wo das Bedürfnis nach einer allmächtigen Selbst-Objekt-Einheit bestand. So gesehen wird das »Mitmachen« nicht nur durch Entwicklungsbedürfnisse umschrieben, es ist auch zeitlich begrenzt. Der exakte Moment in der Therapie in dem sich das Blatt gewendet hat, ist schwer zu erkennen. Er kann von einem entwicklungspsychologisch orientierten Therapeuten erahnt werden, der ständig auf die Phasenspezifität der Bedürfnisse des Patienten achtet. Er tritt in die allmächtige Einheit ein, um den Patienten zu einer weniger verworrenen Entwicklung zu führen. Wenn sich das Blatt wendet, ist es an der

Zeit, die narzißtische Verfügbarkeit zu verringern oder, anders ausgedrückt, Versagung, die das Wachstum fördert, in optimaler Weise zu üben. Der Patient wird so aufgefordert, die narzißtische Einheit zu verlassen und in die reale Welt einzutreten. Bei diesem Vorgang werden Verbindungen niemals gelöst; der Therapeut, der mit dem Patienten die omnipotente Vereinigung einging, als dies erforderlich war, stellt sich vielmehr nun zur Verfügung, um die Auseinandersetzung mit dem Objekt wiederaufzunehmen.

Dieser Fall zeigt das klinische Bild einer Situation, in der eine normale Entwicklung der Objektbeziehungen durch zu frühe Individuation und vorzeitige Differenzierung von primären Objektbildern behindert wird. Das führt dazu, daß der normale Verlauf zunehmender Wertschätzung der Selbstbilder gestört wird, weil die fortlaufende Auseinandersetzung mit dem Objekt in der Realität aufgehört hat. Stattdessen werden die Ressourcen der angeborenen guten Anlagen zur Schaffung einer omnipotenten Selbst-Objekt-Einheit verwendet, um den Schmerz zu lindern, den Enttäuschung und Getrenntsein bereiten. Es wird auf eine weniger differenzierte Position regrediert, aber nun erfolgt die Vereinigung mit einem phantasierten guten Objekt. Die Entwicklung steht nicht still, aber sie schreitet jetzt in verzerrter Weise fort. Insbesondere nimmt sie pathologische Formen an, wenn die psychosexuelle Reifung voranschreitet. Spitz' (1965) Begriff der Kumulation ist hier anwendbar. Die Merkmale der Erlebnisse in früheren Phasen werden in irgendeiner Form in das spätere Leben übernommen. Beim pathologischen Narzißmus werden sie durch das Aufhören der Auseinandersetzung mit dem Objekt geprägt; durch ihr Fehlen wird die weitere Entwicklung schwer beeinträchtigt. Der normale Vorstoß in die Subphase der Wiederannäherung, der so stark von der Trennungsangst und dem Wiederaufwallen des Bedürfnisses nach dem libidinösen Objekt abhängt, wird durch den Verzicht auf die Auseinandersetzung mit dem Objekt verhindert. Auf diese Weise beeinflussen Defizite in *einer* Subphase Form und Qualität späterer Subphasen von Loslösung und Individuation.

Die Überschätzung der nunmehr unzugänglichen Selbst-Objekt-Einheit verweist jedoch nicht auf ein psychotisches Arrangement. Die Realitätsprüfung versagt nur hinsichtlich der Selbst-Objekt-Beziehungen, bleibt aber in anderer Hinsicht intakt. Wir postulieren daher, daß *die entscheidende Schädigung der Organisation beim pathologischen Narzißmus eine solche der Entwicklung der Fähigkeit zur Realitätsprüfung im umschriebenen Bereich der Selbst-Objekt-Beziehungen ist.* Sie ergibt sich aus einem Defizit, das in jeder Phase oder Subphase eintreten kann, doch es ist der spezifische Ort der Verletzung, der ihr die besondere Form und Färbung verleiht.

Bei narzißtischen Arrangements auf einer höheren Entwicklungsstufe besteht ein qualitativer Unterschied, obwohl das klinische Merkmal der Verschlossenheit sie ähnlich erscheinen läßt. Hier ist nicht die Identität durch Verschmelzung bedroht, sondern die Intaktheit eines Arrangements, das nun als Abwehr gegen die Auseinandersetzung mit dem Objekt benutzt wird.

Ein 37jähriger Mann kommt zur Behandlung, weil ihm Freunde, die Therapeuten sind, gesagt haben, daß er sie brauche. Er hegt in der Tat auch Gefühle des Unbehagens, die ihn motivieren. Insbesondere beunruhigt ihn seine Unfähigkeit, eine feste Beziehung zu einer Frau herzustellen. Er würde gern heiraten und Kinder haben, aber er befürchtet, daß er sich zuviel Zeit läßt und vielleicht niemals eine Familie haben wird. Er ist attraktiv und Frauen interessieren sich für ihn, aber er macht niemals den ersten Schritt. Es ist nicht einfache Passivität, die ihn daran hindert; er sagt vielmehr, er wäre so tief verletzt, wenn eine Frau ihn zurückweisen würde, daß er wochenlang deprimiert wäre. Sein Selbstwertgefühl ist gering; er stützt es durch sorgfältige Pflege seines Äußeren und durch sportliche Betätigung, der er lustlos aber recht entschlossen nachgeht, um seinen Körper zu stählen.

Er war der mittlere von drei Söhnen einer Familie, die ziemlich zurückgezogen lebte. Sein Vater war ein leichter Alkoholiker, doch behinderte dies nicht seinen beruflichen Erfolg – dafür war er zuhause stets schlechter Laune. Er hatte keine Geduld mit seinen Kindern und bot ihnen wenig Kameradschaft. Er behandelte sie und auch seine Frau in Gegenwart der Söhne wie ein Tyrann. Die Kinder hatten Angst vor ihm, während ihn die Mutter schwächlich und masochistisch zu besänftigen suchte.

Über das Lebensnotwendige hinaus hatte sie unserem Patienten in der Kindheit wenig zu bieten. Übergangszeiten wie der Schulbesuch und ein eher zu früher Aufenthalt im Sommerlager wurden nicht erleichtert. Der Vater blieb teilnahmslos, und die Mutter erwartete von dem Kind, daß es diese Trennungen bewältigte, ohne sie mit seinen Gefühlen zu belästigen. Seine Brüder, die ähnlich behandelt worden waren, konnten ihm auch keinen Trost bieten. Es war eine Familie, die zwar unter einem Dach lebte, in der es aber keine Gefühlswärme gab. Die materiellen Lebensbedingungen waren günstig.

Der Patient glaubt, daß er spät zu sprechen begann. Wir vermuten, daß man ihn nicht ansprach; auch schien man nicht weiter zur Kenntnis zu nehmen, daß er sich von seinen Brüdern unterschied. Man hatte das Bild einer kalten, pflichtbewußten Mutter vor sich, die die körperliche Betreuung in emotional distanzierter Weise vornahm. Die Jungen wurden nicht als Individuen behandelt. Sie bekamen ihr Essen zu dritt, wurden in die Schule geschickt und Verwandten überlassen, wenn die Eltern verreisten. Hinsichtlich ihres Alters oder ihrer Fähigkeiten wurde kaum ein Unterschied gemacht noch wurden sie sehr oft mit Namen genannt – sie waren »die Jungens«.

Die Erinnerung des Patienten an seine Kindheit ist ein verschwommenes Bild von Einsamkeit und viel Angst. Die Angst begleitete ihn durch sein ganzes Leben, und sie bestand natürlich auch in der Behandlungssituation. Sie trat zuerst in seinen Beziehungen zu Frauen in Erscheinung, und zwar in zwei Phasen. Die erste Phase war, wie erwähnt, die der Annäherung. Die zweite Phase stellte sich ein, wenn sich die Beziehung soweit intensivierte, daß die Frau eine gewisse Beständigkeit erwartete. Obwohl der Patient bewußt heiraten wollte, geriet er in Panik, sobald eine Frau, mit der er sich mehrere Monate hindurch getroffen hatte, glaubte, daß er sie liebte. Er war nicht nur unfähig zu lieben, sondern er beendete eine Beziehung nach der anderen, sobald ein stärkeres Engagement von ihm erwartet wurde.

Nach vierjähriger Behandlung trat dasselbe Phänomen, ähnlich einer Übertragungsneurose, in der Behandlungssituation auf. Es war durch widerstandsähnliches Verhalten gekennzeichnet: Bewußte Gedanken wurden zurückgehalten aus Furcht, sich zu sehr mit dem Therapeuten einzulassen. Aber der Patient war involviert. Er kam regelmäßig zu den Stunden und schätzte die Therapie, hatte aber gleichzeitig Angst, daß sie zu sehr zu einem Bestandteil seines Lebens würde. Dann wollte er sich aus dem Grund zurückziehen, weil seine Freunde es für überflüssig hielten, daß er sein Geld auf diese Weise ausgab. Ihnen schien es, daß er ein ideales Junggesellenleben führte, um das sie ihn beneideten. Sie wußten nichts von seiner großen Angst und seinem geringen Selbstwertgefühl.

Die Behandlung erreichte eine Krise, als der Patient erklärte: »Ich habe mein ganzes Leben lang Angst gehabt. Ich bin daran gewöhnt. Ich weiß, was es bedeutet. Ich kann damit leben. Ich bin nicht sicher, ob ich damit leben kann, wenn ich anfange, mir etwas aus Ihnen zu machen.« Der Fall wird an jenem kritischen Punkt dargestellt, wo die relativ intakte Selbst-Objekt-Einheit – die narzißtische Formation – zu wanken beginnt. Dem Therapeuten wird ein gewisser Wert zugemessen, der die Selbstgenügsamkeit des narzißtischen Arrangements bedroht. Bevor dieser Punkt in der Behandlung erreicht war, sprach der Patient von seiner Angst nicht mehr so unbekümmert. Manchmal opponierte er gegen den Therapeuten, weil er ihn nicht von ihr befreite. Er beginnt nun zu erkennen, daß er sich mit dem Objekt wieder auseinandersetzen muß, wenn er gesund werden will, und er hat verständlicherweise Angst, diesen gigantischen Schritt in eine Beziehung mit einem anderen Menschen zu tun, in der er eine Wiederholung der narzißtischen Kränkung befürchten muß. Der Patient wird das Wasser prüfen müssen, indem er einen Zeh nach dem anderen hineintaucht.

Unter diagnostischen Gesichtspunkten glaubt man, daß das dyadische Erleben in der symbiotischen Phase adäquat war, daß der Patient aber in den Subphasen von Loslösung und Individuation einer widerstrebenden Mutter etwas hatte abbringen müssen. Er beschrieb die Methoden, durch die er zu vorzeitiger Selbstgenügsamkeit gelangte. Er wurde schon früh in den Subphasen von der kontinuierlichen Auseinandersetzung mit dem Objekt abgeschnitten, und ihm wurde auch in den Subphasen keine laufende Bestätigung seiner körperlichen und geistigen Errungenschaften zuteil. Es ist anzunehmen, daß die narzißtische Einheit sich etwa zur Zeit der Übungssubphase herausbildete, als sich die Mutter körperlich zurückzog – vielleicht weil es ein Schlag für ihren eigenen Narzißmus war, daß das Kind so offensichtlich unabhängig von ihr wurde. Daher war sie außerstande, über diese Entwicklungsstufe hinaus ausreichend auf es zu reagieren, und es versuchte daher, sich Bestätigung durch Pseudo-Selbständigkeit zu verschaffen. Solche Versuche, genügend narzißtische Zufuhren zum Aufbau eines gesunden Selbstwertgefühls sicherzustellen, sind zwangsläufig zum Scheitern verurteilt.

In einigen seiner Äußerungen bestätigte der Patient die wohlbekannte Verwandtschaft von Narzißmus und Homosexualität. Er war kein offener Homosexueller, stellte aber Phantasien darüber an, wie es wohl wäre. Im Zusammenhang mit seinen vielen Klagen über Frauen, hauptsächlich wegen ihrer physischen (genitalen) Mängel, akzeptierte er die Deutung, daß es ihm vielleicht leichter fallen würde, jemand seinesgleichen zu lieben.

Abb. 3 stellt die Bildung narzißtischer Einheiten auf verschiedenen Subphasenstufen dar und zeigt, wie diese die fortlaufende Auseinandersetzung mit dem Objekt an dem Punkt zum Erliegen bringen, wo die narzißtische Kränkung erlebt wird und anstelle der Selbst-Objekt-Einheit die Selbst-Selbst-Einheit gebildet wird.

Abb. 3

Stufen der pathologischen narzisstischen Formation

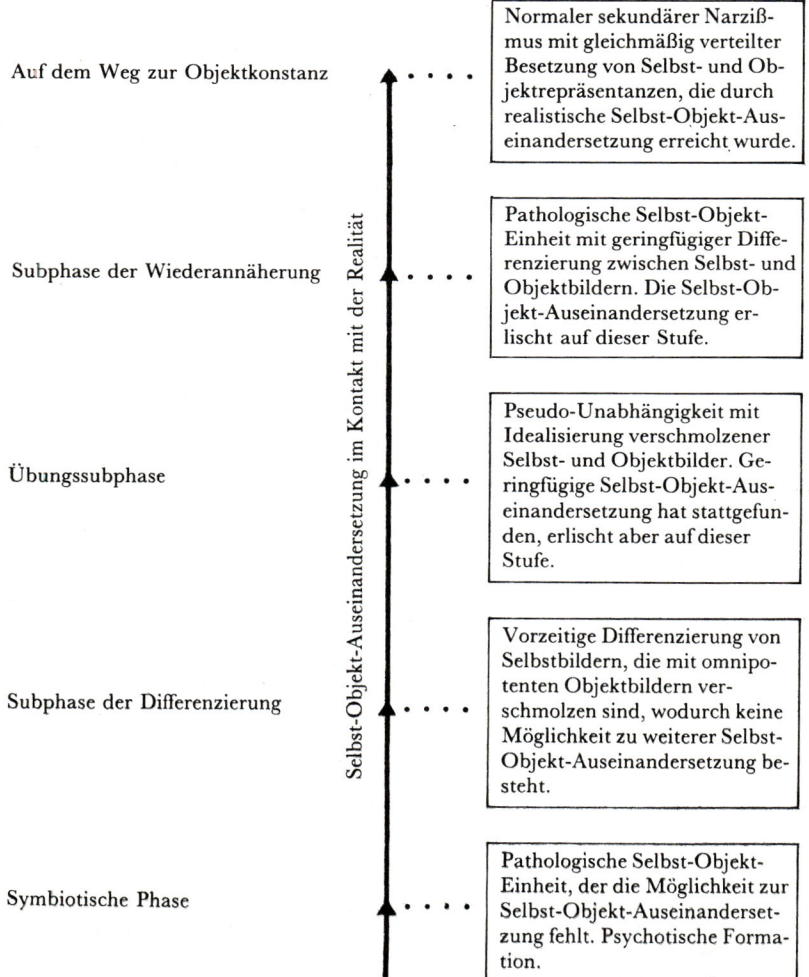

Auseinander-setzung mit dem Objekt in der Realität		Narzißtische Formation
Auf dem Weg zur Objektkonstanz	• • • •	Normaler sekundärer Narzißmus mit gleichmäßig verteilter Besetzung von Selbst- und Objektrepräsentanzen, die durch realistische Selbst-Objekt-Auseinandersetzung erreicht wurde.
Subphase der Wiederannäherung	• • • •	Pathologische Selbst-Objekt-Einheit mit geringfügiger Differenzierung zwischen Selbst- und Objektbildern. Die Selbst-Objekt-Auseinandersetzung erlischt auf dieser Stufe.
Übungssubphase	• • • •	Pseudo-Unabhängigkeit mit Idealisierung verschmolzener Selbst- und Objektbilder. Geringfügige Selbst-Objekt-Auseinandersetzung hat stattgefunden, erlischt aber auf dieser Stufe.
Subphase der Differenzierung	• • • •	Vorzeitige Differenzierung von Selbstbildern, die mit omnipotenten Objektbildern verschmolzen sind, wodurch keine Möglichkeit zu weiterer Selbst-Objekt-Auseinandersetzung besteht.
Symbiotische Phase	• • • •	Pathologische Selbst-Objekt-Einheit, der die Möglichkeit zur Selbst-Objekt-Auseinandersetzung fehlt. Psychotische Formation.

Selbst-Objekt-Auseinandersetzung im Kontakt mit der Realität

Auf jeder Stufe der narzißtischen Formation muß man hinsichtlich des Drängens nach intensiverem Kontakt, als toleriert werden kann, behutsam vorgehen. Solche Patienten brauchen nicht lange, um zu erkennen, daß sie trotz ihres verzweifelten Kampfes gegen die gefürchtete Abhängigkeit, doch recht abhängig sind. Bis zu diesem Zeitpunkt hat der Therapeut jedoch ein unaufdringliches Vertrauensklima geschaffen, und dem Patienten bleibt nichts anderes übrig, als die Notwendigkeit zur Kenntnis zu nehmen und das therapeutische Bündnis einzugehen. Das äußert sich zunächst in seiner Teilhabe an der Omnipotenz des Therapeuten. Der Therapeut muß dann um eine realistische Selbsteinschätzung bemüht sein, um zu vermeiden, daß ein *narzißtisches Bündnis* entsteht, wie Greenacre (1959) es nennt, das heißt ein Bündnis, das dem Narzißmus des Analytikers Nahrung gibt, indem er die Überschätzung und Überidealisierung durch den Patienten bereitwillig hinnimmt. Dennoch ist es erforderlich, das vorübergehende Bedürfnis des Patienten nach Vereinigung in der ihm einzig möglichen Weise zu akzeptieren.

Wie Freud vorhersagte, bietet die Ich-Psychologie die theoretische Lösung des Narzißmus-Problems, und wir glauben, daß diese allumfassende Theorie der menschlichen Entwicklung den Narzißmus zu erklären vermag, sei er normal oder pathologisch, wie sie so viele andere Aspekte von Normalität und Pathologie erklärt. Es besteht Aussicht, daß mit der Verfeinerung dieser Theorie vieles, was uns heute noch unbekannt ist, klar werden wird.

Die Borderline-Zustände

Über die recht verschwommene diagnostische Kategorie Borderline-Zustand bzw. Borderline-Organisation ist viel geschrieben worden. Die Bezeichnung Borderline – Grenzlinie – ist eine geographische Metapher, die zur Definition eines großen Bereichs benutzt wird, welcher auf der einen Seite durch die Neurose, auf der anderen durch die Psychose begrenzt wird – er wird also durch zwei Grenzen und zwei Linien definiert. Im allgemeinen Sprachgebrauch wird jedoch der ganze Bereich als Borderline bezeichnet, wir sind an diesen Sprachgebrauch gebunden und benutzen die in der Literatur üblichen Termini, um uns verständlich zu machen. Doch lohnt es sich, die Geschichte der Entwicklung des Begriffs Revue passieren zu lassen. Freud unterteilte die Pathologie in die analysierbaren Übertragungsneurosen und die unanalysierbaren narzißtischen Neurosen. Letzterer Terminus, der nicht mehr gebraucht wird, bezog sich auf jene Leidensform, die wir heute als Borderline-Zustände, pathologischen Narzißmus (ein Merkmal bei Borderline-Phänomenen) und Psychosen bezeichnen.

Im Bemühen, die vielfältigen klinischen Erscheinungen zu verstehen, die die Borderline-Zustände bieten, wurde dieser weitläufige Bereich der Psychopathologie in Untergruppen mit einer auswuchernden diagnostischen Terminologie eingeteilt, unter anderem etwa: schwere Neurose, Charakterstörung, leichte Schizophrenie, pseudopsychotische Neurose, präpsychotischer Zustand, schizoide Persönlichkeit, Als-ob-Persönlichkeit. Es gibt in diesen Fällen keine klaren Beweise für eine Psychose: keine Wahnideen, keine Halluzinationen, kein grobes Versagen der Realitätsprüfung. Die Terminologie veranschaulicht lediglich die bestehende Verwirrung. Rangell (1955), Berichterstatter auf der Panel-Diskussion über das Thema *The Borderline-Case*, die auf dem Kongreß der Amerikanischen Psychoanalytischen Vereinigung in St. Louis stattfand, berichtet, daß Zilboorg gesagt habe: »Wir scheinen etwas zu suchen, von dem wir noch nicht genau wissen, was es ist« (S. 285).

Ein besonderer Aktivposten der psychoanalytischen Methode ist die unbegrenzte Einstimmung auf die Produktionen des Patienten, die mit dem Terminus »gleichschwebende Aufmerksamkeit« so trefflich bezeichnet wird. So konnte es den Analytikern nicht entgehen, daß sich die klassischen Techniken bei einer ständig wachsenden Zahl von Patienten als unwirksam erwiesen. Exakte Beobachtung brachte zutage, daß die freie Assoziation in solchen Fällen nicht weiterhalf; oft führte sie zu unerwarteten und unerwünschten Resultaten. Die Regression konnte nicht auf die psychosexuelle Ebene beschränkt werden, und nachdem sich ein Erfahrungsschatz angesammelt hatte, mußten sowohl die Methode als auch die Probleme einer Überprüfung unterzogen werden. Es wurden Arbeitsgruppen gebildet, Symposien und Diskussionen abgehalten, deren vielleicht bemerkenswerteste sich mit den zahlreicher werdenden Indikationen zur Psychoanalyse (siehe 6. Kapitel) befaßte. Die Borderline-Zustände bzw. Borderline-Zustände mit neurotischen Zügen wurden dabei in dem Sinne erörtert, daß durch sie der Begriff der Analysierbarkeit möglicherweise erweitert würde. In dieser Diskussion wurde jedoch die Unterscheidung zwischen Psychoanalyse als Therapie und als eine Sammlung metapsychologischer Thesen verwischt, denn die Nützlichkeit psychoanalytischer Begriffsbildung, nunmehr eine immer umfassendere allgemeine Psychologie menschlicher Entwicklung, übersteigt bei weitem den begrenzten Status einer Neurosenbehandlung.

Die Ära der Ich-Psychologie brachte einen Durchbruch für das Verständnis der Borderline-Phänomene. 1971 erklärte Mahler ihre Ätiologie aus dem Versagen bei der Erfüllung der Lösungs- und Individuationsaufgaben – wie wir es nennen: einer Fehlentwicklung im Organisierungsprozeß. Das Wesentliche dieser Aufgaben in jeder Subphase des Loslösungs- und Individuationsprozesses erläuterte sie später noch präziser. Die Kontinuität der Entwicklung mit ihren Auswirkungen auf die Pathologie wird von Ritvo (1974a) wie folgt beschrieben:

»Unsere bessere Einschätzung der vielen Variationen und Fluktuationen im Normalbereich über die individuelle Entwicklung hinaus beeinflußt unsere Vorstellungen hinsichtlich Diagnose und Technik bei Borderline-Zuständen und Neurosen. Die Wahrscheinlichkeit ist geringer, daß wir in bezug auf ungenaue Krankheitseinheiten zu Prinzipienreitern werden, etwa daß die Borderline-Zustände etwas völlig anderes seien als die Neurosen« (S 164f.).

Es wird nunmehr anerkannt, daß die Borderline-Zustände nicht als *eine* Grenzlinie bestehen, sondern eine weitreichende Pathologie innerhalb zweier Grenzen darstellen. Neuerdings werden Krankheitsformen mit großem Interesse beobachtet, die nahe an der neurotischen Grenze liegen oder diese sogar mit einigen ihrer Merkmale überschreiten. Der Angelpunkt der Entwicklung (siehe Abb. 1) definiert exakt die Aufgaben, die beim Umgang mit dieser Grenze zu beachten sind. Die Nützlichkeit dieses Ansatzes liegt darin, daß man auch ohne Zuhilfenahme statistischer Angaben davon ausgehen kann, daß dem durchschnittlichen Praktiker eine überwiegende Zahl solcher Fälle vor Augen kommt, gleichgültig ob er sie nun als neurotisch mit Borderline-Merkmalen oder als Borderline-Zustände mit neurotischen Merkmalen klassifiziert. Das sind die Fälle, die ihre Organisierungskrisen eher in der Subphase der Wiederannäherung als in der voll ausgebildeten ödipalen Phase erreichen. Loewald (1974) stellt in Übereinstimmung mit Ritvo fest:

»... die scharfe Trennung zwischen den klassischen Neurosen und den Borderline-Zuständen oder narzißtischen Störungen ist unter klinischen Gesichtspunkten nicht gerechtfertigt. Man könnte sagen, daß Neurose und mangelhafte Entwicklung des Ichs miteinander vermischt sind, wobei in der Neurose der neurotische Konflikt überwiegt, bei den narzißtischen Störungen hingegen Entwicklungsdefizite« (S. 187).

Kernberg (1975) beschäftigt sich mit der Pathologie an der psychotischen Grenze und im Mittelfeld sowie an der neurotischen Grenze.

Für ihn sind die deskriptiven diagnostischen Merkmale der Einheit, die er als »Borderline-Persönlichkeitsstruktur« bezeichnet, verdichtete oder ineinander geschobene Ebenen fehlerhafter Entwicklung, geringer Frustrationstoleranz, geringer Angsttoleranz (die nichtspezifischen Ich-Schwächen), Benutzung primitiver Abwehrformen, etwa der projektiven Identifizierung[1] u. ä. Sein technisches Modell ist die Psychoanalyse der Neurose, wo die vorherrschenden Abwehren ausgewählt werden. Kernberg zufolge ist die wichtigste Abwehr der Borderline-Struktur die Spaltung. Das Ziel der Technik ergibt sich daraus mit logischer Konsequenz: Deutung der Abwehr und der primitiven Übertragungsparadigmen durch eine modifizierte psychoanalytische Psychotherapie, die in manchen Fällen zur eigentlichen Psychoanalyse führen kann.

Unsere Darstellung des Charakters der Borderline-Phänomene geht von der Position aus, daß der Organisierungsprozeß Differenzierung und Integration während der gesamten Entwicklung instrumentiert, vor allem aber in den Subphasen. Fehlbildungen, die dort auftreten können, werden dem kontinuierlichen Organisationsschwung einverleibt, wodurch dieser Prozeß in manchen Fällen schwerwiegend verzerrt wird, während sie in anderen Fällen von ihm mitgeschwemmt werden. Die von beiden Partnern der Dyade eingebrachten Ingredienzien und die Qualität der Interaktion entscheiden darüber, wie erfolgreich der Organisierungsprozeß den ödipalen Konflikt, die Latenzphase, Adoleszenz, Erwachsenenleben, kurz, den ganzen Lebenszyklus durchläuft.

Betrachten wir nun die technischen Implikationen und auch die Art, wie der Patient mit dem Therapeuten in der therapeutischen Situation umgeht, so hängt sehr viel davon ab, ob die Entwicklung ohne Regression unter unsere imaginäre Linie fortgeschritten ist. Hat eine Fixierung oder Regression auf Stufen der Ich-Organisation vor der dritten oder vierten Subphase stattgefunden, ist es wahrscheinlich, daß die Auseinandersetzungen mit dem Objekt klinisch als Suche nach Wiederholung der unerfüllten Wünsche der primären dyadischen Erfahrung in Erscheinung treten. Ein solcher Patient lebt sozusagen noch in der Unmittelbarkeit der dyadischen Beziehung.

---

[1] In der Bezeichnung *projektive Identifizierung* klingt mit, daß die Differenzierung der Selbstbilder von den Objektbildern mißlungen ist. Wir halten es für präziser, sie für das Phänomen zu verwenden, daß Selbstbilder als Objektbilder erlebt werden. Für die Anhänger von Melanie Klein bezeichnet der Terminus einen Differenzierungsgrad, von dem Entwicklungspsychologen glauben, daß er auf den primitiven Organisationsstufen, wo dieses Phänomen auftreten soll, unmöglich ist.

Die Kausalität wird durch Mahlers exakte Schilderung der Subphasenbedürfnisse und ihre Beschreibung der wichtigen minimalen Interaktion in der Dyade erklärt, die erforderlich ist, um der Psychose zu entgehen, einen gesunden sekundären Narzißmus zu erwerben, die Verinnerlichung zu fördern und Struktur aufzubauen. Patienten, die eine solche Wiederholung suchen, ist die Annäherung an die Objektkonstanz nicht gelungen, d. h. es fehlt ihnen an Struktur und verinnerlichten ganzen Selbst- und Objektrepräsentanzen. Daher müssen sie in der Unmittelbarkeit der Interaktion leben oder, um es klinisch auszudrücken, sie suchen nach der Wiederholung des primären Objekterlebnisses.

Wo eine Objektwiederholung angestrebt wird, müssen besondere Techniken entwickelt werden, die bei der stärker strukturierten Persönlichkeit nicht anwendbar sind. Die Einstimmung auf das Subphasendefizit ist wichtig, um über das therapeutische Vorgehen entscheiden zu können. Unsere Methodologie konzentriert sich auf das therapeutische Bündnis, bei dem Anzeichen einer Suche nach Objektwiederholung auftreten. Auf Einstimmung beruhendes Verständnis wird eingesetzt, um das Überwiegen feindseliger Gefühle gegenüber dem Selbst und den Objekten abzubauen. Es wird nach einer *Erklärung* für Entwicklungsschäden gesucht, und diese Technik wird der Konfrontation oder Deutung vorgezogen, vor allem in den frühen Behandlungsphasen. Aufdeckung, Deutung und vor allem das Erregen von Wut – insbesondere wenn ein Bedürfnis nach positiver affektiver Verbindung besteht – sind zu Beginn der Behandlung kontraindiziert. Wir reservieren sie für spätere Phasen, wenn sich der Patient mit unserer Hilfe erfolgreicher mit dem Angelpunkt auseinandergesetzt hat.

Wichtige Aspekte der Behandlung sind die Anregung schlecht funktionierender Ich-Apparate (siehe 2. und 7. Kapitel); die allmähliche Aufarbeitung der Wiederholung von infantilen Objekterfahrungen, wenn spezifische Subphasendefizite in der therapeutishen Situation erhellt werden; das Katalysieren von Entwicklungsprozessen, um die Organisierungsfähigkeit des Patienten zu stärken.

Bei der Betonung der Einstimmung als grundlegendes technisches Hilfsmittel bleiben wir uns stets bewußt, daß für den Fortschritt von Loslösung und Individuation sowohl eine optimal eingesetzte Frustration als auch eine positive Beziehung erforderlich sind. Weil gestörte Entwicklungsprozesse zu einer Fehlbildung in der Organisation geführt haben, muß das Bedürfnis nach Verbindung besonders beachtet werden. Das therapeutische Bündnis bietet beides. Der nicht verurteilende, interessierte, nicht kritisierende Therapeut ermöglicht die positive Verbindung, während die normalen Grenzen des therapeutischen Arrangements im allgemeinen genügend Frustration liefern. Wenn sich das Toleranzniveau erhöht, kann die Abstinenzregel in Kraft treten, wie ein Teil unseres Fallmaterials zeigt. Sobald das feindselige Ungleichgewicht durch eine positive Besetzung der Objekte abgelöst wird, ist es auch angebracht, sich mit wütenden Regungen auseinanderzusetzen. Was die Abwehr angeht, so ist sie eine Stütze der Organisation bei jeder Art von Fehlbildung. Es ist daher nicht wünschenswert, sie anzugehen. Wenn man mit dem gesamten Organisierungsprozeß arbeitet und Eingriffe, die mit den spezifischen Fehlbildungen zu tun haben, immer dort vornimmt, wo man sie aufspüren kann, wird die Organisation in die Richtung des Angelpunkts vorangetrieben. Dann erlangt ein stärkeres Ich die Fähigkeit, Signalangst zu empfinden, und es wird eine adäquate Abwehr erworben, ebenso wie andere höherrangige Funktionen. In der Zwischenzeit steht die Anpassungsabsicht gleichgültig welcher zuvor existierenden primitiven Abwehren im Brennpunkt des Bemühens um Ich-Bildung, und sie darf nicht in Frage gestellt werden, bis eine bessere Organisation erreicht ist.

Ein Patient, der im Lauf der Behandlung ein besseres Verhältnis zu seinen Eltern gewonnen hatte, besuchte sie und konnte sie nun besser verstehen. Der Therapeut, vielleicht übereifrig darauf bedacht, von dem zu profitieren, was als besseres Gleichgewicht zwischen positiven und negativen Gefühlen erschien, benutzte die Gelegenheit zur Erhellung jener therapeutischen Begegnungen, bei denen die Objektwiederholung noch bestand und der Patient die Aktivität des Therapeuten als feindselig mißdeutete. Der Patient sagte mit Recht: »Sie verstehen nicht. Ich habe Ihnen nie gesagt, daß mich meine Eltern zu gehorchen zwangen, indem sie drohten, mich zum ›Hügel‹ (dem örtlichen Waisenhaus) zu schicken. Ich fange nur an zu begreifen, wie ängstlich und wütend ich war.« So blieb der Frieden mit seinen Objekten unsicher, bis diese tiefere Schicht der Wut durchgearbeitet werden konnte. Währenddessen muß der Therapeut darauf gefaßt sein, daß es Wutanfälle in der therapeutischen Situation geben wird, und er wird den Stürmen trotzen müssen – bis der Patient immer wieder Dinge entdeckt, auf die er wütend sein kann, und so erkennt, daß dieser Affekt nicht durch den Therapeuten heraufbeschworen wird. Die Behandlung in dieser mittleren Phase geht nicht schnell voran, sie ist nicht leicht und selbst für den Therapeuten unbefriedigend. Diese Patienten sind schwerer geschädigt worden als Neurotiker, sie besitzen eine geringere Fähigkeit zur Realitätsprüfung wie zur Aufrechterhaltung einer echten Ambivalenz, und so verlieren sie für längere Zeitspannen den Unterschied zwischen dem Therapeuten und dem negativ besetzten primären Objekt aus den Augen.

Eine andere Patientin heiratet entgegen den Wünschen ihrer Eltern zum zweiten Mal. Gegen die Wünsche ihres Gatten unterzieht sie sich einer Berufsausbildung. Sie nimmt Stellungen in Firmen an, die gezwungen sind, ihre Tore ethnischen Minderheiten und Frauen zu öffnen, und hat außerordentlichen Erfolg. Aber es stellt sich kein Hochgefühl ein, weil es ihr fast völlig an narzißtischer Selbstachtung fehlt, vielleicht ausgenommen hinsichtlich der Art, wie sie sich kleidet. Aber obwohl sie darauf große Mühe verwendet, liegt ihr mehr daran, auf andere einen vorteilhaften Eindruck zu machen, als sich zu schmücken. »Wenn ich zuhause bin, mache ich mir überhaupt keine Gedanken darüber, was ich anhabe; wahrscheinlich sehe ich wie eine richtige Schlampe aus!« In ihrem Arbeitsleben ist sie eine elegant gekleidete Mitdirektorin einer bekannten Firma, aber ihr berufliches Selbst verschwindet fast augenblicklich, wenn sie Angst empfindet. Sie hat zwei Kinder, hat aber keine Freude an ihnen, weil ihr die narzißtische Selbstbestätigung, die sich auf Kinder überträgt, fehlt. So kommt sie ihrer Verantwortung lustlos nach.

Das Behandlungsproblem besteht hier im Aufbau einer positiven Besetzung der Selbstbilder. Die Bewunderung der Mutter für die Errungenschaften des Kindes in der Übungsphase scheint ihr gefehlt zu haben. Aus der Lebensgeschichte geht hervor, daß die Patientin von ihrem schlecht funktionierenden psychotischen Vater aufgezogen wurde, der zuhause war, während die Mutter durch ihre Arbeit die Familie ernährte. Das Ineinandergreifen verschiedener Entwicklungsstufen ist stets ein Faktor, der zu beachten ist. Im vorliegenden Fall wurde die Patientin durch die Probleme des psychotischen Vaters in ihrer Entwicklung ernstlich belastet, was zu schweren Fehlbildungen führte, offensichtlich aber die Organisation nicht am Fortschreiten hinderte. Der nächste Schritt wird sein, eine höhere Organisationsform (Strukturierung) anzustreben.

Das Ziel ist stets auf den Angelpunkt gerichtet und wenn möglich darauf, ihn zu überschreiten. Bei diesem Vorgehen kommt es darauf an zu entdecken, wo ein Rückstand in der Entwicklung zum Angelpunkt besteht und wo eine Förderung am aussichtsreichsten ist. Letzteres ist wichtig, weil mehrere Aspekte des Angelpunkts gleichzeitig gefördert werden können, da jeder Entwicklungsaspekt mit dem anderen zusammenhängt. Die Förderung der Affektdifferenzierung veranschaulicht dies. Der Patient, dem in diesem Bereich geholfen werden kann, erreicht im Laufe dieses Prozesses eine höhere Ebene der Objektbeziehungen. Funktionen, die zuvor an das Scheitern der Gesamtentwicklung gebunden waren, werden freigesetzt und können nunmehr autonome Ziele verfolgen. Das wird erkennbar, wenn Selbst- und Objektbilder positiver besetzt werden. Die Patienten kündigen den Fortschritt nicht unbedingt ausdrücklich an. Zwar tun sie es mitunter, doch häufiger erkennen wir ihn an der Beschaffenheit des therapeutischen Bündnisses, da Ich-Funktionen, Selbst-Objekt-Beziehungen, verminderte Feindseligkeit sämtlich höheren Organisationsformen einverleibt werden.

Der folgende Fall läßt die Art der Einstimmung auf Subphasenbedürfnisse deutlich erkennen:

Ein 40jähriger Mann begann die Behandlung, weil er durch die Beendigung seiner Ehe deprimiert war. Es war ihm fast unmöglich zu funktionieren oder bei seiner Arbeit Entscheidungen zu treffen. Er brauchte Marijuana sowohl zur Hebung seiner Stimmung als auch für seinen ängstlichen sexuellen Umgang mit verschiedenen Frauen, die ihm nicht viel bedeuteten. Obgleich ihn diese Frauen in unbestimmter Weise enttäuschten, fürchtete er das Alleinsein. Er unterhielt viele Beziehungen zu Frauen, verließ aber jede um der nächsten willen, die ihm vielversprechender erschien. Bei der Behandlung wollte er einmal mehr Zeit mit der Therapeutin verbringen, drohte aber ein andermal, die Behandlung abzubrechen, wenn er sich über sie ärgerte. Die Neigung zum Abbruch trat bei jedem enttäuschenden Austausch hervor, d. h. wenn er glaubte, die Therapeutin verstehe ihn nicht. Dann wurde er wütend, war enttäuscht und wandte sich ab. Es dauerte lange, bevor er zu entdecken begann, daß er so reagierte, weil er die Unvollkommenheit der Therapeutin erkannte. Er mußte den Ich-Zustand in jener omnipotenten narzißtischen Vereinigung während der Übungsphase und der frühen Wiederannäherungsphase wiederherstellen, der unterbrochen worden war, als seine Mutter schwanger wurde. Ein Bruder wurde geboren, als der Patient zwei Jahre alt war.

Als sich die dreijährige Behandlung ihrem Ende näherte, durchlief er in einigen aufeinanderfolgenden Stunden viele Stimmungen, zeigte vielerlei Verhaltensweisen und Formen des Austauschs mit seiner Therapeutin. Unbeholfen und zögernd begann er Neugier in bezug auf die Therapeutin zu äußern, was stets ein Anzeichen für bessere Objektbeziehungen ist.

Patient: Ich denke viel über Sie nach, besonders wenn ich nicht hier bin – an Wochenenden. Das sollte ich nicht tun.
Therapeutin: Warum »sollten« Sie nicht?
Patient: Es ist nicht richtig. Ich habe kein Recht, etwas über Sie zu erfahren.
Therapeutin: Was ist daran falsch?
Patient: Ich kann nicht immer bei Ihnen sein.
Therapeutin: Sie hegen allerlei Wünsche.
Patient: Ja, ich würde gern wissen, was Sie tun, wenn ich nicht hier bin. Ich würde mich Ihnen dann näher fühlen.

In einer anderen Stunde:

Patient: Ich fühle mich heute nicht wohl.
Therapeutin: Das tut mir leid. Was ist denn los?
Patient: Ich weiß nicht, aber ich erinnere mich, daß ich in der letzten Stunde glaubte, Sie fühlten sich nicht wohl.
Therapeutin: Also fühlen wir dasselbe?
Patient: (wird durch die Nähe beängstigt) Ich weiß nicht. Vielleicht weil es Ihnen so gefällt. Dann würden Sie mich mögen. Ich wäre ein guter Patient.
Therapeutin: Vielleicht ist das Ihre Art, mehr mit mir zusammen zu sein. Sie haben Angst vor diesen Wünschen.
Patient: Ich würde zu abhängig von Ihnen werden.
Therapeutin: Davor haben Sie Angst.
Patient: Ja. Ich könnte sogar sexuelle Gefühle bekommen. (Er errötet, fährt aber fort.) Ich mag Sie sehr gern. Das überrascht mich. Ihnen gefällt es wahrscheinlich. Vielleicht wollen Sie hören, wie gern ich Sie mag.
Therapeutin: Es ist Ihnen nicht klar, ob Ihre Gefühle mir oder Ihnen gelten. Wirklich, am wichtigsten ist es für Sie, Sie selbst zu sein, zu wissen, was Sie fühlen, ob ich nun dasselbe fühle wie Sie oder etwas anderes.
Patient: (erregt) Ja, das stimmt! Ich meine immer, ich müßte den Leuten zeigen, daß ich dasselbe fühle wie sie.
Therapeutin: Wenn Sie das tun müssen, bedeutet es, daß Sie sich über Ihre Gefühle im klaren sind.
Patient: Ja, aber ich habe Angst davor, und deshalb tue ich so, als fühlte ich wie die anderen.
Therapeutin: Kommen Sie den Menschen auf diese Weise näher?

Der Urlaub der Therapeutin rückte näher.

Patient: Ich fühle mich heute entfernter von Ihnen.
Therapeutin: Wissen Sie warum?
Patient: Nicht wirklich. Ich weiß nur, daß es so ist.
Therapeutin: Sie distanzieren sich?
Patient: Ja. So bekomme ich meine Unabhängigkeit zurück.
Therapeutin: Unser Ziel ist es ja, Ihnen zu helfen, wirklich unabhängig zu werden. Ist es das?
Patient: Ich wünschte, es wäre so. Ich befürchte, es liegt daran, daß Ihr Urlaub kommt.
Therapeutin: Sie ziehen sich also zurück. Wird es dadurch leichter?
Patient: Es hat immer so funktioniert. Ich betrachte Sie als Krückstock.
Therapeutin: Sie wissen, daß Krückstöcke nützlich sind. Sie erleichtern den Menschen das Gehen, bis sie ohne sie auskommen.
Patient: Werde ich jemals auf eigenen Füßen stehen? Sie sagen mir niemals, was ich tun soll, und doch fühle ich mich ohne Sie so verloren.

Der Patient schnaubte dann die Nase und sagte, er sei erkältet. Er fragte, ob die Therapeutin auch einen Schnupfen habe und ob sie deshalb vielleicht über das Wochenende im Bett gewesen sei. Durch Nachfragen war zu erfahren, daß er als Kind gesehen hatte, wie seine Mutter im Bett gelegen und der kleine Bruder sich an sie geschmiegt hatte. Er erinnerte sich, daß er ins Zimmer gehen wollte, vom Kindermädchen aber daran gehindert wurde. Er war wütend und fühlte sich mit einer Fremden als Betreuerin verloren. Er erinnerte sich auch, daß er der Mutter seine Bedürfnisse verständlich machen wollte. Er wünscht sich heute Frauen, die ihn vollkommen verstehen. Wenn sie das nicht tun, muß irgend etwas mit ihnen nicht stimmen. Der Wunsch, mit seiner Mutter zusammen zu sein, kann als eine Verdichtung von ödipalen und Subphasen-Organisationsstufen angesehen werden. Um die Reorganisation zu fördern, entschloß sich die Therapeutin, zunächst den Subphasen-Unterbau anzugehen. Das Verlangen nach Marijuana, um sexuell leistungsfähig zu sein, im Verein mit dem Gefühl, daß Frauen fehlerhaft seien, läßt an Fetischismus denken. Eine neue Dimension eröffnet sich, wenn wir den Wunsch nach Nähe und die feste Überzeugung verstehen, daß sowohl das Selbst als auch das Objekt mit Fehlern behaftet seien, weil die Trennung als physisches Auseinanderreißen empfunden wird. (Wir verzichten hier auf eine Diskussion der phallischen Implikationen, um uns auf den Subphasenaspekt zu konzentrieren.)

Deutlich werden auch die aggressiven Abwendungen vom Objekt: Mitunter sind sie durch Wut gekennzeichnet, häufiger aber lassen sie den Loslösungs- und Individuationsdrang erkennen sowie die Suche nach Identität trotz des Subphasendefizits (Deprivation), das den Wunsch nach Nähe fixiert. Die Therapeutin folgt jeder Zu- und Abwendung; sie »folgt« dem Patienten, indem sie sich auf jede seiner Bewegungen einstimmt. Dadurch ist sie, ob nah oder fern, immer bei ihm.[2]

Der folgende Fall zeigt, wie ein Subphasendefizit die Regulierung des Selbstwertgefühls beeinträchtigen kann.

Eine 35jährige Frau demonstrierte in bezeichnender Weise die Unfähigkeit, sich über ihre Leistungen und das Lob anderer zu freuen. Ihre Leistungen hielt sie für selbstverständlich, und nur die Probleme, die sie noch nicht gelöst hatte bzw. die Worte, die ihr nicht zur rechten Zeit eingefallen waren, waren von Bedeutung. Die Werte der Ziele, die sie anstrebte, verflüchtigten sich, sobald das Ziel erreicht war. Als die Patientin dieses Muster zu durchschauen begann, fiel ihr der Vergleich mit dem Hasen und dem Igel ein – sie erreicht ihr Ziel niemals. Das Selbstwertgefühl der Patientin blieb immer gering und wurde von äußeren Errungenschaften nicht berührt, da sie sie ihrer Selbstrepräsentanz nicht einverleiben konnte. Zu Beginn der therapeutischen Beziehung schien sie nach Anerkennung zu hungern, war aber sehr mißtrauisch. Sie glaubte nicht daran, daß es der Therapeut ehrlich meinte, wenn er ihr versicherte, daß sie anpassungsfähig sei, und sie fürchtete gedemütigt zu werden, sobald sie sich erlaubte, auf etwas stolz zu sein. Mit der Zeit dachte sie daran, diese selbsterniedrigende Haltung aufzugeben, fürchtete aber, daß der Therapeut sie demütigen würde. Die Patientin erinnerte sich lebhaft an wiederholte Demütigungen durch ihre Mutter, wenn sie etwas geleistet hatte und darauf stolz gewesen war. Ihre negative Haltung wurde daher als eine Anpassung an diese Demütigung angesehen – eine Abwehrposition, durch die die Patientin sich mit der negativen Reaktion des Objektes identifizierte und sie gegen sich selbst richtete, um das Objekt nicht zu verlieren. Diese Deutung erschien ihr glaubhaft; sie war aber unvollständig und konnte daher nur minimal genutzt werden, um bestehende Verinnerlichungen zu modifizieren.

Wir nehmen an, daß die Schwierigkeiten dieser Patientin mit dem

---

[2] Dieser Fall wurde von Toni Thompson zur Verfügung gestellt.

Eintritt in die Loslösungs- und Individuationsphase begannen. Es hatte den Anschein, als habe die Mutter mit den neuen Fähigkeiten des Kindes wenig anfangen können. Als Erwachsene konnte sich die Patientin offenbar den physischen Empfindungen, die mit der aufrechten Fortbewegung verbunden sind, mit großem Vergnügen hingeben. Sie trat einem Jogging-Club bei und nahm an den Wettläufen im Central Park teil; es scheint, als ob sie frühere Gefühle spielerisch wiederhole. Hält man sich ihre Defizite in der Übungsphase vor Augen, scheint ihr Verhalten als Erwachsene viel mehr zu bedeuten als eine Abwehrreaktion auf die Demütigung durch die Mutter. Es ist ein Beweis im Erwachsenenleben, durch die spätere Entwicklung sicherlich modifiziert, daß ihr das Erlebnis des Hochgefühls beim Üben nicht zuteil wurde, als Selbst und Objekt noch partiell verschmolzen waren. Bei einer besseren Interaktion hätte dies mit dem Fortschreiten von Loslösung und Individuation zu positiv besetzten Selbst- und Objektrepräsentanzen geführt und den Kern des Selbstwertgefühls bilden können.

In der Behandlungssituation spiegelten sich ihre Furcht und ihr Mißtrauen gegenüber positiven Reaktionen wider, die sie als Verführung zur regressiven Verschmelzung mit dem Objekt empfand. Sie erklärte: »Ich kann mir nicht erlauben, mich über das, was Sie sagen, zu freuen. Dann käme ich in Versuchung, an jedem Ihrer Worte zu hängen, und ich würde vollkommen an Sie gefesselt werden.«

Dieser Fall zeigt, daß das mangelhafte Selbstwertgefühl während der Subphasen entsteht und Defizite in der frühen Organisation jener Funktion der das Selbstwertgefühl regulierenden Komponenten des Überichs reflektiert, die nicht der Verhaltensregulation dienen. Wenn also ein Eingreifen therapeutisch wertvoll und wirksam sein soll, muß es sich an etwas anderes als das kohäsive Überich richten.[3]

Freud (1923) definiert das Überich als erste Differenzierung innerhalb des Ichs und als Erben des Ödipuskomplexes. Stellt man diese Definition in den Kontext psychoanalytischer Entwicklungspsychologie, ist das Überich als solches als Merkmal eines hohen Organisationsgrades anzusehen. Hartmann und Loewenstein (1962) führen aus, daß Überich-*Komponenten* die Ingredienzien darstellen, aus denen das Überich letztlich gebildet wird, daß sie aber nicht das eigentliche Überich sind. Die Identifizierung mit den Eltern und ihren erzieherischen Funktionen wird zwangsläufig zu einer Komponente der Überich-Bildung, aber es hängt sehr viel davon ab, ob diese Identifizierung

---

[3] Dieser Fall wurde von Susan Schneider zur Verfügung gestellt.

das Resultat einer allmählichen selektiven Identifizierung ist, oder ob es sich um den pathologischen Vorgang einer Verschmelzung von Selbst- und Objektrepräsentanzen, d. h. um die von Freud in *Trauer und Melancholie* beschriebene defensive Identifizierung handelt.

Wir müssen uns noch fragen, weshalb diese Fälle soviel Zeit beanspruchen. Die beschriebenen Aufgaben selber geben darauf die Antwort. Hinzugefügt werden muß ein besonderes Phänomen in der mittleren Phase einer langfristigen Behandlung des Borderline-Patienten. Wenn die Wut abklingt, weil es durch die positive Besetzung, die sich aus der gleichbleibend positiven Stimmung des Therapeuten ergibt, zu einem gewissen Gleichgewicht kommt, tritt bei diesen Fällen ein Stillstand ein. Der Patient fühlt sich in diesem wohltuenden Klima behaglich, sobald sich die Angst wegen der Trennung vom feindselig wahrgenommenen primären Objekt gelegt hat. Das mag eine jener Stellen sein, die von Laien als »Abhängigkeit« oder »Krücke« bezeichnet wird. Wir glauben eher, daß sie dem Bedürfnis des Kleinkinds in der Subphase entspricht, Entwicklungszeit zu »kaufen«, indem es in der Gemeinsamkeit mit dem guten Objekt verweilt. Die therapeutische Situation scheint in einer Flaute zu sein, aber es wird ein wichtiger Fortschritt gemacht. Patienten in dieser Phase der Behandlung beginnen sich vor der Beendigung zu fürchten, selbst wenn der Therapeut dieses Problem nicht vorzeitig anspricht. Sie wissen noch nicht, daß sie auch bleiben können, wenn es ihnen gut geht. Analytiker wußten schon vor langer Zeit, wie gefährlich es ist, eine Behandlung aufzunehmen, um Symptome zu kurieren. Freud (1912) glaubte, der Patient würde die Behandlung vorzeitig abbrechen, sobald sich nur die Symptome besserten, und dadurch der Gelegenheit zu einer strukturellen Veränderung verlustig gehen. Wir stellen fest, daß die geringer als neurotisch strukturierten Patienten lieber verweilen. Doch die bequeme Nische der Behandlungssituation muß als ein vorübergehendes Entwicklugnsbedürfnis akzeptiert werden. Wir haben es nicht erlebt, daß Patienten behandlungs»süchtig« wurden, wenn sich der Therapeut seiner Rolle als Katalysator der Entwicklung stets bewußt bleibt und die Eigenständigkeit des Patienten achtet.

Einer schnellen Heilung steht ferner entgegen, daß diese Patienten in ihrer ersten Entwicklungsrunde manche Erfahrungen der stärker neurotisch strukturierten Patienten nicht gemacht haben. Letztere können sicherlich regredieren, aber sie waren schon einmal dort, und sie werden durch die Analyse der Abwehrregression den Rückweg finden. Einer der wichtigen Entwicklungspfade, den der Borderline-

Patient nicht oder bestenfalls auf verschrobene Weise beschritten hat, sind triadische Objektbeziehungen, die früh beginnen und auf ein sicheres ödipales Niveau führen. Ebenso wie es Aufgabe der Mutter ist, die Entwicklung zu fördern, ist es auch die des Vaters (Abelin, 1971). Er vermittelt dem Kind Erlebnisse, die sich von den mütterlichen unterscheiden, und wird so zur ersten Person, die das Kind, Knabe oder Mädchen, so fesselt, daß es aus der ausschließlich dyadischen Beziehung »gelockt« wird (Greenacre, 1966). Seine zweite wichtige Aufgabe besteht darin, sich für die selektive Identifizierung und Verinnerlichung zur Verfügung zu stellen. Erst später wird er in der Vorstellung des Kindes zum ödipalen Vater. Damit aber die Entwicklung des Kindes reibungslos verläuft, müssen die zweite und dritte Aufgabe stärker als normalerweise angenommen wird von der ersten ausgehen. Es liegt auf der Hand, daß der Vater keine dieser Rollen ausfüllen kann, wenn er gänzlich abwesend ist. Besonders wichtig ist es, daß der Vater das Kind allmählich in die weitere Objektwelt einführt. Wir fragen uns hier, wie vielen phobischen Patienten Erlebnisse in der Kindheit vorenthalten wurden, die das »Liebesverhältnis mit der Welt« (Greenacre, 1957) gesteigert hätten. Da Forschung und Interesse in der triadischen Objektbeziehung mit der Übungsphase zusammenfallen, wird das Geheimnis der weiteren Welt das Kind fesseln, wenn seine Neugier geweckt wird. Solche entgangenen Erlebnisse können durchaus beim komplexen Problem der Phobienbildung eine Rolle spielen. Der Agoraphobiker würde sich vielleicht nicht vor dem Hinausgehen fürchten, wenn er in seiner frühen Kindheit allmählich von einer Bezugsperson in das Abenteuer des Lebens eingeführt worden wäre, wenn das Hinausgehen in die Außenwelt an der Seite eines bewunderten und bewundernden Erwachsenen eine lustvolle affektive Besetzung erfahren hätte. Wertschätzung des Selbst und des Objekts werden genährt und Unternehmungslust wird zu einer Eigenschaft der Charakterorganisation insgesamt. Man kann sie sich analog dem Erwerb der Signalangst vorstellen, die entsteht, indem man zuerst besänftigt und dadurch zur Verinnerlichung selbstbesänftigender Mechanismen befähigt wird.
Muß nun der Therapeut Entwicklungsaspekte nachliefern, die vernachlässigt wurden? Übernimmt er die Rolle der Mutter in der Dyade, die des Vaters in der Triade? Das sind wichtige technische Fragen, die in verschiedenen Kreisen verschieden beantwortet werden. Wir haben betont, daß die Organisation des erwachsenen Patienten nicht mit der des sich entwickelnden Kindes identisch ist und deshalb das Übernehmen der Elternrolle als allzu einfach erscheint.

Nichtsdestoweniger benötigen viele, wenn nicht alle Borderline-Patienten eine reparative Erfahrung. Wir würden sie so exakt wie möglich an dem Ort einsetzen, wo die Fehlbildung der Organisation begann; wir würden verbal Erfahrungen bieten, die entbehrt wurden, etwa die triadische, und zwar durch Erklärung und Entwicklung von Selbst-Empathie, wie bereits beschrieben. Nur mit großer Vorsicht und aus außergewöhnlich triftigen Gründen würden wir eine echte »reale« Beziehung aufnehmen. Der folgende Dialog zeigt, wie reparative Arbeit geleistet werden kann, ohne daß real gehandelt wird.

Ein Patient, dessen Vater die Familie verlassen hatte, als er noch ein Säugling war, phantasiert unter aktiver Ermutigung und Beteiligung des Therapeuten:

Patient: Ich werde mit meiner Büromannschaft Ball spielen. Ich wünschte, Sie kämen hin.
Therapeut: Ich wäre gern dabei. Wie wäre das?
Patient: Wenn wir darüber nur reden, ist es in Ordnung. Ich hätte Angst, wenn Sie wirklich dort wären.
Therapeut: Na gut, dann reden wir mal drüber.

Der Patient phantasiert weiter über das Spiel, was sie danach tun würden usw. Solche Phantasien können über viele Stunden hinweg ausgesponnen werden und eine reparative Wirkung haben.

Im folgenden Fall geht es um eine Frau, die einige wichtige Aspekte mütterlicher Betreuung in den Subphasen entbehrt hat:

Patientin: Ich sah ein schönes Haus, das ich gern kaufen würde. (Das überstiege bei weitem ihre Mittel, was ihr bewußt war.) Ich habe alles geplant. Da ist dieser große, sonnige Raum, den Sie haben können. Es sind Bücherregale drin, ein Schreibtisch, ein Kamin.
Therapeutin: Was würde ich dort tun?
Patientin: Sie können da sitzen und schreiben.
Therapeutin: Würde ich manchmal ausgehen?
Patientin: Nur wenn ich es Ihnen erlaube.
Therapeutin: Und wann wäre das?
Patientin: Wenn ich nicht zuhause bin. Aber Sie müßten wieder zurück sein, wenn ich komme.
Therapeutin: Würde ich etwas essen?
Patientin: Natürlich. Wir werden einen Koch haben, der Ihnen ein

Tablett bringt, während Sie schreiben. Aber manchmal würden Sie mir Tee und Toast bringen.
Therapeutin: Und wann wäre das?
Patientin: Wenn ich es brauche. Deshalb möchte ich Sie ja dort haben. Ich würde Sie ab und zu rufen. Aber ich möchte Sie nicht die ganze Zeit um mich haben. Nur wenn ich Sie brauche.

So beschreibt die Patientin, wie sie die mangelnde Einstimmung auf ihre Subphasenbedürfnisse beheben möchte, indem sie die Therapeutin »besitzt« und ihrerseits den Rhythmus des Kontakts bestimmt. Es ist bemerkenswert, daß die phantasierte Beziehung ausschließlich dyadisch ist. Die Therapeutin, als Mutter der sehr frühen Kindheit wahrgenommen, hat keine anderen Interessen, Objekte oder Bedürfnisse. Die einzige Konzession an die Realität besteht darin, daß sie beschäftigt sein muß. Da die Patientin weiß, daß sie schreibt, wird ihr der komfortable Raum zugewiesen, den sie sicher nicht verlassen möchte, um herumzustreifen oder andere Bedürfnisse zu befriedigen. Phantasien solcher Art sind nur nützlich, wenn die Realitätsprüfung intakt und der Therapeut sicher ist, daß keine sogenannte »Übertragungspsychose« die Folge sein wird.
Lange Zeit vertrat die psychoanalytische Theorie die Auffassung, daß die psychische Struktur durch eine gegenwärtige Beziehung nicht zu ändern sei. Doch zwei Umstände führen zur Änderung dieser Ansicht: 1. Wir haben heute in höherem Maße mit Patienten zu tun, deren Strukurierung unvollständig ist; 2. Entwicklung findet während des ganzen Leben statt. Wie Loewald gezeigt hat, sind selbst relativ gut strukturierte Patienten neuen Erfahrungen nicht abgeneigt. Bei den Borderline-Zuständen, insbesondere auf niedrigeren Stufen, trägt die Erfahrung die Behandlung. Wir zeigen, daß die reparative Erfahrung ihrem Wesen nach etwas völlig anderes ist als eine reale Erfahrung. Die Bereitschaft des Therapeuten, die Phantasie weiterzuspinnen, wird zum identifizierenden Merkmal, das dem Patienten dazu verhilft, die Befriedigung eines Subphasenbedürfnisses zu erleben. Wir erwarten dabei, daß Selbstbilder mittels selektiver Identifizierung eine positivere Besetzung erlangen.
Im wesentlichen weist die Entwicklungstheorie der »Borderline«-Kategorie keinen besonderen Platz zu. Kernbergs Terminus *Borderline-Persönlichkeitsstruktur* ist glücklich gewählt, will man unterstreichen, daß die Pathologie auf einer Fehlbildung des Organisierungsprozesses beruht. Wir sind aber nicht in der Lage, sie als diagnostische Einheit zu betrachten. Viele dieser Patienten demonstrieren, daß

214

Funktionen auf hohem Niveau wahrgenommen werden können, während sich die Entwicklungsvorgänge auf niedrigem Niveau bewegen – klinischer Ausdruck der vielfältigen Verflechtungen in der Entwicklung. Grundsätzlich muß, wie wir wiederholt betont haben, die Fehlbildung in der Organisation therapeutisch angegangen werden, ohne Rücksicht auf die diagnostischen Kategorien, deren Benutzung zeitweise zum Zweck der Verständigung unter Therapeuten notwendig ist. Es ist interessant, auf die Panel-Diskussion der Amerikanischen Psychoanalytischen Vereinigung im Jahre 1955 zurückzublikken (Berichterstatter Rangell). Damals befürwortete Zilboorg eine Rückkehr zum »Goldenen Zeitalter der psychologischen Neugier« (S. 286), um nicht auf die Nosologie zu schauen, sondern auf die innere Struktur des psychischen Apparats des jeweiligen Individuums. Die psychoanalytische Entwicklungspsychologie, wie sie sich so viele Jahre nach jenem Panel entfaltet hat, bestätigt Zilboorgs Auffassung, indem sie nunmehr die theoretische Unterstützung liefert, die ihm seinerzeit nicht zur Verfügung stand.

12

**Techniken der
Ich-Bildung**

Reduziert man die Ich-Bildung auf ihre Grundlagen, so besteht sie aus einer Anzahl technischer Maßnahmen, die sich auf das Organisationsniveau des Patienten stützen und dazu bestimmt sind, den Organisierungsprozeß voranzutreiben. Die Feststellung des Organisationsniveaus erfolgt anhand des Angelpunkts der Entwicklung, wie er im 5. Kapitel beschrieben wurde. Grob gesprochen kann man sich drei Ebenen vorstellen: die schwach strukturierten Individuen; jene, deren Niveau sich um den Angelpunkt bewegt und die den Großteil der ambulanten Borderline-Fälle ausmachen; sowie jene, deren psychische Organisation über den Angelpunkt hinausgelangt ist, die also überwiegend neurotisch sind. Die Werkzeuge der Behandlung im Repertoire des Analytikers oder Therapeuten reichen von den im klassischen Sinne psychoanalytischen bei intakten Strukturen zu einer Anzahl von Eingriffen, die wir für Organisationen auf Borderline-Niveau ausgearbeitet haben. Diese Eingriffe umfassen die Reparatur von Fehlbildungen in der Organisation, die von Subphasenerlebnissen herrühren und daran zu erkennen sind, inwieweit die Auseinandersetzungen um den Angelpunkt der Entwicklung erfolgreich waren oder gescheitert sind.

Theoretische Determinanten technischer Eingriffe

Im folgenden handelt es sich um technische Richtlinien:
1. Die Ich-Bildungstechniken wurden aus der Gesamtheit der psychoanalytischen Entwicklungspsychologie entwickelt, insbesondere anhand der Organisierungsprinzipien, die wir von Freuds Definition des Ichs abgeleitet haben, der Neudefinition Hartmanns, dem Spitzschen Begriff der Organisatoren der Psyche und Mahlers Formulierung eines neuen Organisierungsprinzips. Ihnen fügen wir unsere These hinzu, daß das Ich ein Organisierungsprozeß ist. Zusammengenommen verlangen sie, daß die Therapeuten ihre Interventionen der Förderung dieses Prozesses widmen.
2. Eine Fehlbildung in der Organisation des erwachsenen Patienten spiegelt sich nicht direkt wider, sondern in Form verzerrter, ineinander geschobener und kondensierter Varianten, die klinisch in wech-

selnden Stadien von Exazerbation und Remission in Erscheinung treten. Dabei handelt es sich nicht um exakte Kopien der Fehlbildungen, wie sie in der ersten Entwicklungsrunde auftraten. Spitz' Entdeckung, daß die Entwicklung von der Geburt an kontinuierlich verläuft, wie ihm die Organisationsindikatoren bewiesen, ist hier außerordentlich nützlich. Verbindet man sie mit Mahlers Beschreibung der Subphasen der Loslösungs- und Individuationsphasen, ist man in der Tat versucht zu glauben, daß man Entwicklungsanzeichen konstruieren könnte, um sie als diagnostische Abgrenzung von Fehlbildungen in der Organisation zu benutzen. Eine Zeitlang hofften wir das. In einem der vorgenannten Fälle verweisen wir auf das fehlende Hochgefühl, das Kennzeichen der Übungsphase. Kann daraus geschlossen werden, daß die Fehlbildung ihren Ursprung in der Übungssubphase hatte? Wahrscheinlich, aber es sagt uns zu wenig darüber, wie sich der Organisierungsprozeß nach dieser Subphase entwickelt hat. Die Patientin, in vielen Lebensbereichen so tüchtig, wies im Erwachsenenleben beträchtlich mehr auf als nur einen Schaden aus der Übungssubphase. Mahler stellt fest, daß selbst bei Kindern bis zum Alter von etwa 20 Monaten der Entwicklungsprozeß so komplex und einzigartig verlaufen war, daß ihr Forscherteam die gewonnenen Daten nicht mehr in allgemeine Kategorien einordnen konnte. Auch Spitz (1965) steht vor einer ähnlichen Schwierigkeit. Er schreibt:
»Es ist schwierig, wenn nicht unmöglich, eine Formel zu finden, die das vielgestaltige, ruhige Kommen und Gehen, die unhörbaren und unsichtbaren Strömungen, zugleich machtvoll und sanft, die in diesen Beziehungen leben und weben, zum Ausdruck bringen könnte. Man kann nicht genug betonen und nicht zu oft wiederholen, daß die Objektbeziehungen sich als ein ständiges Wechselspiel zwischen zwei sehr ungleichen Partnern ... abspielen, daß jeder Partner die Reaktionen des anderen hervorruft, daß diese interpersonale Beziehung ein Feld von Kräften schafft, die sich ständig verändern« (S. 218).
Er beschreibt auch einen Zyklus aus Aktion-Reaktion-Aktion, der in gewissem Sinne die eigentliche Grundlage der Entwicklungsdiagnose und der Ich-Bildungstechniken bildet. Damit wird klargestellt, daß man sich Entwicklung nicht als eine Reihe vorstellen kann, die von 1 bis 10 geht und im Falle von Fehlbildungen 1-2-3-6-7-8-10 lauten würde, weil 4, 5 und 9 unvollkommen sind. Vielmehr ruft jede Aktion und Reaktion eine neue Aktion hervor, die größer ist als die Summe der Teile der anfänglichen Aktion und Reaktion. Dadurch wird wiederum ein noch komplexeres Element eingeführt, das in den Prozeß eintritt und im nächsten Zyklus von Aktion-Reaktion-Aktion

zum Aktionsfaktor wird. Diese exponentielle Wirkung von Fehlbildungen in der Organisation war klinischen Beobachtern seit langem klar. Kris (1956a) beschreibt Ereignisse aus dem Leben eines Kindes und stellt Überlegungen an, wie diese in erheblich abgewandelter Form in der Analyse desselben, inzwischen erwachsenen Menschen auftauchen würden. Kris glaubte, daß die Erinnerung an Kindheitserlebnisse sich aus Verzerrung und Verdichtung ergibt, aus dem Ineinanderfließen späterer und früherer Ereignisse sowie hinzugefügten Phantasien. Diese zu entwirren, ist eine der zahlreichen Aufgaben, für die wir die ständige Teilnahme des Patienten an der therapeutischen Arbeit benötigen, um die vielen Elemente zu ordnen, die in eine »Erinnerung« einfließen. Kris spricht davon, daß auf diese Weise dem Patienten seine wirkliche Biographie wiedergegeben werde. Das besagt nicht, daß die kumulative Wirkung des Organisierungsprozesses ein pathologisches Phänomen sei, sondern lediglich ein Merkmal dieses Prozesses selbst. Daher muß der Vergleich mit dem Entwicklungsprozeß der Kindheit exakt konstruiert werden und darf nur als Vergleich dienen, da andernfalls die Theorie durch allzu einfache Transponierung auf die Behandlung erwachsener Patienten falsch angewendet wird. Die Entwicklung in den Subphasen, wie sie sich im Verhalten erwachsener Patienten widerspiegelt, dient als Richtlinie zum Verständnis der Auswirkungen der Interaktion in der dyadischen Begegnung, insofern sie den Organisierungsprozeß beeinflußt hat und in späteren Organisationsformen in Erscheinung tritt. Es ist wenig wahrscheinlich, daß sie sich beim normalen oder kranken Erwachsenen als simple Kopie zeigt. Es ist auch darauf zu achten, daß mit fortschreitender Entwicklung günstige Umstände frühere, potentiell pathologische Formationen korrigieren können. So müsen wir die Schicksale der ersten Runde von Loslösung und Individuation, der postinfantilen Entwicklung in der Latenzphase, Pubertät, Adoleszenz und Erwachsenenleben in Betracht ziehen und auch die Lebensverhältnisse einschließen, da alle diese Umstände zu weiteren Mutationen bereits bestehender Verzerrungen im Organisierungsprozeß, aber auch zu ihrer Korrektur beitragen können.
3. Jedes Individuum ist das einzigartige Produkt der Interaktion seiner angeborenen Veranlagung mit dem mütterlichen Einfluß im dyadischen Erleben. Damit wird Mahlers Organisierungsprinzip wiederholt und unterstrichen, daß es nicht zwei Individuen gibt, die völlig gleich sind.
In der Vergangenheit wurde die angeborene Veranlagung des Kindes zu verschiedenen Zeiten unterschiedlich betrachtet. Vor Kraepelin

wurden »krankhafte Anlagen« (Mendelson, 1974) postuliert, um ein Verhalten zu erklären, das man in Wahrheit nicht erklären konnte. Wußte man aber gar nicht weiter, mußte stets die Vererbung herhalten. Als mit fortschreitender Theoriebildung die Bedeutung der psychischen Betreuung durch die Mutter entdeckt wurde, konnte man sie für die pathologische Entwicklung des Kindes verantwortlich machen. Selbst Spitz glaubte an psychotoxische Störungen, die darauf beruhten, daß die Mutter ihre Angst auf das Kind übertrug, das als psychophysiologisches Wesen darauf mit psychosomatischen Symptomen reagiert. Er hatte zweifellos recht; betrachtet man aber die Veranlagung des Kindes als Beitrag zu dieser Zweisamkeit, könnte man annehmen, daß die Reizschranke – angeboren und bei jedem Kind verschieden – manche nicht vor der Einwirkung der Umwelt zu schützen vermag, daß aber auch Intelligenz und Anpassungsfähigkeit variieren. Mahler hat entdeckt, daß das schwach begabte Kind unter Umständen unfähig ist, in die Symbiose einzutreten, und dadurch der Psychose zum Opfer fallen kann; oder aber die Begabung ist ausreichend, ist aber einer bestimmten Mutter nicht gewachsen. Eine Mutter, die ein zugängliches Kind braucht, ist vielleicht nicht in der Lage, auf ein ruhiges einzugehen; das Intelligenzniveau eines Kindes, das in einer Familie vollkommen ausreichen würde, entspricht möglicherweise nicht den Anforderungen einer anderen; das überdurchschnittlich begabte Kind ist den Gefahren vorzeitiger Entwicklung ausgesetzt. Es gibt zahlreiche Kombinationen eines potentiellen Nichtzusammenpassens.

Freud (1937) weist auf die Möglichkeit hin, daß jedes Individuum angeborene Eigenschaften haben könne. Das wird von Hartmann (1958) bekräftigt. Von daher gelangt Hartmann zu seiner These von der angeborenen Veranlagung, die später durch Mahlers auf Beobachtung beruhenden Untersuchungen bestätigt werden sollte. Diese zeigten nicht nur, daß es individuelle Unterschiede der angeborenen Veranlagung gibt, sondern daß das normal begabte Kind bei der Geburt und für einige Zeit danach auf einem Höhepunkt seiner Anpassungsfähigkeit ist. Ohne zu »krankhaften Anlagen« Zuflucht zu nehmen, schließen derzeitige theoretische Vorstellungen das Anpassungspotential des Kindes als einen maßgebenden Faktor für die Organisationsformen ein, die sich später aus dem dyadischen Erleben entwickeln. Man zieht nunmehr das Gleichgewicht zwischen der Aufnahmebereitschaft der Mutter und der »Sendungskraft« des Kindes (Mahler, Pine und Bergmann, 1975, S. 253) in Betracht. Es ist schwierig genug, diese Dinge in einem experimentellen Setting auseinanderzuhalten, in dem die Mutter-Kind-Interaktion ständig von geschulten Kräften beobachtet wird. Bei unserem gegenwärtigen Wissensstand ist es nahezu unmöglich, sie beim Erwachsenen in der klinischen Situation auszusondern. Dennoch wagen wir es, im Abschnitt über die Beurteilung der Organisierungsfähigkeit einige Anfangsschritte in diese Richtung zu tun. Im großen und ganzen kann man jedoch nur allgemeine Richtlinien angeben, hingegen keine klare Demarkationslinie ziehen, wenn es darum geht, normale und neurotische Persönlichkeiten, Borderline-Fälle mit neurotischen Merkmalen, Borderline-Fälle im eigentlichen Sinne, Borderline-Fälle mit psychotischen Merkmalen und Psychotiker hinsichtlich ihrer Organisation zu unterscheiden.

Es fällt schwer, auf die Gewißheit zu verzichten, die eine saubere Kategorisierung bietet, wenn man sich bei der Suche nach Stärken und Fehlbildungen in der Organisation auf schwankendem Boden bewegt; wenn man beurteilen möchte, in welchem Umfang jedes Individuum den Angelpunkt bewältigt hat; zwischen konfliktfreiem und konfliktgebundenem Funktionieren, zwischen Regression und Fixierung unterscheiden will und – was vielleicht am schwierigsten ist – den Fluktuationen im mittleren Borderline-Bereich folgen möchte, wo das Material einmal in strukturierter Form, ein andermal als Erlebnis angeboten wird, da es Vorwärts- und Rückwärtsbewegungen um den Angelpunkt gibt. Dennoch entdecken Kliniker täglich aufs Neue, daß sie ungeachtet der Kategorie, in die der Patient eingeordnet wurde, nach seinen einzigartigen Zügen suchen müssen; Borderline-Patient A. ähnelt nur im weitesten Sinne dem Borderline-Patienten B. Eine Art Gewißheit vermitteln die Konzepte der psychoanalytischen Entwicklungspsychologie – nicht durch mechanisch anzuwendende Rezepte, sondern durch eine gesicherte Theorie. Sie hilft uns erkennen, wie wir den Patienten ansprechen müssen, der um die Organisation als seine Lebensaufgabe ringt, wo er erfolgreich war und Bestätigung braucht, und wo er versagt hat und der Reparatur der Fehlbildungen durch die Therapie bedarf. Darüberhinaus ist es eine tägliche Herausforderung, so genau, wie es gegenwärtig möglich ist, zu wissen, was im Patienten vorgeht, was wir tun und warum wir es tun.

4. Wir beschreiben nun noch einmal die Rolle des erwachsenen Partners der Dyade, die Umwelt im Sinne Hartmanns, während wir ständig im Auge behalten, daß der Löwenanteil der Anpassung vom Kind zu leisten ist, und zwar mit Hilfe der Anlagen, die es in den Bund einbringt. Daher wird in der folgenden Erörterung besonderes Gewicht darauf gelegt, daß die Patienten befähigt werden müssen,

sich an der therapeutischen Aufgabe der Korrektur ihrer Verzerrungen und der Stärkung ihres Organisationsniveaus zu beteiligen. Wieviel leichter wäre unsere Aufgabe, wenn das Leiden des Erwachsenen nur auf den mütterlichen Partner der Dyade oder die weitere Umgebung zurückzuführen wäre. Aber die psychoanalytische Entwicklungstheorie ist keine einseitige Objektbeziehungstheorie, sondern eine Interaktionstheorie.

Im Idealfall ist die Mutter der Symbiose genügend eingestimmt und flexibel, so daß sie zur Mutter der Trennung werden kann, sobald der Aggressionstrieb des Kindes phasengerecht über die Libido zu dominieren beginnt, die die symbiotische Beziehung aufrechterhalten hat. Die Fähigkeit, hinsichtlich ihrer Mutterrolle im Dienste des Ichs zu regredieren (Kris, 1952) und dann weiterzugehen, d.h. sich in ihr flexibler zu bewegen, gehört normalerweise zur mütterlichen Entwicklung. Praktisch kooperiert sie mit dem aggressiven Drang des Kindes, sich aus der symbiotischen Membran (Mahler) zu lösen, indem sie ihm hilft und es sogar behutsam zu Aktivitäten ermutigt, die der Loslösung dienen. Eine ähnlich behutsame Ermutigung seitens des Therapeuten tritt teilweise in dem im 10. Kapitel wiedergegebenen Dialog zutage. Die Mutter der Trennung erkennt und unterstützt die ersten Versuche des Kindes, für sich selbst zu tun, was sie vorher für es getan hat. Wir wollen zwei leicht erkennbare Beispiele anführen: Ernährung und Sprache.

Kinder greifen ziemlich früh nach dem Löffel, wobei sie aggressive Triebenergie entfalten, um ihn der Mutter wegzunehmen – es handelt sich um die wechselseitigen Verstärkungsprozesse der selektiven Identifizierung und der an anderer Stelle (1977) beschriebenen Entwicklung. Die Mutter gibt den Löffel her, und sie nimmt gern in Kauf, daß das Kind zunächst infolge seiner noch mangelhaften Muskelbeherrschung einigen Schmutz verursacht. In ähnlicher Weise wird die Sprachentwicklung gefördert, indem der Versuch des Kindes, sich zu verständigen, anerkannt wird; das Kind erwirbt die Fähigkeit zur Symbolisierung und strebt dem höheren Niveau der Objektbeziehung zu, das mit der semantischen Kommunikation erreicht wird, was Spitz so hervorragend beschrieben hat. Wachstumsverzögernd wirken Kritik, Spott, die infantilisierende Nachahmung »niedlicher« Wörter. Optimale erträgliche Frustration bietet Gelegenheit, Fähigkeiten zur Konfliktlösung zu entwickeln. Mit der Frustration werden Feindseligkeit, Ärger, sogar Wut einhergehen, wenn sie nicht dosiert und zusammen mit ebenfalls optimaler Befriedigung eingesetzt wird. Bei übermäßiger Frustration hat das Ich nicht die Möglichkeit, affektive

Reaktionen allmählich unter Kontrolle zu bringen, d.h. sie dem Organisierungsprozeß zwanglos einzuverleiben.

5. Dem Funktionieren des Ichs kommt hoher Wert zu. Für unsere Neuformulierung der Entwicklungstheorie ist die These von grundlegender Bedeutung, daß das Ich der Organisierungsprozeß *ist*, der durch sein Funktionieren definiert wird. Darin spiegelt sich eine Rangordnung der Begriffe wider, die das Funktionieren als *sine qua non* der psychischen Gesundheit betrachtet. Wir folgen hier Rapaports Definition der Aktivität als Ich-Funktion, die etwas ganz anderes ist als einfaches motorisches Handeln, das passive Ziele verfolgen oder einfache motorische Entladungen anzeigen kann. Jeder therapeutische Eingriff, der das Funktionieren des Ichs fördert, stellt daher Ich-Bildung durch Vermehrung der Ich-Fähigkeiten dar. Eine klinische Beobachtung, die uns zu der Formulierung veranlaßte, daß das Ich ein Organisierungsprozeß sei, ist die, daß die Besserung des psychischen Zustands sich in besserem Funktionieren widerspiegelt. Befähigt man die Patienten, ein höheres Organisationsniveau zu erreichen, indem man ihnen hilft, latente Ich-Fähigkeiten anzuwenden, wird das Ich gestärkt.

Unsere These hinsichtlich der Triebentwicklung (3. Kapitel) schließt die Vorstellung ein, daß eine sich ständig erweiternde, ständig aszendierende Spirale der Differenzierung und Integrierung sich fortbewegt, wenn die Identifizierung (libidinöse Objektbewahrung) auch die Individuation (die vom Aggressionstrieb dominierte Loslösung) in immer größerem Umfang ermöglicht. Das Organisierungsprinzip, wie es Mahler formuliert hat, umfaßt Aspekte Ich-organisatorischer Triebdifferenzierung und Affektorganisation. Um dies technisch zu erreichen, verweisen wir darauf, wie wichtig es ist, in der therapeutischen Situation ein positives Gefühlsklima zu bewahren. In ihm wiederholt sich das erforderliche positive affektive Gleichgewicht der Erfahrung mit dem primären Objekt, das für die Strukturierung von so wesentlicher Bedeutung ist. Es handelt sich um einen komplexen Prozeß, in dem zwei Elemente aufs engste miteinander verwoben sind:

a) die gleichmäßig verteilte Besetzung der Selbst- und Objektrepräsentanzen, die zum Zeitpunkt der psychischen Geburt erreicht wird. Damit wird die absolute Notwendigkeit eines günstigen Verhältnisses der positiven affektiven Besetzung von Selbst- und Objektrepräsentanzen genau umschrieben.

b) Damit sich dies ereignet, bedürfen die Loslösungsprozesse einer optimalen Betankung – genügend Frustration und Abwesenheit der Mutter, um das Kind behutsam vorwärtszutreiben, aber nicht so sehr, daß das positive Verhältnis gestört wird. Wird es gestört, kommt es zur Schädigung des Selbstwertgefühls wie der der Wertschätzung des Objekts. Dies sind Entwicklungsleistungen, die durch das dyadische Erleben gefördert werden, wenn alles gut geht. Die wachstumsfördernde Aufgabe des Therapeuten als Katalysator der Entwicklung, obgleich hinsichtlich ihrer affektiven Qualitäten dem primären Erleben ähnlich, ist keine Kopie der Elternrolle, wie wir bereits erwähnten.

Die Realität kann sich natürlich von der idealen Entwicklungssituation – der des ausreichend begabten Kindes in Interaktion mit einer gut eingestimmten Mutter – sehr unterscheiden. Die potentielle Patientenpopulation, insbesondere die Borderline-Population, besteht aus Menschen, die wachstumsschädliche Lebenserfahrungen gemacht haben: abwesende Mütter oder Väter, gescheiterte Ehen, psychotische, alkoholsüchtige oder mißhandelnde Eltern, ledige Mütter, die selbst noch Kinder sind, schwerkranke Eltern, die sterben. Das Kind selbst kann schwere Krankheiten durchgemacht, Unfälle erlitten haben und körperlich behindert gewesen sein; es kann außergewöhnliche Traumen erlitten haben: Katastrophen, Umsiedlung oder gar Krieg. Gewisse Umstände überfordern die Fähigkeit der Eltern, eine »durchschnittlich erwartbare Umwelt« (Hartmann) zu schaffen, ebenso wie die Fähigkeit des Kindes zur Anpassung und zur Weiterentwicklung im Organisierungsprozeß.

Die Ich-Apparate bedürfen der Anregung von Funktionen wie Wahrnehmung, Gedächtnis, Antizipation und ihrer Auswirkungen, damit das Individuum sie nutzen kann, um in die Interaktion einzutreten, Innen von Außen zu scheiden, Psyche und Soma, Selbstbilder von Objektbildern – Differenzierung und Integration insgesamt –, den Organisierungsprozeß selbst zu bewältigen. Mit der Zeit wird diesem Prozeß durch Funktionen wie die Realitätsprüfung, durch die Sinnesorgane des Riechens und Hörens, die motorischen Fähigkeiten (vor allem die Fortbewegung) Unterstützung zuteil. Hartmann bemerkt, daß jedes Aufzählen von Ich-Funktionen zwangsläufig unvollständig ist. Wir haben nicht versucht, eine vollständige Aufzählung zu liefern, sondern lediglich eine veranschaulichende. Wir wollen vor allem mit Nachdruck darauf hinweisen, daß dem Funktionieren hoher Wert beigemessen wird. In den folgenden Abschnitten über die Technik werden wir weitere Funktionen aufführen.

6. Die therapeutische Interaktion wird bei ungenügenderen Strukturen durch die Suche nach Wiederholung von Erlebnissen mit gespaltenen Objektbildern gekennzeichnet sein, während bei guten Struktu-

ren die Übertragung im Vordergrund steht. Wo Fehlbildungen im Organisierungsprozeß frühzeitig aufgetreten sind, die eine adäquate Bewältigung des Angelpunkts der Entwicklung behindert haben, liegt es nahe, daß die therapeutische Situation selbst zum Milieu wird, in dem narzißtische Zufuhren gesucht werden. Wie wir im 8. Kapitel gezeigt haben, sind solche Situationen für den Therapeuten delikat. Sie verlangen Einstimmung auf die Bedürfnisse der Patienten, auf ihre herabgesetzte Fähigkeit, sich zu distanzieren und die Vergangenheit von der Gegenwart zu unterscheiden, sowie die gleichzeitige Einstimmung des Therapeuten auf seine eigenen bewußten und unbewußten Reaktionen, die mitunter die einzigen Signale in bezug auf den Patienten liefern. Während dies auch auf den strukturierten Patienten zutrifft, sind die Anforderungen an den Therapeuten in diesen Fällen geringer, und er kann sich sogar darauf verlassen, daß der besser strukturierte Patient therapeutische Irrtümer korrigiert. Narzißtische Kränkungen werden von schwächer Strukturierten weniger leicht verziehen.

7. Das Ausmaß, in dem der Angelpunkt bewältigt wurde, entscheidet darüber, welche Bereiche der Organisation der Ich-Bildung bedürfen, aber alles in allem auch über die Form der Behandlung und die Rolle des Therapeuten, d.h. ob der Therapeut in erster Linie Katalysator oder Deuter sein soll. Die vielen Aufgaben, die der Angelpunkt stellt, werden allmählich in Schritten nach vorn und zurück – mit Umleitungen (wie Hartmann es nannte) – ausgeführt und miteinander verknüpft. Von besonderer Bedeutung ist neben der Anregung von Funktionen, daß die Affekte differenziert werden und Abstufungen erhalten – z.B. Hochgefühl, Freude, Lust, Traurigkeit, Kummer, Depression, Dankbarkeit, Liebe, Neid –, die sich durch Regulation der Stimmung mit dem Ich verbinden. Wir betrachten den feindseligen Affekt als Element der Affektdifferenzierung, der mit der Bewältigung des Angelpunkts unter die Kontrolle des Ichs gelangt, aus einem besonderen Blickwinkel. Technisch sehen wir Feindseligkeit, wenn sie klinisch in Erscheinung tritt, als integrales Merkmal von Differenzierung und Organisation an. Wir behandeln sie wie jeden anderen Entwicklungsaspekt, obwohl es geschehen kann, daß sie die Behandlung bestimmt. Das ist weniger zu befürchten, wenn wir ihrem Anteil am Verhalten des Patienten nicht allzu viel Beachtung schenken. Wenn wir die Resultate dieser Technik beobachten, bereiten sie nicht nur uns selbst Erregung und Vergnügen; noch erfreulicher ist es, zu sehen, daß es den Patienten besser geht, und oft genug zu hören, wie verwundert und beglückt sie darüber sind.

Als klinisches Gegenstück zum 10. Kapitel (über Diagnose) zeigt dieser Abschnitt, wie sich der Therapeut auf Fehlbildungen in der Organisation »einstimmt«. Die psychoanalytische Entwicklungspsychologie bereitet uns mit dem ganzen ihr innewohnenden Elan darauf vor, den Patienten, wenn wir ihm begegnen, als ganze Person wahrzunehmen, so wie wir das Vergrößerungsglas unseres theoretischen Wissens auf die zu erkennenden Probleme richten. Auf diese Weise sehen wir nicht nur die Pathologie, sondern auch die Anpassungsaspekte, und bemerken, wie sie sich mit einem dritten Element zusammenschließen, das umfassender ist als sie beide allein: den Organisierungsprozeß. Der Eröffnungszug ist natürlich das Vorrecht des Patienten, der ihn manchmal deutlich mit dem vorgebrachten Anliegen macht. Häufiger ist allerdings das vorgebrachte Anliegen eine Fassade, hinter der wir das wirkliche Problem suchen müssen. In jedem Fall muß der Therapeut auf irgendeine Weise reagieren. Er steuert seine Reaktionen so, daß sie einem doppelten Zweck dienen: Wege zu öffnen, die immer mehr Informationen zutage fördern, und gleichzeitig mit der Errichtung des therapeutischen Bündnisses zu beginnen. Das daraus folgende Engagement bringt den Prozeß voran.

Freud (1931) benutzte eine Versuchsanalyse als einzige Methode, die er kannte, um herauszufinden, ob die Struktur das psychoanalytische Vorgehen tolerieren konnte. Das ist ein Paradigma diagnostischer Erforschung der Ich-Organisation. Wir würden zwar den Patienten nicht gleich zu Beginn einer Analyse aussetzen, die Erforschung behalten wir aber bei. Freud entschied nach der Versuchsanalyse, ob er die Analyse fortsetzen oder aber den Patienten entlassen würde. Zu dieser Zeit gab es noch nicht das große Repertoire psychoanalytisch orientierter Psychotherapie. Wir verfügen nunmehr über eine Anzahl von Behandlungsmethoden und können hinsichtlich der Wahl des Vorgehens, das der Organisation des Patienten am besten entspricht, flexibel sein. Daher schlagen wir dem Patienten einige Probestunden vor und verschieben die Entscheidung über die Form der Behandlung, bis wir uns über seine Organisation im klaren sind. Bei dieser diagnostischen Bewertung ermitteln wir nicht nur die Organisation und ihre Fehlbildungen, sondern auch Anpassung und Wandlungsfähigkeit. Nur der Therapeut entscheidet darüber, welche Form der Behandlung zu empfehlen ist. Viele Patienten »verordnen« die Behandlung, vor allem was die Häufigkeit angeht. Da es augenblicklich eine Menge Modetorheiten gibt, verlangen manche Patienten eine bestimmte Art der Therapie, von der sie gehört haben. Wir empfehlen, sich nicht auf Diskussionen über das Für und Wider der verschiedenen Methoden einzulassen – vor allem streiten wir nicht über Modetorheiten. Aber wir betrachten die Therapie auch nicht als Prokrustesbett und empfehlen daher Flexibilität auf seiten des Therapeuten. Was den Patienten betrifft, so benutzen wir die Technik, die ihm nach unserem Dafürhalten am meisten nützt.

Eine junge Ehefrau mit zwei Kindern im Vorschulalter wird von einer anderen Patientin an uns verwiesen, die über die Fortschritte, die sie mit Hilfe einer klassischen Analyse gemacht hat, glücklich ist. Ihre Freundin hat ernste Eheprobleme, und sie möchte sie in die Behandlungsrichtung lenken, die für sie selbst so hilfreich war. Die potentielle Patientin erscheint mit ihrer Mutter, weil sie Angst hat – was der Therapeut kurz darauf erfuhr –, allein (im Taxi) zu fahren. Die Kinder werden ausschließlich von einem Kindermädchen versorgt, weil die Patientin unfähig ist, als Mutter zu fungieren. Nach der üblichen höflichen Begrüßung wird sie gefragt, ob sie allein ins Sprechzimmer kommen möchte, während ihre Mutter im Wartezimmer bleibt. Dieser Versuch muß stets gemacht werden, ob es sich um ein Ehepaar handelt oder um einen Elternteil mit erwachsenem Kind wie im vorliegenden Fall. Die Antwort sagt uns sofort, ob eine Trennung von einer oder beiden Personen toleriert werden kann. Hier stimmten sowohl die Patientin als auch die Mutter recht bereitwillig zu, aber der Therapeut fühlte, daß es ihnen nicht leicht fiel. Es schien eher, als ob sie so verzweifelt und hilflos waren, daß sie sich bei ihrer Entscheidung der Autorität des Therapeuten unterordneten.

Im Sprechzimmer redete die Patientin unbekümmert drauflos, aber in hitzigen, raschen Wortkaskaden, die keinen rechten Mittelpunkt erkennen ließen. Der Therapeut erfuhr einige Tatsachen aus ihrer Lebensgeschichte über die Primärfamilie, die eheliche Beziehung, mehrere Selbstmordversuche. Das diagnostische Bild zeigt ein Organisationsniveau, das den Sekundärprozeß kaum in den Griff bekommt und bereits mit jedem Abwehrarrangement, das zuvor getroffen wurde, gescheitert ist (Dekompensation). Die Patientin wünschte eine Analyse wie ihre Freundin, so daß sie zuhause bleiben, ihre Ehe aufrechterhalten und ihr Leben weiterführen könnte wie bisher. Der Therapeut entschied, daß eine stationäre Behandlung am geeignetsten sei und traf die notwendigen Vorbereitungen.

Dieses recht einfache Beispiel ist besonders für Therapeuten am Anfang ihrer Tätigkeit von Nutzen; wir verlassen uns auf unser

eigenes Urteil und lassen uns nicht davon überrumpeln, wie der Patient die Behandlung einrichten möchte. Wir haben dieses Beispiel hier aber auch angeführt, um zu zeigen, daß uns die Entscheidung bei einer offensichtlich psychotischen Organisation am leichtesten fällt; in den vielen Borderline-Situationen, denen wir begegnen, ist eine Diagnose unter dem Gesichtspunkt der Organisation nicht so eindeutig. Es ist daher wünschenswert, daß man den Patienten oft genug sieht, gewöhnlich zwischen ein- und sechsmal. Dann wird man das Organisationsniveau einigermaßen genau erfaßt haben, d. h. erkennen können, ob die Entwicklung zum größeren Teil über den Angelpunkt hinausgelangt ist, ob sie noch in seiner Nähe verweilt, oder ob jene Entwicklungsaufgaben nicht ausreichend bewältigt wurden. Anders ausgedrückt, wir wollen wissen, in welchem Maße die Patienten in der Unmittelbarkeit des Erlebens der Interaktion gefangen sind, inwieweit sie in der Struktur leben, und wie sie sich – in den dazwischen gelagerten Fällen – von Zeit zu Zeit vorwärts oder rückwärts bewegen. Nur selten kann dies in einer einzigen Stunde festgestellt werden, doch in einigen Stunden enthüllen sich die groben Umrisse, von denen der Therapeut die folgenden herausgreift:
1. Ist das vorgebrachte Anliegen spezifisch oder unbestimmt? Das heißt: Gibt es erkennbare Probleme, Symptome, logisch durchdachte Gründe, weshalb eine Behandlung gewünscht wird – Hinweise darauf, daß sekundärprozeßhaft gedacht wird. Das ist nicht gänzlich verläßlich, sondern dient nur als Richtschnur. Ein Patient, dessen Entwicklung nach beiden Seiten des Angelpunkts schwankt, kann seine Gedanken schon zusammennehmen, wenn er sie vorbringen will, während sich regressive Tendenzen erst später zeigen mögen. Überängstliche Patienten können regredierter wirken, als es ihrem normalen Niveau entspricht. Bei einem unbestimmten Gefühl, daß das Leben nicht so schön ist, wie es sein könnte, kann es sich auch nur um einen ganz groben Anhaltspunkt handeln. Es kann daher rühren, daß sein Organisationsniveau es dem Patienten unmöglich macht, seine Probleme klar darzustellen, aber Unbestimmtheit kann auch Kennzeichen einer relativ symptomfreien Charakterneurose sein, bei der das sekundärprozeßhafte Denken intakt ist.
2. Welchen Eindruck macht der Angstpegel und welchen Schwankungen ist er unterworfen? Es ist unwahrscheinlich, daß irgendein künftiger Patient zu einer ersten Konsultation ohne Angst erscheint. In vielen Fällen legt sich die Angst gegen Ende der Stunde oder ist beim zweiten Treffen merklich geringer, weil der Therapeut dem Patienten mit freundlichem Interesse entgegengekommen ist, und weil die

Unbekannten im Zusammenhang mit dem Therapeuten, den Arrangements, den Gebühren u.ä., sogar das Aussehen des Therapeuten, nun kein Geheimnis mehr sind. Psychiater, die in bestimmten Situationen den Patienten nur einmal sehen können, um eine Diagnose zu stellen oder eine Überweisung zu veranlassen, stellen die Angsttoleranz auf die härteste Probe. Das ist kontraindiziert, wenn derselbe Therapeut die Behandlung fortsetzen soll. Wir sind mit den Erfordernissen einer großen Institution wenig vertraut und könnten daher widerstrebend zugestehen, daß in manchen Situationen Herausforderungen notwendig sein mögen. Wenn es so ist, ist es ein notwendiges Übel, das möglicherweise stärker durch Zeitdruck, eine große Zahl von Patienten und andere Überlegungen bestimmt wird, die mit den Bedürfnissen des Patienten wenig zu tun haben, denn man kann sich schwerlich eine Situation vorstellen, in der es für den Patienten von Nutzen wäre, herausgefordert und traumatisiert zu werden.

3. Wie geht der Patient mit seiner Angst um? Obgleich jeder Patient Angst hat, können manche sie besser tolerieren als andere und sie sogar als Ansporn benutzen, der das Ich zu bestem Funktionieren bewegt. Es gibt demnach viele Menschen mit hohem Organisationsniveau, die wahrscheinlich, wenn auch nicht ausschließlich, unter Streß im besten Licht erscheinen. Diese Fähigkeit kommt ihnen beispielsweise bei Einstellungsgesprächen, in Krisensituationen, bei Prüfungen, beim Sprechen in der Öffentlichkeit u.ä. zu Hilfe. Wir können daran erkennen, ob die Ich-Funktionen konfliktfrei oder konfliktgebunden sind. Patienten, die unter Angstdruck nicht zu funktionieren vermögen, müssen nicht unbedingt geringer strukturiert sein; es ist möglich, daß gewisse Ich-Funktionen durch Konflikte gelähmt sind. So ist seit jeher bekannt, daß z.B. das Reden in der Öffentlichkeit so sehr mit exhibitionistischen Wünschen verquickt sein kann, daß es zur Funktionshemmung kommt. Man könnte zahlreiche Beispiele dieser Art anführen, doch eine lange Aufzählung wäre kaum besser als die Lektüre von *Hemmung, Symptom und Angst* (Freud, 1926).

Der Patient, dessen Angst sich nicht legt, der keine geeignete Abwehr einsetzen oder die kleinen Angstmengen ertragen kann, mit denen wir alle leben, der fast immer Schrecken empfindet, dem keine Mechanismen der Selbstbesänftigung zur Verfügung stehen, der vielmehr besänftigt werden muß oder gar Besänftigung nicht akzeptieren kann, lebt mit Angst, die sich nicht zum Signal verringert.

4. Welchen Umfang hat das affektive Repertoire? Gibt es neben der Angst andere Affekte? Gibt es nicht einmal Angst? Gibt es zuviel offene Feindseligkeit oder ihr Gegenteil: Willfährigkeit? Entspricht

der Affekt dem Material, der Lebenssituation, der Unmittelbarkeit der therapeutischen Begegnung? Welche Stimmungsschwankungen sind vorhanden, wie weit reichen sie, in welche Richtung gehen sie? Ist der Affekt vorwiegend depressiv? Wenn ja, klingt die Depression jemals ab? Unter welchen Umständen? Gibt es Optimismus, wenn nicht in der Gegenwart, so doch hinsichtlich der Zukunft? Kann der Patient lieben? Wie stark ist sein Selbstwertgefühl?

5. Wie werden Frustration und Enttäuschung behandelt? Mit übermäßiger Wut? Mit Zurückziehung? Existieren paranoide Vorstellungen?

6. Ist die Regression reversibel, d.h. wird sie vom Ich kontrolliert? Auf welcher Ebene findet Regression statt – auf der psychosexuellen, der der Ich-Funktionen, der der Objektbeziehungen? Steht sie im Dienste des Ichs (Kris), d.h. dient sie dem Vergnügen oder der Kreativität, oder zerfällt die Organisation mit ihr? Was ist über Leistungen oder Versagen bekannt? Wie steht es mit der Fähigkeit zu Arbeit und Muße?

7. Wodurch ist die Behandlung motiviert, sei es unbewußt oder offen ausgesprochen? Bewußte Opposition oder Behauptungen der Art: »Meine Frau wollte, daß ich komme« nehmen wir nicht ernst. Wir segeln mit dem Wind und dem Gezeitenwechsel und bedienen uns ihrer, so gut es geht, um den Patienten ein wenig weiterzubringen. So behandeln wir auch die Tatsache, daß der Patient sich in unserem Sprechzimmer befindet und uns erklärt: »In Wirklichkeit glaube ich nicht an die Therapie.« Kaum jemand würde es wohl für sinnvoll halten, ein Honorar zu zahlen, nur um uns das mitzuteilen. Daher schauen wir, was sich dahinter verbirgt und wo ein guter Wind weht. Was hat den Patienten wirklich zu uns gebracht? Wir versuchen einen Zusammenhang zu erkennen. »Selbst wenn Ihre Frau Sie geschickt hat und Sie nicht an die Therapie glauben, wollen wir die Zeit nutzen, da Sie nun einmal hier sind, um über Ihre Situation zu sprechen.« Eine Diskussion über den Wert der Therapie ist auf jeden Fall zu vermeiden. Wir versuchen die Stelle festzumachen, und sei es auch nur für einen Augenblick, wo sich der »unmotivierte« Patient beruhigt fühlt, denn das wäre es, was ihn zu uns führte.

8. Mit der Frage nach der Motivation ist der Widerstand unmittelbar verknüpft. Hat die Organisation ein Niveau erreicht, das die Fähigkeit zur Abwehr einschließt? Auf welcher Ebene? Mit einem intakten Ich, das auf Signalangst reagiert? Ohne angemessene Abwehr und Furcht vor Vernichtung? Mit Schwankungen zwischen diesen beiden Polen, weil der Angelpunkt noch nicht vollständig bewältigt ist?

Welche Abwehren werden benutzt? Wie umfassend? Sind sie erstarrt und fehlangepaßt? Ist der Patient sich dessen bewußt? Sind die Abwehren innerhalb der Struktur organisiert? Stehen sie auf einer niedrigeren Ebene? Wehrt der Patient eine unbewußt ersehnte Verschmelzung ab? Beruht der Widerstand darauf, daß der Patient die Unmittelbarkeit der Beziehung oder einen Konflikt mit dem Es oder dem Überich fürchtet?

9. Wie tritt der Patient in das therapeutische Bündnis ein, wenn es angeboten wird? Ist er leicht zu gewinnen? Zu leicht? Kommt er dem Therapeuten auf halbem Wege entgegen? Muß der Therapeut drei Viertel des Weges zurücklegen? Muß er fast den ganzen Weg zurücklegen? Welches sind die Gründe? Passivität, Abhängigkeit, Funktionsmangel, schwache Begabung (Intelligenz), Zurückziehung, Feindseligkeit, Furcht vor Verschlingung, pathologische narzißtische Selbstgenügsamkeit?

10. Welcher Art ist die therapeutische Beziehung, die der Patient herzustellen vermag? Handelt es sich um echte Übertragung oder Objektwiederholung? Welche Objektbeziehungen unterhält der Patient außerhalb der therapeutischen Situation?

11. Ist sich der Patient seiner Geschlechtsidentität eindeutig und sicher bewußt? Diese sollte im 2. Lebensjahr erworben worden sein. Wer waren die wichtigsten primären Identifikationsobjekte? Bestand die Möglichkeit, triadische Beziehungen zum Vater, zu Geschwistern, zu anderen zu knüpfen, und wurde sie genutzt? Welchen Platz hatte der Patient in der Geschwisterreihe? In welchem Abstand zum nächstälteren und nächstjüngeren Geschwister wurde er geboren? Welches Geschlecht hatten die Geschwister? Welches Bild bieten die Beziehungen des erwachsenen Patienten zu seinen Eltern und Geschwistern? Wurde ein verstorbener Elternteil entsprechend der Altersstufe des Kindes angemessen betrauert? Empfindet sich der Patient selbst als Erzeuger?

12. Wie war die Sexualität des Patienten im Kindesalter beschaffen, wie die des Erwachsenen? Welcher Art ist die gegenwärtige sexuelle Betätigung des Patienten? Gewöhnlich ist es nicht möglich und vielleicht nicht einmal wünschenswert, diese Frage zu früh zu klären. Wenn der Patient über eine entsprechende Abwehr verfügt, werden die Details im Laufe der Behandlung langsam hervortreten. Auf jeden Fall ist alles, was uns zu Beginn berichtet wird, oft vage oder sogar unbewußt verzerrt. In dem im 4. Kapitel beschriebenen Fall, bei dem die Fellatio die nicht selten bevorzugte Form sexueller Betätigung war, konnte der Patient erst nach zwei Jahren darüber sprechen,

während er bis dahin über Einzelheiten seiner sexuellen Aktivität hinweggegangen war. Frauen widerstrebt es oft, ihre Frigidität einzugestehen, bevor das therapeutische Bündnis gefestigt ist. Früher glaubte man, daß Patienten, die über ihre sexuellen Praktiken zu rasch reden, keine Abwehr besäßen. Angesichts der heutigen größeren Freiheit und Offenheit in bezug auf die Sexualität können wir darin vielleicht keinen sicheren diagnostischen Hinweis mehr erblicken. Als Lehranalytiker stellen wir fest, daß es Therapeuten anfänglich, vor allem, wenn sie nicht analysiert sind, schwerer fällt, nach sexuellen Praktiken zu fragen als ihren Patienten, darüber zu berichten. In jedem Fall gilt die Warnung, den Patienten nicht zu bedrängen, zu zwingen oder herauszufordern, in dieser Hinsicht ebenso wie sonst, wenn es um Bewertung und Behandlung geht.

13. Wie weit haben sich die Selbstbilder von den Objektbildern differenziert? Sind die getrennten Bilder zu klaren Repräsentanzen zusammengeschmolzen, oder ist die Spaltung von Selbst- und Objektbildern ein Merkmal des klinischen Bildes? In welchem Umfang sind Selbst- und Objektrepräsentanzen, wenn sie vorhanden sind, gleichmäßig positiv besetzt? Schwankt der Grad der Differenzierung?

14. Wie weit sind Verinnerlichung und Überich-Bildung fortgeschritten? Zu einem kohärenten Überich oder verschiedenen Überich-Komponenten? Nochmals: Wer sind die wichtigsten Identifikationsobjekte? Ist das Überich, falls es gebildet wurde, zu streng? Empfindet der Patient Schuld, Furcht oder Liebesverlust, Furcht vor Objektverlust? Und nochmals: Gibt es Schwankungen im Niveau?

15. Wurde der Ödipuskomplex erreicht? Mit Subphasendefiziten oder ohne? Hat eine Regression stattgefunden? Auf welchen Entwicklungslinien? Ist die ödipale Organisation zu sehr durch Subphasenbedürfnisse belastet, um kompetent bewältigt zu werden?

16. Sind in der Vergangenheit schwere oder ungewöhnliche Krankheiten aufgetreten?

Es ist dem Therapeuten nicht möglich, alle diese Fragen im Kopf zu behalten, und sie können in den ersten Begegnungen mit dem Patienten auch nur zu einem geringen Teil beantwortet werden. Mehr werden im Lauf der Behandlung beantwortet. Selbst am Ende werden nicht alle Fragen beantwortet sein, aber bis dahin wird sich durch die Behandlung viel geändert haben. Die Fragen können uns helfen zuzuhören, zu wissen, worauf wir hören und welche Fragen wir stellen müssen. Es ist nicht zu empfehlen, die Fragen an den Patienten in der hier dargebotenen Form zu stellen. In vielen Fällen wird vieles sich spontan ergeben. Es ist die Aufgabe des Therapeuten, während er zuhört, Hypothesen zu formulieren, diese zu revidieren, wenn weiteres Material auftaucht, sie um neuer Hypothesen willen aufzugeben, wenn die Information in andere Richtungen führt. Es werden einige Fälle vorgestellt, um zu veranschaulichen, wie die ersten Stunden in der Praxis aussehen:

Der erste Fall macht deutlich, daß das vorgebrachte Anliegen eine Fassade ist, und gibt gleichzeitig wichtige Hinweise, ob und wie erfolgreich der Angelpunkt der Entwicklung bewältigt wurde; er umreißt auch die langfristigen therapeutischen Aufgaben. Eine 32jährige Frau in gehobenem Beruf wird vom ehemaligen Analytiker ihres Ehemannes überwiesen. Der Mann hat seine Behandlung abgeschlossen. Sie stellt ihr Problem als übermäßige Angst dar, vor allem in bezug auf ihre Arbeit. Es stellt sich heraus, daß das nur die Spitze des Eisbergs ist. Als die Exploration fortschreitet, wird indirekt ein etwas tieferreichender Grund für ihren Behandlungswunsch deutlich. Ihr Mann hat, da er analysiert worden ist, einen Vorteil. In die offener zum Ausdruck gebrachte Freude über seinen sehr gebesserten Zustand mischt sich ein wenig Ressentiment. Ihre Behandlung soll den Ausgleich bringen. Der Therapeut denkt natürlich an Penisneid. Bald stellt sich heraus, daß das das Wenigste ist. Der Therapeut läßt sich Zeit. Ein Sperrfeuer von Fragen würde vielleicht rascher Informationen erbringen, aber das ist ungewiß, und es ginge zu Lasten des therapeutischen Bündnisses, durch das ein Klima geschaffen wird, in dem vertrauensvolle Mitteilungen freiwillig gemacht werden. Wir zeigen also freundliches Interesse; der Therapeut wartet, hört zu und formuliert Hypothesen; gelegentlich stellt er Fragen, um sie zu überprüfen. Die Patientin gibt allmählich zu, daß ihre Angst sich nicht nur auf ihre beruflichen Leistungen beschränkt – sie durchdringt alles. Sie beschreibt Ereignisse, bei denen sie lähmende Furcht empfand. Sie hatte mit einem Kollegen in einem Restaurant zu Mittag gegessen, das von vielen ihrer Bekannten besucht wurde. Als aber ein Freund von einem anderen Tisch überraschend herübergrüßte, verlor sie ihr inneres Gleichgewicht und wurde überaus ängstlich, als ob die Ich-Funktion der Antizipation sie nicht ausreichend auf eine solche Begegnung hätte vorbereiten können. Das legt nicht nur ein Versagen der Antizipation nahe – auch die Signalangst versagt oder ist möglicherweise gar nicht erworben worden.

Nachdem sie erkannt hat, daß der Therapeut ihrem Unbehagen mit Empathie gegenübersteht, verrät sie kurz danach in einer anderen Stunde, daß sie sich »zwanghaft« die Hände waschen muß, weil Schmutz ihr Schrecken einjagt. So bröckelt die intellektuelle Fassade langsam ab, und dahinter kommt eine angstgepeinigte Frau zum Vorschein. Die revidierte Hypothese besagt nun, daß wir es mit einer Borderline-Organisation zu tun haben, die vom Angelpunkt weit entfernt ist, und sie wird bestätigt, wenn die Regression zu primärprozeßhaftem Denken allzu schnell und ohne allmähliche Lockerung der Besetzung eintritt, wie sie für höhere Organisationsstufen typisch ist. Der Therapeut beginnt Ausschau zu halten, wo der Organisierungsprozeß während der Subphasen beeinträchtigt worden sein mag. Wie bereits erwähnt, gibt es viele Stellen, wo man suchen kann – die Lebensgeschichte, Träume u. a., je nach dem vorgebrachten Material. In unserem Fall treten übertragungsähnliche Manifestationen auf, und der Therapeut forscht nun nach, ob diese eine echte Übertragung im Sinne einer Unterscheidung zwischen Selbst- und Objektrepräsentanzen oder eine Objektwiederholung darstellen, bei der Subphasenbedürfnisse die Suche nach narzißtischen Zufuhren antreiben. Er sucht nach Hinweisen, die ihn erkennen lassen, ob zwischen Vergangenheit und Gegenwart, Selbst- und Objektbildern unterschieden wird, ob diese Bilder zu Repräsentanzen ganzer Personen geworden sind. Er versucht den Gefühlspegel auszuloten und Merkmale des Organisierungsprozesses zu entdecken, die über das erreichte Niveau Aufschluß geben.

Ist der Beurteilungsprozeß soweit fortgeschritten, hat die Behandlung unweigerlich begonnen, denn wir können die Diagnose nicht von der Therapie trennen. Manchmal versuchen wir es, wenn wir den Patienten überweisen. Dann geben wir uns mit einem allgemeinen Eindruck vom Organisationsniveau zufrieden. Oft entsteht aber eine Übertragung, obwohl wir uns bemühen, unseren Einfluß so gering wie möglich zu halten. Befindet sich der Patient auf der Stufe der Objektwiederholung, wird die Überweisung umso schmerzlicher empfunden, weil das umittelbare Bedürfnis so stark ist. Eine scheinbare Ausnahme ist der narzißtische Patient, der mitunter wegen des klinischen Bildes der Verschlossenheit als »schizoid« bezeichnet wird. Dieses Bild ist trügerisch. Es mag den Anschein haben, als erreichten Kränkungen den Patienten nicht, doch er ist leicht zu verletzen.

Die Patientin, von der die Rede ist, kommt mit jeder schwierigen Situation zum Therapeuten. Als ihr Kind krank wird, ruft sie ihn an, bevor sie sich an den Kinderarzt wendet – vermutlich ein Zeichen von Objektwiederholung, bei der das Bedürfnis das Urteil trübt. Die Panik der Patientin rangiert vor der Krankheit des Kindes. Einfacher ausgedrückt: Der Therapeut ist zum bedürfnisbefriedigenden Objekt, zur allmächtigen Mutterfigur geworden, an die sich die Patientin wie ein kleines Kind wendet, weil sie in ihr eine unmittelbare Quelle von Trost und Weisheit erblickt. Das legt in der Tat nahe, daß die Gegenwart mit der Vergangenheit verwechselt wird und daß die Patientin noch in der Unmittelbarkeit der dyadischen Erfahrung lebt. Diese Hypothese wird durch weitere Informationen über die ängstliche, übermäßig beschützende Mutter der Patientin bestätigt. Eine ängstliche Mutter kann nicht gut besänftigen, und man kann sich nicht mit ihr identifizieren, um zur Selbstbesänftigung zu gelangen. Der Erwerb der Signalangst ist dann natürlich ausgeschlossen.

Ängstliches übermäßiges Beschützen beschreibt das von der Mutter geschaffene Klima nur global. Wir müssen noch nach den spezifischen Merkmalen der Schädigung in einer Subphase suchen, dem Punkt, wo mütterliche Angst mit angemessenen Subphasenbedürfnissen kollidierte − dem Ausgangspunkt der Schädigung. Diese Suche wird vielleicht den ganzen Behandlungsverlauf durchziehen. Und so haben wir wieder einmal gezeigt − diesmal an einem nicht abgeschlossenen Fall −, daß der vorgebrachte Wunsch nach einer Psychoanalyse nur das »Rezept« der Patientin darstellt. Die Diagnose stützt sich auf die genaue Feststellung der Fehlbildungen in der Organisation, die dem Therapeuten die am besten geeignete Behandlungsform nahelegt und ihm hilft, den Ort genau zu bestimmen, an dem die Wachstumsförderung einsetzen muß.

Ein anderer Fall, etwas knapper dargestellt, zeigt weniger ausführlich, wie die Unfähigkeit, zwischen Selbst- und Objektbildern adäquat zu unterscheiden, mitunter in der Praxis aussieht. Ein 40jähriger geschiedener Geschäftsmann ist seit fast einem Jahr in Behandlung. Der Therapeut hatte im Februar einen kurzen Winterurlaub gemacht, und der Patient möchte nun Osterurlaub mit seiner Tochter machen, die das ganze Jahr bei ihrer Mutter lebt. Er fragt, ob er für die ausgefallenen Stunden bezahlen muß. Er ist vorher bei drei anderen Therapeuten in Behandlung gewesen und kennt die üblichen Abmachungen.

Therapeut: Sie müssen doch einen Grund für Ihre Frage haben.
Patient: Ich dachte, als Sie wegfuhren, haben Sie mich nicht bezahlt, weshalb soll ich Sie also bezahlen, wenn ich wegfahre? (Mangelnde Differenzierung trübt die Logik.)
Therapeut: Finden Sie, daß das dasselbe ist?
Patient: Sicher.
Therapeut: (Will die Fähigkeit zur Realitätsprüfung ausdehnen.) Sie sehen keinen Unterschied in unserer Situation?

234

Patient: Ja, ich nehme an, daß es Unterschiede gibt. Trotzdem finde ich es unfair. Ich werde für diese ganze Zeit bezahlen müssen. (Die Methode wirkt.)

Therapeut: Was werde ich mit dieser Zeit anfangen?

Patient: Darüber habe ich noch nie nachgedacht. (Der Therapeut existierte nicht, wenn man ihn nicht sah.)

Therapeut: Können Sie es sich jetzt vorstellen? (Das Objekt soll besser bewahrt werden.)

Patient: Wahrscheinlich werden Sie jemand anders empfangen. (Wegen der mangelhaften Differenzierung des Patienten sind in seinen Augen die Objekte für den Therapeuten ebenso auswechselbar wie für ihn.)

Therapeut: Möchten Sie, daß ich das tue?

Patient: Nein, ich würde lieber bezahlen und wissen, daß die Zeit für mich reserviert ist.

Therapeut: Sie wissen doch, daß Sie während dieser Zeit anrufen können, wenn Sie wollen.

Der Patient ruft in den drei ausgefallenen Stunden während des einwöchigen Urlaubs nicht an, aber man ist ihm bedeutend näher gekommen. Von seiner schwachen Differenzierung ausgehend, hat der Therapeut während des Beurteilungsprozesses die Gelegenheit benutzt, ihm zu besserer Differenzierung zu verhelfen. Es gibt Patienten, die die Regelungen hinsichtlich der Bezahlung und anderer Abmachungen unterwürfig akzeptieren. Das ist nicht unbedingt als Hinweis auf ein höheres Organisationsniveau oder eine bessere Selbst-Objekt-Differenzierung zu betrachten. Es kann so sein. Aber Unterwerfung kann auch dazu dienen, das Problem zu verschleiern und seine Behandlung hinauszuzögern. Normalerweise können wir in dieser Hinsicht nichts anderes tun, als eine andere Gelegenheit abwarten, die sich in jeder Form bei jedem beliebigen Thema ergeben kann.

Beim nächsten Fall geht es um das Problem der Triebkontrolle und gespaltener Objektbilder. Eine Patientin beschreibt, wie sie mit ihrem Mann streitet. Sie berichtet, daß sie während der ganzen Zeit, in der sie mit ihm zankt, denkt: »Warum stelle ich mich nur so an? Er hat doch in Wirklichkeit gar nichts getan. Aber ich kann nicht aufhören.« Realitätsprüfung, Urteils- und Erkenntnisvermögen, die bereits früher durch die Behandlung wiederhergestellt worden waren, werden durch das Versagen der Triebkontrolle überrannt. Früher war sie außerstande gewesen, ihren Mann vom primären Objekt zu unterscheiden, an das sie durch Wut gebunden ist. Jetzt weiß sie zu schätzen, daß er sie liebt. Aber die »schlechten« Objektbilder haben sich noch nicht mit den »guten« zur Repräsentanz einer ganzen Person vereinigt. Das wird die Aufgabe der weiteren Behandlung sein. Die Prognose ist günstig, weil die Ich-Funktionen als Verbündete der Therapie autonomer geworden sind. Die Patientin erlebt ihre Objektwelt noch immer im Bezugsrahmen von ganz »dafür« oder ganz »dagegen«, aber sie *weiß* es jetzt besser.

Am folgenden Fall lassen sich niedrige Frustrationstoleranz und ein scheinbarer »Widerstand« bzw. fehlende Motivation, fehlerhafte Überich-Bildung, Versagen der Selbst-Objekt-Differenzierung und exzessive Wut veranschaulichen:

Der Patient ist ein 28jähriger Rechtsanwalt. Er ist vom Gericht bestellter Anwalt für Jugendliche, die schwere Verbrechen begangen haben. Er hat eine gute Beziehung zu seinen Klienten, weil er mit ihnen in ihrer Wut und deren schneller Umsetzung in Aktion verschmilzt. Er wünscht die Behandlung, weil er in eine junge Frau »verliebt« ist, die eine Therapie durchgemacht und sehr davon profitiert hat. Sie drängt ihn dazu, und ihr früherer Therapeut überweist ihn. Er stellt sich ein. Es kommt zu sofortiger Herausforderung.

Patient: Sie hat mich hergeschleppt. Und nun?
Therapeut: Ich weiß es noch nicht. Ich muß erst einmal hören, was Sie mir zu sagen haben.

Die Herausforderung zerfließt, weil nicht herausfordernd reagiert wird. Trotz der Wut (und Angst), die sich hinter seinem großsprecherischen Auftreten verbirgt, wird er willkommen geheißen. Das wirkt. In zwei oder drei Stunden erzählt er dem Therapeuten viel über seine Sorgen, von denen seine Freundin nichts weiß – von beinahe kriminellen Handlungen, durch die er sich infolge inadäquater Differenzierung zu seinen Klienten hingezogen fühlt. Ein so niedriges Niveau der Selbst-Objekt-Differenzierung wird manchmal als Identifizierung bezeichnet, doch das ist ein Irrtum, weil diese einen höheren Differenzierungsgrad erfordern würde. Der Laie bezeichnet dieses Phänomen als »stellvertretend«.

Kurz nach Beginn der Therapie legt sich seine Feindseligkeit so weit, daß die guten Objektbilder die Oberhand gewinnen. Er empfindet ein Aufwallen von Liebe, das begrüßt, doch mit Vorsicht untersucht wird, solange noch keine ganze Objektrepräsentanz vorhanden ist. Von seiner Regung getrieben, plant er einen besonderen Abend mit seiner Freundin. Er kann zärtlich sein, kann ihr sagen, daß er sie liebt, und ihr einen Heiratsantrag machen. Er scheint also ein hohes Antizipationsniveau zu besitzen sowie die Fähigkeit zu planen und zu warten, sogar zu lieben. Der Therapeut beginnt zu glauben, daß eine höhere Entwicklungsstufe erreicht worden ist und das klinische Bild regressiv sei.

Im nächsten Satz erfährt der Therapeut, daß es zu einem raschen Zusammenbruch der Funktionen kam. Die junge Frau hörte seinen Antrag freundlich an, sagte ihm aber, daß sie ihn zwar sehr gern habe, doch glaube, daß gewisse Aspekte eine dauerhafte Beziehung beeinträchtigen würden – sie müsse also ablehnen. Er berichtet, daß er explodierte, bevor er noch einen Gedanken fassen konnte: »Was, zum Teufel, soll das heißen, daß du mich nicht heiraten willst?« So lieferte er ein Musterbeispiel für das Verhalten, um dessentwillen sie seinen Antrag zurückgewiesen hatte.

Der nächste Fall illustriert die Entwicklungsverzerrungen, die durch überragende kognitive Fähigkeiten hervorgerufen werden. Kinder müssen allmählich erkennen, daß ihre Eltern menschliche Schwächen haben. Diese Erkenntnis wird am besten toleriert, wenn sie phasengerecht erworben wird, d. h. wenn der Organisierungsprozeß den Punkt erreicht hat, wo er mit diesem Umstand fertig werden kann. Wir haben gesagt, daß es dem begabten, übermäßig feindseligen Patienten leicht fällt, Schwächen des Therapeuten zu entdecken. Das kann zum Vorteil gereichen, wenn sich die Feindseligkeit legt oder wenn sie anfangs geringer ist. Das begabte Kind kann in der Tat eine Form von Objektverlust mit abrupter Enttäuschung erleben. Wir haben festgestellt, daß es möglich und therapeutisch wirksam ist, die gute Begabung erwachsener Patienten zu nutzen, um ihnen zu helfen, mit Empathie auf die Kinder zurückzublicken, die sie einmal waren.

Patient: Sie waren so gemein. Ich hörte meinen Vater über seine krummen Geschäfte reden. Sie lachten alle so vergnügt, wenn er jemanden hereingelegt hatte. Es machte mir Angst.
Therapeut: (hat die augenblickliche Situation im Kopf, versucht aber auch, in umfassender Weise zu intervenieren, um ödipalem Material die Entfaltung in der Zukunft zu ermöglichen) Hatten Sie Angst, daß er Sie hereinlegt?
Patient: Nein, ich wußte, daß ich klüger war. Davor hatte ich Angst.
Therapeut: Was hatten Sie zu befürchten?
Patient: Ich hätte ihn blamieren können.
Therapeut: Warum ist das so erschreckend?

Patient: Ich kann viele Leute überlisten.
Therapeut: (kommt auf die Gegenwart zu sprechen) Bezieht sich das auf mich?
Patient: Sie haben keine Fehler. Sie machen alles richtig. (Verteidigt das Objekt.)

Der Therapeut entschied sich dafür, dieses Thema nicht zu schnell abzuschließen, weil er hoffte, es auf verschiedenen Ebenen behandeln zu können – vor allem auch auf der ödipalen, was aber bei schwerer Borderline-Pathologie nicht immer möglich ist. Um das Problem nicht untergehen zu lassen, wurde es angegangen, indem drei Schritte als möglich ins Auge gefaßt wurden:
1. dem Patienten zu zeigen, daß er das Objekt verteidigt, und daß das in seiner Kindheit der Anpassung diente:

Therapeut: Sie brauchen einen starken, mächtigen Therapeuten und deshalb sehen Sie über meine Schwächen hinweg. Sicher haben Sie sie bemerkt.
Patient: (widerstrebend nach vielen Stunden, in denen der Therapeut darauf beharrte) Sie verstehen nicht viel von den Schwierigkeiten meines Berufes (Musik). (Der Patient hat sich entschlossen, eine »Schwäche« des Therapeuten zu erwähnen. Hier wird deutlich, daß ihm seine Überlegenheit bewußt ist, andererseits handelt es sich um ein Gebiet, auf dem »schwächer« zu sein den Therapeuten am wenigsten kränken wird.)

Ganz allmählich, nach vielen weiteren Stunden und mit aktiver Unterstützung durch den Therapeuten findet der Patient den Mut zuzugeben, daß er sich seiner ungewöhnlichen Intelligenz und Begabung stets bewußt war. (Dies beruht auf kompetenter Realitätsprüfung und nicht auf unrealistischem Narzißmus.) Angesichts der ihn überall umgebenden Dummheit wird er wütend und ungeduldig. Der Therapeut bestätigt dem Patienten, daß er wirklich hochbegabt ist, und sagt ihm, daß er die Menschen seiner Umgebung immer als unterlegen empfinden wird. Das wäre in der Gegenwart kein Problem, würde es nicht durch die Erkenntnis belastet, daß er in der Vergangenheit zur Anpassung gezwungen war. Als Kind brauchte er seine Eltern, und daher mußte er seine Beobachtungen unterdrücken, um sie in ihrer Allmacht zu erhalten. Das Fortbestehen früherer Notwendigkeiten führt zu Fehlanpassung in der Gegenwart;
2. dem Patienten zu helfen, sein Können zu praktizieren und seiner

Wut im günstigen Klima der therapeutischen Situation Luft zu machen. Der Therapeut braucht nicht klüger oder begabter als der Patient zu sein, um als Therapeut fungieren zu können. Dieser Fall ähnelt dem im 7. Kapitel beschriebenen, wo der Patient zum »Dummchen« seiner Mutter geworden war, weil es ihren Bedürfnissen entsprach, ihn in dieser Richtung zu formen. Es ist interessant, die Unterschiede in der Organisation dieser beiden Fälle zu untersuchen, um zu zeigen, daß der technische Ansatz von diesen Unterschieden ausgehen muß. Im ersten Fall erfolgte die Anpassung an ein unbewußtes Bedürfnis der Mutter nach einem dummen Kind; im zweiten Fall wurden die angeborenen Fähigkeiten nicht durch die Umwelt unterdrückt. Der Konflikt entzündete sich am Bedürfnis nach allmächtigen Eltern, wie es der Entwicklungsstufe entsprach, und später daran, daß die Eltern vor übermäßiger Wut bewahrt werden mußten. Die Erfahrungen auf diesen beiden ersten Ebenen belasten die ödipale Organisation so stark, daß es dem Organisationsprozeß bei Erreichen dieser Ebene fast unmöglich ist, sie einzubeziehen. Daran wird deutlich, was wir mit der Unfähigkeit, »mit beiden Füßen« die ödipale Position zu erreichen, meinen.

3. Eine der schwierigsten technischen Aufgaben des am Anfang stehenden Therapeuten besteht darin, daß er lernen muß vorauszuplanen und bei der Formulierung einer Intervention den künftigen Verlauf der Therapie im Auge zu behalten, selbst wenn man sich mit dem Problem dort auseinandersetzen will, wo es sich im Augenblick darstellt. Auf lange Sicht zu planen hat viele Vorteile. In unserem Buch *Angewandte Ich-Psychologie* beschreiben wir den Deutungsprozeß als eine Pyramide bzw. ein Dreieck auf breiter Basis. Die umfassendste Deutung muß zuletzt erfolgen, doch schließt der Therapeut die letzte in die erste und engste ebenso wie die späteren im Geiste bereits ein und formuliert sie entsprechend. Im vorgenannten Fall hielt sich der Therapeut an den Angstpegel. Der Patient befand sich in der Stunde auf der Stufe der Angst vor Objektverlust. Die Intervention wurde jedoch so formuliert, daß die Angst vor Verlust der Liebe des Objekts, Kastrationsangst und die Angst des Überichs, wie sie sich in den Aussagen verdichteten, nicht beiseite geschoben wurden.

Kris sagte bereits 1956, daß das Wissen um die Kindheitsentwicklung dem Analytiker eines Erwachsenen helfen kann, Entwicklungsmerkmale deutlicher wahrzunehmen, die in der Kindheit des Patienten fehlgelaufen sind. Das war zu einer Zeit, als Spitz und Mahler ihre bahnbrechenden Untersuchungen zwar begonnen hatten, doch bevor das Wissen um die Entwicklung die Höhen des Mahlerschen Organisierungsprinzips (1975) erklommen hatte. Ritvo (1974a) glaubt, daß es für den Analytiker Erwachsener von Nutzen sei, wenn er auch einmal Kinderanalytiker war. Wir halten das nicht für eine wesentliche Vorbedingung, können uns aber nicht vorstellen, daß eine Psychotherapie oder Psychoanalyse von Erwachsenen ohne Kenntnis der Entwicklungstheorie durchgeführt werden kann. Der zwingende Grund dafür liegt darin, daß sich der Therapeut oder Analytiker auf Organisationsschwächen einstimmen muß, die aus der Interaktion in der primären Dyade resultieren. Der Therapeut muß den Ort genau bestimmen, an dem Verzerrungen im Organisationsprozeß erstmals und in der Folgezeit eintraten. Spitz wußte dies bereits 1959.

Ist dies beim gegenwärtigen Stand unseres technischen Wissens möglich? Nicht in jedem Fall. Wir lernen erst jetzt, auf die Hinweise im Verhalten des Erwachsenen zu achten, die uns Organisationsdefizite erkennen helfen. Einige davon finden sich

1. in der Lebensgeschichte,
2. manchmal in der Art zu schlafen und zu träumen,
3. in den gegenwärtigen Objektbeziehungen,
4. im Verhalten in der therapeutischen Situation, falls eine Neigung zur Wiederholung primären Objekterlebens besteht,
5. in der Neigung, die Objektwelt in ganz »gut« und ganz »schlecht« zu spalten,
6. in der Diskrepanz zwischen Können und Leistung, die sowohl aus einer Hemmung als auch aus einer gescheiterten Anregung der Ich-Apparate resultieren kann.

Was die Prognose angeht, achten wir darauf, ob Hoffnung auf Besserung besteht. Das ist nicht dasselbe wie der »Glaube« an die therapeutische Methode. Sie sagt uns, daß es positive affektive Erlebnisse gegeben hat, die durch die Behandlung wiederbelebt werden können.

Beurteilung der Reorganisierungsfähigkeit

Neben der klinischen Feststellung von Schwächen im Organisierungsprozeß muß das Reorganisierungspotential beurteilt werden. Bei der Beurteilung der Organisierungsfähigkeit prüft der Therapeut deren Grenzen, indem er sie »ausdehnt«, wie im vorigen Abschnitt gezeigt wurde. So beginnt bereits während der Beurteilung die Behandlung. Selbst wenn Patienten überwiesen werden sollen, können sie auf die Behandlung vorbereitet werden; sie werden dann bereits erheblich weiter sein als zu dem Zeitpunkt, zu dem sie zur Beurteilung kamen. Die Organisierungsfähigkeit scheint den Charakter einer angeborenen

Eigenschaft zu haben. Wir wissen, daß manche Patienten die Therapie besser »nutzen« als andere. Vielleicht ist in diesen Fällen die Organisierungsfähigkeit strukturell ausgeprägter. Oft ist es der weniger geschädigte Patient, der über eine bessere Fähigkeit verfügt. Liegt es daran, daß die angeborenen Anlagen einen schwereren Schaden verhindert haben? War die Lebenserfahrung eine bessere? Wir wissen es nicht; man sieht Patienten, die schwer gelitten haben und dennoch gute Fortschritte machen, während andere mit gleichartigen oder gar weniger potentiell traumatischen Umwelterfahrungen im Leben wie in der Behandlung schlechter vorankommen. Eine Therapie kann die angeborene Veranlagung nicht verändern, und wir kennen auch keine anderen Mittel, durch die eine solche Veränderung herbeigeführt werden könnte. Also halten wir uns zunächst an das Offenkundige. Wahrscheinlich ist Intelligenz der am deutlichsten wahrnehmbare angeborene Faktor. Patienten mit geringer Intelligenz kann geholfen werden. Das Zeitmaß ist oft langsamer, aber auch das variiert, und es gibt immer Überraschungen. Intelligentere Patienten vermögen den Behandlungsprozeß besser zu erfassen. Wie aber bereits erwähnt, können sie auch mit Hilfe ihrer Begabung versuchen, die Behandlung zu unterlaufen. Wir brauchen nicht intelligenter zu sein als sie. Wir helfen ihnen erkennen, inwiefern sie ihre Gaben in ihren Objektbeziehungen falsch einsetzen, und wir helfen ihnen, das zu ändern. Wir prüfen alle Apparate, wo sie zugänglich sind, um festzustellen, ob sie konfliktfrei oder konfliktbehaftet sind. Im ersten Fall verfügen die Patienten vermutlich über ein Höchstpotential; im zweiten Fall kann viel getan werden, um ihnen zu helfen, ihr Potential zu erreichen. Wir müssen zwischen Begabung und einer eventuellen Verwicklung von Ich-Funktionen in Konflikte unterscheiden und außerdem abwägen, ob Apparate existieren, aber wegen mangelnder Anregung nicht zu Entfaltung kamen. Solche Unterscheidungen sind schwierig; wir besitzen keine gesicherten Beurteilungsmethoden. Dennoch müssen sie zu den Problemen gerechnet werden, die der Therapeut im kontinuierlichen und ständig wechselnden Beurteilungsprozeß sorgsam sichtet. Gerade dieser Prozeß ähnelt dem Zyklus von Aktion-Reaktion-Aktion. Einige der anschaulichen Dialoge, die wir mitgeteilt haben, zeigen das. In der Tat läßt sich das Vorhandensein der Organisierungsfähigkeit am sichersten daran feststellen, ob es zum Zyklus von Aktion-Reaktion-Aktion kommt. Wenn ja, ist die Organisierungsfähigkeit am Werke, d. h. sie existiert.

Das regressive Potential ist eine Determinante für die Bewertung der Organisationsfähigkeit. Im 5. Kapitel und im vorigen Abschnitt dieses Kapitels beschreiben wir zwei Patienten, deren Regressionen Fahrstühlen ähnelten, die ohne Aufenthalt aus hohen Etagen in niedrige hinuntersausen.

Eine andere Patientin hat einen beunruhigenden Traum. Sie träumt, ihr Gatte habe sich in ein Pferd verwandelt und sei davongeflogen. Der manifeste Inhalt verrät uns nicht, weshalb sie den Traum so aufregend findet. Schließlich gibt es fliegende Pferde in Mythen, und ein fliegendes Pferd könnte auch als angemessenes Symbol einer Erektion gelten. Dem Therapeuten war bis dahin nicht aufgefallen, daß die Patientin an der Männlichkeit ihres Gatten besonders interessiert war, und auch der Affekt (Beunruhigung) paßt nicht zu einem so weitreichenden Traumgedanken. Die Dinge werden etwas klarer, als die Patientin ein Tief-Relief an ihrer Kirche beschreibt, an der sie auf dem Weg zur Praxis des Therapeuten vorbeikommt. Der Therapeut kannte es und hatte daran gedacht, als er dem Traumbericht lauschte. Es stellt die ausgestreckten Hände Gottes dar, der den auf einem geflügelten Roß zum Himmel emporfahrenden hl. Paulus erwartet. Dadurch erhebt sich die Frage, ob es sich um eine Übertragung oder um eine Objektwiederholung handelt. Wir ergründen auch das Organisierungspotential der Patientin, indem wir die Tiefe ihrer Regression und ihre Erinnerungsfähigkeit prüfen, insbesondere aber, ob sie in der Lage ist, in den Zyklus von Aktion-Reaktion-Aktion einzutreten.

Patientin: Ich fand den Traum so beunruhigend, daß ich stundenlang nicht wieder einschlafen konnte, nachdem ich dadurch wach geworden war.

Therapeut: Ja, ich kann das verstehen. (Der Therapeut zieht es vor, »ich« zu sagen, um in einen Austausch einzutreten, statt: »Ja, Sie haben das klargemacht«, was ihn nicht in gleichem Maße einbezieht. Die Frage ist, ob sie das Angebot »mitzuziehen« angenommen hat und ob es sie besänftigen wird.) Wir wollen nun versuchen, etwas genauer zu bestimmen, was Sie so beunruhigend fanden. (Wieder eine Einladung, diesmal eine zur Zusammenarbeit.)

Patientin: Schwer zu sagen – es war alles so alptraumhaft. (Die Patientin beharrt darauf, eine allgemeine Reaktion zu beschreiben, während der Therapeut Denkprozesse anregen und beginnen möchte, sie von der überwältigenden Angst wegzuführen.)

Therapeut: Ja, das ist ganz klar. Ich glaube aber, daß Sie sich weniger beunruhigt fühlen werden, wenn wir anfangen, nach und nach alle Einzelheiten zu betrachten.

Dies klingt nach einer einfachen Beruhigungsformel, soll aber der Patientin helfen, in den Prozeß einzutreten und ihre Organisierungsfähigkeit zu prüfen. Wenn sie diesen Traum hinnehmen muß, ohne ihn analysieren zu können, ist sie ihrer Angst stärker ausgeliefert, was auf eine verringerte Fähigkeit zur Selbstbesänftigung und daher möglicherweise auch zur Reorganisation hindeutet. Das scheint auch der Fall zu sein, aber der Therapeut schließt daraus nicht, daß es hoffnungslos ist, sondern vielmehr, daß seine Rolle eine aktivere sein muß:[1] Er wartet auf die nächste Gelegenheit, sie einen Schritt weiter zu bringen. Auf diese Weise wird die Reorganisierungsfähigkeit der Patientin in Richtung auf eine höhere psychische Struktur fortgesetzt und vorsichtig auf die Probe gestellt.

Die Organisierungsfähigkeit des intakten, gut strukturierten Neurotikers ist erklärtermaßen ausreichend. Subphasendefizite wären im allgemeinen nicht festzustellen, da sie eher in Gestalt verheilten Narbengewebes existieren denn als Fehlbildungen in der Organisation. Man war stets der Meinung, daß das unmodifizierte Ich des Analysanden den analytischen Aufgaben der Regression im Dienste des Ichs, der Widerstandsdeutung, der Abwehr und der unbewußten Phantasien wie der freien Assoziation gewachsen ist, um die Besetzung des sekundärprozeßhaften Denkens aufgeben zu können. Der Analytiker lieferte die Deutung, während die Aufgabe des Durcharbeitens dem unmodifizierten Ich des Patienten überlassen wurde. Klinisch gesehen hat es sich als weitaus schwieriger erwiesen, die therapeutischen Aufgaben so reinlich zu trennen, da sich, wie gesagt, herausstellte, daß bei vielen mutmaßlich analysierbaren Patienten Residualläsionen infolge inadäquater Subphasenentwicklung bestanden. Bevor die Subphasenfunktionen definiert und beschrieben waren, bestand eine der komischeren Techniken darin, von der Couch zum Stuhl zu wechseln, wenn offenbar unanalysierbares Material entdeckt wurde (Greenacre, 1959). Schwerwiegender war jedoch, daß manche Analytiker selbst nach langjähriger »Analyse« jene aus der Behandlung entließen, deren Struktur für unanalysierbar gehalten wurde.

Viele Analytiker stimmen heute darin überein, daß die psychische Struktur nicht jenes geschlossene System ist, das man sich früher vorstellte. Eine gewisse Interaktion findet selbst in der noch so streng

---

[1] Dieses Beispiel zeigt erneut, was wir beabsichtigen, wenn wir eine Konfrontation von außen vermeiden, um festzustellen, ob ein Anlaß mit Hilfe innerer Konfrontation therapeutisch genutzt werden kann.

nach klassischen Maßstäben arrangierten Psychoanalyse statt. Identifizierungsprozesse sind unvermeidlich und auch erwünscht. Es ist überraschend, daß Loewald diese These bereits 1956 in einem Vortrag vor der Amerikanischen Psychoanalytischen Vereinigung, der allerdings erst 1960 veröffentlicht wurde, formuliert hat und daß es fast zwei Jahrzehnte dauerte, bevor sie in größerem Umfang akzeptiert wurde. Loewald spricht von einem Gefälle zwischen Analysand und Patient, das in gewisser Weise dem normalen wachstumsfördernden Gefälle entspricht, das zwischen Eltern und Kind bestehen sollte, um Identifizierungsprozesse voranzutreiben. Unser derzeitiges Wissen um die Subphasenentwicklung bestätigt Loewalds Beobachtung. Umso wichtiger ist es daher, im Lauf der Behandlung festzustellen, ob der Patient für einen solchen Identifizierungsprozeß ansprechbar ist, wenn er die Subphasen in einer Weise durchlaufen hat, daß er kaum eine neurotische Struktur aufbauen konnte. Es muß ermittelt werden, wie reparative Erfahrungen anzubieten sind und ob der Patient sie nutzen kann.

Betrachten wir nun einmal den Patienten, der Schwierigkeiten mit jenem Teil der Abmachung hat, nach dem er finanziell für die vereinbarten Stunden aufkommen muß, wenn er sie nicht wahrnehmen kann. Die U-Bahn fährt nicht weiter, das Auto bleibt stehen, das Taxi gerät in eine Verkehrsstockung. Der Patient macht mit Recht geltend, daß das alles nicht seine Schuld sei. Billigerweise kann erwartet werden, daß der neurotisch strukturierte Patient, nach einigem Protest, akzeptieren kann, daß das Ungemach ihm zugestoßen ist und der Analytiker es nicht auf sich nehmen kann, weil sie zwei verschiedene Personen sind. Der Patient, der das versteht, zeigt eine hochgradige Fähigkeit zur Unterscheidung der Selbstrepräsentanzen von den Objektrepräsentanzen, was auf seine Organisierungsfähigkeit zurückzuführen ist. Der Patient, der durch die Behandlungsbedingungen verunsichert ist, befindet sich vermutlich auf einem niedrigeren Niveau. Er ist vielleicht bereit, die Autorität des Therapeuten oder Analytikers zu akzeptieren, und darin kann sich Vertrauen oder Willfährigkeit widerspiegeln, doch ohne daß er das Wesentliche erfaßt: die Unterscheidung von Selbst- und Objektrepräsentanzen. Werden solche Patienten wegen dieses Gefälles stutzig, besteht größere Hoffnung, daß der Organisierungsprozeß gefördert werden kann. Ist dies nicht der Fall, muß der Therapeut herauszufinden versuchen, ob ihr Einverständnis auf einfacher Willfährigkeit ohne Rücksicht auf das Objekt beruht, oder ob tatsächlich ein gewisses Vertrauen vorhanden ist. Totale Willfährigkeit kann darauf hindeuten, daß die

Identitätsbildung auf einer eher pathologischen Ebene erfolgte und unterdrückte Wut im Spiel ist, während Vertrauen auf gute Erfahrungen während der Strukturbildung in den Subphasen hinweist.

Der Patient, der sich über die Bezahlung ausgefallener Stunden ärgert, muß nicht unbedingt stärker gestört sein. Der Ärger kann auch darauf beruhen, daß der Patient seine Identität verteidigt, indem er zu bewahren sucht, wovon er glaubt und fühlt, daß es seine Sache sei. Wir schaffen keine künstlichen Situationen, sondern benutzen was uns unweigerlich vor Augen kommt, um die Organisationsfähigkeit zu prüfen. Bei der kontinuierlichen Diskussion solcher Vorkommnisse hängt viel von den Reaktionen der Patienten ab. Wie sehr werden sie durch ihren Ärger behindert? Sind sie sich überhaupt bewußt, daß der Therapeut im Recht sein könnte? Wie lange brauchen sie, um sich wieder zu fangen? Versuchen wir, trotz ihrer Empfindungen, die Arbeit fortzusetzen, oder sind sie so wütend, daß sie sich auf eine vorzeitige Beendigung zubewegen? Dies sind Muster von Reaktionen auf Fragen, die als Hinweise für die Beurteilung der Reorganisationsfähigkeit dienen können.

Wie das Durcharbeiten verwickelt die Bestimmung der Reorganisierungsfähigkeit des Patienten den Analytiker in einen Lernprozeß in bezug auf seinen Umgang mit dem Widerstand – wie kann er in ihn eindringen, wie mit ihm »schwimmen«? Als fundamentale Voraussetzung muß gelten, daß die Patienten ein »Recht« auf ihren Widerstand haben, der ihrer Entwicklungsstufe entspricht. Das ist die technische Konsequenz des Diktums, daß der Therapeut sich auf das Organisationsdefizit einstellt, aber nicht auf dessen Folgen, d.h. das manifeste Verhalten. (Wir führen das im folgenden Abschnitt näher aus.) Mit diesem technischen Werkzeug kann sich der Therapeut ein gewisses Urteil über den Widerstand des Patienten und die Aussichten des Durcharbeitens bilden. Wenn sie gering sind, ist die Organisierungsfähigkeit vermindert, und der Therapeut muß das Thema zurückstellen, an dem sich der Widerstand entzündet hat. Ein Beispiel:

Therapeut: Vor einiger Zeit haben Sie mich gefragt, ob Ihre Montagsstunde verlegt werden könnte. Damals konnte ich das nicht machen, aber jetzt wäre es mir möglich, Sie um vier Uhr zu empfangen, wie Sie es wollten. Möchten Sie das?

Patient: Aha! Ich nehme an, jemand anders möchte jetzt seine Stunde verlegen! (Diese Antwort bringt ein völlig neues Thema ins Spiel, das nun Vorrang erhält.)

Therapeut: Das stimmt, und das ist genau der Grund, daß ich Ihnen diese Verlegung jetzt anbieten kann. Aber das ärgert Sie?

Patient: Mir mißfällt der Gedanke, daß Sie es für jemand anders tun wollen, während Sie es für mich nicht getan haben.

Therapeut: Sie haben ganz recht. Das kann einem auch nicht gefallen, wenn Sie meinen, daß ich mich so verhalten habe.

Patient: Haben Sie das denn nicht?

Therapeut: Das könnte ich ganz einfach beantworten, aber es wäre vielleicht nützlicher, wenn wir zu verstehen versuchten, was Sie zu dieser Schlußfolgerung veranlaßt hat.

Patient: Ach was, Sie machen mich so wütend, daß ich am liebsten aufstehen und gehen würde. Warum kann ich auf eine einfache Frage keine einfache Antwort bekommen? (Aufgrund früherer Erfahrungen vermutet der Therapeut, daß der Patient seine Frustrationsgrenze erreicht hat.)

Therapeut: Nun, dann will ich Ihnen sagen, daß ich nachgefragt habe, ob jemand seine Stunde mit Ihnen tauschen wollte, aber damals konnte das keiner. Sie haben so oft erlebt, daß Leute zu beschäftigt waren, um sich über Sie Gedanken zu machen, daß sie automatisch von dieser Idee ausgehen, wenn etwas nicht so läuft, wie Sie es gern hätten. Als ich Sie aufforderte, darüber zu reden, glaubte ich, Sie würden selbst darauf kommen.

Patient: Na gut, aber ich will trotzdem keine Verlegung. Sie wollten es nicht für mich tun, als es für mich wichtig war – warum soll ich mir also jetzt Gedanken machen?

Therapeut: Sie sind keineswegs gezwungen zuzustimmen; wenn Sie meinen, daß es Ihnen ungelegen kommt, besteht kein Grund, daß Sie es tun. (Der Therapeut ist sich bewußt, daß eine Verschiebung in der Objektwiederholung eintritt, und zwar von ihm als Deprivierendem auf den anderen Patienten als Geschwisterrepräsentanten. Er bestätigt deshalb die Gefühle des Patienten, schafft aber gleichzeitig ein neues Kriterium, indem er nahelegt, daß Selbstachtung und nicht Gereiztheit der Grund für die Ablehnung des Tausches sein könnte. Das Thema muß jedoch fallen gelassen werden, wenn der Patient nicht selbst darauf zurückkommt.)

Dieses Beispiel verweist noch auf ein anderes Gebiet, auf dem man die Fähigkeiten des Patienten testen kann – im vorstehenden Fall die Fähigkeit zu positiver Besetzung. Bei einem gut strukturierten Patienten bildet die positive Übertragung ein Gegengewicht zur negativen, und beide Phänomene werden beim analytischen Vorgehen erwartet.

Steigen wir jedoch die Entwicklungsleiter hinab, wird das Gleichgewicht durch Feindseligkeit gestört und die positive Beziehung vernichtet. Mangelnde Anregung der Apparate des Gedächtnisses, der Antizipation u. ä. verzögern Affektdifferenzierung und -entwicklung ebenfalls (siehe Fallbeispiel im 2. Kapitel). Es entwickelt sich nicht genügend affektives Interesse, das den Patienten befähigt, libidinöse Bedürfnisse mittels einer festen Beziehung zum Therapeuten innerhalb des therapeutischen Bündnisses zu befriedigen. Eine solche Beziehung ist für die Förderung von Identifizierungsprozessen von wesentlicher Bedeutung.

Die Organisierungsfähigkeit hängt nicht nur von Begabung und Strukturierungsgrad ab, die der Patient in die Behandlung einbringt – sie schwankt auch von Mal zu Mal, von Stunde zu Stunde und sogar während ein- und derselben Stunde. In unserer Erörterung isolieren wir künstlich Techniken der Beurteilung dieser Fähigkeit von anderen diagnostischen und therapeutischen Aspekten. Die Fallbeispiele machen klar, daß eine solche Isolierung in der Praxis kaum möglich ist. Die Aufdeckung von Fehlbildungen in der Entwicklung, Beurteilung der Reorganisierungsfähigkeit und Ich-bildende Interventionen sind sämtlich Bestandteile des therapeutischen Einsatzes.

Der Therapeut als Katalysator der Reorganisation

In der psychoanalytischen Tradition ist die Rolle des Therapeuten als eines Deuters so tief verwurzelt, daß sie nicht nur die eigentliche Psychoanalyse beeinflußt, sondern auch die psychoanalytisch orientierten Psychotherapien – die sogenannten »expressiven« oder «Einsichts«-Therapien. Wenn wir in Betracht ziehen, daß wahrscheinlich alle Organisationsstufen, einschließlich der Neurose, infolge einer nicht adäquaten Subphaseninteraktion bis zu einem gewissen Grade Fehlbildungen aufweisen, beginnen wir zu fragen, ob die Deutung allein das Wesentliche der therapeutischen Aktivität ausmacht. Gewiß, in den psychoanalytischen Standardwerken werden spezifische Zusatztechniken ausführlich dargestellt, die der Deutung den Weg ebnen – z. B. die Klärung. Aber diese werden noch immer als dem Hauptzweck untergeordnet betrachtet. Innerhalb der umfassenden Theorie der psychoanalytischen Entwicklungpsychologie ist es inkonsequent, die Rollen von Psychoanalytiker und Psychotherapeut als verschieden anzusehen, außer hinsichtlich ihrer Qualität und Nachdrücklichkeit.

Zwei Gründe zwingen uns, die Rolle der Technik bei beiden Therapieformen zu überprüfen: 1. Psychische Strukturen können nicht länger als geschlossenes System betrachtet werden, und deshalb tritt der Analytiker in dieses System als etwas anderes denn als Deuter ein, und 2. Fehlbildungen in der Organisation sind bei den meisten, wenn nicht allen Neurosen vorhanden, und sie bestimmen selbstverständlich das Bild bei den Organisationsformen unterhalb der Neurose. Daher ist es an der Zeit, daran zu denken, daß in vielen Fällen die Deutung, wenngleich ihr nach wie vor eine wichtige, ja sogar entscheidende Position im technischen Repertoire zukommt, der Rolle des Katalysators der Organisation untergeordnet ist.

Wir beschreiben die Rolle des Katalysators als die einer Präsenz, die an der Aktion nicht teilnimmt. Dieser Vergleich mit der Chemie muß etwas modifiziert werden, denn der Therapeut muß sich – natürlich in minimalem Umgang – selbst bei der Psychoanalyse der Neurose in irgend einer Form an der Interaktion beteiligen. Es ist wohlbekannt, daß der Patient die besondere Persönlichkeit des Analytikers oder Therapeuten wahrnimmt und mit ihr vertraut wird: seine äußere Erscheinung, Kleidung, die Ausstattung seiner Praxis und vor allem den Stil, in dem er auf das Material des Patienten reagiert. Außer diesem unvermeidlichen Minimum beschreiben wir spezifische therapeutische Eingriffe, um bewußt in die Struktur neurotischer Patienten einzudringen und sich sogar der unmittelbaren Interaktion mit Patienten auszusetzen, deren niedrigere Organisationsstufe eine solche Beteiligung verlangt. Diese Modifikationen scheinen die strenge Konstruktion, die wir bei der Definition des Katalysators verwenden, zu beeinträchtigen. Und doch ziehen wir es vor, diese Konstruktion beizubehalten, weil sie einen Ausgangspunkt bietet, der den Organisationsbedürfnissen des Patienten entspricht; sie bewahrt vor einer Verstrickung, die über dieses Bedürfnis hinausgeht. Der Analytiker oder Therapeut als Katalysator der Organisation lenkt die Neugestaltung dieser Organisation, wo es nötig ist, verringert aber die Einzigartigkeit seiner Person auf ein Minimum.

Um diese Rolle auszufüllen, haben wir hervorgehoben, was kaum so starker Betonung bedarf: die durchgängig wohltuende Atmosphäre.[2] Vielleicht sind wir allzu sehr bemüht, der von einigen vertretenen Position entgegenzuwirken, daß Herausforderung nützlich sei. Unserer Meinung nach ist eine wohltuende Atmosphäre, die man mit Sicherheit erwarten kann, wesentlich, weil:

---

[2] »Man kann sich diesen ersten Erfolg allerdings verscherzen, wenn man von Anfang an einen anderen Standpunkt einnimmt als den der Einfühlung . . .« (Freud, 1913, S. 474).

1. eine Konsistenz gewährleistet ist, mit der der Patient rechnen kann, wenn er an der Reorganisation teilzunehmen beginnt;
2. die positive Valenz geboten wird, die häufig selbst der Organisation neurotischer Patienten mangelt, die über Selbst- und Objektrepräsentanzen ganzer Personen verfügen. Wo größere Fehlbildungen bestehen – bei der Borderline- und der narzißtischen Organisation –, muß vermutet werden, daß negatives Selbst-Objekt-Erleben die primäre Interaktion beherrscht hat und eine Wiederholung schädlich wäre.
3. Damit kommt das therapeutische Gefälle ins Spiel – daß nämlich Verhalten und Reaktionen des Therapeuten nicht den stereotypen Objekterwartungen des Patienten entsprechen.

Unsere Position beruht auf Mahlers Organisierungsprinzip – daß wichtige Aspekte psychischer Strukturierung mit Loslösungs- und Individuationsvorgängen zusammenhängen –, und sie schließt Jacobsons Begriff der selektiven Identifizierung als Paradigma des Entwicklungsprozesses ein. Diese Modelle leiten den Therapeuten auch bei der Ausarbeitung technischer Interventionen, um das Wachstum und die Expansion in die Objektwelt zu fördern. Sie sind die wesentlichen Merkmale der therapeutischen Erfahrung und diktieren die jeweilige Modalität: Psychoanalyse, wo eine optimale Strukturierung existiert, und Psychotherapie für die zahllosen Varianten und Grade niedrigerer Strukturierungsebenen.

Wir haben die Rolle des Therapeuten von der Rolle der Mutter unterschieden, die in der primären Dyade kindliche Entwicklungsbedürfnisse bestätigt. Der erwachsene Patient hat verinnerlicht, was ihm in der primären Dyade geboten wurde, und seine Organisation ist entsprechend seinen individuellen Fähigkeiten fortgeschritten. Diese Organisation schließt auch die Bearbeitung der Fehlbildung ein, die daher rührt, daß keine phasengerechte Bestätigung erfolgte. Es liegt auf der Hand, daß die fortgesetzte Förderung einer Organisation, die eine falsche Richtung eingeschlagen hat, die Fehlbildung aufrechterhält. Wir können dies mit dem Weben eines komplizierten Musters vergleichen. Wurde ein Fehler gemacht und es wird nichtsdestoweniger weitergewebt, wird der Fehler Bestandteil des Musters. Anders als der Weber, der das Gewebe bis zur fehlerhaften Stelle auftrennt, reißen wir nicht die fortschreitende Organisation so weit auseinander, um sie dann neu zu ordnen. Die Organisierungsfähigkeit des Patienten muß gefördert werden, um die Fehlbildung zu korrigieren, ohne die Struktur der Organisation zu zerstören. Als besserer Vergleich bietet sich das Gerüst an, das ein Gebäude stützt, während es renoviert wird.

Im folgenden wollen wir die Techniken etwas schärfer umreißen, indem wir uns auf bestimmte Gebiete konzentrieren. Die Aufzählung eines kompletten Interventionsrepertoires ist nicht möglich und würde den kreativen Praktiker sogar einschränken. Wir hoffen, daß die dargebotenen Interventionsmuster die Art der Wachstumsförderung veranschaulichen, wenn der Therapeut als Katalysator fungiert.

Objektwiederholung

Therapeut: Guten Morgen.
Patient: Was soll daran gut sein? Es war eine Katastrophe, heute hierherzukommen!
Therapeut: Ich sehe, Sie haben nicht das Gefühl, daß es ein guter Morgen ist. Versuchen wir doch mal herauszubekommen, wie er Ihnen vorkommt.

Der Therapeut hält sich nicht an das »Drehbuch« und vermeidet es, auf die Herausforderung zu reagieren. Er versucht damit den langwierigen Prozeß der Richtigstellung verzerrter Erwartungen in Gang zu bringen, insbesondere die Antizipation negativer Reaktionen durch den Patienten. Indem er auf die stereotypen Erwartungen des Patienten nicht eingeht, schafft der Therapeut eine Situation, in der der Patient seine Vorwegnahme der Objektwiederholung in Frage stellen muß. Im besten Fall wird er durch die Reaktionen des Therapeuten weiterhin »enttäuscht«. Diese »Enttäuschung« wird durch die fortschreitende Differenzierung behoben. Als erstes muß die Gegenwart von der Vergangenheit unterschieden werden. Das ist unweigerlich schwierig. In einem gewissen Sinne ist es weniger als die Hälfte des Kampfes, denn die Unterscheidung der Gegenwart von der Vergangenheit erfordert auch ein höheres Maß der Differenzierung von Selbst- und Objektbildern, wie auch dem primären Objekt die Besetzung teilweise entzogen werden muß, um sie dem Therapeuten zuwenden zu können.
Hier stellt sich die erste von vielen Überlegungen bei der Therapie ein, daß nämlich die Reaktionen des Patienten im Rahmen der Erfahrungen und Begrenzungen des primären Erlebens und der daraus resultierenden Fehlbildung in der Organisation erfolgen, während sich der Therapeut auf einem ganz anderen Gelände bewegt. Auch die Nutzbarmachung der unterschiedlichen Fähigkeit des Therapeuten, trotz der stürmischen Feindseligkeit des Patienten positive Gefühle zu bewahren, beleuchtet eine affektive Diskrepanz, die die Ich-Funktion

des Erkenntnisvermögens und der Realitätsprüfung des Patienten zwingt, in Aktion zu treten. An einem bestimmten Punkt kann man einen »Augenblick der Wahrheit« riskieren. Verzichtet der Patient auf einen Kommentar, macht der Therapeut eine Bemerkung über diese Diskrepanz, wenn sie sich oft genug wiederholt hat, um Verleugnung und Verneinung schwerzumachen:

Therapeut: Sie haben oft bestätigt, daß es für Sie keinen guten Morgen gibt, aber die Gründe für dieses Gefühl sind dabei nicht zum Vorschein gekommen, obwohl sie für Sie offensichtlich sehr real sind.

Es wird zu neuen Wiederholungen kommen, aber ein wichtiges Thema ist angeschnitten worden. Indem er den antagonistischen Linien nicht folgte, die durch die Auseinandersetzungen des Patienten mit dem primären Objekt gezogen waren, hat der Therapeut der Reorganisation einen Weg eröffnet, so lang und gewunden er dann wahrscheinlich auch sein wird. Während dieses therapeutischen Vorgangs kann Angst vor Objektverlust entstehen. Deshalb wird die Kur oft schmerzlicher empfunden als die Krankheit. Heftige Trennungsangst wird sich einstellen, wenn durch die freundlichen Reaktionen des Therapeuten ein Gefälle geschaffen wurde, das dem Patienten das Gefühl vermittelt, er müsse seine primären Objektbesetzungen aufgeben. Er irrt sich natürlich, und auch das muß irgendwie erklärt werden: Er gibt lediglich die negativ besetzte Interaktion auf, nicht das Objekt *qua* Objekt.

Affektdifferenzierung

Einem Patienten gelang es nach zweijähriger Behandlung, seine impulsiven Wutausbrüche gegen den Therapeuten zu unterlassen. Bessere Realitätsprüfung und einigermaßen gute kognitive Fähigkeiten trugen zu diesem Fortschritt bei, da auf der Gegenseite keine Feindseligkeit herrschte. Trotzdem fuhr der Patient fort, auf alles, was der Therapeut sagte, zu antworten: »Das sind lauter Lügen!« Selbst die Wiederbelebung von Erinnerungen an Lügen seiner Eltern, die für den Augenblick zur Anerkennung der Therapiewirkungen führte, wurde der Überzeugung untergeordnet, daß der Therapeut unehrlich sei. Der Patient empfand keine Angst, sondern nur überwältigende Wut, die jetzt gemildert war. Das Erkennen der Angst (Affektdifferenzierung) konnte erst nach weiterem Wachstum erfolgen. In der Zwischenzeit konzentrierte sich die therapeutische Arbeit auf eine Lockerung der Bindung an die primäre Interaktion, so daß dieses Erlebnis die gegenwärtigen Objektbeziehungen nicht mehr zu beherrschen braucht. Der Therapeut richtet sich nach der grundlegenden Voraussetzung, daß der Patient aufgrund seiner primären Erlebnisse ein »Recht« auf seine Reaktion habe; dadurch wird der Therapeut in die Lage versetzt, mit Gegenübertragungsreaktionen fertig zu werden. Sobald der Patient die Erfahrungen der gegenwärtigen therapeutischen Situation besser von der Vergangenheit zu unterscheiden vermag – im vorstehenden Fall: stärker von der Ehrlichkeit des Therapeuten überzeugt ist –, kann der nächste Schritt getan werden. Das ist der Versuch, den Patienten zu veranlassen, seine kognitiven Fähigkeiten einzusetzen, um gegen seine blindwütigen Reaktionen anzugehen.

Therapeut: Es ist schwer zu sagen, was unter diesen Umständen mit Ihnen vorgeht. Haben Sie eine Ahnung?
Patient: Nein. Ich werde einfach furchtbar ungeduldig mit allem. Ich möchte Sachen kaputtmachen, tue es aber nicht, sondern möchte lieber fortgehen.
Therapeut: Sie versuchen also einen Weg zu finden, sich mit irgendetwas auseinanderzusetzen – wenigstens versuchen Sie, nichts kaputtzumachen.
Patient: Wenn Sie das auseinandersetzen nennen können. Ich versuche einfach, die ganze Sache beiseite zu schieben.
Therapeut: Und gelingt Ihnen das?
Patient: (lacht ein wenig) Nein! Meistens sind Sie zu gemein, um mir das zu erlauben.
Therapeut: (erkennt am Lachen, daß das therapeutische Bedürfnis funktioniert und versucht daher, einen weiteren Schritt zu tun) Nein, Sie weichen aus. Was geschieht?
Patient: Natürlich geschieht etwas. Aber es passiert gerade wieder – Sie bedrängen mich, und ich habe Angst, daß ich gleich wieder in dasselbe Gefühl verfalle.
Therapeut: Was ist das für ein Gefühl?
Patient: Ich fühle mich bedrängt und wütend. Die Gründe scheinen unklar.
Therapeut: Aber Sie wissen, welche Worte Sie gebrauchen; bedeuten sie etwas?
Patient: Nein, ich rege mich zu sehr auf.
Therapeut: Aufregen ist etwas anderes. Sie sagten, Sie waren ungeduldig, Sie hätten Angst, daß Sie gleich wieder wütend würden – jetzt haben Sie aber »aufgeregt« gesagt. Erkennen Sie, daß sich darin eher

Angst widerspiegelt und daß Sie dadurch unweigerlich aufgeregt und dann wütend werden?

Der Therapeut hat den Patienten einer Anstrengung ausgesetzt, die das Ich befähigen soll, einige verzögerte Funktionen zu üben: Selbstbeobachtung und vor allem Affektunterscheidung. Der Therapeut vermeidet es insbesondere, die Affekte als Wut zu bezeichnen, weil damit akzeptiert würde, daß der Patient alle Affekte in dieser einen globalen Form beschreibt und zum Ausdruck bringt.

Förderung des Selbstwertgefühls durch Affektdifferenzierung

Patient: Ich weiß, daß Sie jetzt gemeint haben, was Sie gerade sagten und daß es eine nette und positive Feststellung war. Aber es hat mich so wütend gemacht, daß ich gegen den Impuls ankämpfen mußte, aufzustehen und hinauszustürzen, und das ist wirklich verrückt!
Therapeut: Einen Augenblick. Darin steckt vielleicht mehr Logik, als wir beide im Augenblick erkennen können. Wir müssen nur mehr von dem wissen, was Ihnen gerade durch den Kopf ging.
Patient: Nichts. Nur eine Welle von Wut.
Therapeut: Nichts ist als erste Antwort gut genug. Aber wenn wir länger darüber nachdenken, finden wir vielleicht das Verbindungsglied, das eine nette, positive Feststellung in etwas verwandelte, über das man wütend wurde.
Patient: Die Leute sagten immer, ich wäre ein wütender Mensch.
Therapeut: Vielleicht haben sie das gar nicht gesagt.
Patient: Na ja, ich habe eine vage Vorstellung, daß ich etwas anderes fühlte. Aber sie sagten, daß es Wut sei, und so empfinde ich es jetzt.
Therapeut: Vielleicht war es ein selbständiger Gedanke.
Patient: Das könnte stimmen. Ich war nicht mit ihnen einverstanden, und sie sagten, das käme daher, daß ich immer so wütend bin.
Therapeut: Aber das war Ihre Persönlichkeit.
Patient: Sie meinen, wenn ich ich selbst bin, bin ich nicht wie die anderen. Sie nannten es Wut, weil sie es nicht ertragen konnten.

Der Patient wird aus der Unmittelbarkeit der primären dyadischen Interaktion herausgeführt. Die Spaltung wird behoben.

Patientin: Ich sehe heute schrecklich aus.
Therapeut: Sie sind also mit sich selbst nicht zufrieden.
Patientin: Meine Mutter hat mich heute morgen angerufen, und ich

konnte es einfach nicht aushalten. Ich bin Mitte vierzig, und sie erzählt mir immer noch jeden Tag, was ich zu tun habe. Da habe ich sie angeschrien und ihr gesagt, sie solle mich in Ruhe lassen.

Therapeut: Und jetzt sind Sie unglücklich, weil Sie das getan haben.

Patientin: Es ist so verwirrend. Sie ist ein furchtbarer Quälgeist, und ihr ganzes Verhalten ist unausstehlich. Trotzdem habe ich ein schlechtes Gewissen, wenn ich so gemein zu ihr bin.

Therapeut: Aha! Jetzt kommen Sie der Sache näher. Sie haben Mühe zu verstehen, daß Sie eben jenen Aspekt ihres Verhaltens nicht mögen. Wenn Sie sie anschreien und dann ein schlechtes Gefühl haben, so nicht deshalb, weil sie diesen oder jenen Aspekt nicht mögen – Sie mögen sie überhaupt nicht und möchten sie loswerden.

Patientin: Ich verstehe. Aber weshalb ruft sie mich jeden Tag an?

Therapeut: Vielleicht ermutigen Sie sich beide dazu.

Patientin: Sie meinen, daß sie das braucht?

Therapeut: Ich meine, daß Sie es auch brauchen, und deshalb machen Sie mit.

Patientin: Aber ich habe Ihnen doch gesagt, daß es mich verrückt macht.

Therapeut: Weil ein Teil von Ihnen davon loskommen möchte. Aber wir haben es mit dem Teil von Ihnen zu tun, der noch eine Mutter braucht.

Patientin: Großartig! In meinem Alter brauche ich noch eine Mutter. Ich nehme an, Sie haben recht. Wie komme ich da raus? Es ist so schwierig.

Therapeut: Das kommt daher, weil Sie noch nicht herausgefunden haben, wofür Sie sie brauchen.

Patientin: Vielleicht mag ich es, daß sie mir erzählt, was ich tun soll, aber die Erwachsene in mir kann es nicht ertragen.

Therapeut: Das ist eine Möglichkeit. Aber ich glaube eher, Sie fühlen sich unbehaglich, weil sie dieses Bedürfnis hat.

Patientin: O, ich verstehe. Ich würde sie für immer vertreiben und müßte dann allein zurechtkommen.

Therapeut: Ich glaube aber, Sie haben noch andere Sorgen – nicht daß diese gering wäre.

Patientin: Ja. Was würde aus ihr werden?

Therapeut: Sie müssen also ein Kind bleiben, damit Ihre Mutter nicht ihren »Job« als Mutter verliert. Andernfalls wäre sie arbeitslos.

Patientin: Sie braucht mich und deshalb brauche ich sie. Wir sind in einem Circulus vitiosus.

Therapeut: Nachdem Sie das jetzt verstehen, können Sie diesen Kreis

254

vielleicht an irgend einer Stelle durchbrechen, ohne das Gefühl zu haben, daß Sie sie zerstören.

Patientin: Wir wären dann getrennte Menschen.

Therapeut: Könnte das nicht ein gutes Gefühl sein?

Patientin: Es klingt phantastisch. Aber kann ich das schaffen?

Therapeut: Ich glaube schon, daß Sie es allmählich schaffen werden, wenn Sie sehen, daß es keinem von Ihnen wehtut.

Patientin: Aber manchmal ist sie so gut zu mir. Ich möchte sie nicht verlieren. Es tut mir auch gut – genauso wie ich mir schlecht vorkomme, wenn ich sie anschreie, weil sie sich zu sehr einmischt.

Therapeut: Sie erleben sie manchmal als gut und manchmal als schlecht. Deshalb kommen Sie sich selbst schlecht vor. Sie würden sie sich gern als vollkommen vorstellen, so daß Sie niemals wütend auf sie werden.

Patientin: Das stimmt genau. Wir unterhalten uns zum Beispiel auf angenehme Weise, und dieselbe Unterhaltung endet manchmal damit, daß ich sie hasse.

Therapeut: Weil Sie eine vollkommene Mutter haben wollen, und sie enttäuscht Sie.

Patientin: Das tut jeder. Niemand ist vollkommen. Aber ich verstehe, daß ich mir das wünsche.

Wir unterbrechen hier unsere Beschreibung der Rolle des Therapeuten als Katalysator der Reorganisation, um darauf aufmerksam zu machen, daß sich durch alle Fallbeispiele ein roter Faden zieht, der zeigt, daß wenn irgend möglich die Fehlbildungen in der Organisation bearbeitet werden müssen, nicht ihre Auswirkungen im Verhalten. Die mürrische Antwort des Patienten auf den Gruß des Therapeuten wird als Resultat einer geringen Frustrationstoleranz wahrgenommen, als magische Erwartung einer Reibungslosigkeit, die, wenn sie enttäuscht wird, dem Therapeuten angelastet wird. Bei dieser Sachlage läßt sich der Therapeut nicht zu einem Streit herausfordern. Der Patient, der den Therapeuten ständig der Lüge bezichtigt, sucht eine Wiederholung der ursprünglichen Objekterfahrung wegen der Gefahr des Objektverlustes, die mit der Wahrnehmung eines neuen positiven Objekts in einer weiteren Objektwelt verbunden ist. Das führt in Versuchung, sich vom primären Objekt zu trennen, und würde große Angst auslösen. Die Nuancen der Affektdifferenzierung – ungeduldig, ärgerlich, wütend, ängstlich – werden erst möglich, wenn der Therapeut über die interpersonelle Provokation hinauszublicken und die schmerzhafte Trennungsangst zu erkennen vermag.

Ein Selbstwertgefühl kann wahrscheinlich niemals durch Konfrontation von außen geschaffen werden. Wenn das wütende, provozierende Verhalten verstanden und während seiner Entstehungsprozesse erklärt wird, wird rückwirkende Selbst-Empathie ein positiver besetztes Selbstgefühl hervorbringen.

In ähnlicher Weise erfordert die Heilung gespaltener Repräsentanzen sowohl des Selbst als auch des Objekts, daß man rückwirkend empathisch erfaßt, wie verwirrt und verwundert das Kind war, das Struktur um die infantilen Bedürfnisse der eigenen Mutter bilden mußte. Eine solche Rollenkonfusion erlegt dem Kind Forderungen auf, die seinem Alter nicht entsprechen, und führt zu Belastungen, die im Rahmen einer normalen Entwicklung nicht bewältigt werden können. Daher entstehen Fehlbildungen und Verzerrungen der Selbst- und Objektrepräsentanzen und werden Bestandteil der fortschreitenden Organisation. Verhaltensmanifestationen, die durch verzerrte frühe Erfahrungen verursacht werden, führen zu häufigen Zusammenstößen und Konfrontationen im täglichen Leben. Es ist von größter Bedeutung, daß der Therapeut ein Bewußtsein für die vielen Fallgruben entwickelt, um nicht nach dem »Drehbuch« der destruktiven primären Interaktion vorzugehen.

Der Therapeut als Katalysator der Entwicklung der Fähigkeit zur Selbstbesänftigung

Diskussionen über therapeutische Methoden zur Angstminderung gibt es zwar im Überfluß, doch werden sie meist in dem Sinne geführt, daß es darauf ankäme, die Ursachen der Angst zu verstehen und zu beheben, oder die wirkungsvollste Behandlungsform zu finden. Letzteres bleibt palliativ, während ersteres ein langfristiges Ziel ist. Als nützliches Zwischenziel erweist sich die Anregung oder Stärkung der Fähigkeit zur Selbstbesänftigung. Das trifft vor allem dann zu, wenn Signalangst nicht oder nur in geringem Maße erworben wurde, wie der im zweiten Abschnitt dargestellte Fall zeigt: die Patientin, die in Panik geriet, als sie in einem Restaurant unerwartet von einem Freund gegrüßt wurde. Vielleicht häufiger, als man früher erkannte, liegt das Problem darin, daß die Organisation sich nicht über den Angelpunkt hinaus entwickelte (Abschnitt G, 5. Kapitel), d.h. vom organismischen Unbehagen zur Besänftigung von außen, zur Selbstbesänftigung und schließlich zur Signalangst. In solchen Fällen ist es unerläßlich, daß die therapeutische Interaktion besänftigenden Charakter hat. Darüberhinaus bietet der Therapeut – oft vom Patienten geleitet – alles auf, was zu weiterer Besänftigung führen kann. Wenn der Patient immer wieder erschrickt, sobald die Klingel ertönt, die die Ankunft des nächsten Patienten meldet, kann man ihn fragen, ob es ihm lieber wäre, wenn man ihn vorher aufmerksam machen würde, daß die Klingel bald ertönen wird. Eine andere Patientin fand es beruhigend, wenigstens fünf Minuten allein im Wartezimmer zu verbringen, was ihr den Eintritt ins Sprechzimmer erleichterte, obwohl es bedeutete, daß sie dafür einen Teil ihrer Zeit opfern mußte. Ein Patient mit Problemen von offenkundig analem Charakter »genießt« es, vor jeder Stunde auf die Toilette zu gehen. Er erwartet eine »Deutung« (Mißbilligung), reagiert aber dankbar auf die Zurückstellung dieses Aspekts der Arbeit, indem akzeptiert wird, daß er sich in dieser Phase der Therapie solcherart auf die Stunde vorbereitet. Humor kann sehr wertvoll sein, wenn er nicht zu Lasten des Patienten geht.

Patientin: Ich habe im Geist alle anderen Autos von der Straße gefegt, weil ich solche Angst hatte, zu spät zu kommen.
Therapeut: Sie haben es aber geschafft, sind sogar ein paar Minuten zu früh.
Patientin: Ja, aber mit Mühe und Not.
Therapeut: Da Sie pünktlich sind, können wir vielleicht über Ihre Angst vor dem Zuspätkommen reden. Was würde denn Ihrer Meinung nach passieren?
Patientin: Ich weiß wirklich nicht. Ich glaube, Sie werden wütend auf mich sein.
Therapeut: Aha. Also gut, da Sie heute fast zu spät gekommen sind, fällt Ihnen da auf, daß ich fast wütend bin?
Patientin: (lacht)

Die Tatsache, daß der Therapeut dem Patienten helfen will, Besänftigungsmechanismen zu finden, auch wenn das nicht immer gelingt, stellt die notwendige Erfahrung einer Interaktion dar, von der wir erwarten, daß sie verinnerlicht wird. Diese Patientin tat einen gewaltigen Schritt in diese Richtung, als sie auf die Bemühungen des Therapeuten reagierte. Sie berichtete über einen kürzlichen Besuch bei ihren Eltern – ein Erlebnis, anhand dessen sie eine beachtliche Steigerung ihres Erkenntnisvermögens wie ihrer Objektivierungsfähigkeit zeigte. In einem gewissen Sinne war sie in der Lage, eben jenen Prozeß zu beschreiben, durch den der Fortschritt zur Signalangst aufgehalten worden war. Nach der Begrüßung durch ihre Mutter (»Liebling, du bist so dünn und siehst nicht gut aus!«) wallten Erinnerungen in ihr auf, die sie beim Erzählen verdichtete. »Ich kann mich zwar nicht an alle Einzelheiten erinnern, aber ich kann die Äußerungen meiner Mutter etwa folgendermaßen wiedergeben: ›Es ist ein schöner Tag, aber ich muß Papa zum Doktor bringen; es ist ein schöner Tag, aber ich habe Verdauungsbeschwerden, das kommt vom gestrigen Abendessen; du siehst gut aus, Liebling, aber dein Kleid steht dir nicht; das ist ein entzückendes Kleid, aber weshalb siehst du so schlecht aus?‹« Wenn jede Bemerkung auf negative Weise rückgängig gemacht wird, gibt es auch keine Besänftigung, die dem Erwerb von Mechanismen zur Selbstbesänftigung nutzbar gemacht werden könnte.

Wir fassen die technischen Maßnahmen zusammen, die der Förderung der Reorganisation dienen sollen:

1. Schaffung eines verläßlichen, durchgängig wohltuenden Klimas,
2. keine Erwiderung von Feindseligkeit angesichts negativer Affekte,
3. Unterscheidung zwischen Feindseligkeit als Affekt und der Trennung dienendem aggressiven Drang, der eher wachstumsfördernd als gegen das Objekt gerichtet ist,
4. Aufrechterhaltung des therapeutischen Gefälles, das früher oder später zwangsläufig bewirkt, daß der Patient dank seines Erkenntnisvermögens in Betracht zieht, daß die vom Therapeuten repräsentierte weitere Objektwelt sich von der Welt der primären Objekte unterscheidet, mit denen er weiterhin interagiert, als wären sie noch anwesend,
5. Bestimmung der Fehlbildungen, die die Organisation während der Subphaseninteraktion verzerrt haben,
6. Anwendung wachstumsfördernder Frustration, die den Loslösungs- und Individuationsprozeß vorantreibt,
7. Erklärung: eine Technik, die der Deutung vorausgeht und dem Patienten helfen soll zu verstehen, wo der Organisationsprozeß während der Subphaseninteraktion Fehlbildungen aufzuweisen begann, weil die Subphase inadäquat verlief,
8. Aufdeckung der Art, wie Erlebnisse in der Dyade ständig wiederholt werden, um die Objektbeziehung aufrechtzuerhalten, gleichgültig, wie negativ sie war,
9. »Verfolgen« des Patienten durch Einstimmung auf die klinisch zum Ausdruck kommenden Fehlbildungen und Anleitung zu ihrer Reorganisation, wie im 11. Kapitel dargestellt.
10. Deutung jener Strukturen, bei denen ein hoher Organisationsgrad

besteht oder eine solche Organisation erreicht wurde, indem wachstumsfördernde therapeutische Maßnahmen getroffen wurden.

Es ist nicht möglich – und wir haben es auch nicht versucht –, jeden Aspekt des therapeutischen Eingreifens einzeln darzustellen und Schritt für Schritt anzugeben, wie die Therapie verlaufen muß. Die Sache ist zu komplex. Da sind die vielfältigen Entwicklungsaspekte und ihr Potential an Fehlbildungen in der Organisation auf der Patientenseite der therapeutischen Begegnung. Auf der Therapeutenseite tasten wir nach neuen Theorien und neuen Annäherungswerten in der Technik. Am Ende wird die Psychotherapie immer eine Kunst bleiben.

Zwar liefert die psychoanalytische Entwicklungspsychologie der Praxis eine feste Grundlage, doch gibt es soviele Stile ihrer Anwendung, wie es Therapeuten gibt. Wir sind beglückt über den Glanz dieser Theorie, die noch längst nicht am Ende sein dürfte, während wir nun zum Schluß kommen müssen. Wir wollen es mit einem Wort Hartmanns tun, der 1964 gesagt hat:

».. . gegenwärtig sind die Begriffe der Entwicklungsphase, des Konflikts, des Traumas viel komplizierter für uns geworden, und ich glaube, sie werden immer komplizierter werden, ehe wir wieder den schönen, friedlichen Zustand erreichen, wo sowohl einfache wie umfassende Formulierungen möglich werden« (S. 207).

Bibliographie

Abelin, E. L. (1971): The role of the father in the separation-individuation process. In: J. B. McDevitt u. C. F. Settlage, Hrsg.: Separation – Individuation. New York (Int. Universities Press), S. 229–252.

– (1975): Some further observations and comments on the earliest role of the father. In: Int. Journ. Psa. 56, S. 293–302.

Alexander, F. u. Th. M. French (1946): Psychoanalytic Therapy. New York (Ronald Press).

Altman, L. (1977): Some vicissitudes of love. In: Journ. Am. Psa. Ass. 25, S. 35–52.

Apfelbaum, B. (1965): Ego psychology, psychic energy, and the hazards of quantitative explanation in psychoanalytic theory. In: Int. Journ. Psa. 46, S. 168–182.

Applegarth, A. P. (1971): Comments on aspects of the theory of psychic energy. In: Journ. Am. Psa. Ass. 19, S. 379–416.

– (1977): Psychic energy reconsidered. In: Journ. Am. Psa. Ass. 25, S. 599–602.

Arlow, J. A. (1961): Silence and the theory of technique. In: Journ. Am. Psa. Ass. 9, S. 44–55.

– (1974): Panel on transference. In: Int. Journ. Psa. 55, S. 311–321.

Benedek, Th. (1959): Parenthood as a developmental phase. In: Journ. Am. Psa. Ass. 7, S. 389–417.

Benjamin, J. (1961): The innate and the experiential in child development. In: H. Brosin, Hrsg.: Lectures on Experimental Psychiatry. Pittsburgh (University of Pittsburgh Press), S. 19–42.

Bergmann, M. S. (1971): Psychoanalytic observations on the capacity to love. In: J. B. McDevitt u. C. F. Settlage, Hrsg.: Separation – Individuation. New York (Int. Univ. Press), S. 15–40.

Blanck, G. (1966): Some technical implications of ego psychology. In: Int. Journ. Psa. 47, S. 6–13.

– (1970): Crossroads in the technique of psychotherapy. In: Psa. Rev. 16, S. 498–510.

– (1977): Towards the elaboration of practice theory. In: Smith College Studies in Social Work, S. 104–111.

– u. R. Blanck (1972): Toward a psychoanalytic development psychology. In: Journ. Am. Psa. Ass. 20, S. 668–710.

– (1974): Ego Psychology. New York (Columbia Univ. Press). Deutsch: Angewandte Ich-Psychologie. Stuttgart (Klett-Cotta) 1978.

Blanck, R. (1965): The case for individual treatment. In: Social Casework, Family Service Ass. Am. 46, S. 70–74.

– (1967): Marriage as a phase of personality development. In: Social Casework, Family Service Ass. Am. 48, S. 154–160.

– (1973): Countertransference in treatment of the borderline patient. In: Clinical Social Work Journal 1, S. 110–117.

– (1977): Practice theory then and now. In: Smith College Studies in Social Work, S. 95–103.

- u. G. Blanck (1968): Marriage and Personal Development. New York (Columbia Univ. Press). Deutsch: Ehe und seelische Entwicklung. Stuttgart (Klett-Cotta) 1978.
- (1977): The transference object and the real object. In: Int. Journ. Psa. 58, S. 33–44.

Blos, P. (1962): On Adolescence. New York (Free Press). Deutsch: Adoleszenz. Stuttgart (Klett) 1973.

Brazelton, T. B. u. a. (1975): Early mother-infant reciprocity. In: Ciba Symposium. Amsterdam.

Brenner, Ch. (1971): The psycho-analytic concept of aggression. In: Int. Journ. Psa. 52, S. 137–144.

Dewald, P. A. (1976): Transference regression and real experience in the psychoanalytic process. In: Psa. Quart. 45, S. 213–230.

Eissler, K. R. (1953): The effect of the structure of the ego on psychoanalytic technique. In: Journ. Am. Psa. Ass. 1, S. 104–143.

Erikson, E. H. (1954): On the sense of inner identity. In: R. P. Knight u. C. R. Friedman, Hrsg.: Psychoanalytic Psychiatry and Psychology. New York (Int. Univ. Press), S. 351–364.

Escoll, Ph. J., Berichterstatter (1977): The contribution of psychoanalytic developmental concepts to adult analysis. In: Journ. Am. Psa. Ass. 25, S. 215–234.

Fenichel, O. (1935): Concerning the theory of psychoanalytic technique. In: H. Fenichel u. D. Rapaport, Hrsg.: The Collected Papers of Otto Fenichel. New York (Norton) 1953, S. 332–348.
- (1941a): The ego and the affects. Ebd. II, 1954, S. 215–227.
- (1941b): Problems of Psychoanalytic Technique. New York (Psa. Quart.)
- (1945): The Psychoanalytic Theory of Neurosis. New York (Norton). Deutsch: Psychoanalytische Neurosenlehre. Olten u. Freiburg (Walter) 1974.

Fleming, J. (1975): Some observations on object constancy in the psychoanalysis of adults. In: Journ. Am. Psa. Ass. 23, S. 743–760.
- (1977/78): Persönliche Mitteilung.

Freud, A. (1936): Das Ich und die Abwehrmechanismen. München (Kindler) 1964.
- (1963): The concept of developmental lines. In: The Psychoanalytic Study of the Child 18, S. 245–265.
- (1966): Obsessional neurosis: a summary of psycho-analytic views. In: Int. Journ. Psa. 47, S. 116–122.
- (1972): Comments on aggression. In: Int. Journ. Psa. 53, S. 163–172.

Freud, S.: Gesammelte Werke, chronologisch geordnet, 18 Bde. Herausgegeben von A. Freud, W. Hoffer, E. Kris u. O. Isakower. Seit 1960 Frankfurt a.M. (S. Fischer) – (Standard Edition, 24 Bde., London [Hogarth Press u. The Institute of Psycho-Analysis]).
- (1895): Studien über Hysterie. Ges. W. I.
- (1900): Die Traumdeutung. Ges. W. I/II.
- (1905a): Bruchstück einer Hysterie-Analyse. Ges. W. V.
- (1905b): Drei Abhandlungen zur Sexualtheorie. Ges. W. V.
- (1905c): Der Witz und seine Beziehung zum Unbewußten. Ges. W. VI.
- (1909): Bemerkungen über einen Fall von Zwangsneurose. Ges. W. VII.
- (1910): Über »wilde« Psychoanalyse. Ges. W. VIII.

– (1911): Psychoanalytische Bemerkungen über einen autobiographisch beschriebenen Fall von Paranoia (Dementia paranoides). Ges. W. VIII.
– (1912a): Zur Dynamik der Übertragung. Ges. W. VIII.
– (1912b): Ratschläge für den Arzt bei der psychoanal. Behandlung. Ges. W. VIII.
– (1913): Zur Einleitung der Behandlung. Ges. W. VIII.
– (1914a): Zur Einführung des Narzißmus. Ges. W. X.
– (1914b): Erinnern, Wiederholen und Durcharbeiten. Ges. W. X.
– (1916/17): Widerstand und Verdrängung (Vorlesung zur Einführung in die Psychoanalyse, 3. Teil, 19. Vorlesung). Ges. W. XI.
– (1917a): Die Libidotheorie und der Narzißmus. Ebd. 26. Vorlesung.
– (1917b): Trauer und Melancholie. Ges. W. X.
– (1917c): Die Übertragung (Vorlesungen zur Einführung in die Psychoanalyse, 3. Teil, 27. Vorlesung). Ges. W. XI.
– (1918): Aus der Geschichte einer infantilen Neurose. Ges. W. XII.
– (1920): Jenseits des Lustprinzips. Ges. W. XIII.
– (1923): Das Ich und das Es. Ges. W. XIII.
– (1926): Hemmung, Symptom und Angst. Ges. W. XIV.
– (1930): Das Unbehagen in der Kultur. Ges. W. XIV.
– (1933): Angst und Triebleben (Neue Folge der Vorlesungen zur Einführung in die Psychoanalyse, 32. Vorlesung). Ges. W. XV.
– (1937): Die endliche und die unendliche Analyse. Ges. W. XVI.
– (1940): Abriß der Psychoanalyse. Ges. W. XVII.
Friedman, L. (1969): The therapeutic alliance. In: Int. Journ. Psa. 50, S. 139–153.
Furer, M. [Konferenzteilnehmer, Berichterstatter: S. A. Morgenstern] (1967): Current concepts of the psychoanalytic process. In: Journ. Am. Psa. Ass. 24, S. 181–195.
Galenson, E., Berichterstatter (1978): The psychology of women. In: Journ. Am. Psa. Ass. 26, S. 163–177.
Garma, A. (1971): Within the realm of the death instinct. In: Int. Journ. Psa. 52, S. 145–154.
Gill, M. M. (1977): Psychic energy reconsidered. In: Journ. Am. Psa. Ass. 25, S. 581–597.
Gillespie, W. H. (1971): Aggression and instinct theory. In: Int. Journ. Psa. 52, S. 155–160.
Glover, E. (1939): The psycho-analysis of affects. In: Int. Journ. Psa. 20, S. 299–307.
– (1955): The Technique of Psychoanalysis. New York (Int. Univ. Press).
– (1956): On the Early Development of the Mind. New York (Int. Univ. Press).
Greenacre, Ph. (1953a): Certain relationships between fetishism and the faulty development of the body image. In: Psa. St. Child 8, S. 79–97.
– (1953b): Trauma, Growth, and Personality. London (Hogarth).
– (1954): The role of transference. In: Journ. Am. Psa. Ass. 2, S. 671–684.
– (1956): Re-evaluation of the process of working through. In: Int. Journ. Psa. 37, S. 439–445.
– (1957): The childhood of the artist. In: Psa. Child 12, S. 47–72.
– (1959): Certain technical problems in the transference relationship. In: Journ. Am. Psa. Ass. 7, S. 484–502.

– (1966): Problems of overidealization of the analyst and of analysis: their manifesta-
tions in the transference and countertransference relationship. In: Psa. St. Child 21,
S. 209–219.

– (1971): Notes on the influence and contribution of ego psychology to the practice of
psychoanalysis. In: J. B. McDevitt u. C. F. Settlage, Hrsg.: Separation – Individuation. New York (Int. Univ. Press).

Greenson, R. R. (1961): On the silence and sounds of the analytic hour. In: Journ. Am.
Psa. Ass. 9, S. 79–84.

– (1965a): The problem of working through. In: M. Schur, Hrsg.: Drives, Affects, and
Behavior. New York (Int. Univ. Press), S. 277–313.

– (1965b): The working alliance and the transference neurosis. In: Psa. Quart. 34, S.
155–181.

– (1967): The Technique and Practice of Psychoanalysis. New York (Hallmark).
Deutsch: Technik und Praxis der Psychoanalyse I. Stuttgart (Klett) 1973.

– u. M. Wexler (1969): The non-transference relationships in the psychoanalytic
situation. In: Int. Journ. Psa. 50, S. 27–39. Deutsch: Die übertragungsfreie Beziehung in der psychoanalytischen Situation. Psyche, 25 (1971), S.206–230.

Hartmann, H. (1939–58): Ego Psychology and the Problem of the Adaptation. New
York (Int. Univ. Press). Deutsch: Ich-Psychologie und Anpassungsproblem. Stuttgart (Klett) 1960.

– (1950a): Comments on the psychoanalytic theory of the ego. In: H. Hartmann:
Essays on Ego Psychology. New York (Int. Univ. Press) 1964. Deutsch: Ich-
Psychologie. Stuttgart (Klett) 1972.

– (1950a): Psychoanalysis and developmental psychology. Ebd.

– (1956a): The development of the ego concept in Freud's work. Ebd.

– (1956b): Notes on the reality principle. Ebd.

– (1964): Essays on Ego Psychology. Deutsch: Ich-Psychologie. Stuttgart (Klett) 1972.

– u. E. Kris (1945): The genetic approach in psychoanalysis. In: Psa. St. Child 1, S.
11–30. Deutsch: Die genetische Betrachtungsweise in der Psychoanalyse. In: Psyche
3, 1949, S. 1–17.

–, E. Kris u. R. M. Loewenstein (1946): Comments on the formation of psychic
structure. In: Psa. St. Child 2, S. 11–38.

–, E. Kris u. R. M. Loewenstein (1949): Notes on the theory of aggression. In: Psa. St.
Child 3/4, S. 9–36.

– u. R. M. Loewenstein (1962): Notes on the superego. In: Psa. St. Child 17, S. 42–81.

Hartocollis. P. (1977): Borderline Personality Disorders. New York (Int. Univ. Press).

Heiman, P. u. A. F. Valenstein (1972): The psychoanalytic concept of aggression: an
integrated summary. In: Int. Journ. Psa. 53, S. 31–36.

Holt, R. R. (1966): A critical examination of Freud's concept of bound vs. free cathexis.
In: Journ. Am. Psa. Ass. 10, S. 475–525.

Horowitz, M. H. (1977): The quantitative line of approach in psychoanalysis: a clinical
assessment of its present status. In: Journ. Am. Psa. Ass. 25, S. 559–579.

Jacobson, E. (1954): The self and the object world: vicissitudes of their infantile
cathexes and their influence on ideational and affective development. In: Psa. St.
Child 9, S. 75–127.

- (1964): The Self and the Object World. New York (Int. Univ. Press). Deutsch: Das Selbst und die Welt der Objekte. Frankfurt a. M. (Suhrkamp) 1974.
- (1966): Problems in the differentiation between schizophrenic and melancholical states. In: R. M. Loewenstein, L. M. Newman, M. Schur u. A. J. Solnit, Hrsg.: Psychoanalysis – A General Psychology. New York (Int. Univ. Press), S. 499–520.
- (1971): Depression. New York (Int. Univ. Press). Deutsch: Depression. Frankfurt a. M. (Suhrkamp) 1977.

Joffe, W. G. u. J. Sandler (1968): Comments on the psychoanalytic psychology of adaptation with special reference to the role of affects and the representational world. In: Int. Journ. Psa. 49, S. 445–454.

Kernberg, O. F. (1974): Barriers to falling and remaining in love. In: Journ. Am. Psa. Ass. 22, S. 486–511.
- (1975): Borderline Conditions and Pathological Narcissmism. New York (Aronson). Deutsch: Borderline-Störungen und pathologischer Narzißmus. Frankfurt a. M. (Suhrkamp) 1978.
- (1976): Object Relations Theory and Clinical Psychoanalysis. New York (Aronson).
- (1977): Boundaries and structure in love relations. In: Journ. Am. Psa. Ass. 25, S. 31–114.

Klein, M. (1948): Contributions to Psycho-Analysis, 1921–1945. London (Hogarth). Vgl. deutsch: Das Seelenleben des Kleinkindes. Stuttgart (Klett) 1962.

Kohut, H. (1971): The Analysis of the Self. New York (Int. Univ. Press). Deutsch: Narzißmus. Frankfurt a. M. (Suhrkamp) 1973.
- (1977): The Restoration of the Self. New York (Int. Univ. Press). Deutsch: Die Heilung des Selbst. Frankfurt a. M. (Suhrkamp) 1978

Kris, E. (1952): Psychoanalytic Explorations in Art. New York (Int. Univ. Press). Deutsch: Die ästhetische Illusion. Frankfurt a. M. (Suhrkamp) 1977.
- (1956a): The recovery of childhood memories in psychoanalysis. In: Psa. St. Child 11, S. 54–88. Deutsch: Die Aufdeckung von Kindheitserinnerungen in der Psychoanalyse. Psyche, *31* (1977), S. 732–768.
- (1956b): On some vicisitudes of insight in psychoanalysis. In: Int. Journ. Psà. 37, S. 445–455.
- (1956c): The personal myth. In: Journ. Am. Psa. Ass. 4, S. 653–681.

Lewin, B. D. (1950): The Psychoanalysis of Elation. New York (Norton). Deutsche Übersetzung in Vorbereitung.

Lichtenberg, J. D. (1975): The development of the sense of self. In: Journ. Am. Psa. Ass. 23, S. 453–484.

Lipton, S. D., Diskussionsteilnehmer (1976): Current concepts in the psychoanalytic process. S. A. Morgenstern, Berichterstatter. In: Journ. Am. Psa. Ass. 24, S. 181–195.

Loewald, H. W. (1960): On the therapeutic action of psychoanalysis. In: Int. Journ. Psa. 41, S. 16–33.
- (1962): Internalization, separation, mourning, and the superego. In: Psa. Quart. 31, S. 483–504.
- (1972): Freud's conception of the negative therapeutic reaction with comments on instinct theory. In: Journ. Am. Psa. Ass. 20, S. 235–245.

– (1974): Current status of the concept on infantile neurosis; discussion. In: Psa. St. Child 29, S. 183–188.

– (1977): Instinct theory, object relations and psychic structure formation. Address at the Margaret S. Mahler Symposium. Philadelphia.

Loewenstein, R. M. (1951): The problem of interpretation. In: Psa. Quart. 20, S. 1–14.

Mahler, M. S. (1952): On child psychosis and schizophrenia: autistic and symbiotic infantile psychosis. In: Psa. St. Child 7, S. 286–305.

– (1958): Autism and symbiosis, two extreme disturbances of identity. In: Int. Journ. Psa. 39, S. 77–83.

– (1961): On sadness and grief in infancy and childhood: loss and restoration of the symbiotic love object. In: Psa. St. Child 16, S. 332–351.

– (1963): Thoughts about development and individuation. In: Psa. St. Child 18, S. 307–324.

– (1965): On the significance of the normal separation-individuation phase. In: M. Schur, Hrsg.: Drives, Affects, and Behavior. New York (Int. Univ. Press), S. 161–168.

– (1966): Notes on the development of basic moods: the depressive affect in psychoanalysis. In: R. M. Loewenstein, L. M. Newman, M. Schur u. A. J. Solnit, Hrsg.: Psychoanalysis – A General Psychology. New York (Int. Univ. Press), S. 152–168.

– (1968): On Human Symbiosis and the Vicissitudes of Individuation. New York (Int. Univ. Press). Deutsch: Symbiose und Individuation. Stuttgart (Klett) 1972.

– (1971): A study of the separation-individuation process and its possible application to borderline phenomena in the psychoanalytic situation. In: Psa. St. Child 26, S. 403–424. Deutsch: Die Bedeutung des Loslösungs- und Individuationsprozesses für die Beurteilung von Borderline-Phänomenen. Psyche, 29 (1975), S. 1078–1095.

– (1972): On the first three subphases of the separation-individuation process. In: Int. Journ. Psa. 53, S. 333–338.

– (1973): Address at Association for Child Psychoanalysis. Paris.

– (1974): Symbiosis and individuation: the psychological birth of the human infant. In: Psa. St. Child 29, S. 89–106. Deutsch: Symbiose und Individuation. Psyche, 29 (1975), S. 609–625.

– (1976): Persönliche Mitteilung.

– u. P. Elkisch (1953): Some observations on disturbances of the ego in a case of infantile psychosis. In: Psa. St. Child 8, S. 307–324.

Mahler M. S. u. M. Furer (1963): Certain aspects of the separation-individuation phase. In: Psa. Quart. 32, S. 1–14.

Mahler, M. S. u. B. J. Gosliner (1955): On psychotic child psychosis: genetic, dynamic, and restitutive aspects. In: Psa. St. Child 10, S. 195–212.

Mahler, M. S. u. L. J. Kaplan (1977): Developmental aspects in the assessment of narcisstic and so-called borderline personalities. In: P. Hartocollis, Hrsg.: Borderline Personality Disorders. New York (Int. Univ. Press), S. 71–85.

Mahler, M. S. u. K. LaPerriere (1965): Mother-child interaction during separation-individuation. In: Psa. Quart. 34, S. 483–498.

Mahler, M. S., F. Pine u. A. Bergmann (1975): The Psychological Birth of the Human Infant. New York (Basic Books). Deutsch: Die psychische Geburt des Menschen. Frankfurt a. M. (S. Fischer) 1978.

265

Mendelson, M. (1974): Psychoanalytic Concepts of Depression. New York (Spectrum Publ.).

Menninger, K. (1958): Theory of Psychoanalytic Technique. New York (Basic Books). Deutsch: Theorie der psychoanalytischen Technik. Stuttgart-Bad Cannstatt (Frommann-Holzboog) 1977.

Milrod, D. (1977): The wished-for self image. Paper presented at the Rudolph M. Loewenstein Memorial Meeting of the New York Psychoanalytical Society and Institute am 12. Nov. 1977.

Mitscherlich, A. (1971): Psychoanalysis and the aggression of large groups. In: Int. Journ. Psa. 52, S. 161–167. Deutsch: Psychoanalyse und die Aggression großer Gruppen. In: Psyche 6/7 (1971).

Moore, B. E. u. B. D. Fine (1967): A Glossary of Psychoanalytic Terms and Concepts. New York (Am. Psa. Ass.).

Nagera, H. (1964): Autoerotism, autoerotic activities, and ego development. In: Psa. St. Child 19, S. 240–255.

– (1966): Early Childhood Disturbances. New York (Int. Univ. Press).

Novey, S. (1962): The principle of »working through« in psychoanalysis. In: Journ. Am. Psa. Ass. 10, S. 658–676.

Nunberg, H. (1948): The synthetic function of the ego. In: H. Nunberg: Practice and Theory of Psychoanalysis I. New York (Int. Univ. Press), S. 120–136.

Orr, D. W. (1954): Transference and countertransference: a historical survey. In: Journ. Am. Psa. Ass. 2, S. 621–671.

Parens, H. (1973): Aggression: a reconsideration. In: Journ. Am. Psa. Ass. 21, S. 34–60.

Prall, R. C., Berichterstatter (1978): The role of the father in the preoedipal years. In: Journ. Am. Psa. Ass. 26, S. 143–161.

Rangell, L., Berichterstatter (1955): Panel: The borderline case. In: Journ. Am. Psa. Ass. 3, S. 285–298.

– (1972): Aggression, oedipus, and historical perspective. Presidential address. In: Int. Journ. Psa. 53, S. 3–12. Deutsch: Die Aggression und der Ödipuskomplex. Psyche, 27 (1973), S. 194-204.

Rapaport, D. (1953): On the psychoanalytic theory of affects. In: Int. Journ. Psa. 34, S. 177–198.

– (1959): A historical survey of psychoanalytic ego psychology. Einleitung zu E. H. Erikson: Identity and the Life Cycle. New York (Int. Univ. Press), S. 5–17.

Ritvo, S. (1974a): Current status of the concept of infantile neurosis: implications for diagnosis and technique. In: The Psychoanalytic Study of the Child 29, S. 159–181.

– (1974b): Address at Margaret S. Mahler Symposium. Philadelphia

Robbins, F., Kongreßteilnehmer (1977): The contribution of psychoanalytic developmental concepts to adult analysis; Ph. J. Escoll, Berichterstatter. In: Journ. Am. Psa. Ass. 25, S. 228–231.

Rosenblatt, A. D. u. J. T. Thickstun (1977): Energy, information, and motivation: a revision of psychoanalytic theory. In: Journ. Am. Psa. Ass. 25, S. 537–558.

Ross, J. M. (1977): Towards fatherhood: the epigenesis of paternal identity during a boy's first decade. In: Int. Journ. Psa. 4, S. 327–347.

Ross, M. (1976): The borderline diathesis. In: Int. Rev. Psa. 3, S. 305–321.

266

Ross, N. (1968): Psychoanalysis and moral values. In: Professional Digest 5, S. 2–5 (New York Society of Clinical Psychologists)

– (1975): Affect as cognition: with observations on the meanings of mystical states. In: Int. Rev. Psa. 2, S. 79–94.

Sandler, J. (1976a): Countertransference and role responsiveness. In: Int. Rev. Psa. 3, S. 43–47.

– (1976b): Dreams, unconscious fantasies, and »identity of perception«. In: Int. Rev. Psa. 3, S. 33–42.

– u. W. G. Joffe (1969): Towards a basic psychoanalytic model. In: Int. Journ. Psa. 50, S. 79–90.

Sandler, J. u. B. Rosenblatt (1962): The concept of a representational world. In: Psa. St. Child 17, S. 128–145.

Schmale, H. T., Berichterstatter (1966): Working through. In: Journ. Am. Psa. Ass. 14, S. 172–182.

Schreber, D. P. (1955): Memoirs of my Nervous Illness. London (Dawson). Deutsch: Denkwürdigkeiten eines Nervenkranken. Frankfurt a. M., Berlin, Wien (Ullstein) 1973.

Schur, M. (1955): Comments on the metapsychology of somatization. In: The Psychoanalytic Study of the Child 10, S. 119–164.

– (1966): The Id and the Regulatory Principles of Mental Functioning. New York (Int. Univ. Press). Deutsch: Das Es und die Regulationsprinzipien des psychischen Geschehens. Frankfurt a. M. (Fischer) 1973.

– (1972): Freud: Living and Dying. New York (Int. Univ. Press). Deutsch: Sigmund Freud – Leben und Sterben. Frankfurt a. M. (Suhrkamp) 1973.

– , Hrsg. (1965): Drives, Affects, Behavior II. New York (Int. Univ. Press).

Settlage, C. F. (1977): The psychoanalytic understanding of narcisstic and borderline personality disorders: advances in developmental theory. In: Journ. Am. Psa. Ass. 25, S. 805–833.

Sharpe, E. F. (1950): Collected Papers on Psycho-Analysis. London (Hogarth).

– (1930–50): The dynamics of the method – the transference. Ebd., S. 53–66.

Spitz, R. A. (1945): Hospitalism. In: Psa. St. Child 1, S. 53–74. Deutsch: Hospitalismus I. In: G. Bittner u. E. Schmid-Cords, Hrsg.: Erziehung in früher Kindheit. München (Piper) 1968, S. 77–98.

– (1946): Anaclitic depression. In: Psa. St. Child 2, S. 313–342. Deutsch: Die anaklitische Depression. Ebd., S. 104–134.

– (1957): No and Yes. New York (Int. Univ. Press). Deutsch: Nein und Ja. Stuttgart (Klett-Cotta), 3. Aufl., 1978.

– (1959): A Genetic Field Theory of Ego Formation. New York (Int. Univ. Press). Deutsch: Eine genetische Feldtheorie der Ichbildung. Frankfurt a. M. (S. Fischer) 1972.

– (1965): The First Year of Life. New York (Int. Univ. Press). Deutsch: Vom Säugling zum Kleinkind. Stuttgart (Klett-Cotta, 6. Aufl. 1980).

– (1972): Bridges: on anticipation, duration, and meaning. In: Journ. Am. Psa. Ass. 20, S. 721–735. Deutsch: Brücken – Zur Genese der Sinngebung. Psyche, *28* (1974), S. 1003–1018.

Stein, M. H., chairman (1972): Panel on aggression. A. Lussier, Berichterstatter. In: Int. Journ. Psa. 53, S. 13–20.

Sterba, R. F. (1934): The fate of the ego in analytic therapy. In: Int. Journ. Psa. 15, S. 117—126.

Stone, L. (1975): Some problems and potentialities of present-day psychoanalysis. In: Psa. Quart. 44, S. 331–370.

Storr, A. (1968): Human Aggression. New York (Atheneum).

Strachey, J. (1957): Editor's note to instincts and their vicissitudes. In: S. Freud: Standard Edition, XIV, S. 111–116.

Swanson, D. R. (1977): A critique of psychic energy as an exploratory concept. In: Journ. Am. Psa. Ass. 25, S. 603–633.

Tolpin, M. (1970): The infantile neurosis: a metapsychological concept and a paradigmatic case history. In: Psa. St. Child 25, S. 273–305.

– (1971): On the beginnings of a cohesive self: an application of the concept of transmuting internalization to the study of the transitional object and signal anxiety. In: The Psychoanalytic Study of the Child 26, S. 316–352.

Wallerstein, R. S. (1977): Psychic energy reconsidered. In: Journ. Am. Psa. Ass. 25, S. 529–535.

Winnicott, D. W. (1953): Transitional objects and transitional phenomena. In: Int. Journ. Psa. 34, S. 89–97. Deutsch: Übergangsobjekte und Übergangsphänomene. Psyche, 23 (1969), S. 666–682.

Zeligs, M. (1961): The psychology of silence: its role in transference, countertransference, and the psychoanalytic process. In: Journ. Am. Psa. Ass. 9, S. 7–43.

Zetzel, E. R. (1956): Current concepts of transference. In: Int. Journ. Psa. 37, S. 369–375.

– (1965): The theory of therapy in relation to a developmental model of the psychic apparatus. In: Int. Journ. Psa. 46, S. 39–52.

273